组编前言

21世纪是一个变幻莫测的世纪，是一个催人奋进的时代。科学技术飞速发展，知识更替日新月异。希望、困惑、机遇、挑战，随时都有可能出现在每一个社会成员的生活之中。抓住机遇，寻求发展，迎接挑战，适应变化的制胜法宝就是学习——依靠自己学习、终身学习。

作为我国高等教育组成部分的自学考试，其职责就是在高等教育这个水平上倡导自学、鼓励自学、帮助自学、推动自学，为每一个自学者铺就成才之路。组织编写供读者学习的教材就是履行这个职责的重要环节。毫无疑问，这种教材应当适合自学，应当有利于学习者了解、掌握新知识和新信息，有利于学习者增强创新意识、培养实践能力、形成自学能力，也有利于学习者学以致用、解决实际工作中所遇到的问题。具有如此特点的书，我们虽然沿用了“教材”这个概念，但它与那种仅供教师讲、学生听，教师不讲、学生不懂，以“教”为中心的教科书相比，在内容安排、编写体例、行文风格等方面已经大不相同了。希望读者对此有所了解，以便从一开始就树立起依靠自己学习的坚定信念，不断探索适合自己的学习方法，充分利用已有的知识基础和实际工作经验，最大限度地发挥自己的潜能，达到学习的目标。

欢迎读者提出意见和建议。

祝每一位读者自学成功。

全国高等教育自学考试指导委员会

2012年10月

目　录

小学科学教育自学考试大纲

小学科学教育

全国高等教育自学考试
小学教育专业(专科)

小学科学教育自学考试大纲

全国高等教育自学考试指导委员会　制定

出版前言

为了适应社会主义现代化建设事业的需要，鼓励自学成才，我国在20世纪80年代初建立了高等教育自学考试制度。高等教育自学考试是个人自学、社会助学和国家考试相结合的一种高等教育形式。应考者通过规定的专业课程考试并经思想品德鉴定达到毕业要求的，可获得毕业证书；国家承认学历并按照规定享有与普通高等学校毕业生同等的有关待遇。经过30多年的发展，高等教育自学考试为国家培养造就了大批专门人才。

课程自学考试大纲是国家规范自学者学习范围、要求和考试标准的文件。它是按照专业考试计划的要求，具体指导个人自学、社会助学、国家考试、编写教材、编写自学辅导书的依据。

随着经济社会的快速发展，新的法律法规不断出台，科技成果不断涌现，原大纲中有些内容过时、知识陈旧。为更新教育观念，深化教学内容方式、考试制度、质量评价制度改革，使自学考试更好地为提高人才培养的质量服务，各专业委员会按照专业考试计划的要求，对原课程自学考试大纲组织了修订或重编。

修订后的大纲，在层次上，专科参照一般普通高校专科或高职院校的水平，本科参照一般普通高校本科的水平；在内容上，力图反映学科的发展变化，增补了自然科学和社会科学近年来的研究成果，对明显陈旧的内容进行了删减。

全国考委教育类专业委员会组织制定了《小学科学教育自学考试大纲》，经教育部批准，现颁发施行。各地教育部门、考试机构应认真贯彻执行。

全国高等教育自学考试指导委员会

2015年9月

Ⅰ. 课程性质与课程目标

一、课程性质和特点

小学科学课程是一门以培养学生科学素质为宗旨的义务教育阶段的核心课程，具有活动性、实践性和综合性的特点。“小学科学教育”是全国高等教育自学考试小学教育专业的一门必考课程，是为了培养和检验自学应考者的科学教育基本理论和应用能力而设置的一门专业必修课程。

“小学科学教育”课程既具有理论性，又具有应用性。一方面，提供学生未来进行小学课程教学所必需的基础的科学理论知识和实践能力，培养学生利用理论知识和科学方法探寻和解决小学课程教学中诸多问题的能力；另一方面，引导学生运用科学理论指导实践创新，用实践创新去丰富理论，不断提高学生的科学教育能力。

“小学科学教育”课程的基本特点是：(1) 以科学的性质和特点为基础，以可持续发展理念为宗旨，关注科学、技术、社会与环境（STSE）之间的关系；(2) 以可持续发展理念为指导，以提升科学素养为目标，阐述科学教育的内容，设计科学教育的课程并开发科学教育的教材；(3) 以脑科学、多元智能理论等研究成果为指导，系统介绍小学科学教育的途径、形式、方法和评价；(4) 关注小学科学教师的角色定位和专业技能，引导教师在小学科学课程改革与发展中不断提升自己的研究能力。

二、课程目标

设置本课程的目的：立足当前，着眼未来，使自学应考者比较系统地掌握科学教育的基本理论和方法，从而更加自觉地遵循科学教育规律，灵活地运用教学方法，逐步提高教学水平和研究能力，以适应新的教育改革和发展的需要。通过对本课程的系统学习，考生应该能够：

1. 了解科学的性质、历史和特点，理解可持续发展理念和 STSE 的基本观点，树立正确、全面的情感态度与价值观。

2. 了解小学科学教育的发展历史、基本理论和面对的挑战，理解小学科学教育的基本目标和主要内容。

3. 了解小学科学教育课程设计的基本理念、教材编写的模式与原则以及资源的开发和利用。

4. 了解小学科学教育的主要途径和组织形式，掌握多种形式的教学和评价方法，能够利用广泛的教学资源支持学生的科学学习。

5. 理解小学科学教师的角色定位，掌握小学科学教师的专业技能，初步掌握教学研究的基本方法。

三、与相关课程的联系与区别

“小学科学教育”课程以现代教育理论为指导，运用系统理论的观点和方法研究当代小学科学教育中的实际问题，反映的是一种基于宏观背景的科学教育观。同时，又以哲学、脑科学、心理学等为基础理论，吸收社会学、文化学、历史学等相邻学科的科研成果，在多视角、多层面交叉中建立自己的理论体系。

四、课程的重点和难点

“小学科学教育”课程的重点和难点是把握小学科学教育课程的特点和遵循小学科学教育的基本规律。

本课程的重点是小学科学教育的课程设计、实施和评价。在小学科学教学中，强调探究式教学以及概念图和思维导图在教学中的应用；在小学科学教学评价中，强调以新课程三维目标为核心，采用多种方法考查小学生的科学素养水平。

本课程的次重点包括小学科学教育的发展历史、理论基础以及挑战和趋势，小学科学课程资源的开发与利用。

本课程的一般性内容包括科学的性质、历史、特点和趋势，小学科学教师的专业发展等相关内容。

本课程的难点包括小学科学教育的理论基础，小学科学教育的课程设计、教材编写、资源的开发和利用，小学科学教育的实施与评价。

Ⅱ. 考核目标

本大纲在考核目标中，按照识记、领会、简单应用和综合应用四个层次规定其应达到的能力层次要求。四个能力层次是递进关系，各能力层次的含义分别为：

识记：要求考生能够识别和记忆本课程中有关科学的性质、历史和特点，小学科学教育的发展历史、基本理论和面对的挑战，小学科学教育的主要途径和组织形式等方面的内容，并能够根据考核的不同要求，做出正确的表述、选择和判断。

领会：要求考生能够理解可持续发展理念以及科学、技术、社会和环境的基本观点，小学科学教育的基本目标和主要内容，小学科学教材及课程资源开发和利用的基本方法等方面的内容，并能根据考核的不同要求对小学科学教育中的有关现象和事实做出正确的判断、解释和说明。

简单应用：要求考生能够初步掌握小学科学教师应具备的专业技能，学会运用多种形式的教学和评价方法开展小学科学的教学和评价工作，并利用广泛的课程资源支持学生的科学学习。

综合应用：要求考生能够利用所学的知识和方法，在教学实践中发现问题，开展规范的教学研究，并利用研究成果改进教学，提高教育教学质量。

Ⅲ. 课程内容与考核要求

第一章　科学的性质与发展历史

一、学习目的与要求

通过对本章的学习,准确把握科学与科学知识的本质属性;理解科学探究的特点,领会科学探究是获得知识的基本方式;了解科学活动的特征以及科学发展在不同历史阶段的基本状况;领会 21 世纪科学发展的特点与趋势。

二、课程内容(考试内容)

(一) 科学的性质

1. 对“科学”的概念辨析
2. 科学知识的性质
3. 科学探究的性质
4. 科学活动的性质

(二) 科学发展的历史

1. 科学的起源与早期发展
2. 16—17 世纪的科学发展
3. 18—19 世纪的科学发展
4. 20 世纪的科学发展

(三) 21 世纪科学发展的特点和趋势

1. 21 世纪科学发展的特点
2. 21 世纪科学发展的趋势

三、考核知识点与考核要求

(一) 科学的性质

识记:

(1) 科学是人类文化过程的重要方面。

(2) 科学是一个开放的不断发展的系统。

(3) 科学技术会产生负面影响,是每一个公民都应关心并有权参与的社会事业。

领会：

(1) 科学知识的根本属性是可检验性。

(2) 科学探究是获得知识的基本方式。

(3) 问题解决能力是科学探究的前提与保障。

(4) 科学探究的基本策略。

(5) 思维尤其是批判性思维对科学探究的重要意义。

(二) 科学发展的历史

识记：

(1) 德谟克利特原子说的基本思想。

(2) 我国古代在科学方面的巨大成就。

(3) 伽利略对动力学产生的重要贡献。

(4) 牛顿在经典力学建立中的独创性工作。

领会：

(1) 近代科学产生的主、客观条件。

(2) 科学研究方法对科学产生与发展的决定性影响。

(三) 21 世纪科学发展的特点和趋势

识记：

(1) 21 世纪科学发展的人文化趋向。

(2) 21 世纪科学发展的综合化趋势。

领会：

(1) 21 世纪科学、技术与社会之间更加紧密的关系。

(2) 科学实证研究方法的内涵。

(3) 观念转变理论指导科学教育的方法学意义。

第二章　小学科学教育概述

一、学习目的与要求

通过对本章的学习，了解小学科学教育的发展历史和特点；理解小学科学教育的相关理论基础；把握小学科学教育的价值定位；明确小学科学教育的挑战和发展趋势。

二、课程内容（考试内容）

(一) 小学科学教育的发展历史

1. 实物教学阶段
2. “自然学习”阶段
3. 进步主义教育阶段
4. 要素主义阶段
5. 结构主义阶段
6. 当代科学教育的基本特点

(二)小学科学教育的理论基础

1. 发生认识理论
2. 信息加工理论
3. 多元智力理论
4. 脑科学研究相关成果

(三)小学科学教育的挑战与趋势

1. 小学科学教育的价值定位
2. 小学科学教育的挑战
3. 小学科学教育的发展趋势

三、考核知识点与考核要求

(一)小学科学教育的发展历史

识记:

(1)实物教学阶段。

(2)“自然学习”阶段。

(3)进步主义教育阶段。

(4)要素主义阶段。

(5)结构主义阶段。

领会:

当代科学教育的基本特点。

(二)小学科学教育的理论基础

领会:

(1)发生认识理论。

(2)信息加工理论。

(3)多元智力理论。

(4)脑科学研究的相关成果。

(三)小学科学教育的挑战与趋势

领会:

(1)小学科学教育的价值定位。

(2)小学科学教育的挑战。

(3)小学科学教育的发展趋势。

第三章　小学科学教育的课程设计

一、学习目的与要求

通过对本章的学习,领会小学科学教育课程设计的依据、信念、类型和主要内容;学会运用上述理论依据指导简单的课程设计;结合实际,理解课程设计的信念以及课程设计类型的特点、长处与不足。

二、课程内容(考试内容)

(一)小学科学教育课程设计的依据

1. 基于哲学视角课程设计的依据
2. 基于心理学视角课程设计的依据
3. 基于社会学视角课程设计的依据

(二)小学科学教育课程设计的信念

1. 基于核心知识课程设计的信念
2. 基于实践能力课程设计的信念
3. 基于可持续发展课程设计的信念

(三)小学科学教育课程设计的类型

1. 基于学科中心课程设计的类型
2. 基于学生中心课程设计的类型
3. 基于社会中心课程设计的类型

三、考核知识点与考核要求

(一)小学科学教育课程设计的依据

领会:

(1)基于哲学视角课程设计的依据。

(2)基于心理学视角课程设计的依据。

(3)基于社会学视角课程设计的依据。

(二)小学科学教育课程设计的信念

领会:

(1)基于核心知识课程设计的信念。

(2)基于实践能力课程设计的信念。

(3)基于可持续发展课程设计的信念。

简单应用:

(1)结合实际,理解核心知识在课程设计中的作用。

(2)通过实例,理解实践能力在课程设计中的价值。

(3)借助证据,理解可持续发展在课程设计中的意义。

(三)小学科学教育课程设计的类型

领会:

(1)基于学科中心课程设计的特点。

(2)基于学生中心课程设计的特点。

(3)基于社会中心课程设计的特点。

简单应用:

(1)结合实际,理解学科中心课程设计的特点、长处与不足。

(2)通过实例,理解学生中心课程设计的特点、长处与不足。

(3)借助证据,理解社会中心课程设计的特点、长处与不足。

第四章 小学科学教育的主要内容

一、学习目的与要求

通过对本章的学习，理解小学科学教育的基本目标和主要内容，要求解释科学素养的内涵，说明世界主要国家科学教育内容的主要特点，掌握我国小学科学课程的基本理念、目标和内容。

二、课程内容(考试内容)

(一) 科学素养与科学教育

1. 科学素养的概念辨析
2. 科学素养与科学教育内容

(二) 世界主要国家科学教育的内容

1. 美洲主要国家科学教育的内容
2. 欧洲主要国家科学教育的内容
3. 大洋洲主要国家科学教育的内容
4. 亚洲主要国家科学教育的内容

(三) 我国内地小学科学教育内容

1. 我国内地小学科学教育内容的变迁
2. 小学科学教育课程的理念和目标
3. 小学科学教育课程的主要内容

三、考核知识点与考核要求

(一) 科学素养与科学教育

领会：

国外几种关于科学素养的定义及特点。

(二) 世界主要国家科学教育的内容

领会：

世界主要国家科学教育的基本内容及特点。

(三) 我国内地小学科学教育内容

领会：

(1) 我国小学科学教育课程的理念和目标。

(2) 我国小学科学教育课程的主要内容。

第五章 小学科学教材的开发与利用

一、学习目的与要求

通过对本章的学习，了解国内外小学科学教材的发展历程；理解小学科学教材编写的基本模式和主要原则；了解如何在小学科学教学中有效开发和利用多样化的课程资源，主要包括学校资源、家庭与社区资源、自然资源和数字化资源等。

二、课程内容（考试内容）

（一）小学科学教材的发展历程

1. 国外小学科学教材的发展历程
2. 我国小学科学教材的发展历程

（二）小学科学教材编写的模式和原则

1. 小学科学教材编写的主要模式
2. 小学科学教材编写的基本原则

（三）小学科学课程资源的开发与利用

1. 学校资源的开发与利用
2. 家庭与社区资源的开发与利用
3. 自然资源的开发与利用
4. 数字化资源的开发与利用

三、考核知识点与考核要求

（一）小学科学教材的发展历程

识记：

（1）19 世纪后美国科学教育的三大目标和两种教学模式。

（2）当前美国主要科学教材及其特点。

（3）20 世纪 50—90 年代我国小学自然教材的主要版本。

（4）21 世纪以来我国小学科学教材的主要版本。

领会：

（1）20 世纪 60 年代美国科学教育改革时期科学教材与以往教材的差异。

（2）我国小学科学教材从《自然》到《科学》的演变过程。

（3）当前我国小学科学教材与美国小学科学教材的相同点和不同点。

（二）小学科学教材编写的模式和原则

识记：

（1）科学教材编写的“中心—边缘”模式的基本过程。

（2）科学教材开发和应用的“行动研究”模式的主要特点。

（3）小学科学教材编写的基本原则所包含的三个方面。

领会：

（1）科学教材编写的“中心—边缘”模式的主要缺点及产生的结果。

（2）选择教学内容的基本原则。

（3）组织教学内容的基本原则。

（4）设计呈现方式的基本原则。

简单应用：

（1）小学科学教材的逻辑框架，并利用编排教学内容的原则进行评价。

(2) 小学科学教材的呈现方式,并利用设计呈现方式的原则进行评价。

(三) 小学科学课程资源的开发与利用

识记:

(1) 学校内小学科学课程资源的主要类型。

(2) 常见的家庭和社区内的小学科学课程资源。

(3) 小学科学教育中常用的自然资源。

领会:

(1) 多样化的课程资源对小学科学教学和学习的影响。

(2) 各类小学科学课程资源的开发和利用方式。

(3) 数字资源对小学科学教学和学习的影响。

简单应用:

(1) 利用多种方式对小学科学课程资源进行分类。

(2) 利用多媒体数字资源制作小学科学教学课件。

综合应用:

综合利用小学科学教学和多样化的课程资源开展小学科学教学。

第六章 小学科学教育的实施

一、学习目的与要求

通过对本章的学习,了解小学科学教育的主要途径和组织形式;掌握多种形式的教学方法,重点掌握探究式教学的方法;能够利用概念图和思维导图教学,促进学生对科学知识体系的整体理解。

二、课程内容(考试内容)

(一) 小学科学教育的主要途径

1. 课堂教学
2. 课外兴趣小组
3. 社会实践与研究性学习
4. 校外科学教育

(二) 小学科学教育的组织形式

1. 班级教学
2. 小组合作教学
3. 个别化教学
4. 复式教学
5. 新技术支持的小学科学教育

(三) 小学科学教育的主要方法

1. 科学教育与实物教学
2. 进步主义教育与“做中学”

3. 科学读本与知识教学
4. 科学探究与探究式教学
5. 概念图和思维导图的应用

三、考核知识点与考核要求

（一）小学科学教育的主要途径

识记：
小学科学教育的主要途径。
领会：
（1）小学科学教学中社会实践与研究性学习的联系与区别。
（2）成立课外兴趣小组的原则。
（3）校外科学教育的本质。

（二）小学科学教育的组织形式

领会：
（1）班级教学及特点。
（2）小组合作教学及特点。
（3）个别化教学及特点。
简单应用：
新技术支持的小学科学教育。

（三）小学科学教育的主要方法

识记：
（1）小学科学教育的主要方法。
（2）“做中学”教学方法的作用。
领会：
（1）进步主义教育的产生背景与发展历程。
（2）科学读本在小学科学教育中的意义。
简单应用：
（1）根据探究式教学的内涵与特点，分析探究式教学在小学科学教育中的重要意义。
（2）根据概念图和思维导图的特点，学会在小学科学教育中应用概念图和思维导图进行教学。

第七章　小学科学教育的评价

一、学习目的与要求

通过对本章的学习，了解发展性评价的基本特点；了解国外科学教育标准对学生科学学习的基本要求；理解我国小学科学教育中三维目标的基本含义；了解国外青少年科学素养评价项目的主要特点；领会评价小学生科学素养的几种主要方法。

二、课程内容(考试内容)

(一)发展性评价的基本特点

1. 形成性评价和总结性评价相结合
2. 教学性目标和表现性目标相结合
3. 量化评价与质性评价相结合

(二)教育目标分类学与“三维目标”

1. 教育目标分类学:认知领域目标体系的介绍
2. 从教育目标分类学看“三维目标”
3. 基于“三维目标”的小学科学教育目标

(三)小学科学学习结果的评价

1. 科学知识与技能的评价
2. 科学探究的评价
3. 科学态度的评价
4. 学生科学素养评价概要

三、考核知识点与考核要求

(一)发展性评价的基本特点

识记:

(1)发展性评价的基本特点。

(2)形成性评价和总结性评价的主要特点。

(3)量化评价和质性评价的主要特点。

领会:

(1)教学性目标和表现性目标的应用范围。

(2)量化评价和质性评价相结合。

(3)我国学校教育评价中存在的与发展性评价理念不一致的情况。

(二)教育目标分类学与“三维目标”

识记:

(1)布鲁姆教育目标分类学的主要内容。

(2)四种知识类型的基本含义。

(3)三维目标的基本内容。

领会:

(1)布鲁姆教育目标分类学修订版的“知识类型—认知过程”二维结构模型。

(2)三维目标、三个学习领域、四种知识类型之间的关系。

简单应用:

能够按照“知识类型—认知过程”的二维结构,系统分析小学科学课程中的知识与技能目标。

(三)小学科学学习结果的评价

识记:

(1) 加涅关于学习结果的五种分类。

(2) 科学探究的主要阶段。

领会:

(1) 加涅关于学习结果的五种分类与三维目标的关系。

(2) "对象"和"内容"两个维度与小学科学的情感态度价值观目标。

简单应用:

(1) 从了解、理解、系统化三个方面,对小学科学知识的学习水平进行评价。

(2) 从科学知识应用的角度,对小学科学技能的学习水平进行评价。

(3) 结合教学,编制评价表和测试题评价学生的科学探究能力。

综合应用:

(1) 结合实际,编制评价表和测试题评价学生的科学态度。

(2) 结合实际,完成对学生学习结果的综合性评价。

(四) 学生科学素养评价概要

识记:

(1) "国际数学和科学学习趋势测评"(TIMMS)科学测量框架的主要内容。

(2) 国际学生评价实践项目(PISA)中科学素养测评的主要内容。

(3) 我国中小学生科学素养评价活动的主要类型。

领会:

(1) 学生科学素养测评的主要目的和作用。

(2) 我国小学科学素养评价活动的测量结果。

第八章 小学科学教师的专业发展

一、学习目的与要求

通过对本章的学习,理解小学科学教师的角色定位;初步掌握小学科学教师应具备的专业技能;掌握在教育教学实践中开展小学科学教学研究的基本方法。

二、课程内容(考试内容)

(一) 小学科学教师的角色定位

1. 小学科学教师的角色定位

2. 小学科学教师的专业发展

3. 小学科学教师的素质标准

(二) 小学科学教师的专业技能

1. 教学设计技能

2. 活动策划技能

3. 课堂教学技能

4. 教学评价技能

（三）小学科学教师的研究能力

1. 教育研究的主要类型
2. 选择研究课题
3. 设计研究方案
4. 研究实施过程
5. 撰写研究报告

三、考核知识点与考核要求

（一）小学科学教师的角色定位

识记：

（1）教师角色的概念。

（2）小学科学教师素质标准的内容。

领会：

（1）小学科学教师的角色定位。

（2）小学科学教师的专业发展。

（二）小学科学教师的专业技能

识记：

（1）小学科学课教学设计的含义、理念。

（2）演示实验的基本要求。

（3）课堂教学评价的含义。

领会：

（1）小学科学教师的教学设计技能。

（2）小学科学教师的活动策划与实施技能。

（3）小学科学教师的课堂教学技能。

（4）小学科学教师的课堂教学评价技能。

简单应用：

（1）做一项小学科学课教学设计。

（2）完成一项课堂教学评价活动。

综合应用：

（1）策划一项科技活动并实施。

（2）完成一项课外活动并作评估。

（三）小学科学教师的研究能力

领会：

（1）教育研究的主要类型。

（2）从选题、设计方案、实施到撰写报告的整个研究过程。

简单应用：

针对一个特定问题，完成一个简单的研究报告或论文。

综合应用：

针对一个特定问题，完成从选题、设计方案、实施到撰写报告的整个研究过程。

Ⅳ. 关于大纲的说明与考核实施要求

一、自学考试大纲的目的和作用

课程自学考试大纲是根据专业自学考试计划的要求,结合自学考试的特点而确定的,其目的是对个人自学、社会助学和课程考试命题进行指导和规定。

课程自学考试大纲明确了课程学习的内容及其深度和广度,规定了课程自学考试的范围和标准。因此,它是编写自学考试教材和辅导书的依据,是社会助学组织进行自学辅导的依据,是自学者学习教材、掌握课程内容知识范围和程度的依据,也是进行自学考试命题的依据。

二、课程自学考试大纲与教材的关系

课程自学考试大纲是进行学习和考核的依据,教材是学习掌握课程知识的基本内容与范围,教材的内容是大纲所规定的课程知识和内容的扩展与发挥。课程内容在教材中可以体现一定的深度或难度,但在大纲中对考核的要求一定要适当。

大纲与教材所体现的课程内容应基本一致。大纲中的课程内容与考核知识点,教材里一般要全面包括;反之,教材中的内容,大纲里就不一定全部体现。

三、关于自学教材

《小学科学教育》,全国高等教育自学考试指导委员会组编,杨宝山主编,高等教育出版社,2015 年版。

四、关于自学要求和自学方法的指导

本大纲的课程基本要求是依据专业考试计划和专业培养目标而确定的。课程基本要求明确了课程的基本内容以及对基本内容掌握的程度,基本要求中的知识点构成了课程内容的主体部分。因此,课程基本内容掌握程度、课程考核知识点是高等教育自学考试考核的主要内容。

五、关于考试命题的若干规定

1. 本门课程考试主要采用闭卷笔试的形式,考试时间为 150 分钟。

2. 本大纲各章所规定的基本要求、知识点及知识点下的知识细目,都属于考核的内容。考试命题既要覆盖到章,又要避免面面俱到。要注意突出课程的重点,加大重点内容的覆盖面。

3. 命题不超出大纲中考核知识点范围,考核目标不高于大纲中所规定的相应的最高能力层次要求。命题应着重考核自学者对基本概念、基本知识和基本理论是否了解或掌握,对基本方法是否会用或熟练。

4. 本课程在试卷中对不同能力层次要求的分数比例大致为:识记占 20%,领会占 30%,简单应用占 30%,综合应用占 20%。

5. 要合理安排试题的难易程度,试题的难度可分为:易、较易、较难和难四个等级。每份试卷中不同难度试题的分数比例一般为:2∶3∶3∶2。

6. 课程考试命题的主要题型主要包括:单项选择题、填空题、名词解释题、简答题、论述题、案例分析题等题型。

附录　题型举例

一、单项选择题

在每小题列出的四个备选项中只有一个是符合题目要求的,请将其代码填写在题后的括号内。错选、多选或未选均无分。

促进学生在异质小组中互助合作,达成共同的学习目标,并以小组的总体成绩为奖励依据的教学方法是　　　　【　　】

A. 合作学习式教学法　　　　B. 讲授法

C. 多媒体辅助教学法　　　　D. 自主学习式教学法

二、填空题

我国小学科学课程的三个分目标分别是________。

三、名词解释题

概念图

四、简答题

从探究教学的纵向展开过程看,大体要经过哪几个主要步骤?

五、案例分析题

在小组选择自己的方式观察树叶之后的交流中,一位学生汇报道:“我们小组通过观察,讨论得出大自然中不存在两片完全相同的叶子。”一石激起千层浪,学生都纷纷表示怀疑。

学生 A:同样的一棵树上应该会有两片完全相同的。

学生 B:这么大一个大自然,肯定有不少叶子是完全相同的。

学生 C:我在生活中经常可以看到两片完全相同的叶子,不信,我可以去找出来。

请运用课堂教学的相关原理,结合自己的教育经验或经历对案例进行分析,并谈谈你会在课堂上怎么处理。

六、论述题

请论述校内科学教育和校外科学教育的关系。

后 记

《小学科学教育自学考试大纲》是根据全国高等教育自学考试小学教育专业考试计划要求编写的。2014 年 11 月教育类专业委员会召开审稿会议，对本大纲进行讨论评审，修改后，经主审复审定稿。

本大纲由中国教育科学研究院杨宝山研究员主持编写，参加编写的人员有：杨宝山、李亦菲、杨闯、王鑫、李正福、张磊、董锐、陈贵宝、于海波、黄海旺、黄致新、冯新瑞、胡军、杨莉娟、项纯和陈刚。

本大纲由首都师范大学邢红军教授主审，北京科学技术协会周立军教授和国家开放大学董锐教授参加审稿并提出改进意见。

本大纲最后由全国高等教育自学考试指导委员会审定。

本大纲编审人员付出了辛勤劳动，特此表示感谢。

全国高等教育自学考试指导委员会

教育类专业委员会

2015 年 9 月

全国高等教育自学考试指定教材
小学教育专业(专科)

小学科学教育

全国高等教育自学考试指导委员会　组编
主　编　杨宝山
副主编　李亦菲

编者的话

“小学科学教育”是全国高等教育自学考试小学教育专业的一门必考课程,是为了培养和检验自学应考者的科学教育基本理论和应用能力而设置的一门专业必修课程。

“小学科学教育”课程既具有理论性,又具有应用性。一方面,提供学生未来进行小学课程教学所必需的基础的科学理论知识和实践能力,培养学生利用理论知识和科学方法探寻和解决小学课程教学中诸多问题的能力;另一方面,引导学生运用科学理论指导实践创新,用实践创新去丰富理论,不断提高学生的科学教育能力。

本教材应全国高等教育自学考试指导委员会的邀请,由中国教育科学研究院杨宝山研究员担任主编,北京师范大学李亦菲博士担任副主编。参加编写的人员由中国教育科学研究院、人民教育出版社、国家开放大学、北京师范大学、华东师范大学、东北师范大学和华中师范大学等单位的专家组成。在本教材初期的架构、要点的研讨中,除上述单位人员外,还有香港大学黄小玲教授、香港中文大学吴本韩教授、香港教育学院郑美红教授、杨友源教授、苏咏梅教授、中国科普研究所郑念研究员、何丽博士、国家开放大学董锐教授、首都师范大学邢红军教授以及北京教科院彭香、浙江省教科院王耀村、江西省教研室黄晓标、河南省教研室窦兴明、山西省教研室肖增英、广东省教育研究院朱美健、广西壮族自治区教育学院罗国忠、福建省教育考试院陈峰副院长及蔡益等部分小学科学教师参与。

本书作为集体合作研究的成果,由杨宝山、李亦菲整体设计及统稿、定稿。撰写分工按照内容顺序依次为:第一章第一、三节张磊;第二节张磊、杨闯、董锐;第二章第一、三节于海波、李君;第二节于海波、杨闯、李君、董锐;第三章杨闯;第四章第一、二节黄海旺;第三节杨宝山;第五章李亦菲;第六章第一节黄致新;第二节李正福;第三节黄致新、杨闯;第七章第一、三节李亦菲;第二节陈刚、李亦菲;第八章王鑫。

在成书过程中,曾经得到了中国教育科学研究院、教育部考试中心、北京师范大学、华东师范大学、东北师范大学、华中师范大学等单位的领导、专家和朋友的关心与支持,特别是全国高等教育自学考试指导委员会教育类专业委员会秘书长、北京师范大学陈强教授的积极推动与协调,作者还曾参阅和借鉴了不少国内外学者的研究成果,在此一并致谢。

由于时间仓促,书中纰漏之处在所难免,敬请各位指正。

中国教育科学研究院杨宝山研究员

北京师范大学李亦菲博士

2015年9月

第一章　科学的性质与发展历史

本章要点

科学与科学知识的本质属性；科学探究的特点以及科学活动的性质；科学发展在不同历史阶段所呈现的不同特点；21 世纪科学发展的特点及趋势。

自然世界的变化是遵从客观规律的，这种规律是可被认识和表达的。科学以多样统一的自然世界为研究对象，以获取关于自然规律的知识为目的。为更好地理解关于自然的知识，需要了解与科学有关的知识，包括科学的性质、科学发展的历史、21 世纪科学发展的特点和趋势等内容。

第一节　科学的性质

本节从“科学”的概念辨析、科学知识的性质、科学探究的性质和科学活动的性质等方面，说明科学的性质。

一、对“科学”的概念辨析

人的生存是建立在人的创造与发明基础之上的，而科学的产生也正是人在各种生存斗争中进行集体创造的过程和结果。对“科学”的概念辨析，需要从人类文化的涵义、科学与人类文化的关系以及科学的不断发展三个方面加以把握。

（一）人类文化的涵义

人类的本质特征是其创造文化的能力或文化属性，这包括像语言、艺术、神话、宗教、制度、法律、科学、历史等，涉及人类生活的方方面面。对于人来说，文化世界才是更本质的，意味着“甚至最早的人也生活在某种文化中”，以至于他们的饮食和生育这种与动物共有的最基本的活动，也不是像动物那样为自然所调节，而是源于某种“非自然的和人为的”风俗和习惯，表明人类依赖于自然的方面要远少于由文化所塑造的形式与习惯。

（二）科学与人类文化的关系

科学是人类文化的重要方面或者一种特定的文化过程。科学的起源与人类的生活休戚相关。例如，物理科学的起源，可追溯到人类对于肉眼可见的天体运行一类自然现象的观察，可追溯到人们用来增进自己生活的安全和舒适的粗笨器具的发明。如人们最初靠石制工具猎取动物和采集可食的野生植物生活，并有意识地用火石敲石取火；后来进行家畜喂养、作物栽培和陶器烧制，都比仅仅靠天然物，大大前进了一步。尽管随着人类开始冶金试验，人们逐渐学会使用金属，拥有了原始农业和工艺的游牧人民也逐步开始了定居生活，可是这时不论是文明还是科学，都还是不可能的。科学的出现是原始人把可以用经验科学的观察或传说加以处理的简单现象与他们所无法理解或控制的神秘、不可估计的变化区别开来的结果。前者引向科学，后者导致巫术、神话和祭祀。

希腊哲学家普罗泰戈拉曾经说，人类使用技术和道德的力量，人拥有冶金、农业的技术，具有羞耻心和正义感，这是他体力匮乏的必需补偿。通过文化的力量，人弥补了动物凭完善的器官和本能超过人的那些东西。人在补偿生物性不足的同时也发展了自己的文化创造能力，形成了适合自己生存的新的环境——文化，包括社会、国家、部落、氏族、家庭、技术、法律、传统与制度等。马克思的论述则更加精辟独到，他认为人是自然世界唯一必须劳动的动物。人不仅创造了外在的生存条件，发明了工具，创造了产品，而且人在改变生存条件的过程中，也改变了人自身，从而使人在任何新的环境中，都能发展出与之相适应的行为，并能在其中保持他们的存在。人或靠打猎或靠捕鱼来满足食用，他们还用石头、雪块或者树木搭建房屋。也就是说，人在不改变他们自身生物学本性的情况下，只要调整他们外在的生活方式，就总能适应并改变着环境。这样人在森林、沼泽、赤道、水中、平原、家里、两极或山峰，都同样可以生存。可见，人的创造精神与他们的多种能力使自己能够与变化着的外部条件相适应，并通过创造使生存变得舒适、便利。

与一般动物比起来，人没有固定不变的生存环境，他们缺乏与生俱来的生存技能，不得不用自己的创造才能来补偿。他们自己思考与发明，不为本能所控制，因而与世界的关系是开放的。人也必须通过劳动塑造和改变自己，必须发掘自身潜能，并以文化的形式记录和传承。人的一生都在向更新、更高的阶段发展，并且在这些阶段中总是会遇到新的问题，需要不断学习才能解决，因而人的一生都需要不断接受教育。人们需要把前人积累起来的经验、技艺、认识和思考传承给下一代，因此，我们可以把教育理解为人作为生命存在的必然要求。

（三）科学是一个不断发展的过程

作为一个开放的系统、一种文化的过程，科学是一个不断发展的过程，它以获得关于自然世界的知识为目的，其结果具有不确定性。

1. 科学不同于人们用来追求一个目标的“方法”

按人们通常的理解，“目标”是人们计划为之付出努力而要达到的一个结果或由一个系统内在的功能可指向的结果，因而一般不包括偶然出现的那些现象所产生的结果。然而，科学作为人类共同的事业，是超越了特定的机构、研究小组和科学家的一个历程，它的任何结果都未必一定能划归为作为统一整体的科学历程的目标。

即便是一个目标属于科学，也未必确实有指向这一目标的科学运动，即使科学有相应这一“目标”方向上的运动，科学也完全有可能在大部分重要的方面，并且在较长的时期里，有许多没有被人们普遍认识到、预期到的方向上的科学运动，甚至可能存在偶然的没有预期的方向上的科学运动。

即使把科学定义为迈向某个目标的一个进程，也依然无法由此断定科学与一种“方法”相等同。这种目标与方法的概念只在应用于科学相对微观的层面才是适宜的。这是由于，当观察研究小组或科学家解决某个特定问题时，会看到确实有用于实现该目标的方法，然而在宏观上分析整体的科学时，我们就不仅要注意那些特定研究项目的情况，而且要考虑不同时期不同学科中许多项目之发现的所有综合性问题。

2. 科学与平常意义上社会建制的概念不尽相同

人们通常用建制这个概念来表示某种社会的安排或模式,它与其他的这一类模式进行整合,对社会发挥功能性作用,反过来也得到社会的支持,如教育、家庭等都能够被当成“建制”。然而,科学特定的发展历程基本上是不可预测与不可控制的,因此科学缺乏明显、一致并能得到公众认同的对社会的稳定功能,以换得它所要获取的支持。

虽然科学家不仅“控制”进行科学观察时的环境,并“预言”会在这种环境中观察到什么,但这并不意味着能够对科学自身发展方向的预测或控制。科学发展的这种“不可控制性”,表明对人们提出的问题,无论自然界给予怎样的回答,他们都要迫使自己接受这些回答。尽管科学家必须解释这些回答,可是要想使它们被接受是科学的,科学家在解释上的自由程度就会受到许多限制。同样科学发展的“不可预测性”,是表现在任何时候人们都不可能断定将来科学家提出的问题自然界会怎样回答,甚至人们不能确定将来科学家会提出一些什么问题。因此,不能把科学看成一种建制,科学更像一种冒险,一个比较注重科学的社会也一定是一个更加剧烈变化的社会,并且无疑会影响社会中所有的建制。事实上,科学经常不是一种积极凝聚的力量,却表现为某种破坏的力量,并以激励社会变革的方式产生作用,而不会包含社会与科学之间的稳定关系。

由此可见,把科学看作是一个用来追求“目标”的方法,常常代表那些科学参与者的观点,具有主观性和微观性,不适合作为对统一整体的科学施行社会学分析之基础;把科学看成某种建制,并强调一个相对稳固的科学与社会的关系,强调科学在相对稳定一致的关系中履行确定的服务或功能,也不适合。

3. 科学的发展与结果的不确定性

科学作为文化进程的重要方面,不必被某个特定的“功能”或“目标”所约束。因为文化和文化概念的变迁并不需要目标,即不具有方向性或者功能性,比如词汇的发音、语法规则和意义等的变化,就一般不是某人或某群体刻意的追求所致,也常常没有对任何人或者任何社会体系适用的“功能”或用处。因而,科学作为人类文化发展过程的重要方面,就应该允许其有类似缺乏明显的目标与功能的可能性。这样文化和科学的发展就有与生物进化相类似的地方,就是受随机因素的影响,使结果产生明显的不确定性。不过在文化和科学的发展之中,尽管概念的选择具有偶然性,可是计划性和预见性有助于产生较大的连续性,使得人们倾向于提出与传统契合并有可能被认可的新观念,这样在文化或科学的领域,观念就不可能是“随意地”产生的。

二、科学知识的性质

科学知识是人类认识自然、适应自然和利用自然的有效武器。为了达到科学利用的目的,必须了解科学知识的性质,其中包括科学知识的根本属性是可检验性和获得科学知识的根本方法是批判的检验。

(一) 科学知识的可检验性

判断一个科学陈述有没有客观性,不是看它是否已被证实,而是看能否对命题进行主体间的互相检验,这就是把某一命题有没有潜在的可证伪者作为划分科学与非科学、伪科学的标准。判断一个命题是否科学主要在于它的可反驳性、可证伪性或可检验性,即经验科学的知识系统必须存在被经验反驳的可能。证实一个理论是否具有科学性,首先需要判断它是可证伪的,并接受被否弃。

1. 科学知识不具有完全的客观性

科学知识不具有完全的客观性,科学理论不可能是完满的。对经验知识以及实验事实积累的偏好,使人们对于知识的认知具有片面、孤立和封闭的倾向,似乎科学知识是确实的、确定的已存放在那里的东西,以便人们去发现和认识。然而,科学采用的是分析的方法,其目的在于构造,因而知识归根结底不是揭示,而是一种构造或一种产物。

分析是指一项研究在启动之前,要对题材进行一些限定,对复杂多变的事件进行筛选,即出于科学研究的目的,需要从整体中分离出一部分当作研究的对象,并企图在构成整体的成分中探求科学之解释。例如德国科学家赫姆霍兹认为,物理科学的首要任务是要把物理现象归结为不变的斥力和引力,而它们的强度只和距离有关……当把所有自然现象化为简单力的作用,而且有证据表明只能如此加以简化的时候,科学的责任就将结束。过去的经验告诉我们,这种归结是科学理论必要的抽象形式,因此,把它划归为客观真理具有合理性。尽管抽象出的那一部分和事物整体之间保持着紧密与决定性的关联,可是由于这一部分毕竟和整体事物相脱离,就会由于不具备完整性而使信息失真。正是由于题材被抽象为适合研究的课题,就使科学中已经获得的结论表现有主观建构的性质。因此,尽管抽象是分析中的必要环节,可是从自然界和经验进行抽象时,需要把一些次要的部分忽略掉或不予考虑,故抽象所获得的科学图像必定是不完备的。

马赫的充分论证表明:科学只能把我们通过感官认识的自然世界构成模型,即便力学也绝不像有些人所相信的那样理所当然地是关于自然世界的最终真理,而只是形成这种模型所选取的一个特定的角度,科学知识是对事物从各个不同侧面——化学的、机械的或生理的——逐一进行考察的结果。一方面,生物科学的研究表明,生物体作为一个有机整体而存在,我们对自身存在的这种统一性感受深切;另一方面,知识源于人们的感觉及它们所引起的人们意识的变化。意识作为一个整体,即便将其分析成各个组成部分,这一整体却总表现为一幅图像或一个结构。许多证据表明,这样一个相似的结构也会出现在别人的意识之中,表明一个本原的结构在个人意识以外的领域确实存在,等待人们去发现。即使我们把基于观察的经验事实作为科学理论的唯一基础,我们也还是主观地选取了那些人们认为是科学的知识。

2. 科学知识是可检验的

面对一个假定成立的命题,一般并不试图证实它的正确性,而是要看它是否存在被证伪的可能性。一个普遍的理论总有和对可观察到的事实描述相冲突的可能,从而被证伪或反驳。理性倾向总是随时准备承认可能存在的错误,人们凭借自己这种努力的态度,会更接近真理。这意味着批判才是科学进步的本质,科学及其理论都只是尚未被证伪的、暂时的假设。"科学理论要么被证伪,要么永远是假说或猜想。"①这说明科学的本质特点是批判的检验。

无论是纯科学实验或是由实际观察所引起的检验,都不能一直无限地进行。检验不能无休止地进行下去这一事实,与我们对每个科学命题必须是可验证的要求不存在矛盾。因

---

① K.R.波普尔.科学发现的逻辑[M].查汝强,邱仁宗译.北京:科学出版社,1986:28.

为我们并不要求每个科学陈述被接受以前，一定在事实上被人们检验过，而只是要求每一个科学陈述必须有被检验的可能。也就是说，我们拒绝接受这类观点，即在科学知识中存在人们必须信服地当作正确的命题来接受的陈述，却只是由于逻辑上的原因而似乎不可能对它们进行检验。总之，经验科学的知识系统正是在这种持续不断的检验中建构起来的，是提出猜想或形成假说的一个过程，从而使科学知识成为动态的、建立在已获得知识基础上的持续生长，这就是将以前已完成的知识合并到持续生长的、必定穿越时间而不断进步的结构之中。

（二）批判检验是形成知识的根本方法

1. 批判检验的实质

科学知识并不是理所当然的结论，因而面对科学知识，应该持一种批判的态度，即应基于观察和实验批判地检验，也就是绝不企图证实而是期望证伪，或许只有在尝试过却又未能成功的反驳，才算是确证或证实。这样实证研究基本上是一个证伪的过程，但与那种一次证伪了就抛弃掉的证伪主义思想完全不同。正如拉卡托斯所言：这里所说的批判不是纯粹否定性的、毁灭性的批判，反驳或论证产生不一致，并不一定淘汰这一纲领。其实科学中批判一个纲领是一个长期受挫的过程，因而需要人们宽厚地对待萌芽中的纲领，即是说批判要具有建设性。人们凭借某些相互竞争的纲领，确保批判获得成功。而研究纲领，按照拉卡托斯的解释，就是“在库恩视为‘范式’之处，我就视之为合理的‘研究纲领’”。事实上，拉卡托斯意在强调，不能简单抛弃看起来已被否证的知识。

若人们过于爽快地承认失败，就不可能发觉自己已经非常接近于正确。如相对论力学建立之后，牛顿力学似乎已经失败，然而牛顿力学正是相对论力学在低速宏观状态下的一种近似。恰是这一点，被爱因斯坦接受为支持他的理论的重要论据之一。爱因斯坦坦言，尽管相对论理论要比牛顿力学好一些，可是依然仅仅是朝着更一般的理论前进的一步。若相对论力学在某些检验中失效，也同样站不住脚。事实上，如爱因斯坦所言，任何物理理论的最好命运莫过于它能指出一条通往一个更广泛理论的道路，而在这个理论中，它作为一种极限继续存在下去。其实牛顿力学在对古代月食与日食进行计算所得到的结果，与历史记载几乎完全相同。因此，在一些情况下，被用来校准公认年表的方法，仍然以万有引力定律作为唯一的依据。于是，科学的进步很可能就是没有终点的修正与更好逼近的历程，那种认为科学是由唯一“正确”的理论或世界观统辖的观点其实是非常严重的错误。科学的规则是不保护科学中任何一个陈述不被证伪，因而科学更像一个持久开放的战场，要保持科学处于永远的探索之中，依据理论系统继续接受新的检验，它们或早或迟可能被经验证伪。开放的理性不只是方法，它也是一种构筑思想观念系统的能力。

无论是否定的证据不足以接受一个命题，还是有充分证据证明一个命题错误而放弃该命题，都存在做出错误判断的风险，因而无论是放弃某个观点还是接受这个观点，都必须十分谨慎。其实科学工作者无论是在接受某个新观点还是放弃一种旧观点时，也的确如此，否则便不会出现那种起初看起来可能证伪一个新观点的证据，却最终变为不能否定该观点而不得已接受该观点的证据的情况。如冥王星和海王星的发现，就最终成为支持牛顿引力理论的证据，而没有证伪这一理论。事实上，即使在原命题被似乎证伪了的场合，也常常是发现旧理论不过是在这些地方不再有效，从而使我们在还没有发觉问题的地方找到新问题，并在探求新问题解决办法与策略的过程中，构建起新的、更加简捷并具有更强解释力的理论。

2. 批判检验的“理性”基础

对待科学的批判检验态度是与人的“理性”倾向相一致的。“理性”与“技术理性”是两个不同的概念。所谓“技术理性”倾向于排除道德或价值思考，是一种固执的程式化或技术化的思维方式。譬如经常被作为解题法宝使用的解题步骤、解题技巧等，在一定程度上就是这类技术化或程式化思维训练的集中表现，即把思维做程式化处理，将活跃的思维简化为僵化的程序，以至于应最具探究精神、创新意识的“探究性学习”也要遵循固定的程式化步骤，其结果是使探究性学习犹如照方抓药。

“技术理性”正是所谓的技术化蜕变：“人们在理论中只保留了可操作的、起操纵作用的东西，也就是可加以应用的东西。理论不再是原则，而变成了技艺。”①因此技术性、程式化的简单处理只能愈来愈使学生变成精准高效的解题工具、解题机器，使他们在各种考试中获得高分，而不能在观念层面建立有价值的意义关联，故不能称其为真正意义上的学习，更无法将知识应用于实践。“技术理性”之所以产生如此的危害，是由于程式化的思维方式具有排除一切的具体性，以其坦率性和直接性为手段，创造出一种妨碍区别、排斥差异的气氛，阻挠人们用概念进行思考，从而阻挠思考。具体说来，就是技术操作仅仅关注于概念用于专门目的的专门用法，因此在很大程度上分解了概念。而概念却事实上否定事物与其功能相等同，并超越事物的特殊存在状态，因此，程式化、操作性、技术化的思维方式吞没了理性的否定性、超越性与对立的要素，从而使人们的思维路线限定于某种固化的格式，使自明但又沉闷的公式对人的发展造成限制变成可能。正如英费尔德和爱因斯坦所注意到的，即便是“物理书中充满了复杂的数学公式，但是所有的物理学理论都是起源于思维与观念，而不是公式”。

与“技术理性”根本不同，人的理性并不表现在对原则问题不抱怀疑，而表现在永远持怀疑态度；并不表现在执着于据说的公理，而表现在对一切都不想当然。这是通过批判的检验以获取科学知识的人性基础，也是人类文明进化的根本。

3. 真理存在于检验之中

科学理论不具有完全的客观性，不是最终的真理，因此，相信经验科学绝不能仅把科学陈述的形式或逻辑的结构作为经验科学的本质特征，还应建立将经验的方法构成知识特征的思想，这就是处理理论体系的方式，将经验解释为经验科学的方法。

然而，上述方法决不像证实主义所主张的那样，科学理论必须被完全证实；也不像证伪主义所主张的那样，科学理论可以被彻底证伪。科学理论既不能被完全证实，又不会被彻底否证，因而无论是严格的证实还是严格的否证，都不会使人们从经验中获得好处。毕竟只有对真理进行检验，才可能获得真理，即真理存在于不断检验之中。人的精神活动就其认识的本质来讲，也正是在于不断地探索与研究。于是努力激发学生学习的主动性与求知欲，因势利导，引导他们发现问题并主动解决问题，从而使学生在解决问题中获得新知识，产生新思想。因此，在实际教学情境中，应采用假设或猜想—检验的教学思路，以实验检验的方法和质疑思辨的批判方式进行科学教育，借以启发儿童心智的健康发展，而不是简单灌输预先准备的知识内容和方法，从而强调批判性思维，注重批判性教学方法，并鼓励学习者讨论、探究、质疑的学习方式。

---

① 埃德加·莫兰.复杂性思想：自觉的科学[M].陈一壮译.北京：北京大学出版社，2001：272.

三、科学探究的性质

人类作为生命存在的一种形式，其生存需要及其生理学特征决定了人类探究未知世界的自然倾向与创造生存条件的永恒追求。科学探究是一个无尽的过程，科学探究以问题为核心，是获得科学知识的基本方式。

（一）科学探究是一个无尽的过程

科学探究是一个无尽的过程，是说就科学的发展而言，稳定的终点是不可能推测的，对一个问题的回答仅仅是提出新的问题，而且也可能怀疑就以前的问题已经给出的回答。正所谓科学开始于问题，又终结于问题。一个问题的解决绝不是认识的结束，而恰恰是一个新问题解决的开始，即“打破一个谜团，其实不过是用另一个谜团来解释它而已”。因此，科学有永远解决不完的问题，科学是一个无尽探索的历程。

1. 科学的无尽探索

科学作为一个无尽探索的历程，与科学的自我激励和发展紧密相连。科学在它有限却又极为重要的方面总是自我激励与发展，主要表现在：① 科学即便以各种不同的方式甚至在财政上仍然依赖于社会，但科学家大部分是在科学研究领域内提出问题，这一点却不再依靠科学所处社会环境的指导和刺激；② 就科学问题的解答而言，也常常不过是提出新的问题而已；③ 以往科学产生的成果也有一种影响，表现在鼓励社会继续资助科学。这意味着科学在一些重要的方面就是内在自我加强的，正是这样一些自我强化的性质有助于对科学发展的持续性做出解释。

2. 科学无尽探索的逻辑

科学各子系统之间的相互作用确保科学的自主、持续的发展。首先，由科学知识构成的理论系统（其中实验事实、概念、原理以及规律与定律是其核心内容）、科学家共同体构成的人力系统以及科学思维方式与方法构成的方法学系统等，构成了科学系统内部诸子系统。其次，这些子系统或构成要素通过已经解决与需要解决的“问题”联系起来，使“问题”成为科学系统内部各子系统之间相互作用的纽带。事实上，这里的“问题”是人类面对生存与发展所必须解决的疑难在科学领域的反映或投影，是各子系统相互作用的前提与根据，是科学领域里的活跃因素。

当科学家运用科学方法解答问题时，虽然反映了方法对他们研究工作的引导，但这种引导不是单方向的作用，因为他们在思想观念的指导之下运用方法的同时也有对方法的革新和改进，甚至也有像库恩所说的研究范式的革命；与此同时，改进的思维方式及方法又会重新作用于人们解决问题的过程，并改善问题解决的环境，提高他们问题解决的能力以及提升问题解决的效率，如此的相互作用会循环往复，永不停息。同样，科学家在凭借现有的模型或理论框架对新发现的科学事实进行解释时，会对科学体系的完善甚至会对知识总量的增加做出贡献；得到完善的知识体系又会进一步影响科学家，并增加他们对科学事实的解释能力。

科学方法与理论体系之间同样存在着相互作用，知识的增加与理论体系的完善能够促进方法的改进，而革新的方法又会进一步加速知识的更新与完善。这样，科学系统内部各构成要素之间必定是相互促进与共同增长的。总之，科学系统作为一个能自我加强、激励与发展的系统，总是能积极面对，总是能自主寻求成长的契机，从而能自主生长、自我创造、自我完善。同时，以往的科学成就也会鼓励社会继续资助科学，使科学发展的步伐加快。可见，正是科学的自我强化、激励以及科学系统内各子系统间的相互作用，使得科学发展持续下去，使得科学探究无法停止。

（二）科学探究以问题为核心

1. 问题是科学探究的出发点

问题就是在历史与现实中那些无法满足人类愿望的地方，或是发现需要进一步解决的困难。事实上，发现问题更难，也远比解决问题重要。问题解决也许仅仅涉及一个实验上或教学中的技能而已，新问题的提出，或从新的角度重新表述旧的问题，都依赖于人们创造的想象，并且标志着科学真正进步的开始。

解决不完的问题会缠绕着人类，使人们永远处在探究各类问题答案的过程之中。一方面每一个问题的成功解决都积累着人们的自信与成就感，也同时积累了人们进一步深入探讨世界的勇气；另一方面也的确存在更多的疑难等待着科学家去解决，也时时向人们的耐力、意志与智力发起挑战，使他们不能不继续努力，更无法躺在前人取得的成就中停滞不前，而只能面对问题、面对困难、面对挑战。于是发现问题、准确描述问题、寻找问题解决的策略、发现更多更困难的问题……就成为人们获得科学知识的最基本形式与科学探究的基本出发点，科学文化正是人们在这种不断发现问题又不断获得问题解决的过程中发展起来的。

2. 问题是开启科学之门的钥匙

问题作为科学之旅的起点，又是人们开启科学之门的钥匙。有研究表明，产生学习的根本原因是问题，而不是感知（尽管人们学习需要感知）。这就是对问题的敏锐性与对问题的执着和一贯热情，或者像希腊人所说的，是人类惊奇的本性，而不是像许多人认为的那样，技巧或者方法才至关重要。

学生的学习过程是提出问题、分析问题与解决问题的过程。作为教师，应赞赏学生具有个性化的表达与理解，并鼓励他们对教师的超越。现代学习方式特别强调问题对于学生学习的重要意义。一方面，通过问题来开展学习，把问题作为学习的起点、动力与贯穿学习的主线；另一方面，通过学习生成新的问题，把知识获得的过程看作发现问题、准确描述这些问题、分析并解决问题的过程。因此，判断学习是否有效展开的重要依据，就是看能否激发学生积极思考，启发他们提出值得探讨的问题，并主动为寻求解决策略而付出努力。

3. 问题解决能力是科学探究的前提与保障

从一定意义上说，人类的学习不过是为了更加方便地处理现在以及将来的生活中可能出现的种种问题，其实学习更多地表现为解答问题的过程。因而，将提高学生问题解决的能力当作教育最根本、最重要的目标会有积极意义。过分注重传授书本知识的教育正是忽视了学习的这一核心含义，忽视了对学生解决实际问题能力的培养，以至于在这一教育模式下成长起来的孩子，难以从容应对来自社会生活的挑战，使学校教育和实际生活的需求之间发生了严重的错位。

上述错位主要表现为以下几点：

（1）现实情境是人们主动发现问题与界定问题，并主动寻求解决问题。而传统教育的情形是，学生面临的问题大都是书本或教师预先给定的、表述明确的问题，缺乏对学生主动发现与界定问题意识的培养。

(2) 人们在现实情境中面临的大多数问题是结构不良的,很多也没有标准答案,问题解决依赖于主体创造性的发挥。传统教育中让学生解决的问题一般都是结构良好的,也往往是有严格的对或错答案的问题。

(3) 现实的问题可以是混乱、棘手甚至高度复杂的,问题的解决需要考虑众多实际因素的影响,而传统教育展现给学生的问题一般都是去情境化的,意味着解决问题不需要考虑更多具体情境因素的影响。

(4) 现实情境中重大现实问题的解决会对人的一生产生重要影响,而传统教育中所要解决问题的重要性却往往微乎其微,这样在书本上就难以获得对人生中一些重大问题解决办法的启示。

(5) 现实情境中的问题常常要依靠团体的力量才得以解决,而传统教育却更关注与强调依靠个体的力量解决问题。

显然,这些状况都会对学生问题解决能力的提高形成阻碍。

(三) 科学探究是获得科学知识的基本方式

著名学者巴克尔曾经说,先怀疑,其次是探究,然后就有了发现。准确把握科学探究的基本精神,设计基于探究的教学活动,将科学作为探究过程来对待,能为教师提供帮助学生深入理解科学并培养学生能力的机会。当教师认为学习是"发现正确答案"时,倾向于运用讲授或阅读的方式直接将正确答案告知学生。以这种方式教学,就不容易使学生对收集信息、提问与解释感兴趣,这是由于他们没有在课堂上使用过这类方法。如果教师把科学当作探究的过程,强调学生是知识的建构者,就会引导学生积极主动地建构观点并进行解释,增强他们的探究能力。因此,应确立科学知识的正确信念,以便探究性教学在理性的指引之下顺利实施。

1. 树立正确的科学与知识观念

树立正确的科学知识观,要摆脱客观主义知识观和认识论的束缚。科学哲学表明,经验科学不可能产生对理论的最终证实或否证,科学陈述的客观性是它们能被主体间相互检验。世界不是一成不变的事物的集合体,而是过程的集合体。科学理论不是在所谓得到证实的真命题以及由它们构成的理论基础上的静态的简单累积,而是在原有知识基础上的动态的生长。科学的精神并不存在于孤立的实验、观察或规律之中,这种精神可以在科学家所采取的一般观点中以及他们所应用的研究方法中看到。

学生学习科学知识,不仅限于纯粹地获得知识及有关的技巧形式,而且应把所获取的知识联系起来,以形成稳定的态度与性向。这种科学的思想态度就是不再去理所当然地承认事物,而是采取一种探究的、试验的或批判的态度;强调某种信仰和对它的有关陈述不再被认为本身是完备的和自足的,而被当作是一些结论。结论的"科学性",意指建立一个判断秩序的可能性,强调探究的内在逻辑,而不是强调探究结果所具有的特殊形式。因而科学的真理绝不仅存在于已获得的真理的积累中,以及对已有理论的验证中,它还存在于无穷探索的开放的特点中。

科学教育本质上是对科学知识进行检验的方法的精神和态度。科学理论不仅是关于世界的原理、概念与规律的体系,而且内在地包含了研究世界的方法体系,以及对待世界的态度、情绪和关于世界的观念等方面。这表明科学知识的学习必定要求一个探究的或批判的检验过程。新课程确立知识、技能,过程、方法,情感、态度、价值观的三项目标体系,并明确主张学生学习方式由接受式学习向探究性学习的根本转变,正是上述思想的具体体现。

2. 确立以问题为核心的探究式教学策略

对于科学课程,在小学阶段,实施探究式的科学教育,通过引导学生体验科学探究过程,初步形成对科学的认识,从而最有效地达到培养学生科学素质的目的。在初中阶段,探究式教学既是提高学生科学素养的方法和重要手段,也是科学教育的重要内容之一。在高中阶段,应该更加关注学生在科学探究过程中的学习质量,进一步加深对科学探究的理解,提高科学探究的能力。

(1) 提出问题是探究式教学的基本条件。提出问题远比解决问题更难,解决问题也许仅仅是一个教学上或实验上的技能而已,而提出新的问题、新的可能性,从新的角度去看旧的问题,都需要有创造性的想象能力,而且标志着科学的真正进步。在科学教学中,教师应经常创设问题情境以引发学生兴趣,鼓励他们思考和提出问题。比如,有的教师利用凸透镜把太阳光汇聚成一个很小、很亮的光斑,照在火柴头上并使火柴头被点燃;也有教师与学生一同观看被放飞的气球升上天空;还有教师组织学生观看放在瓶口的鸡蛋,当瓶中的棉球停止燃烧时,被"生生"吞入瓶中……这些表演既能让学生好奇、兴奋,又能让学生动脑思考,产生疑问:为什么火柴被点燃?为什么气球会飞走,而扔出去的石头却总是落下来?为什么比瓶口大的鸡蛋能被吞入瓶中?从而激发学生探究的欲望,激起学生求知的热情。

当然,如果创设情境仅仅是为了教师引入新课后的缜密讲解做铺垫,那就是不够的。问题情境的创设在于激发学生自己发现并提出感兴趣的和有价值的问题,唤起他们凭自己的知识解答问题的欲望,只有如此,才能真正为学生开启探究性学习的智慧之门。要让学习活动持续下去,还需要不断地提出新问题或从新的角度去看旧问题,从而使提出问题成为探究性学习的基本条件。实践表明,一个人一旦向自己提出某个问题,并产生解决它的欲望,形成"问题意识",就能够更敏锐地感受和觉察与该问题有关的信息,提高对无关信息的抗干扰能力。问题使人的注意力具有明显的指向性和选择性,对持续开展有目标的探索和思维活动具有显著的激励功能。其实,提出问题是思维活跃的表现,是独立思考的开始,只有引导并鼓励学生发现与提出问题,使他们在心理上产生困惑和认知冲突,才能更加有效地促使他们产生主动探究的动机,使教学活动焕发生机、提高效率。

总之,在探究性教学中,教师应注重对学生学习的指导,鼓励学生提出关于世界的简单却是值得探讨的问题,鼓励他们自己找寻问题的答案。通过动手做与过程导向的活动促进学生建构科学知识,培养他们探究的技能与思维习惯,同时鼓励他们将已有知识和观察到的现象联系起来,以丰富他们的科学知识,理解周围的世界。

(2) 问题贯穿是探究式教学的关键。探究式教学在关注引入新课时的情境创设和提出问题的基础上,更强调提出一系列问题,一般称为"问题串",其实质是要求用"问题串"来贯穿整个教学活动。这样不仅能为教师更清楚地了解学生的思维状况和教学活动提供依据,而且能帮助学生不断反思,以构筑自己的认知与元认知策略。当学习目标不断达成,学生会产生成就感和更加强烈的求知欲望,使外部刺激转化为学生学习的内在需求,形成内部驱动的力量,从而激励学生不断地探索,使他们不仅获得知识,习得探究的方法,而且领会探究的精神。

探究式学习中问题设计的基本原则是设置开放性问题。这一原则的意义在于强调,以一个真实性问题作为学习的原动力;以一个开放性的、结构不良的问题作为开头。问题通常不是非黑即白的，而是具有模糊性甚至存在矛盾，即一个结构不良的问题通常是不清楚的、模糊的，甚至是不确定的。这类问题常常涉及一个混乱的、有众多相互关系的复杂情境。其实一个开放性的、结构不良的真实世界的问题没有一个是客观的，每个观点都往往伴随着自己内部的偏见，这样真实性学习就更多地表现为学生思维的逻辑的或/和非逻辑的展开。事实上，以真实生活问题的形式描述问题，使问题天然具有多学科的特征，不只包含内隐或外显的结论，相反，建立起一个模棱两可的情境——一个鼓励反思、辩论和需要了解更多信息的两难问题。这种情况下，一旦学生能够清楚地叙述问题，而且能正确控制探究的方向，就等于问题已经解决了一半。要让学生明白，整个探究过程中产生有价值的认识是他们的责任，而当教师发觉某一领域需要给予学生直接的指导时，就进行适当的课程讲授，这样能帮助学生独立思考，并鼓励他们去争论问题中的两难情境和矛盾。这种学习模式不仅要求学生比传统学习模式有更多的对自己学习的控制和更强的责任感，而且需要外部的讲授与指导。

总之，以问题为中心展开学习，使学生沉浸于问题解决之中，有助于：① 通过建构整个情景的意义，使知识学习与应用之间建立起密切联系；② 使学生不再是被动地接受和再现教师传授的知识，而是成为主动的问题答案的探究者和问题解决过程中知识建构的自我指导的、负责任的参与者。新课程主张转变学生的学习方式，就是要把学习过程中的发现、探究等认识活动突显出来，使学习者通过把先前知识与新知识建立联系来建构意义，从而使基于问题的探究式学习成为一种自然的、与大脑和谐一致的模式和一个有效的、可实现的学习框架。

四、科学活动的性质

科学活动既是科学家的事业，又是全社会的一项共同事业。科学可以转化为技术，变成改变世界的物质力量，从而使科学技术成为推动人类社会进步的第一生产力；它也同时像一把“双刃剑”，伴随着生态环境经历了一个人与自然漫长变迁的历史过程。

（一）科学是驱动人类文明进步的力量

科学技术进步所带来的基础成就是人类社会的希望。在原始文明时期，人们生活在自然资源相对丰富的地区，此时技术水平比较落后，人类只能被动地适应自然，与自然处在原始和谐的关系之中。发展到农业文明时期，随着工具的改进，生产力水平提高，活动范围扩大，生产自给自足，人口也缓慢增加，于是出现过度砍伐、开垦，也频繁发生为争夺水土资源而引发的战争，人与自然间的和谐关系已有被打破的迹象。再到工业文明时期，不仅创造出农业文明无法比拟的劳动生产力与舒适便捷的生产、生活方式，而且人类开拓自然资源的能力也大大增强，人口数量大幅度增加，寿命也延长了。数据显示，在 1650 年，世界大多数人口的平均寿命在 30 岁左右，1972 年世界平均寿命大约是 53 岁，而且还在上升。[①]“在 18 世纪的法国农村，平均结婚年龄高于平均死亡年龄。”[②]妇女因为生育造成的死亡，估计平均寿命比男人还要短一些。

史学家普鲁姆（J.H.Plumb）写道，凡是神智健全的人都不会自愿生在以前的时代，除非

---

① 米都斯等. 增长的极限：罗马俱乐部关于人类困境的报告［R］.李宝恒译.长春：吉林人民出版社，1997：11.

② C.P.斯诺.两种文化［M］. 纪树立译.北京：三联书店，1994：79.

他能确保出生在一个有钱有势的家庭里，可以保持身体极其健康，也可以淡泊地忍受自己多数孩子的死亡。可见，工业革命的成就是显然的。由于应用科学与医疗科学、医疗事业的齐头并进，人口大大增加；也是由于同样的原因，食物充足了，每个人都可以读书写字，否则一个工业社会就不能正常运转。因此，健康、食品、教育只有在工业革命时期才真正扩大到最低阶层。这些都是基本收获，是人类社会的希望。

（二）科学技术是一把双刃剑

工业文明创造了农业文明所无法比拟的劳动生产力与舒适便捷的生产、生活方式，同时工业文明对不可再生性化石能源大规模的消费也与日俱增，并造成能源短缺、环境污染，致使生态环境被严重破坏。

1. 能源短缺、环境污染引起的生态环境恶化不容忽视

综合美国橡树岭国家实验室 CO_2 信息分析中心、世界资源研究所和美国能源部能源信息管理局的数据，自第一次工业革命以来，1751—2006 年全球累计排放了 1.22 万亿吨 CO_2，使全球大气 CO_2 浓度已从工业革命前（1750 年）约 280 毫升/米^3，增加到了 2007 年的 383 毫升/米^3，远远超过了过去 65 万年来自然因素引起的变化范围。最近的一些评估结果显示，在 CO_2 水平增加一倍之后，全球各地的温度将升高 1.5~6℃。但当未来全球平均增温达到 1.5~2.5 ℃时，评估的物种中将有 20%~30%可能面临灭绝的风险；如果升温幅度超过 3.5℃，则有高达 40%~70%的物种可能灭绝。① 从对农业生产的影响来看，在 CO_2 浓度倍增的条件下，以大豆和小麦为例，大豆氨基酸和粗蛋白含量分别下降 23%和 0.83%；冬小麦籽粒粗蛋白和赖氨酸分别下降 12.8%和 4%。

雷切尔·卡森曾大声疾呼，“控制自然”一词事实上是一个妄自尊大的幻想之物，是在生物学与哲学仍处于低级幼稚时代的结果。那时人们设想对自然进行控制，认为大自然是为人类的舒适便利而存在的。例如，应用昆虫学里的一些概念和做法就在很大程度上归咎于人类科学上的蒙昧。像昆虫学这样一门最为原始的科学也竟然用最现代化、最可怕的化学武器来武装，不幸的是，它们在被用来消灭昆虫之余，也同时已经威胁到整个大地了。②因而自然界并不是粗暴的，恰恰是人类在粗暴地对待她，正如 E.B.怀特所言，我为人类感到悲观，人们对自己的利益过于精明。人们对待自然的办法只是打击以使之屈服。实际上，如果人类不是这样的专横与多疑，并调整好和这颗星球的关系，如果人类能深怀感激之情对待大自然，那人类本可以有更好的生存机会和空间。美国公共卫生部的戴维·普赖斯博士也感叹说，我们经常在生活中提心吊胆，生怕哪一天什么原因会使我们的环境进一步恶化，从而使人类成为被淘汰的生物去和恐龙为伍。

2. 科学技术需要更加理智的发展

任何生命都是超越了人类理解能力的奇迹，即使人们在不得不与之进行斗争的时候，人们仍需要尊重它们……就用杀虫剂这类化学武器来对付昆虫为例，就已足以表明人类能力的不足和知识的缺乏，说明人类还远远无法控制自然的变化，即便用暴力打击也无济于事。于是，科学的发展也依然需要谦虚谨慎，人类没有任何理由骄傲自大。正如 1876 年恩格斯

---

① 中国科学院可持续发展战略研究组.2009 中国可持续发展战略报告：探索中国特色的低碳道路[R].北京：科学出版社，2009：10—15.

② 雷切尔·卡森.寂静的春天[M].吕瑞兰等译.上海：上海译文出版社，2008：295.

在《自然辩证法》中所说,我们不要过分陶醉于我们对自然界的胜利,对于每一次这样的胜利,自然界都报复了我们。爱因斯坦警告人们:科学技术是一把双刃剑,科学并不能为人类的发展确定目标,而只能是提供达到目标的手段和方法。52 位诺贝尔奖获得者也发表《迈瑙宣言》:“我们愉快地贡献我们的一生为科学服务,我们相信:科学是通向人类幸福生活之路。但是,我们怀着惊恐的心情看到,也正是这个科学在向人类提供自杀的手段。”①我们确实需要更远大的眼光与更加高度理智的发展。

遏制环境进一步遭到破坏已是刻不容缓的事情,而且需要人们的共同努力与积极参与,如果我们要维护这个我们自己与我们子孙后代生活的星球,现在就需要一致行动。但令人遗憾的是,有调查表明,对大多数人而言,人们往往更加关注自身的事情,而很少会有人关心人类以及整个社会的事务②(如图 1-1 所揭示的那样)。大多数人所关注的事情更多地集中在家庭生活的琐碎事务中,对他们而言,生活并不轻松,养活自己与家人就必须付出他们几乎全部的努力。当然,人们关心问题的焦点与层次和他们所受的教育以及经验有关系,但对大多数人而言,在把他们所关注的事情在较大的时空领域向外拓展之前,必须已成功解决他们个人的较小空间里的事务。

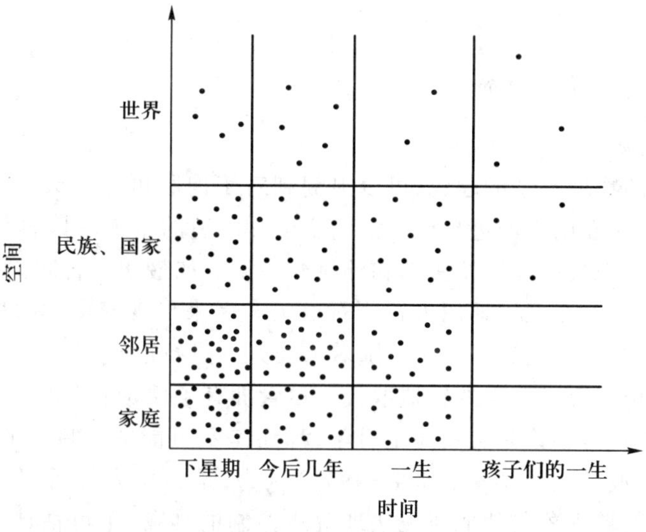

图 1-1　人类前景

然而,人们生存于其中的环境却总是包含了许许多多超出个人兴趣能力范围的问题,若仅仅把精力倾注在局部的利益与当前事务,未必能真正地对解决局部与当前的事务有利。比如,与“温室气体”排放造成的全球气候反常变化比起来,人们一般会更关心应对反常天气的衣服价格是否稳定;与土壤严重流失问题比起来,人们一般会更关心粮价的浮动。不过,尽管人们对这些个人能力兴趣之外的问题可以漠不关心或视而不见,可是它们对个人兴趣实现、能力发展与生活质量提高的决定性影响,却不会改变。

当然,反对技术恶果的唯一武器,还是技术本身,因为我们无法退回到一个根本不存在

① 杜时钟.科学教育与人文教育[M].武汉:华中师范大学出版社,1998:124.

② 米都斯等.增长的极限:罗马俱乐部关于人类困境的报告[R].李宝恒译.长春:吉林人民出版社,1997:13.

的没有技术的伊甸园。况且,也不会真的存在什么前工业的伊甸园。全面客观地分析,也应该看到工业革命后并不比以前更糟,唯一的问题是如何使它更好一点。因此,清醒地思考是必要的,以便认识到尽管科学技术在以往人类与自然的斗争中发挥了决定性作用,但要在21世纪摆脱人类所面临的所有困境,则仅仅依靠科学技术的发展是远远不够的,当下人们所面临的问题不可能仅凭借科学技术的持续变革来得到解决。一方面,技术上的解决办法一般仅强调自然科学以及技术与技巧方面的变革,却不考虑道德观念或人类价值方面的变革方式,于是存在技术进步却无法处理又不能解决的问题;另一方面,也更为重要的是,没有任何一项技术或发明是自发的或是无需人们付出代价的。

第二节 科学发展的历史

科学发展的历史是一部人类文明进步史,它记载了人类认识、适应、利用和创造世界的艰辛与曲折的历程。作为科学教师,了解这些是非常必要的。科学发展的历史主要包括:科学的起源与早期发展、16—17世纪的科学发展、18—19世纪的科学发展和20世纪的科学发展。

一、科学的起源与早期发展

(一)科学的起源

作为科学基础的物理科学的起源,可以追溯到对于肉眼可见的天体运行一类自然现象的观察,可以追溯到人们用来增进自己生活的安全和舒适的粗笨器具的发明;而生物科学也一定是从对动植物的观察以及原始医学和外科开始的。如最初靠石制工具猎取动物和采集可食的野生植物生活,并有意识地用火石敲石取火。后来出现家畜、栽培作物和烧制陶器,都比单单利用天然物,大大前进了一步。随着人类开始进行冶金试验,人们逐渐学会使用金属,先是铜器,然后由更容易获得的铁器取代。尽管拥有了原始农业和工艺的游牧人民逐步开始了定居生活,但这时不论是文明还是科学,都还是不可能的。科学的出现,马林诺夫斯基(Malinowski,英籍波兰人类学家,1884—1942)认为,是原始人把可以用经验科学的观察或传说加以处理的简单现象与他们所无法理解或控制的神秘、不可估计的变化区别开来的结果。前者引向科学,后者导致巫术、神话和祭祀。

在人类的早期阶段,人们更多是在巫术的仪式里为土壤祈求雨水,后又认为自然界必定是种种神灵主宰,这些神灵和他们一样反复无常,但却更有力量,并视雷电为宙斯或索尔的武器,认为人类的命运可以从天象中观察出来。如"爱留西斯祭仪显然是想通过巫术仪式来求得土地的丰产和居民的兴旺";祈求人畜房屋不被突如其来的暴风雨和洪水卷走,以求达到控制自然的目的。随着时间的推移和理智控制情感,人们希望有一个更高级的信仰,并最后由埃斯库罗斯(Aeschylus,希腊悲剧家,前525—前456),索福克勒斯(Sophocles,希腊悲剧家,前496?—前406)和柏拉图(Plato,前428或427?—前348或347)从先前的粗糙的多神教中创造出一个单一的、至高无上的、正义的宙斯来。但哲学观点逐渐使人们不再相信反复无常的事件决定于不负责任的天神的偶然意志,而开始认为在神圣的和普遍的法则之下,天律是不变的。这种奥林匹亚宗教特点加上希腊世界学术观点的基本自由,促成了一种自然哲学和形而上学的哲学,它甚至从很早时代起,就几乎不受神学先人之见的束缚。然而,1800年后,中古时代经院哲学把哲学和神学加以综合、对知识加以改造后,现代科学的先驱者却曾经不得不在一套自圆其说的知识体系的束缚性条件下进行工作。这套知识体系包括了流行的神学教条和亚里士多德的哲学,支配着一切人的思想,对物理学和生物学问题以及形而上学和宗教问题,都给予不容提出异议的解释。不过希腊自然哲学的成长过程中,学术观点毕竟具有一种中古时代的意识所没有的自由和开朗的精神,从而形成了古代自然哲学形态的科学发展的鼎盛时期。

(二)古代自然哲学形态科学的鼎盛

1. 几何学的初步建立

毫无疑问,土地测量技术的发展,有赖于人们需要不断地丈量土地(如由于尼罗河定期泛滥,淹没土地,抹平了土地界限,需要不断地重新丈量),从而积累了越来越多的测量经验。如公元前2500年的巴比伦尼亚国王的敕令中,就有用王室的权威发布的长度、重量和容量的标准(即度量单位和规则);巴比伦人的碑石中也出现了乘法表、平方表和立方表。另外巴比伦的记录中,还有简单算术、年历,对天象的周期性以及对日食和月食的认识等。而在埃及,记录最早的算术和几何学历史的文献证据是一份纸草纸(这份纸草纸写于公元前1800年到公元前1600年,据说又是从公元前2200年以前的旧卷上转录而来),纸草纸上记有关于分数和普通算术四则的一些说明,乘法是用屡次相加的方法得到的;上面还记有测量的规则。我国在殷墟发现的甲骨文中,就有十进制的数字。在甘肃北部的居延和西部的敦煌,发现了汉简九九表。然而,印度的情况有些特别,释迦的哲学强调人生的无常和空虚,断定只有毁灭自我和丧失个性才能达到精神上的圆满。这种不注意周围环境的心理态度足以遏制改进物质生活的愿望,而改进物质生活的愿望却往往是实用的科学知识进步的推动力,这就限制了印度对科学的贡献。

米利都的泰勒斯是我们知道的首先摆脱神话传统的爱奥尼亚自然哲学家学派的最早一位。相传由米利都的泰勒斯(Thales of Miletus,前624? —前547?)和萨摩斯的毕达哥拉斯(Pythagoras of Samos,前584? —前497或496?)根据丈量土地的经验规则,创立了几何学——一门演绎科学,标志着人类科学的最初创立,再由300年后的欧几里得(Euclid,公元前300年左右)将古代几何学系统化为一个完整的体系。米利都学派的重要性在于,第一个假定整个宇宙是自然的,从可能性上来说,是普通知识和理性的探讨所可以解释的。泰勒斯之后的阿那克西曼德(Anaximander,前611? —前547?)似乎是把已知的世界绘成地图的第一个希腊人。阿那克西米尼(Anaximenes,前585—前528)则认为,世界的本原物质或元素是空气,空气再稀薄一点就变成火,凝缩时,先变为水,次变为土;大地和行星都浮游于空气中;月亮由于反射太阳的光线而发光。而毕达哥拉斯与爱奥尼亚哲学家的自圆其说的倾向相反,他很愿意进行观察和实验。赫拉克利特(Heraclitus,前533? —前475?)说:"毕达哥拉斯进行过的研究和探讨,比所有其他的人都多,他靠博学和粗劣的技术形成他的智慧。"比如毕达哥拉斯学派认为,物质是由土、水、气、火四者组成,而这四者又由冷、热、湿、燥四种基本物性两两组合而成。他们不仅推进几何学这一演绎科学的建立,而且按照逻辑顺序建立体系,同欧几里得几何学前两册相仿。欧几里得几何学第一册第四十七命题至今称为毕达哥拉斯定理。这一学派还最早把数的抽象观念提高到突出地位,从而在实用数学方面,使算术成为可能;在哲学方面,数的抽象观念这一发现则促使人们相信数是实在世界的基础。这一学派关于几何学、算术、音乐和天文学中的数的秩序的观念,就是在经院哲学中,也成为该时代的课程。

在人类智慧的胜利中,人们普遍认为希腊几何学和近代实验科学占有同等重要的地位,它标志着知识向前迈进了永久性的一步,这一步永远不必回头再走。也正是由于几何学这门演绎科学的成功,才使得亚里士多德认为演绎推理的价值高于归纳推理,并且使几何学在任何科学史中均占有一席之地。其实在爱奥尼亚哲学家米利都的泰勒斯及毕达哥拉斯之后,公元前320年左右,罗德斯的欧德谟(Eudemus of Rhodes,前4世纪)就写过一部几何学史,这部著作的残篇仍然存在。之后,亚历山大里亚的欧几里得把已有的知识收集起来,他从少数被认为是空间不证自明的特性的公理出发,按照逻辑原理,推演出一系列奇妙的命题。当然,这里的公理往往是从埃及土地测量的经验事实中得到的某些公理和假设,其本质是关于空间性质的假说,是根据所观察到的现象,通过想象归纳的过程得到的。然后,从这些假说中,按照逻辑推理,推演出无数的结论,正如欧几里得几何学和几何天文学事实上所做的那样。因此,从这个观点来看,几何学只不过是一门实验科学的演绎部分而已。只是在非欧几里得空间概念产生以后,几何学才同自然不再发生直接关系,也同实验科学没有直接关系。欧几里得对光学也进行了研究,认识到光走直线,并且发现了反射定律。

我国祖先对数学与几何学的贡献充分体现在《周髀算经》(约公元前100年)和《九章算术》(约公元40—50年)两部著作里。这两部书都总结了那一时代优秀的数学家如商高(约公元前1100年间)、张苍(公元前250?—前152年)、耿寿昌(公元前50年)等的天才发现与创造。他们已经运用了单分数、多元一次联立方程式、等差级数等代数方法,和“径一周三”的圆周率、“直角三角形的勾股方等于弦方”等几何方法。比如商高、陈子等利用周髀(立杆)测定日影,再用勾股法推算日高,尤其是由商高“勾三股四弦五”的特例,到陈子发现普遍的勾股弦定理(西方数学史上叫做“毕氏定理”,认为是希腊人毕达哥拉斯首先发现的),实际上比西方早了600余年。而且汉代数学家赵君卿对这一定理的几何证明也很简单,比国外用同样方法证明这一定理的最早记载(印度数学家巴斯卡刺·阿克雅在公元1150年的证明)早了1000年。①

2. 原子说的提出

如果说,天文现象比较显著,首先引起人们的注意,则物质本性问题也同样要求有思考力的人们加以解释。爱奥尼亚的哲学家认为物质的变化是从土与水开始,经过动植物的躯干和枝茎,再回到土与水。他们开始认识到物质不灭的观念。这个学派的阿那克萨哥拉(Anaxagoras,前500?—前428?)认为,物质是一群不同实体的集合体,每一实体都具有不同的质或偶有性,如感官所感到的。不管怎样分割,各部分所包含的东西总是和全体相似,不过可能由于成分比例不同而有所不同。天体是和地球性质一样的物质;太阳并不是日神,而是燃烧着的石头;月球中有山与谷。另外,阿那克萨哥拉还对动物进行解剖,发现鱼是用鳃呼吸的。

阿那克萨哥拉与恩培多克勒(Empedocles,前493?—前433?)也都证明空气是有质体,恩培多克勒利用水钟做试验,证明只有空气溢出之后,水才能进入一个瓶中,证明空气既不是空无所有的空间,也不是水汽。这使人们认识到,空气是有质体。进而,爱奥尼亚的哲学家按照当时流行的形而上学观点进行推理,提出:物质被不断地分割以后,其特性会继续保

---

① 钱伟长.我国历史上的科学发明[M].重庆:重庆出版社,1989:32—36.

持不变吗？这些思考就进一步启发了原子说的产生：一无所有的空间就是真空，物质是由散布在真空中的终极粒子——原子组成的，认为原子从物理上来说是无法分割的，因为原子内部已经没有真空。

最早创立原子论者就是留基伯（Leucippus，前500—前440）和德谟克利特（Democritus，前460—前370）。留基伯不仅提出原子论的基本观念，还提出因果原则——"没有什么事情无缘无故而发生，一切事情的发生都有原因和必然性。"德谟克利特则明确指出："按照通常说法，有甜有苦，有热有冷，按照通常说法，有色彩。其实，只有原子和虚空。"毕达哥拉斯有一种相对主义的观点，认为"人是万物的衡量程度"，例如蜜在我为甜，在你也可为苦。德谟克利特尽管并不反对这一见解，但也明确指出，单单通过感官，达不到实在。德谟克利特的原子是无前因的，从永恒就存在，并且永不毁灭——"保有刚体的单一性而坚固"。它们在大小和形状上多种多样，但本质相同。如在石头和铁中，原子只能颤动或振动，在空气或火中，它们就能在较大距离中跳跃。原子在无限的空间中向四面八方运动，互相冲击，引起了直线运动和旋转，使类似的原子结合在一起，组成元素，开始形成无数世界。这无数世界生长、衰颓，以至于最后毁灭，只有与本身环境相适应的体系才能存在下来。这种原子说中，也没有绝对的上下轻重的观念，并且运动非经反抗不会停止。

尽管德谟克利特的原子说在科学上比它以前或同时代的任何学说都更接近于现代观点，但由于既没有确定的观察所得的事实可以据以建立一个精确的和有限的理论，而且在理论成立之后，也没有力量通过实验来检验这个理论的推论，因而它与道尔顿（Dalton，英国化学家，1766—1844）、阿伏伽德罗（Avogadro，意大利物理学家，1776—1856）和坎尼查罗（Cannizzaro，意大利化学家，1826—1910）提出今天的原子说和分子说时所依据的明确的实验事实的情况大不相同。这样德谟克利特的原子说更多地表现为思辨的哲学，而不是科学，也就很容易为其他哲学家的新学说从根本上加以推翻和取代。这同时也说明实验事实尽管是一件不那么高贵的事情，但确实更有用。德谟克利特的原子说遭压制达一千多年之久，尤其是"运动非经反抗不会停止"的观点经两千多年以后才由伽利略重新发现。原子哲学之后的这一停顿甚至倒退的时期，也说明用哲学的先验方法研究自然是多么危险。

3. 人类对物质特性的初步认识

毕达哥拉斯学派认为实在不在于物质，而存在于形式和数中，即同数的法则相符合的完整的单子是终极的实在。同时，克罗顿的阿尔克莽（Alcmaeon of Croton，前500年）——苏格拉底前主要胚胎学家，发现视觉神经，并认识到，大脑是感觉和理智活动的中央器官。尤其到希波克拉底（Hippocrates，前460？—前375?）学派，采用更多具有现代精神的实验方法，如建议观察者每天打破一个鸡蛋，去观察孵化的过程。同一时期我国墨家学派（墨翟，约前468—前376）的经典著作《墨经》也在各方面做出有价值的探索，比如它在力学方面：区分了时间和时刻的概念；指出运动乃是物体空间位置的变动；力是使物体开始运动或加速运动的原因；认为物体的重量也是一种力；总结了杠杆的工作原理等。在光学方面：具体解释了小孔成像的原因；介绍了平面镜成像；叙述了凹面镜、凸面镜成像的规律；在研究和传授几何光学方面知识的过程中，运用了观察、分析和科学实验的方法。此外，墨翟还利用共鸣现象，探查敌方行动。这些都是非常接近近代科学的思想，远比同时代西方的科学思想超前得多。春秋战国时期齐国人的科技著作《考工记》，也包含了力学和热学方面的物理知识。力学方面，如将浮力原理应用于制造轮子的实践中；指出马拉车时，马已停止用力，但车还能前进一段距离，从而指出了物体运动的一种基本属性——惯性。在热学方面，认识到冶炼金属时，不同物质有不同的汽化点，可以根据汽化物质的颜色作为判断火候或温度高低的标准。

到苏格拉底和柏拉图的雅典学派兴起，"希腊人对自己的心灵的作用入了迷"，使形而上学代替自然哲学，从而把研究自然的目光转向自身。这个时期将毕达哥拉斯学派的学说加以发展，认为只有理念或"理式"才是真正的实在。首先原子论的反对者反对原子说关于"实在在于物质，而不在于心灵"的观点，认为感官传达的关于实在的信息虽然是可疑的，但是感觉的确存在，感觉才是唯一的实在。这种批判精神表现在苏格拉底身上，就是主张心灵至高无上，认为心灵能领悟真正的"形式"或理想，感官对象只不过是有接近这种"形式"的倾向而已；认为心灵是唯一值得研究的对象；认为真正的自我不是肉体，而是灵魂和内心生活。这种主张使哲学界不再去研究过去和现在，而去考虑未来——要创造世界的目的所在。柏拉图的物理学和生物学带有拟人观甚至伦理的色彩。他认为宇宙是创造而来的，是一个有形体、有灵魂、有理性的活着的有机体。他认为，一切东西如果不体现一种理想，就谈不上真正存在，因而也就无所谓好坏；万物都是有生命的，并且力求提高自己。人的肉体是同一种材料做成的，人的善恶并不是由于改变他们的肉体所造成的，而是由于改变他们的灵魂所造成的。他严厉地非难实验，认为实验是渎神的，是下流的机械技术，但对数学给予高度评价，还亲自阐明了负数的观念。这些见解引导柏拉图把"理式"说加以发展，认为只有"理式"或理念才具有充分的实在性，个别东西则不具有充分的实在性。他说，自然界的一切对象都处在经常变化的状态，只有类型是实在的，保持一成不变的，并由此形成后世称之为唯实论的学说，即理念是实在的存在，事实上是唯一的实在。

4. 亚里士多德的独特贡献

亚里士多德（Aristotle，前 384—前 322）是古代知识的集大成者，尤其在生物学方面的贡献具有真正意义上的重大进步。他给生命所下的定义是："能够自我营养并独立地生长和衰败的力量。"他描述过 500 种左右不同的动物，有一些叙述得精确而详细；另有 50 种是根据从解剖得来的知识加以叙述的，并附有插图。亚里士多德认识到鲸鱼是胎生的；他把软骨鱼和有骨鱼区别开来；还描写了鸡胎的发展，注意到心脏的形成，并观察了心脏在蛋壳中的跳动。在普通胚胎学方面，他把胚胎看作一个自动的机制，一经推动，就自动进行。在哲学方面，到晚年，亚里士多德的理论与柏拉图的"唯实论"相分歧，逐渐发展为所谓的"唯名论"，即个体是唯一的实在，共相只不过是名称或心理概念。亚里士多德也是确凿无疑的形式逻辑及其三段论法的创立人。他认为归纳工作只不过是演绎科学的必要的预备步骤而已，演绎科学运用逻辑推理，从归纳法所得出的前提演绎出它的推论，才是真正的科学。

尽管亚里士多德仍然坚持地球中心说，认为地球是宇宙的中心，以及其他一些错误观点，可是在当年，的确比以往的见解大大前进了一步。一个错误的假说如果能成为进一步探讨的向导，在当时也许会比一个至今无法验证的比较正确的假说，更有用处些。

（三）由自然哲学向分析科学的专业化过渡

到亚历山大（Alexander，前 356—前 323）大帝将希腊文明带到东方，在亚历山大里亚形成新的文化中心，这时贸易变成国际性的，思想自由更达到前所未有的水平。人们对自然界的事物普遍表现出更多的好奇心，更科学的态度，并把确定的和有限度的问题与其他的问题区别开来，单独加以研究。这时人们对自然的认识有了真正的进步，表现出向富有现代意义上的科学的专业化过渡。

1. 伊壁鸠鲁对科学进步的影响

从科学史上来看，这时较重要的有伊壁鸠鲁(Epicurus，前342？—前270？)的学说。尽管这一学说关心的问题仍然主要是哲学问题，而不是科学问题，可是它建立在德谟克利特的原子论基础之上，从而与柏拉图和亚里士多德的哲学不同，是要求信仰一种把心灵和肉体对立起来的二元论。伊壁鸠鲁认为，虽然有些东西，如原子，确实太小了，以致感官不能直接觉察到，但凡是存在的都是有形体。人的灵魂只不过是一股热气，死亡是一切的结束。实在的唯一试金石是感觉；观念只不过是重复的感觉所引起的比较微弱的形象而已，这些形象存储在记忆中，并为名称所唤出。自然界的不那么明显的现象应该根据与类似现象的类比来解释。于是同德谟克利特的方案一样，他也认为自然界是由原子和虚空组成的，我们的世界只不过是原子在无限的空间和无尽的时间中偶然的结合所造成的许许多多世界之一。他认为，人可以像神一样从外界的烦恼中抽身而退，觉得自己多自由，就多自由，在心的宁静自在中追求严肃的快乐。虽然我们要服从自然的威力(这是可以科学地加以研究的)，然而我们仍然有自由意志，并且在某些限度之内我们乃是自己命运的主人。伊壁鸠鲁强调，谨慎的智慧胜过哲学。当然，他的物理学服务于他的伦理学。因为，伊壁鸠鲁对于科学本身并不感兴趣，他看重科学，只是因为科学对于迷信所归之于神的作用的种种现象提供了自然主义的解释。

2. 数学在实验研究中的作用初步显现

到萨摩斯的阿利斯塔克(Aristarchus of Samos，前315？—前230？)和叙拉古的阿基米德(Archimedes of Syracuse，前287？—前212)时，阿基米德为力学和流体静力学的建立奠定了基础，他的工作更加具有把数学和实验研究结合起来的真正现代精神。即在将两者结合的时候，只解决一定的有限的问题，提出假说只是为了求得它们的逻辑推论，这种推论最初是用演绎方法求得的，然后又用观察或实验方法加以检验。阿基米德首先明确阐明密度的概念，不仅发现了阿基米德原理，也凭希腊人对于抽象推理的热爱，从他所谓的不证自明的公理或用简单实验可以证明的命题中，得出杠杆定律。尽管阿基米德的主要兴趣是在纯几何学方面，他求出了圆的周长与直径之比大于$3\frac{10}{71}$且小于$3\frac{1}{7}$，但他是古代世界的第一位也是最伟大的一位近代型物理学家。

阿利斯塔克在毕达哥拉斯派观点(大地是一个球体，围绕着中央火运行)的基础上，研究了地球与日月的明确的几何学问题后，认为把这个中央火看作是太阳，问题就更加简单了。他在流传下来的《太阳和月球的大小与距离》(On the Sizes and Distances of the Sun and Moon)一书中，巧妙地运用几何学原理对太阳的大小做出估计。据阿基米德说，阿利斯塔克提出一个假说，认为“恒星与太阳是不动的，地球沿着一个圆周的周边绕太阳运动，太阳则在轨道的中心”。他还正确指出，恒星在地球运动的时候表面上看起来不动，是由于恒星的距离同地球的轨道直径比起来极其巨大的缘故。尽管这一见解富于革命性，但遗憾的是一直流传到16世纪，并在天文学界起权威作用的是亚历山大里亚的托勒密阐释的地球中心说。

公元前3世纪中叶，亚历山大里亚建立了著名的博物馆，其中设立了四个部门——文学部、数学部、天文学部和医学部。这四个部门不但是学校，而且是研究所，它们需要的图书完全由古代世界最大的图书馆供给。图书馆中藏书40万册。此博物馆图书管理员之一的埃拉托色尼(Eratosthenes,前276? —前196?),也是第一个伟大的自然地理学家。他认为地球是回转椭圆体的,算出地球的周长约为39360公里,又算出地球与太阳的距离约为1.47亿公里,同现代的估计数字40076公里和1.49亿公里惊人地近似。

(四)对科学研究方法的探索

1. 经院哲学对理性的维护

到13世纪,人们的观点发生重大变化,最大的变化发生在重新发现亚里士多德的著作时。这时为了满足人们追求世俗知识的不断增加的要求,希腊书籍被翻译成拉丁语,尤其是1200至1225年间,亚里士多德的全集被发现后,很快被翻译成拉丁语。但接受新发现的亚里士多德著作以及这些著作里包含的科学的或准科学的知识,在学术上需要真正大胆的努力。因为,他的一般观点不但更加富于理性,而且更科学,与历来充当古代哲学主要代表的新柏拉图主义大有差别。他的知识领域,无论在哲学方面或自然科学方面,都比当时所知道的宽广得多。因此,1225年巴黎大学正式把亚里士多德的著作列入必读书籍的目录里。亚里士多德认为,肉体或灵魂单独都不能是一个完整的实体,人只能看作是两者的复合体;观念也不是天赋的,而是按照几个不证自明的原则(如因果原则),根据感官材料建立起来的;对于上帝的认识,不是天赋的,必须通过理性的与辛苦的推理方能达到。

尽管亚里士多德的体系解释宗教问题有种种困难,可是对外部世界却做出了比较好的解释,因此被圣托马斯·阿奎那(St Thomas Aquinas ,1225? —1274)接受下来。阿奎那把当时知识的宝藏,不管是神圣的还是世俗的,加以理性解释,因而他所阐明的经院哲学维持了理性的崇高地位,激起人们对于知识的兴趣,并使人们感觉宇宙似乎是可以理解的——上帝和宇宙是人的心灵所能把握,甚至部分理解的。正是经院哲学中保存了关于自然界可以理解的信仰,才为科学铺平了道路。

2. 观察与实验研究方法的基本确立

新的实验方法的本质,是离开完全理性的体系而诉诸于无情的事实。因为,科学毕竟主要是经验性的,它归根到底不得不诉诸于观察和实验。尽管自然科学探讨的中间阶段可以使用演绎推理,归纳推理也是它的方法的主要部分,并形成唯一可能的有限的综合和学说,但观察或实验既是研究的起点,也是最后的裁判。经院哲学这一学说的彻底唯理论有一个必要的假设作基础,那就是,自然是有规律的、统一的,从而造成了产生近代科学的学术气氛。正如怀特海博士所指出的,经院派的哲学唯理论从一个普遍而有秩序的思想体系中产生出来,又适合于这个体系,且为科学预备了这个信念:每一细节事件,都可以和以前的事件有着极其确定的互相关联,成为普遍原则的例证。如果没有这个信念,科学家的难以置信的勤劳将没有什么希望。

罗杰·培根(Roger Bacon,1214? —1294)是中世纪欧洲在精神上接近他以前的伟大的阿拉伯人或他以后的文艺复兴时代的科学家的唯一人物,他对科学发展的贡献充分表现在对实验方法与实验科学的重视方面。他认为只有实验方法才能给科学以确定性,他从圣经、神父、阿拉伯人或亚里士多德那里把自然知识的事实与推论接受下来的同时,告诫世人:证明前人说法的唯一方法只有观察与实验。罗杰·培根还叙述了光的反射定律和一般的折射定律,同时保持着亚历山大里亚派的学说,强调凡物都向提高方面努力。他曾说,有一种科学比其他科学都完善,要证明其他科学,就需要它,那便是实验科学;实验科学胜过各种依靠论证的科学,因为无论推理如何有力,这些科学都不可能提供确定性,除非有实验证明它们的结论。

罗杰·培根之后，在哲学界，尤其是奥卡姆的威廉（William of Occam，1300？—1349？）对唯实论派——为了从普遍中导出个别，总是在一个又一个抽象观念中绕圈子，进行了批判："不要增加超过需要的实体"，标志着唯名论（相信个体是唯一的实在，认为普遍性的观念只不过是名称或心里的观念而已）的复活，使人们对直接感官知觉的对象重视起来，打破了人们对抽象观念的信仰，促进了直接的观察与实验，促进了归纳研究。一方面，哲学可以更加自由地进行探讨，不一定非要达到神学预定的结论不可；另一方面，一旦摆脱经院哲学权威的桎梏，人们吸取经院哲学的方法给予他们的教训，本着自然是一致和可以了解的信念，开始进行观察，用归纳的方法形成假设以便解释他们的观察结果，然后又用逻辑的推理演绎出推论，再用实验加以检验。

3. 中国在这一时期的主要成就

我国北宋中期沈括（1031—1095）所著的《梦溪笔谈》是这一时期，也是中国科学史上的一部重要著作，被英国科学史家李约瑟称为"中国科学史上的坐标"。它在物理知识方面，主要阐述了磁学、光学和声学方面的知识。磁学方面，沈括对指南针的使用进行多种试验，是世界上最早关于指南针的实验记录。他在实验中也已发现磁偏角，《梦溪笔谈》中指出："方家以磁石磨针锋，则能指南，然常微偏东，不全南也。"西方一般认为是哥伦布在1492年远渡大西洋时，首先观察到磁偏角，但实际上，我国沈括的发现要早于哥伦布400多年。光学方面，《梦溪笔谈》对日食、月食的成因做了理论总结，并第一次用类比演示实验验证月亮圆缺的科学道理；进一步对凹面镜成像进行实验研究；对光的直线传播、光的折射现象和虹的形成进行了研究和解释；对透光镜的制造工艺和原理做了探讨。声学方面，书中记录了作者精心设计的共振实验："……先调弦令和声，乃剪纸人加弦上，鼓其应弦，则纸人跃……"比英国人诺布尔和皮戈特使用类似方法来演示共振现象早约6个世纪；书中还记录了声学知识在军事上的应用："古法以牛皮为天服（即箭袋），卧则为枕，取其中虚，附地振之，数里内有人马声，则皆闻之，盖虚能纳声也。"而这时西方仍处于黑暗的中世纪。我国古代突出的实验物理学家赵友钦（1279—1368）所著的《革象新书》，也用实验对小孔成像进行了周密的研究，指出小孔成像的规律。另外，《正蒙》和《正蒙注》中，也分别记录了宋代张载（1020—1077）以及明代王夫之（1619—1692）关于物质组成的"元气学说"。

然而，尽管直到明末清初时，我国在对自然界的探索方面还保持着广泛的研究，也积累了丰富的知识，可是由于我国封建的政治、经济制度对科技发展的遏制，使许多对自然形成的极有价值的思想与观念，不是因为得不到重视而湮没无闻，就是时断时续，甚至隔几代后又再次重复前人的工作。尤其是清朝的闭关锁国、"重农抑商"、视先进的科技发明为"奇技淫巧"，都不仅严重阻碍了我国社会的发展，而且抑制了新的科学思想的萌生及发展。此外，人们思维方式上的偏向也对进一步产生科学思想造成不利影响。

二、16—17世纪的科学发展

（一）近代科学产生的主客观条件

1. 近代科学产生的客观基础

随着中国造纸技术传入欧洲，及活字印刷的发明使旧式模板印刷变成实际而有用的技术，使得书籍成为可能，并得以广泛流传。同时，这时的制造与贸易逐渐发达，财富与随财富而来的研究学问的闲暇时间也就扩大到在中古时代物质有限的情况下所不能达到的更大的社会范围内,从而使研究科学的人比古希腊哲学家多得难以计数,为近代科学的产生奠定了客观基础,并终于形成不可抗拒的文艺复兴的洪流。

2. 近代科学产生的主观条件

作为代表文艺复兴精神的一位巨人——莱昂纳多·达·芬奇(Leonardo da Vinci,1452—1519),对各种知识无不研究,对各种艺术无不擅长。他是画家、雕塑家、工程师、建筑师、物理学家、生物学家、哲学家,而且在每一学科都登峰造极。然而他的成就与他所开拓的新领域,他对于基本原理的把握,以及他对每一学科中的真正研究方法的洞察力比起来,还是微不足道的。在他看来,对于自然界的观察和实验,是科学的独一无二的真方法。古代学者的知识,作为研究的起点是有益的,但绝不能作为最后的定论。如他制造了一个眼睛的视觉部分的模型,说明像如何在视网膜上形成,并抛弃了当时流行的见解:眼睛发出的光线落在它所要看的东西上面。

当然,达·芬奇虽然伟大,但他所表现出来的科学精神得益于一小批志同道合的人,“他们对事物比对书本的兴趣大,对实验的研究比对亚里士多德的意见看得更重”。这样看来,近代物理学大师们的真正希腊始祖并不是百科全书式的哲学家亚里士多德,而是几何学家和实验家阿基米德。在有著作流传到今天的古典时代的学者中,只有阿基米德最明显地具有真正的科学精神。在达·芬奇眼中,自然是有规律的,非魔术的,受支配于不可改变的必然性。并且他认为,数学、算术与几何学在它们自己的范围内给人以绝对的确实性;它们与普遍有效的理想的心理概念发生关系。但真正的科学从观察开始,这时如能运用数学的推理,的确可以达到更大的确实性,不过“科学如果不是从实验中产生并以一种清晰实验结束,便是毫无用处的,充满谬误的,因为实验乃是确实性之母”。科学给人以确实性,也给人以力量。只依靠实践而不依靠科学的人,就像行船人不用舵与罗盘一样。另外,作为文艺复兴的结果,宗教改革运动也准许个人在一定程度上自由地根据圣经做出自己的判断。这是这一运动中人文主义因素的真正推动力,也最终间接帮助了思想自由的实现,从而为近代科学的产生准备好了主观上的条件。

(二)近代科学产生前夕的艰难探索

1. 哥白尼日心说的提出

文艺复兴以后,科学观点的第一次重大改变,是由尼古拉·哥白尼(Nicolaus Copernicus,1473—1543)完成的。他在维护两个命题(埃克番达斯关于地球绕自己的轴周日自转的主张及阿利斯塔克关于地球绕太阳周年公转的主张)的基础上,提出自己的宇宙理论。他认为,地球并不是静止不动地处在宇宙的中心,而是和其他行星一道环绕太阳运行。这一理论不仅向经院哲学已纳入自己体系内的托勒密学说提出挑战,而且将足以影响人们的思想和信仰,即当时宗教哲学所给予人的在宇宙中的高贵地位——使人感觉在这个世界上生活是安适的,尽管造物的直接表现有时好像是不必要的神秘,但人们相信这个世界是为他们的根本利益而创造的。

当然,哥白尼提出的宇宙理论所引起的麻烦也显而易见:如果地球围绕自己的轴旋转,向上抛出的物体下落时岂不要落在抛出点的西面?松动的物体岂不是会飞出地面?哥白尼对这些问题的回答并不令人满意,同时为使以太阳为中心的圆形轨道和观察结果吻合,哥白尼也不得不像托勒密那样增添一些本论,以至于增添的本论总数,与托勒密体系大致相同。

事实上,哥白尼学说在当时并没有显示出比托勒密学说明显的优势,其理论主要的魅力在于它能以简单的方式对行星运动的许多特征做出解释,而托勒密学说却只能以一种缺乏魅力、矫揉造作的方式来解释。这当然基于哥白尼主要是数学家这一事实,他的天文学是根据数学简单性这一"先验"原则建立起来的,也从而使哥白尼对于自然知识没有增加许多新的事实。

正是伽利略(Galileo Galilei,1564—1642)的划时代工作,为捍卫哥白尼系统做出贡献。他不仅用望远镜观察星空,为天文学的新学说提供事实上的证明,而且最主要和最具独创性的工作是为动力学奠定了基础。正是这种动力学的出现,才使那些反驳哥白尼的力学论据最终烟消云散。

2. 伽利略对动力学建立的贡献

1590年左右,布鲁杰斯的史特维纳斯(Stevinus of Bruges,荷兰工程师、物理学家,1548—1620)与德·格鲁特(de Groot,16世纪)在德尔夫特(Delft)证明轻重两物同时坠落,则同时到达地面。伽利略也许重新做过该实验,但他力求寻找物体降落中的数学关系。他经过分析,最终提出假设:物体降落速度与降落的时间成比例,然后用实验证实。接着,伽利略用斜面实验揭示出:需要外力的不是运动,而是运动的产生或停止或运动方向的改变。物质具有惯性,行星系一旦开始运动,就不需要力去维持行星的运动。这样,伽利略尽管还没有给质量和惯性的概念下一个定义,但已经接触到这一概念,也就大致回答了哥白尼学说所留下的疑难:地球表面向上抛出的物体为什么下落时没有落在抛出点的西面,松动的物体为什么没有飞出地面。但同时也抛下另一个谜团:行星为什么不断地离开直线路径,而在围绕太阳的轨道上运行?可见科学的发展事实上是"始于迷茫却又终于更高水平的迷茫",或者打破一个谜团,其实不过是用另一个谜团来解释它而已。

尽管这样,伽利略在分析变化和运动时,建立了关于时间和空间的确定的数学观念,这无论如何是动力学方面最初、最难的一步。他所留下的问题,正好由在伽利略逝世的1642年出生的牛顿得到解决。伽利略的工作使他自己相信:上帝把严格的数学必然性赋予自然,而后通过自然,创造"人类的理解力,使人类的理解力在付出了极大的努力之后,可以探寻出一点自然的秘密"。这给后人以很大的启示。在哲理问题上,伽利略重新发现德谟克利特用原子和虚空表述的原理,并接受关于物质的原子学说,认为,在普通人看来,色、声、味、臭、热、冷这些非常实在的特性,不过是观察者心目中的感觉而已,是原子的排列或运动引起的,而原子的排列或运动本身又服从于不变的数学上的必然性。至少在他看来,原子尽管是大自然的奴隶,却是实在的,而第二性的质只不过是感官的幻影而已。

与伽利略同时代但较年轻的笛卡儿(Descartes,1596—1650)则发展了解析几何学,并为以后的牛顿所采纳。笛卡儿提出把灵魂与肉体、心与物鲜明区别开来的二元论学说。他认为,一方面有肉体的世界,它的本质是广延;另一方面则有内在的思想王国(所谓"我思故我在"),广延与思想相对立。与笛卡儿相似,波义耳也指出,"在这世界上,事实上还有某些有感觉、有理性的、我们叫作人的生物"。他认为,人的理性灵魂具有神圣造物者的形象,是"一个比整个形体世界更高贵、更有价值的存在"。

坚信托勒密地球中心天文学和亚里士多德运动需要不断施加力等观点的经院哲学家,不仅反对哥白尼的学说,不肯使用伽利略的望远镜,也不肯承认轻重不同的物体从同一高度落下时,可以以同样的速度落地,而且对伽利略关于实在的世界只不过是运动中的物质微粒的观点更是不屑，因为这种认识同阿奎那关于世界的组成是真、善、美的观点毫无关系。

三、18—19 世纪的科学发展

（一）近代科学的建立

艾萨克·牛顿（Isaac Newton，1642—1727）注意到伽利略的研究结果：要使行星和卫星在轨道上运行，而不循直线向空间飞去，必定有一个原因。牛顿开始考虑行星问题，是在1665 至 1666 年间。尽管伽利略把这一原因看作是力，但牛顿认为，这个力是否存在仍有待于证明。如果物体落向地面的原因是地球的吸力，牛顿想知道地球的吸力能够达到多远；它是否可以达到月球，成为推动月球在轨道上运行的力？这一年的研究表明，推动月球在轨道上运行的力与地面上的重力差不多密合，是一个与它们到旋转中心的距离的平方成反比例的力。但直到 1685 年，他克服了计算上的困难，证明一个由具有引力的物质组成的球吸引它外边的物体时就好像所有的质量都集中在它的中心一样。牛顿这才为他的独创研究扫除了障碍，并进而证明了平常向地面坠落的苹果或石头，与在天空中循轨道庄严运行的月球，同为一个未知的原因所支配。牛顿在证明了重力必然要使行星轨道成为椭圆后，意味着给开普勒定律以合理的解释，同时把在月球方面所得到的结果推广到行星运动上去。“于是整个太阳系的错综复杂的运动，就可以从一个假设中推出来。这个假设就是：每个质点对于另一质点的引力，与两点的质量的乘积成正比，并与其间的距离的平方成反比。”

人们就这样把天体纳入研究范围之内，并证明天体运动也符合伽利略和牛顿根据地面上的实验和归纳所得到的力学原理，处在这个巨大的数学和谐体之内。1687 年牛顿出版《自然哲学的数学原理》，是科学史上一个重大事件，标志着经典力学的最终建立。牛顿时代还仍然是哲学与科学混淆不清的时代，牛顿也是一位哲学家，有着深挚的宗教信仰，他之所以保持经验派态度，不根据权威形成理论，尤其不发表不能用观察或实验证明的学说，在于他认为这类问题是从人类知识的顶点才能看到的境界，而不是人类知识的基础；它们是科学的终点，而不是科学的开始。历史也表明，人类的进步的确不是根据貌似公正的前提靠先验的推理实现的，而是在充满尝试和错误的崎岖颠踬的过程中取得的。

总之，科学从人们在各种生活技术和手艺中获得的逐渐增多的经验中产生出来，与巫术相比有更清晰的洞察力，因为巫术企图迫使外界事物服从人的意志，而科学谦卑地学习自然的法则，通过服从这些法则而取得控制自然的能力。

（二）近代科学的勃兴

自有人类以来，人们就在研究自然：原始的生活技术就是对物性的片段知识的运用，是实际生活的需要推动技术的发展，即除偶然发现所带来的发明之外，需要常在发明之先。但进入 19 世纪，为了追求纯粹的知识而进行的科学研究，已开始走在实际应用与发明之前，启发实际的应用和发明，反过来又为科学研究与工业发展开辟新的领域。

1859 年 11 月 24 日，查尔斯·罗伯特·达尔文（Charles Robert Darwin，1809—1882）的《物种起源》一书发表。书中认为，如果生殖过多或追求配偶的竞争过大，任何在争取生存和争夺配偶的斗争中，有用的性能都具有“生存价值”，而使具有这种性能的个体占有优势，有更大机会延长生命或得到配偶，顺利地生产压倒多数的后裔以继承这一有益的变异性。由于不具有这种性能的个体逐渐被淘汰掉，这一特殊性便有扩大到全种族之势。种族改变了，一个不同的永久的种别慢慢地确立起来。这就是所谓的自然选择。正如赫胥黎

(Thomas Henry Huxley,英国生物学家,1825—1895)所说:"新种可由个体离开种的类型的变异,经过环境的选择作用而形成……是《物种起源》的中心思想,它包含了达尔文主义的精髓。"

自然选择似乎还不能充分解释物种起源的详细情节,如在田野里系统地研究动植物的博物学家,在园圃农场上培育新植物和动物的育种家,看到的物种界限依然是分明的,新物种不是在感觉不到的情况下逐渐变化而形成的,而是忽然的、常常是很大的突变而形成的,况且一开始就成了纯粹的物种。进化论的哲学家,尤其是斯宾塞,一直把后天获得性质的遗传当作种族发展的重要因素,而且慈善家、教育家与政治家则默认这种说法为真理,并将它看作是社会"进步"的根本基础。正如他们所争辩的那样:如果承认后天获得性不能遗传,即等于说"天性"重于"教养",遗传重于环境。与此相反,高尔顿(Francis Galton,1822—1899)在韦斯曼的研究成果证明获得性遗传的证据没有一个经得住严格考验时,更加坚定地认为,环境的影响被人们大大高估了,教育只能使已经存在的特点突出出来,而要提高一个种族的生物特性,唯一的办法就是给它的比较优秀的特点以发展的机会。当然,生物学上的遗传与文化上的遗传不同,后者借助语言或文字一代传给一代,形成民族性。

达尔文本人并不认为自然选择说可以充分解释进化的过程。事实上自然选择说并未涉及变异或突变的原因,其实自然选择不能使变异发生,而只能淘汰无用的变异。总之,遗传的研究似乎说明,虽然环境、训练与教育能使先天性格发展,并给予表现的机会,但却不能创造这种性格。这意味着有才能的人或天才是生就的,而不是造就的,一个民族所蓄的能力确实为自然所限制。因此,19 世纪的观念——以为国家是许许多多有同等潜在能力的个人,只等待受教育,只等待机会,值得怀疑。但另一方面,"环境不能创造才能,却可以很容易地摧毁才能"①,这一点确实应引起人们的特别注意。

四、20 世纪的科学发展

(一)科学发展所引起的困惑

在牛顿时代,物理学已完成第一次综合,并由物体间的相互吸引力解释了太阳系一切庄严的运动,尤其是 18 世纪法国哲学家把牛顿科学变成机械论哲学,认为整个过去和未来,在理论上都可以计算出来,从而人也变成一架机器。但仍有头脑清醒的人认识到科学不一定能揭示实在。他们一方面接受决定论,作为科学上便利工作的假说(也是当时唯一可能的假说),另一方面又在日常生活中把人看作是一个自由的、负责任的主动者。

19 世纪下半期,有人甚至觉得这种机械观可以扩大运用到生物学中来,以至于使生理学认定,有生命的机体的功能可以用物理和化学的原理来解释。总之,物理学作为一切自然科学中最基本和最抽象的科学,当人们发现可以用其术语来表述愈来愈多的东西时,人们就更加相信这种新的观察和实验方法,并认为对于一切存在都可以完全从物理和机械的角度加以解释。20 世纪,人们终于发现单是光的传播,有些问题要用古典理论来解释,有些问题却要用量子理论来解决,而这两种理论又似乎是如此矛盾或不可调和。在以往的成就中,物理学始终是一切实验科学中最彻底地没有矛盾和最能自圆其说的。此外,还有另一个困难:不论观察者怎样运动,所测量出的光速总是一个不变数。终于,有质量的坚硬质点也消失

① W.C.丹皮尔.科学史及其与哲学和宗教的关系(下册)[M].李珩译.北京:商务印书馆,1975:442.

了，代之而起的是微观粒子的波粒二象性；甚至空间和时间也不再是绝对的，而总是与测量的人相对而言的。

尽管科学概念与科学的抽象推理及学说有关，也存在着逻辑推理的必然，可是科学上的决定论却是谬误之表现。不用说生物机体无法用纯机械论来解释，单是宇宙，从力学的抽象观点来看，可能完全是机械性的，可是从人们的心理方面来看，由遥远星空射来的光线，让人意识到它的明亮、它的色彩，这种美好的视觉感受，就不是机械的，也不是物理的。总之，物理科学作为一个抽象的体系，不论有多么伟大和不断增长的力量，永远不可能反映存在的整体。科学可以介入甚至批评许多领域，但要想观照生命，看到生命的整体，或许仅有科学是不够的。

穆勒把亚里士多德的研究成果与培根的研究成果结合起来，指出真正的科学方法，应包括归纳与演绎。惠威尔也强调，归纳的成功，在于出发时须有正确的观念，首先要选择最好的基本概念，并把各种现象加以妥善分类，使其适于归纳的运用；其次要制定一个临时的“定律”，作为工作假说，再以进一步的观察及实验加以检验。的确，提出可能正确的假说，需要洞察力与想象力；推导假说的推论，需要逻辑本领，同时还需要数学本领；检验假说的正确性，需要忍耐、毅力与实验技巧。但也正如人们对于归纳方法的批判性考察已证明的，归纳科学常常意识不到自己的局限性，只能求得或多或少可能正确的结论。由归纳所得的概括或定律，即使被普遍公认为真理，也只可视作或然而已。但人类每每发现一个定律，就好像发现一个终极的原因，又无形中感觉有一种道德上的义务，要叫现象“服从定律”。

科学被分为若干部分，是一种牵强的办法；各不同学科，仿佛是我们对于自然界概念上的模型的截面——或更确切地说，是我们用以求得一个立体模型观念的平面图。一个现象，可从各个不同的观点来观察（如神经冲动，可以从物理的、生理的或心理的观点来研究），而不能说某一观点更为真实。但完全的机械论把科学本来需要的抽象概括，误认为是获得具体的实在。尽管概括抽象为分析所必需，可是从自然界及经验构成抽象时，就需要把抽象以外的部分略而不谈。因此抽象所提供的科学图像是不完备的，正如怀德海所言，实在的本质就是变，是一个不断的和活动的过程，或一个创造的进化。

（二）人们对科学继续发展的反思

科学的发展曾经由于背离自身研究的目的，给人类带来巨大的灾难，这就是过多关注实际的利益，甚至把掠夺性战争当作科学的主要目的或唯一目标，致使自由的、纯粹的科学遭到忽略，应用科学的发展也受到阻碍。如果世人真的愚顽凶恶到允许科学在毁灭性武器方面的滥用，则必将使人类文明甚至人类自身受到伤害。于是我们应更加清醒地认识到，科学的能力与限度，逻辑、数学和物理学的理论都不过是我们构建的结果，以用来把我们已经知道的知识用一种简明合用的方式表述出来，却不能达到完全解决人类问题的目的。正如爱丁顿所说，现今物理学体系的表述方式，使人一看差不多就自然明白这个体系是一个更广大事物的片段……科学世界的问题，是一个更广大问题的一部分，一切经验问题的一部分。

尽管如此，300 年来人们用以解释自然界结构的、卓有成效且是我们所熟悉的概念上的机械论，也依然不会被人们轻易抛弃，并且在其本身范围内，科学将继续利用这个机械论来扩大人类控制自然的能力，来更广阔地了解和洞察自然现象之间惊人而复杂的相互关系。不过机械的决定论不再可能引起我们对将来思想革命的恐惧，因为现今物理科学对它的最终概念背后的奥秘比以往任何时候都有了更充分的了解，对它支配自己的王国的力量也比以往任何时候都更有把握，从而为人类心灵树立起牢固的大厦。不过这只是认识的一个方面，毕竟科学技术盲目发展导致的后果是更加不容忽视的另一方面。

第三节　21世纪科学发展的特点和趋势

人类社会进入21世纪，科学技术呈现多样化、快速发展的态势，并对人类生活的方方面面产生前所未有的影响甚至冲击。一方面科学呈现出“加速”文化发展的形式，使自身的理论性进一步加强；另一方面，科学技术的实验性使其负面影响日益彰显。于是，人们在充分认识科学技术负面影响的基础上，使科学技术与社会进步更加协调地发展。

一、21世纪科学发展的特点

21世纪科学发展的特点：一是科学、技术与社会的关系更加紧密；二是表现在对科学实证研究方法的反思方面；三是观念转变理论对科学教育的指导作用日益显化。站在社会的高度思考科学技术问题，几乎已成为一种思维方式或“范式”的转换，有人甚至把这一转换称为科学技术思维领域里的哥白尼革命。

（一）科学、技术与社会的关系更加紧密

1. 科学呈“加速”文化发展的形式，使自身的理论性进一步加强

科学对人类文明的促进和推动作用，源于科学重视文化的认知方面，尤其重视与自然世界相关联的认知活动，并表现为一种“加速”文化发展的形式。特别是从17世纪近代科学诞生以来，科学和技术的进步基本上处于领先地位并激励着文化的快速发展。这是因为在科学中，具有抽象性和可检验性特点的相互竞争的科学命题和体系给出了相应的变异，并以简单性和预言能力作为选择的标准，从而使保持那些经过选择的命题和体系成为可能，也使科学在选择上成为一个有效的体系。

在科学的发展中，一个科学家常常会以巩固一个早已建立的体系的方式对科学做出一项真正的贡献，比如，证明一个体系适用于一组新的现象。与此同时，这又开辟了暴露出这个体系之严重缺陷的进一步探索的可能性，并为这个体系之最终被取代做出贡献。科学作为文化发展的一种历程，是一种并非某些人刻意追求某个“目标”的过程，事实上表现出以抽象性和可检验性为特征的知识体系，被共有这些特点但在简单性和预言能力上优越的其他体系所取代的基本特征，从而使科学理论日臻完善，也同时使自身的理论性进一步加强。

2. 科学技术的实验性使其负面影响日益彰显

科学技术的负面影响充分表现在由于各种技术急剧且猛烈的发展所导致的各种混乱。正如乔治·萨顿所言：“科学技术的迅猛发展正在搅乱我们的精神世界，就像已经搅乱我们的物质世界一样……工业、商业和财政上的手段和机器的增长是那么的不顾后果、冷酷无情，以至于一些大的领域正在被一些本应使他们兴旺和快乐的活动弄得一团糟。生活过分的机械化已经玷污了个人、家庭和社会幸福的源泉。”①

事实上经历数百年的发展，科学教育从注重科学知识的传授逐步转移到强调科学素养的培养上来，正是源于人们对科学技术负面影响的深刻认识，源于现代社会、科学技术发展

---

① 乔治·萨顿.科学史和新人文主义[M].陈恒六等译.北京：华夏出版社，1989：140—141.

的内在要求，源于生活在这样一个日益科学技术化的世界中的个体发展之于公民科学文化素养的强烈需求。一方面，再不能让科学作为一种与我们的文化无关的工具来发展。科学必须人性化，这意味着至少不能允许它横冲直撞。它必须成为我们文化中的一个组成部分，并且始终是为其余部分服务的。另一方面，正如英国著名科学教育家琼·所罗门在《科学—技术—社会教育》一书中所分析的那样，现代科学技术发展导致环境严重污染，唤起公众环境意识的觉醒，但要表达对环境质量的看法，不仅需要了解环境污染的知识信息，更需要真正理解科学的本质与功能。因而，所有人都需要一些科学教育，以便他们可以思考与科学有关的事件，对这些事件发表自己的看法并采取行动，因为这些事件可能会影响他们的生活质量。

3. 科学技术发展的社会学向度为人们所关注

面对历经现代科学技术摆布的大自然向"能动的"现代人发出的警告：破坏环境就是在毁灭人类自身，唯有与自然和谐互惠，人类才能生存与发展。人们终于明白，那种认为只要掌握科学技术就永远坦途无限，就可以控制自然，就可以从自然界获得似乎"取之不竭、用之不尽"的资源，以满足人类无限膨胀的欲望，不过是痴人说梦般的幻想。因而，从社会学的角度重新审视科学技术的发展，日益为人们所关注。

站在社会的高度思考科学技术的发展问题，已几乎成为一种思维方式或"范式"的转换，有人甚至把这一转换称为科学技术思维领域里的哥白尼革命。因而，科学教育在着重培养未来合格公民的同时也不能不关注全球性问题，不能不把提高公民的科学素养作为追求的目标，将追求"真"与追求"善"和"美"统一起来。而且也只有着眼于科学、技术与社会的关系，立足于人类与自然的和谐共存与发展，才能理解科学的本质及其局限性，形成科学的态度、积极与健康的情感和正确的价值观，感悟科学之精神，运用科学之方法，将增长的才干与掌握的知识真正用于为谋求人类世代的幸福而努力做出贡献。

（二）人们对科学实证研究方法的反思

科学理论既不能被完全证实，又不会被彻底否证，因而无论是严格的证实还是严格的否证，都不会使人们从经验中获得好处。这实际上意味着，实证主义以及证伪主义的困难确实存在，那种认为"所有经验科学的陈述必须是能最后判定其真和伪的，或者说它们必须是'可最后判定的'"的观点，或强调"必须证实它们和证伪它们"的想法是难以实现的。

1. 实证主义基本思想

实证主义认为，经验科学作为人们熟悉的一个理论体系，应该是能够提供确定信息的一个肯定性系统。按照实证主义的观点，知识必须靠理智的力量证明或靠理性的证据证明，以便除去那些没有经过证实的东西，保证即便是在思考时也能使思想充分确定，因为"科学知识是由已证明的命题所组成的"。这样实证主义者就把知识和已得到确证的知识视作同一。他们强调，科学诚实的要求是：凡是不能被确证的东西，人们对其也就无法断言，理解一个陈述在于指出它的证实方法。实证主义者认为，使科学与伪科学相区别的，正是能发现真实的、可证明的、可靠知识的"科学方法"——归纳法。

实证主义者坚持客观主义的认识论或知识观，相信世界是客观存在的，相信知识是关于世界的绝对正确的表述，可由实验进行验证。他们还认为，知识可通过教育者照原样传授于受教育者，使他们通过记忆理解稳定的"客观"科学知识以认识世界。他们强调：教育者们有必要清楚地思考与传授知识；清楚地区分有意义的话与无意义的话；避免含糊或者不明确。教育者还需要前后一致,并依照形式逻辑的具体规则进行推理;所教授的知识具有客观性,不带个人的或文化的偏见;同时所教授的知识还应是可靠的,即当证据不足的时候,就不做判断;归纳原则要应用于证实理论、概况或假设。

2. 证伪主义的基本精神

依照证伪主义的观点,对理论的证实是不可能的。证伪主义者认为:科学不能证实任何理论。虽然不能证实,却能否证它,这表明证伪主义者试图通过证伪的方法以检验理论。比如证伪主义的典型代表波普尔,就主张采用演绎的逻辑。他从历史上曾经得到最好证实的科学理论像牛顿力学也未能幸免"垮台"的事实的启发,提出了和实证主义完全不同的证伪主义思想。波普尔指出,完美不是小心翼翼地逃避错误,而在于无情地消除它们。一是大胆地假设,二是小心地否定。科学合乎理智的要求不是靠证实来确立或巩固其主张,而是靠准确地判断一些条件,使在这些条件下我们愿意放弃该主张。他说:在很一般的情况下,所有理论都是同样地不可证实。因此,科学理论都同样具有猜测的性质。科学不能证实任何理论。虽然科学理论不能证实,却能否证它,即能以充分的逻辑必然性否定(做出否定行动)那个错误的理论。

3. 准确把握实证研究方法的内涵

证伪一个理论与证实它同样困难。即便把证实与证伪的方法都考虑在内,基于观察的经验科学也无法成为提供确定信息的、肯定性的知识系统。那种强调"所有经验科学的陈述必须是能最后判定其真和伪的,或者说它们必须是'可最后判定的'"的观点,或"必须证实它们和证伪它们"的想法是无法实现的。

科学的态度是批判的,它不企图证实而是期望证伪的检验,只有尝试过却又未能成功的反驳,或许才算是确证或证实。这是说,一个普遍的理论总有和对可观察到的事实描述相冲突的可能,从而被证伪或反驳。因而面对一个假定成立的命题,并不需要试图证实它的正确性,证实之后才吸收它为知识体系中新的内容,而是要看它是否存在被否证的可能性,或拥有一些潜在的证伪者。人们对错误进行的客观检验正是构成科学知识体系的基础。科学研究开始于问题已显露出来的地方,即实际问题的出现是因为出了差错,是因为某种未能预料的事件,但人们试图解答问题的方案却总具有尝试性质,或者说是人们建构一种理论、提出一种猜想或形成一个假说的过程。人们通过比较与批判讨论各种相互竞争的理论,从而发现它们中存在的缺陷。科学研究正是凭借一些事实,使理论不断地得到修正而发展、完善。于是,科学的知识系统并不要求能在确定的意义下被一劳永逸地挑选出来,只是要求它在否定的意义下凭借经验的检验被理智地选择,是说经验的知识系统必须有被经验反驳的可能。

实证研究实质上是一个融合证伪思想于一身的过程,即面对一个命题,总试图寻找否证它的理由,当在否定它的证据不充分时,才不得不把它作为真理接受下来。而同时,要保留否证它的可能性,这正是相对真理的本质内涵。但当有充分证据表明某一命题不成立时,就需要考虑修正甚至放弃该观点。这种包含了证伪思想的实证方法,意在指出理论的不完善、局限甚或错误的地方,以便寻找错误的根源,并尝试排除错误。因而这一实证思想与证实了才接受的实证主义完全不同,也与那种一次就证伪了、抛弃掉的证伪主义思想不相容。因此,应正确区分实证与实证主义、证伪与证伪主义的区别与联系。应该说以实证主义和证伪主义为两极,证实或证伪都处于两者连线之上,都是实证研究必要的思想方法,但发展到实证主义或证伪主义则是极端荒谬的想法或做法。

（三）观念转变理论对科学教育的指导作用逐步显化

建立在当代科学哲学研究结果基础上的观念转变理论，试图探讨知识增长的内部机制。该理论借鉴托马斯·库恩提出的“范式”理论以及伊姆雷·拉卡托斯提出的“研究纲领”，指出在学习领域，也存在着类似的观念转变方式，学习实际上是观念转变的过程。目前国际上甚至流行这样一个口号，就是“为观念转变而教”。

1. 观念转变理论的基本精神

观念转变理论想要回答：学生的科学观念是如何发生变化的？如该理论的代表人物波斯纳（G.J.Posner）等人就曾指出：学生的学习是在他们当前观念的背景下发生的，这些原有观念构成了影响学生在学习中观念转变的“观念生态”。

观念的顺应或转变涉及两方面问题：观念转变可能发生的条件和影响新观念选择的观念生态的特征。观念转变理论借鉴认知科学关于儿童错念的经验性研究，认为学生在接受科学观念前对许多自然现象已有自己的观念认识（并不像洛克所讲，儿童的心灵是一块“白板”）。这些观念或促进或阻碍学生科学观念的形成，因而科学教育以其前有观念为基础。帮助学生进行原有观念的转变，是学生获得科学知识并扭转科学教育困境的基本途径。研究表明，学生在日常生活中所形成的许多关于自然问题的错念，都有高度的坚韧性，极难改变，但又必须通过教育进行转变。一个错念不仅是一个虚假甚至错误的信念，而且在认知中发挥着组织作用，正如范式在认知中发挥的作用一样。因此，任何有效的学习都不得不考虑到这些错念的影响。观念转变理论就是企图以此为突破口的一种理论尝试。这里转变并不是说科学教育的目的是要以新的观念或理论取代日常观念或旧的知识，而在于使学生清醒地认识到，在某些情境里科学观念比以前他们所持有的观念或认识更加有效。

日常观念或知识包括学生用于理解世界以及与他人进行交流的解释框架，有学者认为，要转变的恰是这些解释的框架。从个体经历观念转变所需要的条件来看，观念转变机制包括以下四个方面：

（1）必须对原有的观念产生不满。研究表明，除非人们已经发现他们所持有的观念失去作用，否则他们的观念不会改变。这意味着观念转变之前，个体事实上已积累了很多的未能解决的疑难，这些疑难是学生可能接受科学观念的基本条件。在科学知识的学习中，学生面对有趣的、有条理的实验，通过对某些现象的讨论，尤其是运用“认知冲突”等教学手段和方法，会引起儿童对日常观念的质疑与不满，从而促使观念转变。

（2）新的观念必须是可以理解的。基于前一个条件，儿童开始学习科学观念。但新的科学观念必须是可以理解的，只有初看起来这些概念还有些意思的时候，才能引起学生的注意并开始探索它们。观念转变过程中，一个需要解决的问题是，新的科学观念通常与直觉相反，于是对那些信守旧观念的人来说就是不可理解的。科学教育正是要克服这一困难。

（3）新的科学观念乍看起来必须是真实的，即与学生其他的观念相一致或没有冲突。新的科学观念倘若要被接受，就需要学生相信它们的真实性。

（4）新的科学观念应能揭示更加丰富的研究纲领的有效性。也就是说，新的科学观念不仅能解决目前的问题，而且能为揭示与观察世界的方法开辟更加合理的途径。研究表明，观念生态极大影响对新概念的选择与吸收，已有观念越丰富多样，越有利于促进学生观念的转变。

总的来看，观念转变理论是一种规范理论，正如斯特莱克和波斯纳所说的那样，“我们的理论不是建立在任何经验证据之上的。相反,它指出,科学哲学和科学史研究所揭示的那些证据与重要的观念的修正有关。应当再次指出,这一基础使我们的理论具有规范的性质。我们提出的观念转变理论首先是描述和产生与重大概念修正有关的那类经验的尝试。"①因此观念转变理论主要关注的是认识论问题,涉及确定理论转变或选择的充足理由是什么。观念转变理论假定,在所有层次上知识的增长都具有很多相似的地方,在科学前沿的观念转变与学生在学习科学时所经历的观念转变是类似的。观念转变理论假定,学习者的观念生态与新知识是互动的,观察、实验、对证据的评估以及对相同事例的理解与解释都依赖于学生当前的知识状况。这一理论还认为,学习科学是一种文化习得的过程,科学概念是社会性获得的,学习科学的过程就是适应科学共同体的概念、解释和认知方式。

2. 观念转变理论的方法学意义

观念转变理论作为一种理性的理论,其方法学意义在于指出,学生接受某种观念是基于充足的理由,即学生有了充分的证据才会改变自己的信念。学生的信念体系是完整的,不仅具有内在的一致性,而且人的理性要求人们在接受某种新的观念时,必须依据一定的标准。这就是充分的经验证据、理论上的可能性、逻辑上的一致性以及对未来研究可能具有的有效性。

随着研究的不断深入,观念转变理论也进一步认识到,其实学生的错念或学习前的观念可能只是模糊的认识,或者如布鲁纳所说的只是以一种图像式的表象形式存在着,甚至不以任何表象形式存在,而只是作为观念生态的某些因素存在着,由此影响对其他观念的选择。事实上,错念也有一个发展的历程,它们由观念生态中其他因素生成。对于学生的学习来说,也许更为重要的是科学教育要了解产生错念的那些因素是什么,而不是错念本身的特征。总之,观念或错念也是观念生态的一部分,与观念生态互动,而且情感和社会因素等也与理性一样对观念的转变具有解释力。

林达(C.J.Linder)在对观念转变理论的批评中,强调具体观念的情境的意义。他指出,学生必须从特定情境中的新观念形成有意义的关系。因此,科学知识的学习中,不要过分注重"改变学生原有观念的某些部分,而要注重提高学生区分适合于某种具体情境的观念的能力"。修森等学者则较全面地概述了"为观念转变而教"的教学指导原则的重要方面。

第一,科学教育中要使学生与教师的观念共同成为课堂话语的组成部分。基于观念转变的科学知识的学习,必须使与课题有关的各种不同观点都有机会表达出来,其中包括学生的观点。以往的科学教学中,往往只有教师的观点才成为课堂的话语,学生的观点则不被考虑与重视。这样学生只知道自己的观点与教师的观点不同,并不知道其他学生的看法,长此以往,容易造成学生不能认真对待自己的观点,很可能轻视自己观点的情况。当学生的观点与教师的观点同样受到重视,就会引起学生注意,并通过理解尝试接受那些以前他们不曾听到或未曾认真考虑过的思想观念。这样学生就有机会依据不同概念所具有的解释力做出判断,从而使他们认识到,某些观念所具有的权威并不是源于教师无可置疑的权力地位,而是以精确陈述的、通过讨论的证据为标准的。

第二,促进元认知的发展。所谓元认知是指个体对自己认知过程与结果的认识,是学生对自己学习状况的了解、意识和掌控。元认知可以在学习中获得,从而提高学生的学习品

---

① 丁邦平.国际科学教育导论[M].太原:山西教育出版社,2002:214.

质,使他们能够整合、监控以及拓展自己的学习领域,并具有良好的学习行为。为此,应使学生具备关于如何获得与理解知识、关于思维以及如何有效思考的认识,以及关于什么样的教材才是好教材,以提高他们的元认知能力。

第三,确定观念的地位。在已提到的关于观念转变的四个条件中,新观念的可理解性、真实性和有效性是决定观念地位的三个重要方面。当学生初步理解了新观念,看到新观念与其所拥有的其他观念一致或能够协调时,这个可理解的观念就具有真实性;当新观念解决了在其他情况下不能解决的问题或揭示了新的可能性、方向或观念时,它就具有有效性。学生对不同观念的可理解性、真实性和有效性进行比较,能促使他们在各种观念之间做出选择,有些观念可能更易于他们接受,地位就会提高,而有些观念则可能不易于学生接受,其地位就会降低。因此,科学教学中为观念转变而教,提高某些特定观念的地位是教学活动的一部分,而且降低另一些观念的地位也是教学活动的重要组成部分,包括探索这些观念不可接受的意蕴,指出它们不足的地方。

总的来看,观念转变理论与以往的学习理论相比,更为有效地解释了学习(尤其是科学学习)发生的机制问题。如行为主义理论只注重观念的联结与整合,以此说明学习的内部机制;皮亚杰的认知发展理论注重探讨个体认知结构或认知操作的发展,并没有说明学习的具体机制;布鲁纳的学习理论关注课程结构和发现法在学习中的作用,但也未就学习的具体机制做出有说服力的阐述;奥苏伯尔的有意义接受学习理论虽然较为合理地阐明了有效学习的一般原理,但就学习的具体机制却未能做出回答。

观念转变理论汲取了有关理论的合理内核,如建构主义观点和有意义学习理论的有关成分,借鉴了科学哲学中以观念转变和观念生态为理论基础,结合认知科学关于错念的研究,揭示了儿童掌握科学概念有一个从原有观念到新的科学观念的转变过程。观念转变理论认为,在科学知识的学习中,之所以有许许多多的学生学业成绩不够理想,一个主要原因就在于学习者没有从原有的观念转变到科学观念上来。因此,科学教学中解决观念转变问题应是许多矛盾中的主要矛盾。可见,观念转变理论对学习的具体机制做出了有益的探索,使人们对人类认识的发展有了更加全面准确的理解与把握,为提高人类学习的有效性做出了突出贡献。但观念转变理论虽然考虑了理性或认知因素在观念转变中的作用,但对非认知因素在观念转变中的意义与作用明显关注不够,这是该理论有待深入探讨的地方。

二、21世纪科学发展的趋势

随着人们对科学本质的深入认识以及对科学研究方法的广泛讨论,21世纪科学发展的人文化趋向以及综合化趋向都呈日渐清晰的状况。

(一)科学发展的人文化趋向

1. 科学发展人文化的可能性

由对科学本质的认识,我们看到科学的最基本态度是疑问,科学的最基本精神是批判;而文学艺术与之相似,其本质上是异化,因为它保护与维系着矛盾,即保护并维系着那种四分五裂的世界中的不幸意识、落空了的期望、被背弃的允诺以及被击败的可能性。正由于文学艺术揭示了人与自然在现实中受排斥与压抑的向度,因而文学艺术曾是合理的认知力量。其实文学艺术也只有作为否定力量,即驳斥或拒绝已确立秩序的活生生的力量时,才可能发挥认知的作用。因而,文学艺术无论仪式化与否,都包含着否定的合理性,是对日常经验的中断和超越，破坏、拒绝并重新创造现实存在的另一种向度。文学艺术正是通过超现实主义拯救了被放弃但却是人们所向往的东西，即对幸福的要求使技术世界拒不予人的东西得到升华。总之，科学文化和人文文化的共同特征是都内涵了批判的倾向，这正是科学发展得以人文化的内在基础。

文化作为理性与经验、对象与知识、人与自然之间富有张力的统一，以真善美为其理想，因而艺术的真实价值在很大程度上取决于人与自然的未被掌握和征服的向度，依赖于人和自然未知领域探索的表达。可见艺术和科学在精神品质上具有内在的一致性，因此，把科学同化为我们整个心灵活动的重要组成部分不仅是必要的，而且是可能的。事实上，任何将两个方面人为割裂开来的企图，都会对人才的培养不利。因而那种执着于对确定无疑事实的认可，执着于思维方式的程式化、技术化，就势必造成人才的畸形发展，并最终使人类陷入不能明智地思考问题的境地。

2. 科学发展人文化的现实性

综合以上分析我们看到，只有在人们进行批判性反思，尤其在对自己进行批判性反思的水平上，才能保证获得真正的知识。因为，真正的知识要求参与和投入，要求参与变革的行动，这是一种只有在对知识进行批判性反思的基础上才能完成的实践。没有批判性反思，任何学习都只是提供一些与学生不相干的、外在的信息，或许知道什么是真理，却决不会成为真理的一部分，从而使学科内容只可能成为奴役而不是解放学生的手段。因此伽达默尔说："融会贯通我们的知识、把任何知识应用到我们个人的生活情景中所具有的重要意义远比科学的普遍性更有普遍意义。"

首先，理性以批判的审查为根据，是人类社会发展的基本动力机制。正因为人类理性的思考内含着怀疑、批判的精神，才使人可以在欣赏并继承祖辈文化的同时，勇于质疑，勇于尝试新的道路，不仅不像动物那样只是本能地模仿，而且也并不盲从貌似千真万确的真理，从而使人类不断地超越自身、超越自身所处的时代背景，并以文化进化的形式持续不断地发展。这是仅靠非理性的高涨情绪和良好愿望所不能达到的。同时，因为人类理性的固有特征是批判的，才更需要反思技术性、程式化的思维方式，将科学与人文"两种文化"融合起来。

其次，艺术与科学是不可分割的，表现在它们的关系就是和智慧与情感的二元性紧密关联。对伟大科学概念的理解与对精湛艺术的美学鉴赏均需要智慧，但随后的感受升华与情感则是分不开的。缺乏情感的因素，人们的智慧就不能开创新的道路；而没有智慧，人类情感也同样不能达到完美的程度。艺术与科学事实上是一枚硬币的两面，都源于人类活动中最高尚的部分，共同追求普遍性、深刻性、永恒与富有意义。

再次，批判性思维是科学素养的核心。① 思考是人类的特征和需要，"我们的人生是由我们的思想构成的"。正如苏格拉底所言："我教不了别人任何东西，我只能促使他们思考。"事实上，加强培养学生思维特别是批判性思维的能力，对个人的成功以及国家的需要都有核心的重要性。批判意识的形成会向成为课程基础的常识性假设提出挑战。知识产生于人们的需要，而批判意识能成为变革的实质力量，阻止科学沦为制定和贯彻国家政策，对社会经济、政治实践进行辩证的批判性理解，改变限制许多人生活和希望的制度安排，以取得实质性进步。② 批判性思维意味着不被虚假信息所蒙蔽。据报道(Harris,2000)，20 世纪 80 年代后出生的一代，所接触的信息中有 75%以上是其出生以后产生的，而且信息产生的速度还在加快。但更为重要的是,这些信息中很多是包含着有偏见的假说,需要人们自己去辨别、去判断。因为网络时代,人人都可以向全世界发布或真或假的信息和情绪,甚至于戴上面具制造假象却可以不负任何责任。所以,批判性思维在于首先使人判断信息的真实性与准确性,去伪存真;其次是探索信息背后隐含的假设和价值标准,挖掘更深的含义和根源,避免被误导和盲从。批判性思维在个人及其社会生活中起着积极促进的作用。③“批判”在此并不具有负面、否定的意思。批判性思维绝不仅仅限于发现缺点。批判性思维是对已有观念、论证进行有意识地审核与反思的过程,即在容许一个观念、信念或论证——不管是听来的还是自己想到的——进入大脑,成为自己知识体系的部分之前,先要用理性和公正的标准对它审视一番。因而,批判性思维事实上是一个探索的过程,它质问已有观念、知识和决策,试图根据经验、逻辑和辩证的方法来找到更好的观念,推进知识的进步,做出合理的行动。因而,批判性思维是真正的独立思考。独立思考的本质不在于结论,而在于论证过程;不在于观点对错,而在于努力方式;不在于是否受人影响,而在于怎样受人影响,并意识到影响及其局限性。因为,完全独立于已有知识体系和思想的纯粹的“独立思考”并不存在。人并非生活在真空之中,人无法不受到这种或那种思想的影响甚至这种观念或那种观念的推动,所以真正的独立思考是公正考察已知事实和各种观点之间的碰撞,做出综合、诚实的判断。当然这种独立分析得到的结果仍然具有局限性,它受历史、知识、信息甚至思考者思维品质的制约,但无论如何,经过这样独立思考后得到的结果总可以保证有更好的合理性,有更多接近真理的可能。

最后,科学教育具体教给学生一些什么内容,或许关系并不大,而重要的是保持学生创造的热情、生活的勇气和决心。一方面,决心同天生的才智一样重要;另一方面,“热情往往伴随着思想丰富的人一起深入到生活中去,热情日日夜夜照耀着他们,燃烧着他们的心灵,不使他们误入歧途,不使他们虚度年华,碌碌无为”。① 因此,“我认为对于学生而言,最坏的事情是教师主要靠人为的权威、恐吓甚至暴力来进行工作。这些方法会摧残学生的感情与健康、诚实与自信;这种做法制造出来的只能是顺从的人”,因而,“在学校与生活中,学生学习的最主要动机是学习中的乐趣,是学习中获得结果的乐趣,和对这些结果具有的社会价值的认识。教师启发并加强年轻人的这种心理力量,我认为应是学校中最重要的任务。只有这样健康的心理基础才能触发学生愉快的愿望,以追求人类最高财富——知识与艺术技能。”②

总之,不称职的教师强迫学生接受真知,一个优秀的教师则教学生主动寻求真知。一切真正的课堂教学绝不是传授知识,而是如何培养学生进行思考。教学艺术是激发、启迪和活跃。学生只要有了这种活跃的情感,教师就不必额外督促学生好好学习。这就是要抓住学生的内心精神世界,积极培养学生浓厚的学习兴趣,有规律地培养学生的理解力和意志,这样通过教学才能真正教会学生独立思考,使他们获得真正的教育。而一旦学生具备思考的能力,以及观察问题、把事实和问题联系起来、利用和享有观念的力量,当他们走出校门时,一切其他的东西都可以在一定的时候、必要的时候增添进去,并在理智上和道德上明白自己的职责。

---

① 第斯多惠.德国教师培养指南[M].袁一安译.北京:人民教育出版社,1990:16.

② 爱因斯坦文集[M].第三卷.北京:商务印书馆,1983:144—145.

（二）科学发展的综合化趋向

科学可持续发展是21世纪科学发展的主旋律，而科学发展的综合化是科学可持续发展的基本途径。这种综合化趋势也正逐步渗透于教育之中，并使人们认识到我们学习科学事实或科学法则，如果注意科学事实与物质的技术的联系，也注意科学事实与人的联系，就能扩大科学事实的含义，给予科学事实更大的文化价值。重要的问题是要从科学事实的社会联系，从它在社会中的作用，来了解科学事实。

1. 科学发展的综合化是哲学层面理性思考的结果

弗雷德·R.达马尔曾经说，伽达默尔对来自科学主义和意识形态偏见的双重危险进行了批判，并将哲学反思确立为一种“有价值”的生活的基本前提。他认为，就统括人的判断力的整个领域而言，除科学文化之外的其他文化在它们自己的道路上也已经获得并保留着一种智慧，而这种智慧恰为近代科学文化所缺乏。这种智慧不仅应当能支配给人类打开的整个生活空间，也应当能支配人类的一切科学能力和人类一切的行为。因为，事实上“我们称之为哲学的东西，不是以所谓实证科学方式存在的科学。哲学并不是拥有一批并列于其他科学的规范研究领域的实证的材料，可以据之进行单独研究，因为哲学必须研究整体。但是，这个整体并不像其他任何限定的整体一样，仅仅是包含了它的一切部分的整体。作为这个整体，它是超出各种知识的有限可能性的一种观念。因此，它就不是我们以一种科学方式能够认识的东西。”①

虽然哲学与基于实证的科学存在巨大差异，但它与实证科学之间仍然保持一种切近的联系，这种联系使它从那种严格基于主观思辨与推演的世界观领域分离出来。哲学在这里也还意指能被称为“科学中的哲学要素”的一切东西，那就是决定任何既定科学的客观领域的一些基本的概念尺度，从而使哲学以自己的思考和认识方式，对我们的知识做出系统的和综合的明确表述，并能够在存在事物的全体中保持统一性。而这恰是任何一门所谓实证科学所难以做到的。

2. 科学发展的综合化表现为科学教育中“真”“善”“美”的和谐统一

现代自然科学已经作为一个确实起改造作用的事实进入世界，结束了依赖自然现象和经验而不借助于数学抽象的传统的科学观，并将其基本精神凝结在一套特有的符号系统之内。当人们正在处理科学符号系统——在任何既定情况下，它都为既有的研究领域所完全地决定，则那种指向整体的情况便不会发生。因此，以哲学的反思考量科学教育，就是将知识统整与人格统整相统一，力求在传授科学知识的过程中，弘扬科学精神，陶冶科学方法，养成科学态度，将知识学习、精神感召、意志态度锤炼、人格熏陶有机结合在现实的教育实践之中。正如蔡元培先生所阐明的那样：做科学实验求真时可培养“诚”，反复实验以求正确结果可培养“勤”，探索真理与坚持真理可培养“勇”，唯真理是从可培养“爱”。正是“真”“善”“美”的完美与和谐的统一。

本章小结

通过对本章的学习，应准确把握科学的性质，理解科学作为人类文化过程的重要方面是

---

① 伽达默尔.科学时代的理性[M].薛华等译.北京：国际文化出版公司，1988：1，2.

一个开放的不断发展的系统,其结果具有不确定性,即科学知识尽管具有相对的稳定性,却不是绝对真理,只能在一定条件和范围内适用,也不能解决所有的问题。科学知识的根本属性是可检验性,因此获得知识的根本方法是基于观察和实验的批判的检验,真理存在于检验之中。探究是人的生命存在的基本姿态,科学探究是一个无尽的历程,科学探究以问题为核心,问题解决能力是科学探究的前提与保障。科学是驱动人类文明进步的力量,同时科学技术也是一把双刃剑。科学的产生与发展历程艰辛而漫长,其中起决定性推动作用的科学研究方法即观察与实验,是人类科学探究,从而也是科学发展中最活跃又至关重要的因素,是科学发展中的现实力量。科学推动技术进步,技术又促进科学发展,社会需求是科学技术发展的强大动力,21 世纪科学、技术与社会的关系将更加紧密。科学的实证研究方法本质上是:对于一个假设成立的命题,不是试图证明它的正确性,并在证实后才接受它成为科学体系中的新内容,而是看它是否具有被证伪的可能性,即拥有一些潜在的证伪者,而不再要求是得到证实的命题。因而实证研究实质上是一个融合证伪思想于一身的过程,即面对一个命题,总试图寻找否证它的理由,当在否定它的证据不充分时,才不得不把它作为真理接受下来,同时保留否证它的可能性,这正是相对真理的本质内涵;但当有充分证据表明某一命题不成立时,就需要考虑修正甚至放弃该观点。以科学哲学为基础的观念转变理论指导科学教育的作用已逐步显化。21 世纪科学发展的人文化趋向及综合化趋向都将更加明显。

拓展阅读

1. 李克特.科学是一种文化过程[M].顾昕,张小天译.北京:生活·读书·新知三联书店,1989.

2. C.P.斯诺.两种文化[M].纪树立译.北京:三联书店,1994.

3. 丁邦平.国际科学教育导论[M].太原:山西教育出版社,2002.

4. 米都斯等.增长的极限:罗马俱乐部关于人类困境的报告[R].李宝恒译.长春:吉林人民出版社,1997.

5. W.C.丹皮尔.科学史及其与哲学和宗教的关系[M].李珩译.北京:商务印书馆,1989.

6. 蕾切尔·卡森.寂静的春天[M].吕瑞兰等译.上海:上海译文出版社,2008.

7. 张磊.科学课程设计的认识论考察[M].北京:中国社会科学文献出版社,2013.

思考题

1. 为什么说科学是一种文化过程,其发展的结果具有不确定性?
2. 为什么说科学是驱动人类文明进步的力量,同时科学技术又是一把双刃剑?
3. 简述德谟克利特原子说的基本思想。
4. 简述我国古代对科学的重要贡献。
5. 21 世纪科学、技术与社会的关系是怎样的?
6. 怎样理解科学发展的综合化趋向?

第二章　小学科学教育概述

本章要点

小学科学教育的发展历史；小学科学教育的理论基础；小学科学教育的挑战与趋势。

从19世纪30年代开始，有零星的科学课程进入中小学校。到19世纪后半叶，科学课程真正合法地进入到西方大中小学的课程体系。近两百年来，小学科学教育和课程发生了哪些变化？这就需要了解小学科学教育的发展历史、理论基础、价值定位以及发展趋势等。

第一节　小学科学教育的发展历史

科学教育的历史其实并不很长，至19世纪前半叶，科学教育与人文教育相比还严重滞后。从19世纪30年代才开始有零星的科学课程（讲座）进入中小学校，到19世纪中叶，有关科学教育的必要性仍然存在很大争议。科学课程合法地真正进入到西方大中小学的课程体系已经是19世纪最后20年的事情。科学课程是在与人文课程的不断抗争中进入学校教育的。然而，由于科学在现代社会发展中的革命性作用，科学教育一旦进入到教育机构，成为现代教育的一个组成部分之后，就迅速占据了现代教育的核心位置，构成了现代教育的一个核心内容。根据科学教育在不同历史时期的典型特征和主要理论背景，可以将其划分为：实物教学、“自然学习”、进步主义教育、要素主义和结构主义五个阶段。

一、实物教学阶段

19世纪下半叶，随着科学技术的进步及工商业的发展，步入工业社会的西方发达国家迫切需要大量具有初级技术的劳动力。从这一时期起，科学课程开始进入学校课程，并作为一门有组织的学科——普通事物的科学（science of common thing）在西方初等学校开设。在19世纪50—80年代，“实物教学”模式的小学科学课程最早使科学教育系统化，并提出基于学习原理的教学模式是“实物教学”（object teaching），也称“实物课”（object lesson），其思想源自瑞士教育家裴斯泰洛齐的自然主义教育思想。早在19世纪30年代，英国学者查尔斯和梅奥在访问裴斯泰洛齐之后，结合科学学科的特点最早提出了实物教学的思想，致力于培养儿童的观察能力。

实物教学的内在假设认为，儿童的官能是随着年龄逐渐从简单到复杂、从具体到抽象有序发展的，儿童可以通过简单的观察逐步提高推理能力和问题解决的能力。实物教学模式的典型做法是首先由教师选择实物（各种动物、植物、矿物）向学生呈现，然后要求学生尽可能详细地描述实物的性质和特点，如形状、大小、颜色、质地和成分等，最后让学生记住所述的名词或术语。尽管实物教学的初衷是追求儿童的心理发展，使科学教学与儿童的自然发展协调一致，可是受心智训练说和官能心理学的深刻影响，加上师资水平的低下，实物教学最终沦为对实物的机械描述和记忆，到19世纪末期，实物教学法在美国便不再流行了。这个时期的科学教育主要涉及数学、化学、物理、生物学（包括植物学、动物学、生理解剖学和遗传学）等学科，内容主要包括科学研究长期积累的基本事实，或者对被认为自身具有完善体系的科学知识进行概括和简化，教科书则由从事研究的科学家来撰写。①

二、“自然学习”阶段

到19世纪末，实物教学很快被“自然学习”模式所取代，它所主张的教育教学理念也得到了进一步发展。同时，由于工业化进程的加快，科学的功利和实用价值也日益为人们所重视。到了20世纪初，“发展目标”和“知识目标”的相互竞争促成了“自然学习”这种新型科学课程模式的诞生。

19世纪末到20世纪初，西方发达国家从农业社会向工业社会过渡，数百万农民迁移到城市，导致农业生产迅速衰落。1895年，美国“农业促进委员会”和“纽约贫民改善协会”召开了一个联合会议，共同讨论农业生产衰落的原因。“自然学习”被视为一种激发儿童热爱自然的方式，其潜在目的是使儿童喜爱乡村生活。正如美国教育史学家所说：“自然学习是治疗人与土地及其邻居相疏远的一个极好方法。”自然学习模式除了在美国流行外，在英国也很受欢迎。1903年，英国成立了“学校自然学习联合会”，这个机构对推动自然学习在英国学校的开展起到了很重要的作用。在我国，自20世纪初引进自然学习课程开始，沿用这一名称近半个多世纪。

关于自然学习模式，争论最多的是它的性质。自然学习模式的主要倡导人美国学者贝利在谈到它的功能时写道，“自然学习是对小学各年级只教授纯粹科学的一种反抗……自然学习不是科学，它不是事实。它关注的是儿童对世界的看法”。英国学者希尔和韦布认为，“自然学习”的内涵与“对自然的研究”及“科学”是不同的，虽然自然学习的材料也是太阳和地球、植物和动物，甚至包括天气，但是它们是被随意选择的，追求非正式是它的核心。因此，自然学习是一种方式或方法，而不是一个学科（学科意味着向学生传授有组织的知识），它关注的是儿童对自然环境的感受力，避免刻意的和系统的教学组织。

自然学习的主题涉及植物学、动物学、地理学、地质学和天文学，但重点在博物学。在自然学习课程的教学中，实物采集和园艺种植活动是常见的教学方式。然而，由于受“自然学习”定义本身的限制，加上物质条件的缺乏，这使得自然学习在某种程度上偏离为一种“情感主义”教育，而这种课程对于儿童在审美或精神方面提出的要求却难以达到，因此这场运动从一开始就遭到批评。然而，自然学习模式所提倡的关注儿童对自然的亲身体验，培养儿童关爱自然、理解自然的教育理念对今天的小学科学教育仍然有很大的启发性。另外，在教学过程中，自然学习采取一种跨学科模式，在科学学习活动中配合读、写、唱、画、游戏等形式，深受教师和学生的欢迎，这也是它成为一种大众化教育运动的重要原因。

---

① 李亦菲.世界科学教育发展的回顾与展望[J].济南大学学报，2003(4)：83—86.

三、进步主义教育阶段

20 世纪 20 年代，由于科学、技术和工业的飞速发展及其对人类活动各方面的巨大冲击，“大杂烩式”的自然学习模式已经不能适应当时社会和经济发展的需要，重新审视小学科学教育的必要性日益突出。

美国芝加哥大学和哥伦比亚大学的一批学者率先推动以“小学科学”课程取代“自然学习”课程，克雷格就是其中的一个重要代表人物。事实上，早在 19 世纪末，与自然学习运动发起的同一时期，美国学者杰克曼和哈里斯就提出了以科学通则而不是零散的科学事实作为教育目标的思想。克雷格继承并发展了杰克曼的思想，在经过多年研究的基础上，于 1927 年提出了小学科学的课程模型，这一模型对今天的小学乃至中学的科学课程结构都产生了巨大的影响。克雷格通过调查和分析，提出了若干个儿童最感兴趣的科学问题，列出了一系列被认为是小学科学课程核心内容的科学通则、原理和概念。当中涉及的主题非常广泛，不但包括常见的生物学、地理学知识，而且还引入了一些简单的化学和物理学知识。克雷格还认为，科学课程应该成为公民普通教育的一部分，因此与科学有关的健康、安全、经济等知识内容也应该包括在科学课程中。尽管在克雷格的模式中也提到儿童经验活动、科学方法以及社会态度等内容，但科学知识是其中最重要的目标。

这一时期的进步主义教育家杜威认为，给儿童提供有用的知识是培养民主社会公民的需要，课程内容应该根据儿童的兴趣和需要来确定。另外，杜威还清楚地意识到，为了适应未来社会的发展，公民还必须拥有良好的分析和判断能力，而科学教育对此能够起到重要的作用。因此，针对当时科学教育中只强调知识积累的现象，他提出科学不仅是需要学习的大量知识，而且也是一种学习的过程或方法。杜威所说的“科学方法”就是他总结出的“反省思维”的方法。

在课程目标方面，进步主义倾向于儿童本位。杜威认为，课程应以儿童为出发点、中心和目的，衡量课程价值的标准是它能否有助于儿童的生长和发展。“儿童的发展、儿童的生长，就是理想所在……决定学习质量的是儿童而不是教材。”学校应该是儿童生活的场所，儿童所做的事情主要由儿童个人来决定，而不应是由教师或固定、现成的教材来规定。儿童居于学习过程的中心，他可以自由地获取他认为有用的知识。因此，课程是为儿童服务的。

即使在这个阶段，科学课程在小学教育中的地位仍然没有得到普遍的承认和重视。科学课程的开设显得很随意，至多也只是作为一门选修课程。但是，在科学教育史上，这是一个非常重要的转型期，以科学知识和科学方法为目标的现代小学科学课程的雏形已经出现，早期的自然主义倾向开始减弱，教育目标开始从单纯的“个人”发展目标，转向“个人—社会”发展目标。

四、要素主义阶段

在 20 世纪中叶，要素主义作为美国一种主要的教育哲学流派，深刻地影响了同时期的科学教育。要素主义倾向于社会本位的课程。在他们看来，社会是最为根本的，学校教育必须以社会进步和发展为目的。对此，要素主义的代表人物巴格莱曾强烈谴责当时以进步主义课程观为指导的课程改革运动。要素主义的课程观明显地表现为满足社会和国家的需要、追求教育社会价值的特征。

要素主义反对一味地强调儿童的兴趣和需要，要强调知识的客观性、系统性、逻辑性和顺序性，认为学习不仅仅是游戏，它需要儿童付出艰苦的努力。对于进步主义的"活动课程"，他们不以为然，认为这否认了知识的系统性、逻辑性，使学生只学到"许多随意拼凑的东西和支离破碎的知识"，而不能掌握知识的整体，也不能进行智慧的训练。因此，他们主张教育就是传授客观化的知识，至于儿童对所学的东西是否有兴趣那是次要的。

在要素主义哲学流派的影响下，这个时期的科学教育等同于科学知识的教育，它关注科学事实、科学概念、科学定律、科学原理的传递，因为这些知识符合斯宾塞"为完满生活做准备"的价值标准。教师讲授、实物演示、学生读书是科学知识教学的主要方法，考核也是以知识记忆的多寡为评分标准的。美国斯坦福大学的赫德曾提到的美国的一个小学科学大纲就是这样一个典型："大纲所列的内容绝大部分是研究周围自然界的生物、植物和动物的特性和生活史……儿童们的学习几乎全是读或者听故事和寓言，看图画，描图样和制作模型。"在一个相对无变化的社会里，科学知识可以为学生提供未来生产、生活所需要的一切，因此斯宾塞的"科学知识最有价值"可以视为这一时期科学教育的最高理念。

五、结构主义阶段

20 世纪 50 年代后期，美国学术界许多人士，尤其是保守的教育家对"生活适应"或功利性教育提出了强烈批评，认为进步教育运动走得太远。第二次世界大战中的原子弹爆炸事件、苏联第一颗人造地球卫星上天，使公众目睹到科学与技术的威力，对科学、理论与智慧的成果推崇备至。政府也前所未有地将教育同军备竞争、经济发展联系起来，出现了由政府、专家、教育学家通力合作进行科学课程改革的局面。

20 世纪 50 年代，冷战时期的政治和军事对抗使得科学、技术及科学教育在巩固国防上所起的巨大作用日益为美国等发达国家所重视。虽然这次科学教育改革的对象主要是中学科学课程，但也间接地推动了小学科学课程的发展。因为社会和教育界承受着这样一个压力：科学课程必须在所有年级开设，否则儿童将不能适应未来以科学技术为主导的社会。

从 20 世纪 60 年代开始，小学科学课程模式逐渐取代了自然学习模式，而"做个科学家"则成为这次课程改革的口号。与以往的课程发展形式不同，这次的改革经费绝大部分是由政府和国家基金会提供。同时，这次改革还研究出版了大量的课程和教学资料。在美国，有较大影响力的小学科学实验课程有三种：

一是由美国联邦政府赞助的 ESS 课程（The Elementary Science Study，1961—1971）。它的特点是以一个大主题综合相关的知识内容，强调让儿童亲身实践和探究日常生活中的事物。

二是由美国科学促进会（AAAS）组织编写的 SAPA 课程（Science—A Process Approach，1962—1972）。它是一个高度结构化的科学课程，其目的是培养学生的科学探究技能，又称"过程技能"（process skills）。该课程将科学探究技能分为八种初级技能和五种综合技能，分别为"观察、分类、测量、交流、推断、预测、应用时间/空间关系、应用数字"和"形成假设、控制变量、解释数据、下操作性定义、实验测试"。如果说 20 世纪初只是在理论上注重科学方法的作用，那么，这次课程改革则让科学方法在课堂实践中找到了扎根的位置。

三是由美国国家科学基金会提供资金支持的 SCIS 课程（The Science Curriculum Improvement Study，1962—1974）。与 ESS 和 SAPA 课程不同，SCIC 课程强调儿童对科学概念的功能性理解，目的是形成良好的概念结构和科学理解。比较 ESS、SAPA 和 SCIS 这三种课程的教学目标可以发现，它们或侧重于“内容”——科学概念的掌握，或侧重于“过程”——探究技能的发展，这使科学课程是“内容”还是“过程”的争论成为后续 30 年直至今天小学科学课程发展中的一个重要问题。①

在这个时期，科学教育改革主要是以结构主义科学课程为代表。由于对“结构”理解的差异，又有两种观点相异的结构课程观，主要代表是布鲁纳（Jerome Bruner）和施瓦布（Joseph Schwab）。

在科学课程方面，布鲁纳提出了“螺旋式”课程的主张。“学科结构”概念和“智力发展阶段理论”是其理论的基础。20 世纪 60 年代初，以布鲁纳的“学科中心理论”和“发现学习”为指导，美国进行了大规模的科学教育改革。这一改革具有以下几个特点：① 一流科学家的推动；② 调整科学课程与教学目标，注重围绕基本理论、原理组建课程，形成结构化的知识体系；③ 重新编写新的科学课程，出版新的教科书；④ 注重探究式的学习，并开发出支持探究和发现的实验室和多媒体学习包。然而，本次课程改革并没有取得预期的效果，②其中的主要原因在于以布鲁纳为代表的结构主义教育家的科学观和科学学习观具有以下特点：

布鲁纳理解的科学是一种静态的知识体系，虽然布鲁纳也认识到了科学知识的发展性和变化性，但这在他的科学课程思想中几乎没有体现。对科学本质这种简单、片面的理解，使布鲁纳的科学课程隐含着类似于逻辑经验主义的科学观。这无疑对学生理解科学的本质，培养学生的批判精神、创造精神都是不利的。布鲁纳的科学课程主要是学科课程。其不足首先表现在学科结构难以获得统一认识，即便是世界上最优秀的两位物理学家也不可能对经典力学列出同样的结构图，并认为它是最合理的。其次，科学知识在人的头脑中的组织是否真的像布鲁纳等认知心理学家所认为的那样具有严格的层次结构，是值得怀疑的。再次，布鲁纳的结构课程理论，因其“学问中心”和“要素主义”的天性，没有充分注意到科学、技术、社会的内在联系，没有重视学生多方面科学素养的培养，没有重视多学科之间的相互融通等。

布鲁纳重视科学知识与科学方法的内在联系，认为只有经过亲身探索获得的知识才是最有价值的知识，这无疑是秉承了杜威对探究活动高度重视的传统。布鲁纳希望通过“发现”来学习经过心理化了的科学知识，这种力图将逻辑结构与心理结构相结合的思想也与杜威一脉相承，是教材心理化的又一次有益尝试。客观上，“发现式”学习在培养学生的科学态度、科学精神方面也起到了一定的作用，这是以往的科学课程所忽视的。但遗憾的是，布鲁纳把“发现式”学习的目的主要集中在获得学科结构上，从而降低了“发现式”学习对学生发展的其他价值。

施瓦布的科学观、课程观和学习观与布鲁纳不同。在科学观方面，施瓦布强调要把科学视为一个寻求证据、揭示自然事物的漫长过程。他反对把科学知识当作真理教给学生。施瓦布关于科学本质的理解充满了活动性、历史性、发展性的色彩。就课程观而言，施瓦布认为课程是由教师、学生、教材、环境四个要素构成的，不断相互作用、动态发展的生态系统。

---

① 钟媚，高凌飚.西方小学科学课程发展的历史回顾与展望[J].比较教育研究，2007(6)：47—51.

② 李亦菲.世界科学教育发展的回顾与展望[J].济南大学学报，2003(4)：83—86.

教师和学生是课程的主体和创造者，其中学生是课程的中心。教材是课程的有机构成部分，但教材只有成为相互作用过程中的积极因素，在特定学习情境中才具有课程的意义。可见，施瓦布并未将固有的静态的科学知识结构作为科学课程的逻辑起点；相反，教材、科学知识是因课程活动的需要才有意义的。换言之，课程实践活动的对象并非教材，教材只不过是为课程活动服务的一种工具而已。施瓦布提出了“探究学习”这一科学课程学习方式，认为应该把学生视为“小科学家”，让学生通过一系列的科学探究活动去体验科学过程，使用科学方法，形成科学观念，养成科学精神，发现科学结论，并进一步培养学生的元探究能力和创造力。

总的来说，这次科学课程改革确立了小学科学的必修课地位，并明确提出了以科学事业的核心——科学概念和科学方法，而不是琐碎的事实性知识或情感教育——作为小学科学课程的目标。这是小学科学教育发展史上的一个重要里程碑。与以往的自然学习模式相比，现代小学科学课程不但在内容方面新增了简单的物理学（光、声、电等）和化学知识（空气、水等），而且在教学上也突出了发现学习和实验教学的重要性。但受学科主义思想的影响，这次课程改革过于强调概念结构的形成和过程技能的掌握，忽略了儿童的经验和兴趣以及科学内容与社会生活的联系，致使大部分课程难以被接受。另外，将科学探究能力解析为一系列“过程技能”的集合，认为这些技能无需概念理解支持并可以通过练习来独立发展，这使科学教学又走入了另一个误区。①

六、当代科学教育的基本特点

科学教育发展的历史实质上就是科学教育与人文教育交锋的历史。随着理论研究和实践探索的渐趋深入，人们越来越意识到非此即彼的二元对立的思维方式无助于问题的解决。科学教育和人文教育必将走向融合，科学课程的发展也必须体现人道的、人文的和社会的诉求，从而在本质上改变科学课程的发展道路和形态。

（一）科学课程的综合化

在20世纪70年代以后，科学课程发展的总趋势是人文化和社会化，而其外在表现则是课程的综合化。由于社会需求的变化和对结构化课程弊端的反思，人们开始认识到学科中心课程已经不能适应教育的需要，并进行了巨大变革。首先，在STS（Science，Technology，Social，即科学、技术、社会）思潮和科学综合化趋势的影响下，人们开始从知识的相关性角度来变革科学课程。由此，大量的综合科学课程、STS课程开始涌现。其次，科学教育研究逐渐认识到科学课程的综合化不只是为了激发学生的学习兴趣、联系学生的生活情境，更是科学文化本质的体现。于是，对科学文化本质的了解便成为科学课程内容的应有之义。同时，科学课程还必须对科学的社会价值、人生价值、生命价值予以关照。科学课程内容由原来枯燥、干瘪、僵化、呆板的知识体系转变为内涵丰富、形式多样、儿童喜欢、能够反映科学本质与民主社会需求的文化实体。

科学课程的组织与结构是伴随着科学内容的需要而发展的，从综合的知识领域来看，在科学课程综合化的初期，科学课程的综合仅仅限于物理、化学、生物（偶尔有地球和空间科学）的综合，后来发展为科学与技术，科学与社会，科学、技术、社会、儿童生活的广域综合。

---

① 于海波.西方科学课程的历史考察[J].当代教育论坛，2005(15)：121—124.

从综合的强度上来，科学课程由相关课程、融合课程发展到广域课程、核心课程和经验课程。从综合的基础来看，可以分为以概念为中心、生活经验单元为中心、主题为中心，以研究方法与过程为中心和以一门学科为中心等。综合科学课程打破了学科之间的界限，有利于学生形成对事物的整体认识，有利于学生能力和兴趣的全面发展。总之，随着科学技术的迅猛发展和人类知识的不断增加，科学课程的综合化将成为科学教育改革的一个重要趋势。

（二）探究式学习的兴起

建构主义理论为科学教育的方法提供了新思路，即科学教育要考虑到学生的先前概念和错误概念，要以促进学生有意义学习和观念转变的方式对科学教育方法予以组织和规划。建构主义强调，认识并非主体对客体实在简单、被动的反映，而是一个主动的建构过程，在这个过程中知识是不断生成的。美国于20世纪90年代颁布的《美国国家科学课程标准》《面向全体美国人的科学》《科学素养的基准》等均是以建构主义理论为指导的。这些文件中明确表示："科学教学必须让学生们参与以探究为目的的研究活动……"。建构主义更直接地反映了科学的一些本质特征，如科学对象的"虚幻"性、科学知识的相对性、科学方法的多样性、科学发展的建构性、科学认识的主观性等特点，所以从这个角度来看，建构主义科学课程的学习方式更为科学。就学习机理而言，建构主义学习方式强调学生进入某一内容的学习之前，已经形成了丰富的经验和观念。因此，在教学中必须重视学生的个体文化和主体地位。

建构主义学习理论为科学"内容"和"过程"的结合找到了心理学依据，儿童在探究过程中修正原有观念，构建新的概念理解。除了教学方式发生变化外，课程内容也更加贴近日常生活。与20世纪60—70年代强调学科的结构和理论知识不同，这些内容主要围绕社会和生活的重要议题进行组织，并突出技术对人类社会的巨大影响。总的来说，到了20世纪90年代，重视儿童的已有经验，让儿童从探究中发展科学理解的"建构主义"方式成为了小学科学教学的主要模式。基于建构主义的学习理论，科学教育应鼓励学生开展探究学习，而不仅仅是对于某种科学知识的解释。正如《美国国家科学教育标准》指出的，"学习科学是学生们要亲自动手做而不是要别人做他们看的过程"。

（三）关注学生科学概念的转换

随着科学教育的不断发展，越来越多的人发现科学中的核心概念理解对学生科学学习的重要影响。研究表明，儿童在接受学校正规教学之前已经形成了不少关于自然或科学问题的认识，而不是像过去认为的"一片空白"。例如，儿童常常认为"人类生活在地球里面""热量消失了""电在流过灯泡时被用掉了"，等等。虽然儿童持有的观念与科学概念的含义并不一致，但这些想法对儿童而言是合情合理的，有的时候还很有用。与科学概念相区别，儿童的观念通常被称为"另有概念"（alternative conception）、"前概念"（preconception）、"迷思概念"（misconception）等。研究还发现，儿童的想法对科学知识的理解具有很大的影响作用。在学习过程中，儿童总是基于已有的经验建构自己的理解，即使教师讲授了科学概念的内涵，原有的观念也可能仍然保持不变，甚至可能形成另外一种迷思概念。

关于"儿童的科学"的一系列研究给科学教学带来了巨大的启示，如何转变儿童的观念成为科学课程与教学的一个重要问题。1986年，英国利兹大学CLIS计划负责人德赖弗（Driver）根据皮亚杰发生认识论、奥苏贝尔有意义学习理论以及大量实践研究结果，率先提出了建构主义的科学教育思想，其教学方式共包括四个阶段：① 意向阶段，设置情景激发儿童的学习兴趣；② 启发阶段，引出儿童的原有想法；③ 重建阶段，使用各种教学策略让儿童建构新的概念理解（如设计探究实验扩大儿童的经验范围）；④ 审视概念变化阶段，让儿童比较原有概念与新的或修正后的概念的不同。[①] 因此，在科学课程改革中，对于学生科学概念的表征呈现及其转换原理成为小学科学教育领域内的研究重点。在各国最新颁布的课程标准或者科学学习准则中，核心概念的细化和标准的确定成为一种新的趋势和要求。

第二节　小学科学教育的理论基础

自19世纪后半叶以来，伴随科学课程进入到西方大中小学的课程体系，在科学课程实施中，如何实现最有效的科学教学便成为相当长时期内理论探讨的问题，从而诞生了若干有代表性的理论，如发生认识理论、信息加工理论和多元智能理论等。

一、发生认识理论

（一）发生认识理论简介

发生认识理论是由瑞士著名的儿童心理学家让·皮亚杰（Jean Piaget，1896—1980）创立的。皮亚杰认为，传统认识论比较关注认识的结果，而对认识产生的过程关注不够。与传统认识论对认识结果的静态研究不同，发生认识论着重研究知识在人体内部是如何成长的，即新知识的建构过程。

皮亚杰认为影响儿童认知发展的因素主要有四个，即机体的成熟、练习和经验、社会性经验以及自我调节作用的平衡化。

皮亚杰认为智力的本质就是适应，即儿童的认知是在已有图式基础上，通过同化、顺应和平衡，不断从低级向高级发展的。[②] 图式指的是主体针对某一特定事物已有的认知结构，是全部认识活动产生的基础。个体最初的图式来源于先天的遗传，如婴儿吮吸。个体在其成长过程中逐渐丰富和完善自己的认知结构。当有机体面对一个新的刺激情景时，如果其能够利用已有的图式或认知结构把刺激整合到自己的认知结构中，就是同化；而当有机体不能利用原有图式接受和解释刺激时，其认知结构由于刺激的影响而发生改变，这就是顺应。

皮亚杰认为自我调节是认识建构的内部机制。如果已有的图式能够将新的知识经验同化时，儿童会在心理上感到平衡。如果同化不了，则儿童会感到主客体间新平衡的需要，其认知结构就会产生一次新的改变。儿童是在解决问题的活动过程中逐步达到同化和顺应之间的平衡的。婴儿从第一个图式开始正是不断地经历这样的自动调节过程，使图式从低级到高级、从无序到有序不断发展，越来越复杂，最后建立认识系统的逻辑结构。

皮亚杰认为儿童在不同年龄阶段具有不同性质和水平的运算图式。运算是高一级的活动，是指内部的智力或操作，是动作图式逐步内化的产物，它协调各种活动，使之成为一体。皮亚杰将儿童的认识发展分为四个阶段：

---

① 钟媚，高凌飚.西方小学科学课程发展的历史回顾与展望[J].比较教育研究，2007(6)：47—51.

② 叶浩生.西方心理学的历史与体系[M].北京：人民教育出版社，1998：478—481.

1. 感知运算阶段(0—2岁)

这一阶段儿童的认知活动主要是通过探索感知觉与运动之间的关系获得动作经验,语言和表象尚未产生。

2. 前运算阶段(2—7岁)

该阶段儿童开始具有信号功能,并通过表象来代替外界事物。这一阶段儿童的认知具有以下主要特点:具体形象性、不可逆性、自我中心主义、刻板性、想象与现实相混淆。

3. 具体运算阶段(7—11岁)

该阶段儿童的认知活动具有了守恒性和可逆性,并掌握了一定的逻辑运算能力,但运算仍需具体事物的支持。

4. 形式运算阶段(11岁至成年)

该阶段个体的思维不再受具体内容的束缚,其认知发展的特点是:能够进行假设—演绎推理、命题推理、组合分析。①

(二)发生认识理论对小学科学教育的启示

皮亚杰的发生认识论是基于心理学研究的,走出了原有认识论的哲学束缚,将认识论科学化,对教育理论和教育实践的发展均做出了巨大贡献,为科学教育工作者更好地促进儿童科学素养的培养提供了理论依据。

1. 教学内容需适应儿童的认知发展水平

皮亚杰认为,儿童都是在原有的认知结构基础上不断地通过与周围环境相互作用建构新知识的。② 小学阶段的儿童跨越了具体运算及形式运算刚开始的年龄阶段,具有与成年人不同的、特有的思维特点和心理结构,科学教学应以儿童的认知水平和规律特点为基础展开。太浅显的知识对其认知发展没有太大作用,超出儿童认知能力的知识则容易拔苗助长,教师要注意观察不同的学生发展水平,因材施教。

2. 教学过程中合理制造认知矛盾

儿童的智力水平是在同化和顺应的反复平衡中提高的,教师应根据儿童的已有经验和所授科学知识间的差异,合理制造认知矛盾,促进儿童同化与顺应过程的发展。另外,具体的情境有助于学生对科学知识的理解与掌握,教师应合理设计科学环境,积极引导学生主动探索科学知识,亲身体验探究过程,促进其认知发展。

3. 教学方法上注意以活动为中心进行知识建构

认知发展心理学表明,儿童对客观世界的认识,不是按学科类别进行的。通常,概念是由活动所进行和发展的,一种活动常涉及好几种概念。因此,教师应注意保持教学知识的整体性、相互渗透性,勤于思考和总结,丰富教学内容;注重以活动为中心促进儿童进行知识构建,教学中注意避免专注于科学逻辑系统的教学而忽视学生认知规律的行为。

二、信息加工理论

(一)信息加工理论简介

20世纪60年代,随着认知心理学的兴起,人们对学习过程逐渐产生了一种新的观点,

---

① 沈德立.小学儿童发展与教育心理学[M].上海:华东师范大学出版社,2003:31—42.

② 陈琦,刘儒德.教育心理学[M].北京:高等教育出版社,2005:35—43.

即信息加工的观点。这种观点认为,“学习就是学习者所面临的刺激通过一系列内部构造被转化、加工的过程”,即用计算机的信息处理过程来比喻人脑的认知过程,用信息的接受、存储和提取来解释学习的过程。

罗伯特·米尔斯·加涅(Robert Mills Gagne,1916—2002)是信息加工理论的代表人物。加涅认为,“学习就是学习者所面临的刺激通过一系列内部构造被转化、加工的过程”,只有弄清了这些过程才能解决与教学有关的问题。他把学习的过程分成若干阶段,提出了学习结构的一个典型模型(如图 2-1 所示)。学习者从外界接受刺激激活感受器,感受器再将刺激转换成神经信息进入感觉登记,学习者通过选择性注意将信息转换成自身可以辨别的样式后进入短时记忆。下一阶段是短时记忆中的信息通过编码形式转化成有意义的组织形式到达长时记忆,经短时记忆到达长时记忆的信息随时准备着被提取并重新恢复为短时记忆,而此时的短时记忆即为学习者的“工作记忆”。存储在短时记忆或长时记忆的信息一旦恢复,便达到反应发生器,这一过程包含着学习者反应的基本形式,如语言、躯体的活动等。再激活效应器后,就呈现了人们可以观察的活动模式。此外,在这一信息加工的过程中有“执行监控”和“预期”两个环节,前者主要调节和控制信息流,后者主要起定向作用,至此一次完整的信息流加工完成。①

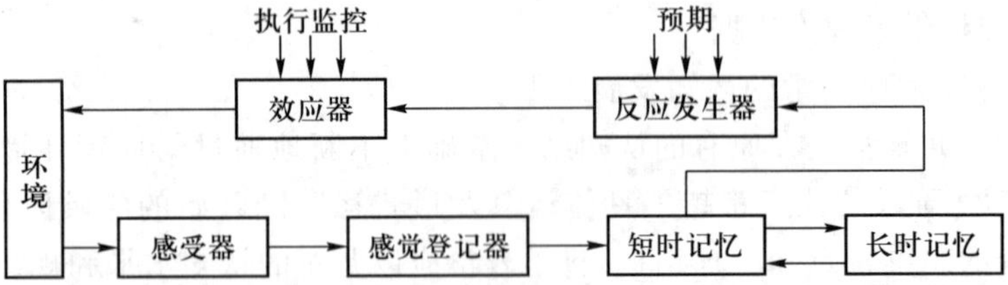

图 2-1 学习与记忆理论所假设的信息加工模式

加涅依据该模型提出了学习过程八阶段论,即动机阶段(期望)、领会阶段(注意)、习得阶段(编码并存储)、保持阶段(记忆)、回忆阶段(提取)、概括阶段(迁移)、作业阶段(反应)、反馈阶段(强化)八个阶段。② 并且,加涅在此基础上提出了九大教学事件,即引起学习注意、交代学习目标(建立预期)、回忆相关旧知、呈现刺激(选择性知觉)、提供学习指导(编码)、引发行为表现(反应)、给予信息反馈(强化)、评估行为表现(再强化)、强化保持与迁移(提示提取)。这九大教学事件是与信息加工的每个环节相对应的,强调学习者所面临的刺激通过这一系列的内部构造被转化加工的过程,教学就是围绕这个转化过程而展开的,目的在于促进学生将知识更好地存储进入长时记忆,强调增加学习者知识的记忆量。基于加涅模型,我们可以认为教学主要是一种信息的传递,但教学又不能简单地提供最初的刺激,而是需要精心合理地安排一系列的外部活动以支持学习的内部过程。可见,加涅的教学设计理念是“为学习设计教学”。

对于信息加工理论有较大影响的教育学家还有奥苏伯尔和梅耶。奥苏伯尔对于知识信息习得过程的认识与加涅不同,他认为学习的过程就是新知识与学习者认知结构中已有的

---

① Patricia L.Smith & Tillman J.Ragan. The Impact of R.M.Gagne's Work on Instructional Theory; Richey (Ed), The Legacy of Robert M.Gagne[J]. Syracuse, NY: ERIC Clearinghouse on Information and Technology, 2000: 147—181.

② 陈琦,刘儒德.当代教育心理学[M].北京:北京师范大学出版社,2007:123—124.

观念建立起非人为性的、实质性的联系的过程。非人为性的联系是指新知识与认知结构中的有关观念建立的是符合人们能够理解的逻辑关系上的联系，而不是任意附加上去的联系。① 实质性联系是指新知识与学习者认知结构中已有的观念建立的内在联系，而不仅仅是字面上的联系。

奥苏伯尔用同化理论（也称有意义学习理论）解释学习者获得知识的过程，他认为，学生能否习得新知识主要取决于他的认知结构中是否有适当的能起固定作用的观念，即在原有认知结构中能否找到同化点，意义学习就是通过新信息与认知结构中已有观念的相互作用发生的。相互作用不仅获取了新知识，旧知识也因此得到修正而获得新意义，这种新旧知识的同化过程就是积极学习的过程。对于课堂教学，奥苏伯尔非常强调学习者的积极主动性，并且还提出了"先行组织者"策略，即在正式学习新知识前，向学生介绍他们熟悉的、比知识本身具有更概括综合的、能够使已经知道的知识和新知识之间建立起认知桥梁的内容。

梅耶在加涅的基础上提出了另一种信息加工论。与加涅不同的是，梅耶十分重视学习过程中学习者主动对信息的选择、组织和整合。他认为教学并不是向学习者传递什么，不再是按步骤执行加工任务，而是要通过各种手段给予学习者提示，然后学习者在提示下对信息进行自我选择，自身内部在一定情景下对选择信息形成某种有意义的认知建构。

（二）信息加工理论对小学科学教育的启示

1. 激发学习动机，合理分配注意力

学生的学习活动是在一定学习动机下驱使的，并且学习动机在整个学习过程中都起重要作用。小学科学教学中，可以通过创设问题情景等方式激发学生的学习动机，明确影响学生对所学信息的编码和反应。学生接收到的来自外界环境的大量信息，被暂时存储在感觉登记器处，由于学生的注意力是有限的，所以感觉登记器处存储的所有信息中，只有一小部分会被学生注意到，进入学生的短时记忆，其余的部分则随着时间消逝了。所以，为了提高教学效果，教师要采用合理手段合理分配学生的注意力。

2. 增加短时记忆容量，适度提供教学信息

根据信息加工论，短时记忆的储备量一般为 7±2 个组块，当接收信息超过这个数量时，原来的信息就会被赶走。教师可以通过将新旧知识紧密联系的方式增加组块的信息容量。但人类加工信息的能量是有限的，这就需要教师在同一时间呈现给学生的新知识点数量要适度，避免向学生呈现过多信息。

3. 选择合适的教学方式和策略

加涅的教学过程理论目前被大量应用于讲授式教学，在小学科学教学中，许多知识内容都必然是以教师讲授的方式传授给学生的。但值得注意的是讲授式教学具备灵活多样的教学模式，即讲授式教学的各种"变式"。例如，加入必要的实验演示帮助学生理解基本现象和概念，借助标本或模型向学生边展示边讲解，等等。奥苏伯尔的"先行组织者"是同化理论应用到实践而提出的课堂教学策略，它可以是比较性的，也可以是讲解性的，在科学教学中，教师可以利用它为学生学习新知识而组织准备工作，这也需要科学教师全面深入地了解学生的能力和知识水平，合理地组织教学内容和控制教学进程。

---

① 莫雷.教育心理学[M].广东：广东高等教育出版社，2002：116—122.

三、多元智能理论

（一）多元智能理论简介

自1905年法国心理学家比奈（A.Binet）与西蒙（T.Simon）编制出测验智力的量表之后，智力测验开始风靡全球。此后，各种智力理论和观点层出不穷。然而传统的智力理论通常把智力等同为数理逻辑或语言方面的能力，而忽视了在人类个体生存与发展中同样重要的其他能力。随着社会的发展，传统智力理论的局限性越来越突出，越来越不能满足现实社会的需要，因此人们开始对传统的智力理论提出质疑，认为智力的构成并不是单一的，而应是多元的。美国哈佛大学教育研究院的心理发展学家霍华德·加德纳（Howard Gardner）在1983年提出了多元智能理论（the theory of Multiple Intelligences，简称MI theory）。

多元智能理论是加德纳根据哈佛教育研究所多年的研究结果总结提出的，他认为："智能是一种处理信息的生理心理潜能。这种潜能在某种文化背景之下，会被激活以解决问题或创造该文化所珍视的产品。"①从中可以看出加德纳强调智能是解决实际问题的能力，同时智力的构成不是单一的，而是多元的。由此，加德纳突破了把人的智力局限在数理逻辑或语言方面的传统智力观，认为每个正常人至少拥有八种程度不同、相对独立的智能，分别是语言智能、逻辑—数学智能、空间智能、肢体—动觉智能、音乐智能、人际智能、自省智能、自然观察智能。同时他认为这只是初期的智能分类，各种智能都会不断发展变化，可能还会有新的智能扩充其中。

由于这八种智能在不同个体身上的组合方式不同，导致了个体间的智力差异和不平衡发展。加德纳认为，每种智能因素同等重要，教育必须致力于培养学生的各项智能，并鼓励个人优势智能的充分发展。在多元智能理论的基础上，加德纳提出了新的教育观——"以个人为中心的教育"，强调人们之间的差别主要在于人与人之间所具有的不同智能组合。我们必须承认并开发各式各样的智能和智能组合，必须对每个学生的认知特点都给予充分的理解并使其得到最好的发展。这一全新的智能理论对课程设置、教学内容、教学方法以及评价方法等诸多方面都提出了新的挑战，对于学校科学教育教学的改革具有重要的意义。

（二）多元智能理论对小学科学教育的启示

1. 树立积极主动的学习观

加德纳认为，每个人都在不同程度上拥有上述八种智能因素，而且每个人的智能组合都是独特的。他提出的"以学生为中心"的教育观落实到科学教学中，就是要树立积极主动的学习观，让学生成为科学学习的主人，积极主动地参与到科学学习的过程中去。只有当学生积极参与到教学活动中，才能充分地调动认知、情感和意志等多方面的因素，主动进行知识的建构，才能有效地获得科学知识、方法、情感态度和价值观。因此，小学科学教师在进行教学设计时要了解每个学生的智能特点，从学生的实际出发，营造良好的教学氛围，为学生准备多种可供选择的学习方案，激发学生的学习兴趣，从而积极主动地参与到课堂教学中去。例如，在科学课堂上，教师为学生多提供一些合作交流的机会，可以充分地调动学生的语言智能和人际智能。再如，在教学过程中，教师可以利用板画、照片、影音资料的形式调动学生的空间智能、音乐智能等。

---

① 加德纳.重构多元智能[M].沈致襄译.北京：中国人民大学出版社，2008：27.

2. 树立因材施教的教学观

根据加德纳的多元智能理论,我们知道每个人都有自己的优势智能领域和相对薄弱的智能领域,即每个人的智力都存在多元化的特点。那么为了提高教学质量,教师在教学上就必须采取多元的教学方法和教学形式来促进学生的智力发展。

教师在进行教学设计时要根据学生的智力特点,创设多元的教学情景,以不同的教学活动来激发学生的各种智能,使每个学生都得到全面、充分、富有个性的发展。在进行科学教学时,教师应了解每个学生的智能特点,尊重学生的个体差异,满足学生多样化的学习需要。如肢体—动觉智能领域相对薄弱的学生,教师要鼓励他们主动参与科学学习活动,为他们多提供一些动手操作的小实验来锻炼他们的动手能力;再如对于人际智能领域相对薄弱的学生,教师要多给他们以交流表达的机会,让他们在与他人的合作交流中尝试发表自己的看法。同时,对于具有在某一智能领域具有优势的学生,教师可以给他们提供更多的学习材料,满足他们的学习需要,促进该智能领域的进一步发展。

3. 树立多元化的评价观

在教育评价上,传统的教育评价单纯依靠纸笔测试的形式,其评价主要局限于语言智能和逻辑—数学智能领域。从多元智能理论的观点来看,每一位学生都具有发展的潜力,只是大部分学生在某一领域智能的发展潜力不容易被人们所发掘,并且每位学生的发展潜能和领域也不尽相同。因此,我们应该摒弃以学生考试成绩为重点的评价观,树立多元化的评价观。

小学科学教育评价要在多种不同的实际生活和学习情景下,通过多种形式,对学生解决实际问题的能力和制造生产的能力进行考查。如学习了声音的传播之后,传统的考查方式通常是通过试题考查声音产生的条件,这种考查方式主要只考查了学生的语言智能。教师还可以通过让学生在课下制作一个可以传声的“土电话”或让学生写一篇科技小论文的方式进行考查,这样不仅可以考查学生的语言智能,还能对学生的身体—动觉智能、空间智能、逻辑数学智能有所考查。

小学科学教育的评价还包括评价内容的多元化,即使是使用纸笔测试的形式进行评价,也可以在试题的命制上进行改进,实现对多种智能的考查。例如通过图像、图表、文字材料的分析发现科学问题,总结科学规律;同时可将科学知识与其他学科(如音乐、体育、绘画等)学习中的常见现象及问题相结合,考查学生的多种智能,促进多种智能共同发展。

四、脑科学研究的相关成果

(一) 脑科学研究简介

脑科学是研究大脑结构和功能的科学。狭义的脑科学也称神经科学,广义的脑科学则从行为学或心理学角度对大脑的高级功能进行研究。

人的大脑基本单位是神经元,神经科学家将“学习”定义为两个神经元彼此产生联系的过程,当两个神经元之间传递信息时,神经元就发生了学习过程。脑神经元由细胞体、突触(树突和轴突)构成,神经元之间的信息传递工作就是由突触承担着,它是学习产生的物质载体和基础,信息通过一个神经元的树突进入细胞体后,沿着轴突传开,接着再进入其他神经元的树突,如此持续不断地传下去,信息才得以在人脑中畅行无阻。一连串的神经元形成神经网络,人脑对神经网络的使用越频繁,神经元连接越牢固,突触也就越坚固。

神经科学研究表明,突触的数量与大脑的发育水平有关,并且在人出生后的头 20 年,突触数量是成倒 U 形增长。在刚出生时,突触的数量远远低于成人,但由于外界丰富的刺激和良好的营养,突触的数量就会迅速增加,在童年达到顶峰,成年后又下降。因此,儿童期这一关键期是十分重要的,在儿童成长发育的过程中,如果突触缺乏外界刺激就可能消亡,神经元没有适时得到利用便会失去联结的能力,这个过程也被神经科学家成为“神经修剪”。因此,在儿童的学习和身心发展中,提供丰富的外界刺激帮助他们建立高效的神经通路是很重要的。

脑科学研究揭示,人的心智至少包括认知、情绪、决策,它们之间是相互联系、相互影响、密不可分的。人的学习可以分成两类:明晰性学习和不明晰的内隐学习,它们分别确定了两种记忆系统。明晰性学习包括情景记忆和语义记忆;而内隐学习则往往是潜移默化的,包括情感记忆和动作记忆。智力潜能正蕴藏在无意识过程之中。创新行为正是源于大量的无意识活动,源于头脑中存储的长期经验和经历。正如苏联脑力活动研究专家所描述的那样:“人类学、心理学、逻辑学、生理学等一系列最新成果证明人类的潜在能力是巨大的。当代科学使我们懂得了人的大脑结构和工作情况,大脑所存储的能力使我们目瞪口呆。”脑功能开发正是要创造条件充分利用无意识过程的宝藏,使其在必要时映射到意识中来。

20 世纪 60 年代以来,由于受“大脑两半球分工说”的影响,人们仍倾向于将人的不同能力与大脑的具体区域挂钩,于是出现了“右脑”“左脑”的主张。随着脑科学研究的不断深入和发展,研究发现,虽然大脑两个半球各有所长,但其功能的专门化不是绝对的,而是互为补充,密切协调,共同实现大脑的整体性功能的。创造性思维就是在大脑两半球协同工作的最佳状态下产生的。人的某一方面的能力,绝不仅仅是某一机能区的特殊功能。因此,应以多种教育活动及方式,对大脑进行整体而全面的开发。

(二)脑科学研究相关成果对小学科学教育的启示

我国有 3 亿多儿童,通过借助于脑科学的研究成果,可以帮助教育者更好地认识学生的特点,将脑科学的研究成果与当前小学科学的教学相结合。

1. 科学教师不应该自作主张去“修剪”儿童的突触

根据神经科学的研究成果,突触修剪是始于八九岁,直到青少年后期才停止生长①。在修剪这一过程中,经常性使用的突触得以留存,而缺乏外界刺激的突触可能会消亡,导致兴趣的广泛性有所降低。这一年龄阶段大部分对应着小学教育阶段。小学科学课在知识内容方面涉及广泛,包括生命科学、物质科学、地球宇宙科学三大领域,是具有综合性、学生喜爱的课程。在教学中,教师要注意不能自作主张地“修剪”儿童的突触,尽量激发学生的好奇心和兴趣。

2. 创设适宜学生学习的环境条件

脑科学成果表明,无论是大脑的发育还是智力的发展,环境的刺激都起到非常重要的作用,所有有天赋的儿童几乎都是在丰富多彩并有充分学习机会的环境中长大的②。这就要求教师应尽量创设适合学生学习的丰富的环境条件,让学生沉浸在充满生机、丰富多彩的学习环境中。这种环境条件不仅包括创造良好的教室环境等物理条件,还要利用教学语言、教

① Doris Bergen, Juliet Coscia.大脑研究与儿童教育[M].王爱民译.北京:中国轻工业出版社,2006:61.

② 彼得.罗塞尔.大脑的功能与潜力[M].付庆功,腾秋立译.北京:中国人民大学出版社,1988:7—8.

学方法等营造轻松的教学氛围。

3. 在课程设置和教学方式上要重视全脑开发

现代脑科学研究证明，人的左右脑是既分工又合作，既高度分化又高度统一的。当前很多科学教师都是在“左脑教育”下“成长”起来的，重抽象思维轻形象思维，重认知轻情感，这种教育模式根深蒂固。脑科学的研究成果就要求科学教师纠正过分重左脑轻右脑的教学思想，在教学策略和教学方式的选择上重视生动形象性，可以充分利用插图等形象思维的素材，利用现代教学媒体进行直观教学。

第三节　小学科学教育的挑战与趋势

教育是社会发展的产物，承担着一定的社会功能。科学教育，特别是小学的科学教育，就是以提升儿童的科学素养为主要目标。因此，作为科学教师，应该了解小学科学教育的价值定位、小学科学教育的挑战和小学科学教育的发展趋势。

一、小学科学教育的价值定位

2001 年我国教育部颁布《科学（3—6 年级）课程标准》（实验稿），新标准规定小学科学课程是“以培养科学素养为宗旨的科学启蒙课程”。科学课程继承并发展了自然课程的成功经验和成果，并进一步将培养儿童科学素养作为小学科学教育的新定位。新的小学科学教育走出了自然课的窠臼，在功能、目标、内容、评价几个方面均取得了很大程度的飞跃。

（一）小学科学教育功能定位

我国小学科学教育的核心目标是初步培养儿童的科学素养。而科学素养概念本身即包含科学教育的两大功能：个人功能和社会功能。对个人自身来说，学生的未来职业与个人生活多将涉及科学、技术等内容，而小学科学教育承担着培养儿童科学素养的基础工作，儿童通过接受科学教育达到学习一定科学知识、学会科学探究方法、具备科学精神和态度的科学教育目的。具备了这些素质，就可以促使个体在未来生活中更好地进行个人决策、选择和甄别信息等以满足其生存和发展各个方面的需求。另一方面，小学科学教育也承担着相应的社会功能。社会的健康、持续发展需要全体公民的共同参与及决策，只有具备一定的科学知识、了解科学研究的方法和过程、发展科学思维方法，才能更好地对公共政策和决策进行讨论，促进社会的可持续发展。事实上，小学科学教育作为教育的子集，对经济、政治、文化等社会的很多方面均有不可忽视的影响及至关重要的作用。

（二）小学科学教育目标定位

多元社会需要全面发展的人才。小学科学课程走出了自然课程单一追求知识的“藩篱”，注重知识与技能、过程与方法和情感态度的全面推进，力图构建多维的、立体的目标。科学知识是构成科学素养的基本要素，科学课程应使学生获得为其知识构建所必需的、为今后学习和发展奠定基础的科学知识。小学科学教育充分保护儿童的好奇心，激发他们对科学探究的兴趣，注重对学生科学的思维能力和习惯的培养，这种能力和习惯的培养单靠对知识的学习是不够的，因此教学过程中将探究式学习作为学生的主要学习方式，使学生成为教学活动的中心、成为主动学习者。而科学思维能力和习惯正是借助于学生亲历科学探究过程、从做中学培养的。同时，科学的思维和行为需要科学的态度和积极情感的参与，包括追求真知、尊重事实和规律、敢于创新、热爱科学、热爱大自然等。

（三）小学科学教育内容定位

小学科学教育的内容直接体现在课程内容上。课程内容包括了三个方面，即科学知识、设计与技术以及科学探究。其中科学知识选自物质科学、生命科学、地球与空间科学三个自然科学的主要领域，可以为儿童的继续学习和发展打下良好的基础；设计与技术是基本的人类社会生活不可或缺的两个方面，该部分涉及了不同用途的材料、工具、装置等内容；另外，在小学阶段运用探究式学习方式，希望学生在建立科学概念的同时，体验探究过程，了解探究方法，培养科学探究能力。综合分析科学课程内容标准，可将小学科学课程的内容特点概括如下：全面体现科学素养的要求；能符合小学生认识规律；课程内容基础且具有典型意义和教育价值，联系日常生活，丰富生动，吐故纳新；内容间具有有机结构和联系；便于教学落实和实施；留有充分创造空间。

（四）小学科学教育评价定位

评价既具有反馈和评定作用，也发挥着一定的导向作用。长期以来，我国的小学科学教育评价更多地侧重于筛选、甄别和批判的功能，重视终结性评价和相对评价，并将这种评价作为选拔、区分学生的唯一手段。显然，这并不利于学生科学素养的形成与发展。当代小学科学教育关注过程性评价与终结性评价相结合，强调评价的反馈和调节等作用，以培养学生的科学素养为宗旨，注重评价的全面化、全程化、多样化和多元化。

二、小学科学教育的挑战

随着国际小学科学教育的改革与发展，我国逐渐认识到小学科学教育的重要性。但由于我国科学教育直接脱胎于传统的科学知识教育，导致我国小学科学教育的发展也面临着诸多困境和挑战，主要体现在以下五个方面：

（一）对小学科学教育地位的认识不到位

新课程标准中明确规定，“小学科学课程是以培养科学素养为宗旨的科学启蒙课程”。无论是课程理念、课程结构、课程内容，都要体现培养学生的科学素养这一目标。小学科学课程不仅能够帮助儿童正确认识周围世界，促进儿童身心和情感发展，更能够促进儿童更好地适应学习和生活，从小养成独立思考的习惯和培养勇于创造的意识。虽然小学科学具有不可替代的作用，但当前，由于学校、家长对小学科学地位认识不够，仍存在小学科学“边缘化”的教育现象，对其缺乏应有的重视，所以厘清早期科学教育在儿童科学素养形成中的重要作用，提升小学科学教育的地位具有决定性的作用。

（二）教学方式陈旧落后

在小学科学新课程教育改革中，要求小学科学教师不仅仅是课程的实践者、建构者和研究者，更需要教师不断地实现思想、观念上的转变①。由于目前的诸多因素，很多教师仍习惯于纯灌输式的教学模式，教学法也仍停留在“知识教学”层面上，把科学课上成自然课，导致“星星还是那颗星星”，“科学探究教育”仅是口号层面的名词术语，这与小学科学教育的培养目标脱节，必然束缚科学教育的健康发展。在小学科学教学中，探究的重要性已得到广泛认识，它与传授式教学是不同的教学模式，二者并不矛盾。小学科学教学应以探究为主，

---

① 黄春方.小学科学教师如何实现专业化发展[J].少年儿童研究，2011(8)：19.

但传授式教学也非一无是处,它能充分发挥教师的主导作用,在有限的时间内传递大量的信息。所以,如何处理好探究与传授的关系,将二者合理有效地结合使用,是当前小学科学教学中所面临的一大问题。

(三)教学评价方式有待完善

教学评价是教学过程的一个重要且必不可少的环节,它可以对教学过程提供适当反馈信息,提高教学质量,促进学生的发展。当前小学科学评价所存在的问题,概括起来主要有以下几个方面:第一,评价内容单一,小学科学教育评价应该顺应现代评价的多元化趋向,不仅要考查思维能力,还应该考查动手能力,并且评价内容也应与实际问题相联系。第二,评价手段单一,小学科学课程是培养科学素养的启蒙课程,科学素养不仅包括基础知识与技能,还包括情感、价值观、方法以及行为习惯等多领域的内容。现在很多学校仍以纸笔考试为主,通过期末单一的分数成绩单来评价一学期学生在科学课堂上的收获,很少采用质性的评价手段。第三,评价主体单一,没有形成学生、教师、家长多方交互作用的评价模式,尤其忽视自我评价、同伴间评价的价值①。

(四)课程资源使用效率不高

课程资源是指课程设计、实施和评价等整个课程教学过程中可利用的一切人力、物力以及自然资源的总和。课程资源有广义和狭义之分,广义的课程资源指有利于实现课程目标的各种因素,狭义的课程资源仅指形成教学内容的直接因素。

1. 课程资源使用形式单一

在教学中很多教师仍然过度依赖教材和参考书,不善于利用家庭和社区的教育资源。即使是学校资源,也由于时间、自身教学技能等各种原因,没有从硬件到软件,从学生到教师,从有形到无形等方面进行深度挖掘,当然也不可能为学生准备一些有结构的材料,引导学生主动探究。此外,课程资源的使用不够,不同课程资源的搭配不合理、不和谐等现象仍然是现今教学中面临的问题,这样不仅达不到既定的教学目标,也影响学生科学素养的合理建构。

2. 课程资源开发相对滞后

视频影像、科技馆、天文馆、博物馆、展览馆等场馆也蕴含着丰富的科学课程资源,这些课程资源可以很大程度上弥补校内正式课程资源的不足。面对科学技术的迅速发展,人们对于课程资源的认识逐步加深,随着小学科学教育的不断发展,对于怎样有效具体地针对小学科学开发与利用课程资源、如何解决小学科学课程资源的短缺、如何挖掘家庭与社会资源、如何构建现代多媒体计算机互联网资源、如何将不同形式的资源有效整合形成合力、如何充分捕捉优化利用多种形式的课程资源等,对当前的小学科学教育显得尤为重要,也仍然是制约我国小学科学教育有效实施和发展的一大瓶颈。

3. 教师的开发意识较为薄弱

虽然现行"一纲多本",但教材仍然是专家、教研员为主要编写者。不少科学教师认为,课程是既定的系统,开发课程资源只是对教材进行补充和丰富,他们没有充分意识到课程资源开发的意义,更没有把自己真正视为课程资源开发和利用的主体,课程资源开发意识较为薄弱。如前文所说,科学教育的不断发展,要求课程资源不仅仅局限于教材,科学教师应当

---

① 徐燕等.小学科学课堂教学评价的研究[J].课程教材教法,2010(5):82.

认识到自己也是课程开发和利用的主体，在充分利用教材资源的基础上要注重其他多种形式的课程资源。也就是说，要养成“什么是课程资源”的意识，在面对各种事物时会考虑“是否能够成为课程资源”，对教学有什么价值和意义，怎样才能把它挖掘出来使之为教学服务。

（五）科学教师队伍亟待优化

1. 科学教师队伍人员不稳定

目前科学任课教师的教学流动性很大，任教年限短，专职教师匮乏，多数教师年龄偏大，甚至还往往会出现“现在参加培训，明年就有可能不再教科学”的现象。教师队伍的不稳定使所谓的培训效果也大打折扣，教师队伍的专业成长也难以持续。有很多学校的科学任课教师是这样的来源构成：“老”——快退休不想教主课的；“弱”——教学能力水平较差的；“病”——身体不好没有请假休息的；“孕”——怀孕需要被照顾的。科学教师队伍直接决定着未来小学科学教育的发展，这样的人员组成，想要提高小学科学教育的质量，其难度是可想而知的。

2. 科学教师队伍专业化程度不够

从事小学科学教学的教师专业背景存在很大差别，受教育程度、专业化程度参差不齐，相当一部分科学教师不具备理科背景，更没有接受过系统的教育学、心理学知识学习，这就很难保证科学教师队伍具有足够的专业知识和能力，科学教师的专业化发展任重道远。有调查显示，不少科学教师的科学素养较低，不仅体现在科学知识不够扎实、科学方法掌握不够熟练，更有甚者甚至对科学究竟是什么仍然没有完全理解，非科学和伪科学行为还相当普遍。目前的紧急解决方法是在大力开展职后教育和培训时，重视科学教师对科学方法的掌握和科学态度的培养。通过多种平台，如网络教育学习等，提高教师的专业知识修养，更新补充必要的学科知识、专业技能。此外，科学教师自身可以通过进行校本研究（如课题研究、案例研究等）、读书学习（如远程培训）、讲公开课、教学反思（如教后记、群体反思等）等有效方式提高自身的专业水平。

三、小学科学教育的发展趋势

（一）课程内容突出强调生活化、综合化趋势

1. 生活化趋势

科学课程以探究自然界为主要对象，自然界是课程的主要内容。同时，小学阶段的学生具有强烈的好奇心，他们拥有认识世界的巨大潜能，儿童的生活经验来自周围的自然、社会、家庭、学校等环境，这些都是最鲜活、最生动的教材。因此，为了能够最大限度地满足儿童的好奇心，挖掘他们的潜力，科学教育的内容必须要贴近学生的生活，立足学生已有的生活经验、学习兴趣和发展需要。课程内容要在学生的生理、心理特点和认知规律的基础之上展开活动设计，循序渐进地开展科学探究活动，密切联系学生的生活实际，例如在熟悉的自然环境、工厂等进行探究学习活动，使学生掌握科学方法，培养学生的科学态度和科学认同感等，这样可以很好地激发并维持学生学习科学的兴趣和热情，并且可以促进学生将科学知识应用到实际生活中的能力。

2. 综合化趋势

自 20 世纪 70 年代以来，课程由学科中心转向个人中心、从分科课程转向综合课

程，科学教育与人文教育、技术教育相融合，出现了综合化的趋势。因此，反映到小学科学教育中，它不仅表现在课程内容上物理、化学、生物、地理等学科知识体系的综合，也反映在科学、技术与社会的内容在小学科学教育中的融合以及对科学本质和科学史的教育的倡导。

科学技术日新月异，随时影响着社会的发展，改变着我们的生活。因此，一些科技新成就如新型疾病的防治等，这些内容都需要及时补充到科学课程内容中。再如随着生态环境的破坏加剧，英国科学家提出学校要增设生态技术课程；法国科学教育特别强调"科学与技术的学科目标"。

（二）教学方法更加突显学生的主体地位

20世纪初，在斯宾塞的"为完满生活作准备"的价值标准下，人们将科学教育等同于科学知识的教育，教师讲授、实验演示是科学教师主要的教学方法，考核也是以知识的多寡为评分标准。直到20世纪60年代以后，科学方法在科学知识形成过程中的重大意义才日益为人们所认识。今天，我们的科学教育目标是提高学生的科学素养，而科学素养不仅包括科学知识与技能，还有科学过程与方法、科学态度、科学价值观等。因此，如果我们仅仅重视科学知识和技能的教学，是无法实现提高科学素养这一目标的。我们必须重视学生科学方法的培养。

在我国《小学科学（3—6年级）课程标准》中突出强调"学生是科学学习的主体"，科学课程必须建立在满足学生发展需要和已有经验基础之上，而不是以教师为中心。教师只是科学学习活动的组织者、引导者，学生才是科学学习的真正主人。因此，在国内外教学改革由以"教"为中心转向以"学"为中心、以传授知识为中心转向以发展学生智能为中心的大环境下，科学教育的教学方法也发生了变革。在教学过程中，教学方法由单一化逐渐发展为多样化，教师开始将不同教学方法进行整合，以充分调动学生的学习积极性，激发学生的求知欲，让学生真正地做到由"让我学"变成"我要学"。同时，教师鼓励学生动手动脑，学会主动地发现知识，这样有利于对科学过程和方法的掌握。至此，学生不仅学到了知识，更学会了独立获取知识的方法。

由于我国过去的科学课程与教学中，很少有对科学的局限性、科学的本质和科学精神的讨论，因此，在大多数学生的认识中，科学就是真理，科学就是神圣不可侵犯的。为了改变学生的这种错误认识，在我们的小学科学教育过程中还必须要选择合适的教学方法，注意培养学生的怀疑精神、批判精神和创新精神。

针对以往只重视科学知识传授的弊端，国际上许多国家开展了一些教育改革项目，如我国的"做中学"项目，就是主张学生在解决具体问题的过程中进行学习，在探索中感悟科学道理，形成丰富的情感体验。此外还有美国"Hands on"项目，法国的"LMLAP"项目等。这些项目不仅注重科学知识的学习，同时又强调学习方法、思维方法和学习态度培养的教学方法改革，从而真正地实现培养学生的科学素养这一目标。

（三）突出强调探究式教学

学生的学习方式一般分为接受和发现两种，儿童的科学学习方式也包括接受式学习和发现式学习。在对我国小学生最喜欢的科学学习方式的调查结果中显示，"教师与我们一起进行实验探究"是学生们最喜欢的学习方式，而"教师直接告诉我们答案"是学生最不喜欢的学习方式。通过这个调查我们可以看到，探究性应该成为儿童科学学习方式的核心特征。

科学学习中的“探究”是指人们通过一定的过程和方法对客观事物和现象进行探索、质疑和研究。从建构主义学习观的角度来看,科学教育的过程不是忠实而有效地传递知识,而是师生间相互交流沟通、共同发展的过程。因此,科学的学习过程是学生积极主动动手做的过程,而不是被动接受的过程;是学生能真正地像科学家一样“做科学”,而非“学科学”。在科学探究活动的过程中,学生不仅可以体验到探究的乐趣,深刻地理解科学知识,掌握科学探究的基本技能,而且能够更好地理解科学本质,形成良好的科学态度,从而使学生的科学素养得到全面的培养。

我国小学科学课程标准明确指出:“科学学习要以探究为核心。探究既是科学学习的目标,又是科学学习的方式。亲身经历以探究为主的学习活动是学生学习科学的主要途径。”美国也十分重视科学探究,探究被看作是实现科学学习的三个重要组成部分的途径,这三个重要组成部分是科学知识、完成科学探究所需要的技能以及引导学生进行科学探究所运用的教学方法。由此我们可以看出,在国内外小学科学教学中,科学探究都处在一个十分重要的地位,因此探究必将仍是未来科学教育发展的趋势。

(四)关注儿童的前科学概念

小学生的科学学习过程其实就是一个概念转变的过程。随着科学教育的发展与研究的不断深入,越来越多的人发现科学中的核心概念对学生学习科学具有重大的影响,但是学生的头脑中存在着不同的前概念,而且其中许多是存在偏差或者完全错误的,人们开始在教学中关注学生的前概念及概念的转变过程。

认知心理学研究表明,人们对任何新事物的学习,都是一个在原有认识基础上不断扩展和修正的建筑过程,在我们的小学科学课堂上,学生不是空着脑袋走进教室的,学生在接受新的科学概念之前,他们在先前的学习和日常生活中已经形成了对自己、对事物、对现象的看法。我们把这种学生在接受正式的科学概念教育之前,对日常生活中所感知的事物或现象,通过长期的积累而形成的对事物非本质的认识称为“前科学概念”,简称前概念。

奥苏伯尔认为影响学习最重要的因素是学习者已经知道了什么,我们应当根据学生的前知识的状况进行教学。由此看来,学生的前概念对科学课堂教学有着十分重要的影响,如果学生的前概念与正确的科学概念相同,那将会有利于学生科学概念的形成,如果学生的前概念与正确的科学概念相冲突,那将会阻碍学生科学概念的形成。

因此,在科学教育教学中,我们要对学生进行概念转变。教师一定要了解学生的前概念,发现学生的错误认识,以此作为教学的出发点,设计教学。在教学过程中,给予儿童展示其前概念的机会,让学生在学习过程中产生认知冲突,发现前概念的问题,帮助学生完成概念转变,从而建立正确的科学概念。

对于概念转变的研究,最早是由美国学者波斯纳等人在 1982 年提出的概念转变理论,之后又有很多学者致力于儿童科学概念转变的研究。在当今科学课程改革的背景下,美国在 2014 年最新颁布的课程标准中,对核心概念的细化和标准的确定表明小学科学教育教学研究正向着概念研究迈进。

本章小结

教育现代化是一个逐渐演变的过程,科学教育在教育中的合法地位是逐步得到确立的。科学技术的迅猛发展对社会生活各方面都产生了广泛影响,科学及科学教育的价值愈加受到重视,促进了科学教育的不断发展与变革。从世界范围来看,小学科学教育大致经历了实物教学、“自然学习”、进步主义、要素主义和结构主义等阶段。这样的发展进程体现在三个方面:一是小学科学教育体制的建立和发展;二是小学科学教育价值的确认和再认;三是小学科学教育方法的优化和改进。

小学科学教育以发生认识理论、信息加工理论、多元智能理论、脑科学相关研究成果等为基础,给小学科学教育的教学内容选择、教学过程设计、教学方式选择、评价方式的转变等方面带来一系列启示。这些理论有助于我们理解小学科学教育的理论依据和实践特点。

小学科学教育的目标是为了培养儿童的科学素养,进而为未来社会公民的发展奠定基础。小学科学教育内容的选择要紧密联系日常生活,符合儿童的认识发展规律。小学科学教育关注过程性评价与终结性评价相结合,注重评价的全面化、全程化和多元化。

当代的小学科学教育表现出以下几个方面的特点:一是科学课程的综合化,不同类型、不同综合强度的综合科学课程不断出现,成为科学教育改革的一个重要趋势;二是探究式学习的兴起,强调从探究中发展科学理解的“建构主义”成为了小学科学教学的主要方式;三是关注学生科学概念的转换,对于学生科学概念的表征呈现及其转换成为小学科学教育领域内的热点话题。

未来的小学科学教育面临以下挑战:对小学科学教育地位的认识不到位;教学方式陈旧落后;教学评价方式有待完善;课程资源有限,使用效率不高;科学教师队伍亟待优化。这些挑战制约了小学科学教育的发展,需要我们积极地加以应对。

拓展阅读

1. 陈琦,刘儒德.当代教育心理学[M]. 北京:北京师范大学出版社,2007.

2. 加德纳.重构多元智能[M].沈致襄译. 北京:中国人民大学出版社,2008.

3. 韦钰.十年“做中学”为了说明什么——以科学研究为基础的教学改革之路[M].北京:中国科学技术出版社,2012.

4. 彼得·罗塞尔.大脑的功能与潜力[M].付庆功,腾秋立译.北京:中国人民大学出版社,1988.

5. 顾志跃.小学“科学”学与教的研究[M].上海:上海三联书店,2011.

思考题

1. 当儿童能够理解橡皮泥拉长后质量仍保持不变等守恒问题时,在皮亚杰看来,儿童处于哪个阶段?

2. 近现代小学科学教育的发展历程可分为哪些阶段?简述其理论背景和主要特点。

3. 简述小学科学课对学生科学素养培养的作用。
4. 简述小学科学探究式教学的基本前提、主要环节和注意事项。
5. 简述小学科学课程资源开发的基本策略。
6. 目前我国小学科学教育面临的主要挑战有哪些？应如何应对？

第三章　小学科学教育的课程设计

本章要点

小学科学教育的课程设计：小学科学教育课程设计的依据；小学科学教育课程设计的信念；小学科学教育课程设计的类型。

"课程设计是指拟定一门课程的组织形式和组织结构。它决定于两种不同层次的课程编制决策。"①小学科学教育课程设计亦然。作为科学教师，从小学科学教育课程设计的依据、信念和类型等几个方面把握课程的编制决策与实施评价都是非常必要的。

第一节　小学科学教育课程设计的依据

英国课程专家泰勒（P. H. Taylor）指出："课程理论必须考虑学科内容、学生、教师和环境，以及将这些要素组织在一起的关系，相应地就要探讨哲学（认识论）、心理学和社会学。"②这是因为，哲学、心理学和社会学正是小学科学教育课程设计重要的理论依据。

一、基于哲学视角课程设计的依据

教育哲学家托马斯·霍普金斯（Thomas Hopkins）曾阐述过哲学对课程决策的重要意义。"哲学已深入到有关课程与教学的所有重要决策之中，而且它将继续作为每一项重要决策的基础。"③第一，哲学是学校课程观的最根本的基础，它提供了知识来源、认识过程、知识类别、价值取向等方面的观念。第二，哲学中关于认识的来源和知识性质的观点，对课程理论和实践，尤其是课程设计的模式起着直接的指导作用。第三，认识论中有关知识价值的问题的探讨，对课程内容的选择与组织关系甚大。第四，认识论中有关知识的形势与分类的观点，在学校教育中"折射"为课程的类型和门类。此外，哲学上有关认识过程等问题也会影响到课程的实施与评价等问题。④

---

① 江山野.简明国际教育百科全书.课程卷[M]. 北京：教育科学出版社，1991：1.

② Taylor etc..*An Introduction to Curriculum Studies.* 2nd ed.177.

③ Thomas Hopkins. *Interaction*：*The Democratic Process.* Boston：D.C.Heath，1941：198.

④ 施良方.课程理论[M]. 北京：教育科学出版社，1996：74—77.

二、基于心理学视角课程设计的依据

德国学者赫尔巴特(J. F. Herbart,1776—1846)最早建立了以心理学原理为基础的课程理念。从那时起,在不同的历史时期,分别形成了不同的心理学理论流派,并对各个时期乃至后来课程的理念、设计、编制、实施和评价等分别产生了不同的影响。这些影响主要体现在:第一,课程目标内容虽然受政治因素、经济制度、哲学思想和办学理念等影响,但是课程目标的表达形式及达成度会受到心理学原理的影响。第二,心理学在课程内容的选择与组织等方面的作用也非常重要。如泰勒所提出的关于课程内容的选择与组织的"连续性、顺序性和整合性"三个基本原则,都是基于心理学视角的课程设计。

三、基于社会学视角课程设计的依据

学校课程是社会文化的重要组成部分,自然会受到社会政治、经济等因素的制约。这种制约包括对课程的理念、设计、编制、实施和评价等诸多方面。然而,学校课程又会在保存、传递和重建社会文化中对社会发展产生一定的影响,从而形成了学校课程与社会的互动发展。第一,社会政治和经济制度制约着课程的设置、设计和编制等过程。第二,学校课程是社会文化的重要组成部分之一。它既保存、传递和重建社会文化,又深受意识形态规范以及学校和社会发展状况等制约。第三,从社会结构、社会变革和社会冲突等社会学角度审视学校课程的理念、设计、编制、实施和评价等,特别强调显性课程与隐性课程的教育作用。

第二节　小学科学教育课程设计的信念

为了很好地实施科学教育,对科学课程进行合理的设计是十分必要的。根据泰勒课程编制原理,课程设计要从学科、学生和社会三个方面进行整体考量。作为小学科学教育的课程设计,除了从学科、学生和社会三个方面进行整体考量外,还必须强化核心知识的学习,重视实践能力的提升,坚持可持续发展的理念。这既是我国当前科学课程设计的基本取向,又是我国科学教育和科学课程健康发展的必由之路。

一、基于核心知识课程设计的信念

在科学课程设计中,应强化核心知识的学习。核心知识在某学科领域或知识系统中占有核心位置。在科学领域中,通常包括基本概念、基本规律和基本原理等。从知识的本质来看,学习科学知识应该基于知识的相对性、相关性和同一性三个层次。从学习的本质来看,学习科学知识,在上位层面上,在学习科学知识的同时,更应了解科学知识的相对性与相关性,从而把握知识的同一性。只有透过这样的学习,才能真正地领悟科学的本质,[①]这正是科学课程设计应坚持的信念与取向。

(一)知识相对性基础

在科学课程设计时,必须强化,当我们谈及科学知识时,必须随时强调这样的理念:科学知识并非固化结论或绝对真理。这既是科学知识的相对性基础所在,又是提升学生科学素

① 杨宝山.科学课程学业成就评价的知识论基础[J].课程教材教法,2008(2):68.

养的关键契机。特别是在学习科学的启蒙阶段,应该要求学生从知识的表征、知识的领悟和知识的整合三个层面去理解和感悟知识的相对性。

在表征层面,在科学课程设计中,关于知识的表征,在阐述基本概念和基本规律时,应该注意强调它们外在的绝对性与相对性,其目的是有助于学生感悟它们的辩证关系。例如,在生命科学领域,在学生学习的初级阶段,有关生物形态的表征,重点考察学生通过观察植物、动物(包括人)和微生物,逐步区分生物与非生物,初步了解生物的形态、结构等特性及生物的分类等内容;有关生命过程的表征,侧重考察学生了解生命的循环和生物的繁殖及遗传等的状况。在学生学习的初、中级阶段,关于上述基本概念或基本规律的表征,其本身就蕴含着知识的相对性基础。在科学课程设计中,对于科学知识的表征应该有一个基本的依据,即从科学启蒙教育阶段起,逐步培养学生定量思维能力,养成尽可能使用定量的术语来建构论点的思维习惯。“在描述事物多大、多快或者多么频繁地出现时,较好的方法是利用数字和单位来说明,在讲大于、快于或温度低于时,最好使用绝对值或者相对值。”①

在领悟层面,在科学课程设计中,关于知识的领悟,在表达或理解基本概念和基本规律时,应该注重强调它们内在的绝对性与相对性,其目的是有助于学生领悟它们本身的科学含义。例如,在物质科学领域,在学生学习的中级阶段,有关物质的材料、结构等的领悟,重点考察学生通过观察和测量等活动,认识物质的密度、熔点、沸点和溶解度等基本特性,据此区分不同的物质,并能够利用原子、分子等概念解释元素、化合物等一些特性。在学生学习的初、中级阶段,关于上述基本概念或基本规律的领悟,本身就蕴含着知识的相对性。在科学课程设计中,对于科学知识的领悟应该有一个基本的判据,即从科学启蒙教育阶段起,逐渐学会在领悟知识科学涵义的基础上,明辨伪科学问题与真科学问题的涵义。

在整合层面,在科学课程设计中,关于知识的整合,在理解和运用基本概念和基本规律时,必须强调它们的相对性,其目的是有助于学生在更加宽广的领域把握它们本身的科学含义。例如,在物质科学领域,在学生学习的高级阶段,有关物质的材料、结构等的整合,重点考察学生从分子、原子、亚原子层面理解认识物质的组成及其规律,了解人类研究物质组成的历史事实和实验证据,为提高对自然界统一性的认识,从物质的结构与性质的关系上建立微观与宏观之间的联系奠定必要的基础。在学生学习的中、高级阶段,在对上述基本概念或基本规律进行整合时,本身就蕴含着知识的相对性基础。我们的研究表明,在科学课程设计中,对于科学知识的整合应该有一个基本的准则。有研究表明,“专家根据解决问题的原理对问题进行分类,新手则根据表面特征对问题进行归类。例如,在物理学的分支学科力学方面,专家的分类是按能量守恒原理进行的,而新手则是按照斜面来分类的。”“新手倾向于依照解决方法的相似性、表面相同来将物理问题分类,而专家则根据能运用于解决问题的主要原则来分类。”②这表明两者在知识理解和运用中选取了不同的研究视角和整合范式。

(二)知识相关性基础

在科学课程设计时,应该强调,学生经过长期的学习后,乃至成年,仍然把各种知识看作彼此孤立的,却不曾关注各种知识之间的相关性。尽管他们能够应对一些考试,甚至取得较好的成绩,可是当遇到新的问题情境时,仍然不能迁移或变通,甚至盲从或不知所措,这也正

---

① 美国科学促进会.科学素养的基准[S].中国科学技术协会译.北京:科学普及出版社,2001 .221.

② 约翰·D.布兰思福特等.人是如何学习的[M].程可拉等译.上海:华东师范大学出版社,2002:39—40.

是我国普遍存在的学生高分低能和公民科学素养普遍偏低的因素之一。基于此,在学生学习科学知识的初级阶段,就需要从知识的相对性上理解,从知识的相关性上把握。下面从知识的表征、知识的领悟和知识的整合三个层面去理解和感悟知识的相关性。

在表征层面,在科学课程设计中,关于知识的表征,在阐述基本概念和基本规律时,应该注意强调它们的相关性,其目的是有助于学生领悟它们的逻辑关系。例如,在地球科学领域,在学生学习的初级阶段,有关事物、事件和现象等的表征,重点考察学生借助观察、实验或其他实践,了解大气现象及其成因;有关地球概貌的表征,侧重考察学生通过观察和模拟等活动,了解地球的形状、水陆分布和地貌等的形成。在学生学习的初、中或高级阶段,关于上述基本概念或基本规律的表征,其本身就蕴含着知识的相关性基础。在科学课程设计中,对于科学知识的表征应该有一个基本的依据。在课程知识结构中,斯宾塞曾从经验世界中客观存在、经验主体的社会存在、经验现象的研究法则和经验活动的本身四个维度就知识的相关性进行了表征。我们看到,在人类的发展中,必须掌握的基本知识正是涵盖了经验世界、经验主体、经验现象和经验活动四个领域。事实上,这四个领域的知识之间就蕴含着相关性基础。

在领悟层面,在科学课程设计中,关于知识的领悟,在表达或理解基本概念和基本规律时,应该注重强调它们的相关性,其目的是有助于学生领悟它们本身的科学含义。例如,在生命科学领域,在学生学习的中级阶段,有关生命过程的领悟,重点考察学生通过观察和操作等活动,了解人类的有性繁殖过程,进一步了解人类的繁殖和发育过程以及基因、遗传和变异等问题;在学生学习的高级阶段,有关生命过程的领悟,需要了解学生认识生命过程信息的传递、表达及对生命过程中物质、能量变化过程的协调与控制。在学生学习的中、高级阶段,关于上述基本概念或基本规律的领悟,本身就蕴含着知识的相关性基础。在科学课程设计中,对于科学知识的领悟应该有一个基本的判据。在学习者看来,"在最初阶段,他们把知识按照或对或错的方法来确认,然后作为一种纯粹的观点,最后进行正式的吸纳。这项研究为我们排列与科学知识性质有关的基准提供了某些指导意见。"①"几项研究表明,当前大部分的高中生仍处于对知识认识发展的第一阶段。"②在科学课程设计之初,了解到这些,有利于我们把握科学课程设计的主旨。

在整合层面,在科学课程设计中,关于知识的整合,在理解和运用基本概念和基本规律时,必须强调它们的相关性,其目的是有助于学生在更加宽广的领域把握它们本身的科学含义。例如,在地球科学领域,在学生学习的中级阶段,有关地球物质、运动、作用的整合,重点考察学生从整体上理解地球物质的运动与人类行为的互动影响,从系统、变化的视角认识不同地球物质之间的相互联系、相互作用,逐步确立人类、自然和谐相处的基本理念;在学生学习的高级阶段,有关地球、宇宙的物质、运动、作用的整合,重点考察学生从整体上理解地球、宇宙演变过程,在整体上认识地球、宇宙系统,形成正确的宇宙观。在学生学习的中、高级阶段,在对上述基本概念或基本规律进行整合时,本身就蕴含着知识的相关性基础。在科学课程设计中,对于科学知识的整合应该有一个基本的准则。在今天看来,我们应该重新审视当

---

① Perry, W.G..Forms of intellectual and ethical development in the college years[M].Fort Worth, TX:HBJ College Publishers,1970.

② Kitchener, K.Educational goals and reflective thinking[C].The Educational Forum, 1983:75—95.

年布鲁纳关于结构的理论。尽管一部分人认为有些过时,可是在我们看来,这是因人们尚未领悟“最适当的经验”“最适当的结构”和“最适当的顺序” 的基本内涵。其中第二个“学科的结构”就是如何把学科内容加以联系和组成结构,使儿童学到比较一般意义的知识。在相当长的时间里,布鲁纳的理论一直作为选择课程内容的标准。如同日本学者伊藤信隆所说:“布鲁纳的业绩在于把科学的知识结构和儿童认识自然心理学结构加以对应,由此而明确认识了它的教育意义和精选教材的标准。布鲁纳的理论给予理科、数学或社会科学等的教材的精选,提供了一个标准。”①我们看到,这种基于结构层面的知识整合所形成的主干知识有利于学生对科学知识本质的把握。这正是我们今天所进行的科学课程设计中应该倡导的主旨理念。

(三)知识同一性基础

在科学课程设计时,需要明确,从知识论的观点来看,核心知识的相对性基础展示了知识间的差异,由此可以衍生出知识(技能)、方法(过程)、价值(态度)间的区别;知识的相关性基础彰显了知识间的互通,由此可以衍生出知识(技能)、方法(过程)、价值(态度)间的关联。从科学课程设计的主干内容和价值取向来看,作为对知识的整体性把握,培养一个既面向未来又全面发展的人,需要知识(技能)、方法(过程)、价值(态度)间的互补,需要它们的相对性与相关性的互补与融通,这正是知识同一性基础的生命力所在,在知识的表征、领悟与整合三个层面上均应有所体现,这也正是科学课程设计的重点和难点所在。

泰巴(H.Taba)在《课程与发展》(1962)中讲过,虽然将知识分为个别的事实与过程、基本观念、概念和思维体系四个阶段②,但是各个阶段的知识,既是相对独立的层面,又有相互关联的层面。如沙布尔·拉塞克教授所说:“对各门科学之间、自然科学与人文社会科学之间以及教育内容的各种来源之间的相互依存表现出更清楚的意识,这是现代学校政策最令人感兴趣的特征之一。”③也正是我们所进行科学课程设计所关注的重点之一。

从科学课程设计发展来看,无论是知识的表征,还是知识的领悟,都需要从知识的核心问题进行探究。我们看到,学生学习科学知识后,“没有几个成年人可以信心十足地区分反射与折射、质量与重量、目与科、雨云与堆积云、线粒体与核糖体等术语”。④ 从知识的整体性把握来看,美国语言学家希尔斯(E.D.Hirsch,Jr)、历史学家凯特(Joseph Kett)、物理学家特雷费尔(James Trefil)合作,编制了基于共同文化背景知识内容的词汇表。1987 年,出版了《文化知识》一书,作为核心知识课程研究的一个重要标志。核心知识所选取的基本内容或词汇并不一定是作家写作中常用的内容或词汇,而这恰恰是核心知识所遵循的基本准则。⑤

基于核心知识与综合能力的课程设计应该保持有效性知识的核心地位。有效性知识是学生应该首先掌握的基础知识,这些知识是各学科中最初步的、最基础的知识,又是为今后进一步学习科学技术,参加生产劳动和有关实际工作所必备的知识。从知识的本质来看,有效性知识是一个阈。阈的涵义的表征需要借助广度、高度、梯度、密度和强度的五维向量系

① 伊藤信隆.学校理科课程论[M].邢清泉等译.北京:人民教育出版社,1988:61.

② Taba, H.Curriculum Development, Theory and Practice[M].Harcourt, Brace & World,1962:174—181.

③ S.拉塞克,G.维迪努.从现在到 2000 年教育内容的全球展望[M].马胜利译.北京:教育科学出版社,1997:4.

④ 美国科学促进会.科学素养的基准[S].中国科学技术协会译.北京:科学普及出版社,2001:238.

⑤ Schuster, Edgar.In Pursuit of Cultural Literacy[J].Phi Delta Kappan, March.1989:539.

统。这在一般人的可视的三维空间是无法想象的。从教育的本质来看,人类掌握有效性知识实际上是一个感悟阈的能动性,而非功利性。从这一点来看,许多的理论研究和实践探索都没有到位,没有意识到它的潜能的本质属性。当前,人们多从知识的广度和高度两个参量审视它的功能,出现了如“知识过剩”,或“知识在人的一生中没有用”等观点,也不足为奇。这恰恰是我们应该认真研究的问题。

二、基于实践能力课程设计的信念

在科学课程设计中,需重视实践能力的提升。“实践能力是个体在生活和社会中生存与发展所必备的基础能力”①。较低层次能力是基于本能的适应社会与自然的生存能力;较高层次能力是源于本体的创造社会与自然的发展能力;另外,还有介于两者之间的中间层次的能力。根据实践功能可将其划分为交流沟通 、项目完成和管理协调三个能力类别。在科学课程设计中,在重视提升这三个类别能力的同时,还要协调好这三者之间的关系,这正是科学课程设计需提倡的信念与取向。

(一) 交流沟通能力

在科学课程设计时,应从信息评估、表达交流和技术运用三个维度阐述交流沟通能力。每个维度的能力又分别对应三个层次。

在信息评估能力方面,在初级阶段,应该了解学生识别潜在的信息资源;从大量的信息中找出相关信息。在中级阶段,需要考察学生识别潜在信息的来源;适当地解释和分析信息;适度地评价信息的完整性和相关性。在高级阶段,重点考察学生识别潜在信息的来源;恰当地翻译和分析信息;合理地评价信息的完整性、相关性和有效性。

在表达交流能力方面,在初级阶段,应该了解学生针对适当的听众,有逻辑地、合乎主题地组织介绍;回答听众所提出的问题;设计制作和发送函件,清晰地表达信息和要求。在中级阶段,需要考察学生针对校外听众,适当地组织介绍;适度地回答听众所提出的问题;给校外组织书写正式信函,要完整地表达信息和要求。在高级阶段,重点考察学生针对相关的专家听众,恰当地组织介绍;合理地回答听众所提出的问题;给校外组织书写有逻辑地、合乎目的地正式书面建议或报告。

在技术运用能力方面,在初级阶段,应该了解学生如何利用因特网和其他电子数据库,如何利用电子百科全书等。在中级阶段,需要考察学生如何适当地利用因特网和其他电子数据库,如何适度地利用基于光盘只读存储器的利用等。在高级阶段,重点考察学生就项目的专题内容与同伴或专家用电子邮件通信;将不同文件类型数据和申请书放入电子邮件中等。

作为交流沟通能力,信息评估能力、表达交流能力和技术运用能力只是相对概念,它们之间的关联需要学生逐步地感悟。在设计实践中,还需要从不同维度对交流沟通能力做出评估。例如,在考察有关表达交流能力时,“通过交往、对话、商谈,达成合作与协调、寻求共存、互利发展的心理趋向、认知架构与行动取向,理解是人类交往的核心要素。”②另外,强调

---

① 杨宝山.实践能力评价的现状、问题与方法[J].教育研究,2012(10):71.

② 哈贝马斯.交往与社会实践[M].重庆:重庆出版社,1989:序.

"在讲大于、快于或温度低于时,最好用使用绝对值或者相对值。"①即从学生启蒙教育阶段起,逐步培养学生定量思维能力,养成尽可能使用定量的术语作为评判依据的良好习惯。事实上,"当学生有机会向同学表达思想并能得到反馈,时常会取得最佳的学习效果。若要反馈对学生产生巨大帮助,反馈就不应停留在知识提供正确答案的水平。"②这一设计理念正是为交流沟通能力方法的运用提供了很好的范例。

(二)项目完成能力

在科学课程设计时,需从项目设计、项目实施和项目改进三个维度阐释项目完成能力。每个维度的能力又分别对应三个层次。

在项目设计能力方面,在初级阶段,应该了解学生在规划项目、设计产品和提供服务等方面初步的选择依据和工作思路。在中级阶段,需要考察学生在规划项目、设计产品和提供服务等方面可行的选择依据和工作思路;同时考察学生基于功能、社会、经济和环境等因素的方案设计。在高级阶段,重点考察学生在规划项目、设计产品、提供服务和保障条件等方面具体的选择依据和工作思路;同时重点考察学生基于功能、社会、经济、环境和美学等因素的方案设计;并能提供已有的相近工作和相关设计等。

在项目实施能力方面,在初级阶段,应该了解学生实施一项初步的活动计划的情况,包括需要考虑的因素;列出需要解决事项的程序;考虑可以利用的资源(如人员和时间等)。在中级阶段,需要考察学生实施一项可行的活动计划的情况,包括所有需要考虑的相关因素和变量;列出需要解决事项的主要程序;考虑全部可利用的资源;提供相关的研究和案例。在高级阶段,重点考察实施一项科学的活动计划的情况,包括所有涉及考虑的关键因素与核心变量;列出活动的具体目标、解决事项的逻辑顺序;考虑全部可利用的资源;提供相关的研究和案例,以便同伴或共事者共用。

在项目改进能力方面,在初级阶段,应该了解学生是否明确项目、产品和服务等的组成部分及部分之间的连接关系以及其中的故障、缺陷和问题所在,初步提供改进的意见或建议。在中级阶段,需要考察学生是否能从基本的逻辑顺序和调控过程来描述项目、产品和服务等的结构和管理;提供基于技术和原理的改进建议、方案和措施;能初步地兼顾其基于功能、社会、环境和商业的需要。在高级阶段,重点考察学生是否能从科学的逻辑顺序和调控原理来解释项目、产品和服务等的结构和管理;提供基于技术和原理的改进方案和具体措施;能合理地兼顾其基于功能、社会、环境、商业和美学的要求。

作为项目完成能力,项目设计能力、项目实施能力和项目改进能力只是相对概念,它们之间的关联需要学生逐步地领悟。在设计实践中,还需要从不同视角对项目完成能力做出评估。例如,"在处理家务和其他日常技术问题时,在仔细地观察各种现象时,以及在处理各种信息时,每个人都应具有运用常用材料和工具的能力。"③又如,在考察有关斜面项目设计能力时,"在表征斜面图式方面,新手的图式主要涵盖斜面的表面特征。相反,专家的图

① 美国科学促进会.科学素养的基准[S].北京:科学普及出版社, 2001:221.

② American Association for Advancement of Science .Science for All Americans[R].New York .Oxford:Oxford University Press,1990:199.

③ American Association for Advancement of Science .Science for All Americans[R].New York .Oxford:Oxford University Press,1990:191.

式直接把斜面的概念与科学法则及其应用的条件联系起来。”①这表明两者在知识的运用与能力的展现中选取了不同的研究视角和整合范式，这一设计理念正是为项目完成能力方法的使用提供了很好的例证。

（三）管理协调能力

在科学课程设计时，要从个体管理、团队协作和项目委托三个维度阐发管理协调能力。每个维度的能力又分别对应三个层次。

在个体管理能力方面，在初级阶段，应该了解学生初步地做活动记录的情况。例如，建立一个初步的存储工作活动记录系统；善于保存基本的活动记录，以便快速地查询所需信息。在中级阶段，需要考察学生可行地开发一个活动规划。例如，建立一个可行的反映工作目标、程序等的活动规划；有完整的活动记录，以便快捷地查找所需资料；同时具备管理征询建议及更新功能。在高级阶段，重点考察学生科学地发展一个活动计划。例如，建立一个科学的反映工作目标、程序和监督项目的活动计划；同时具备监督管理、内容更新和顺序调整等多项功能。

在团队协作能力方面，在初级阶段，应该了解学生在团队协作中的情况。例如，分担工作的部分责任；在完成任务中与小组成员达成一定的默契；定期与小组成员商讨任务的进展情况；检查各部分工作的完成情况；就分担的工作部署做出必要的决策。在中级阶段，需要考察学生负责团队项目中部分工作的情况。例如，分担工作的主要责任；在完成任务中与小组成员达成全面的默契；经常与小组成员商讨任务的进展情况；检查主要工作的完成情况；就主持的部分工作做出全面的决策。在高级阶段，重点考察学生主持团队项目中全部工作的情况。例如，主持工作的全部责任；在完成任务中与团队成员达成全面的默契；经常与团队成员商讨任务的进展情况；检查全面工作的完成情况；就主持的全部工作做出科学的决策。

在项目委托能力方面，在初级阶段，应该了解学生是否初步领会项目委托人的要求；为所接受项目的主要问题与项目委托人做初步的探讨交流；就项目计划达成初步的共识；考虑可能利用的资源，并为项目的实施提供必要的保障。在中级阶段，需要考察学生是否全面领会项目委托人的需求；为所接受项目的主要问题与项目委托人做进一步的探讨交流；就项目计划达成全面的共识；解释项目委托人的需求，并将之纳入工作计划；考虑所有可能利用的资源；为项目的顺利实施提供充分的保障。在高级阶段，重点考察学生能否制订基于项目委托人需求、并为委托人所接受的工作计划；充分利用已有的资源，完成项目商定的指标；根据项目委托人对工作进展的满意程度做出相应的调整；依据委托人对项目结果的评价来评估工作成果。

作为管理协调能力，个体管理能力、团队协作能力和项目委托能力只是相对概念，它们之间的关联需要学生逐步地体验。在设计实践中，还需要从不同视点对管理协调能力做出评估。例如，在考察有关项目委托能力时，应该了解“假如自青少年时期就灌输不同的人对事件的描述和解释不同，所持的观点必须有证据，以及在合理的基础上可以向各种观点提出

---

① Chi.M.T.H.et al.Expertise in problem solving [A].R.J.Sternberg, ed.Advances in the psychology of Human Intelligence [M].Hillsdale, NJ:Erlbaum.,1982:1.

挑战，那么需要做进一步的研究来详细说明毕业生可以懂得哪些内容。”①基于上述理念的设计操作，不仅有利于学生实践能力的提升，而且有益于学生情感和态度的养成，这一设计理念正是为管理协调能力方法的利用提供了很好的案例。

应当看到，交流沟通能力、项目完成能力和管理协调能力是分别从不同视角阐述学生实践能力的。事实上，这三者之间既彼此分工，“各个不同的实践领域所追求的价值都不一样，相互之间不能取代。”②三者之间又相互关联，并且共存于同一类能力系统之中。如同希尔斯的经验，“高级的阅读技能是与大多数其他学术技能，如良好的写作能力、快捷的学习能力、解决问题的能力和批判性的思维能力密切相关的。”③事实上，这类基于系统层面的能力整合所形成的核心能力有利于学生整体能力的提升。正因为如此，我们在设计实践能力时，应该把实践能力作为一种变量，把学生的整体发展视为一个实践系统，实现交流沟通能力、项目完成能力和管理协调能力的有机整合。“科学劳动是复杂的创造性活动，需要丰富的知识、旺盛的精力、较强的记忆力、深刻的理解力和分析能力。”④这里所谈到的知识正是我们前述的核心知识，这里所述及的能力需要上述实践能力作为重要的基础。

三、基于可持续发展课程设计的信念

在科学课程设计中，要坚持可持续发展的理念。在联合国世界环境与发展委员会于1987年发表的《我们共同的未来》报告中，阐述了可持续发展的基本观点，其主旨是：促进人群之间的和谐发展以及人类与自然之间的和谐发展。科学技术的可持续发展是在上述大前提下，需要同时具备充分条件和必要条件。两者缺一不可，其中，科学教育和科学课程作为基础工程是其必要条件之一。从科学、技术、社会与环境可持续发展的理念转化为可持续发展的行为，需要处理好科学技术的正面效应与负面影响、近期需要与长远发展以及继承传统与改革创新三个关系。这正是科学课程设计要倡导的信念与取向。

（一）正面效应与负面影响

在科学课程设计时，必须注重科学技术的正面效应与负面影响的关系。首先应澄清，科学与技术分属两个不同性质的概念。人们常说的应用多是在技术层面上的问题。在这里，前馈与后馈同等重要，有时前馈更加重要。这对课程理念的形成、目标的制定和内容的选择都很重要。例如，有关核能问题。20世纪初，从卢瑟福（Rutherford）的核物理研究开始，逐步地发现了核子反应的理论。这是科学问题。当时匈牙利的科学家就曾担心，实验结果的公布，核技术的运用将会导致核反应堆的产生和原子弹的爆炸，若被纳粹分子掌握，其后果会更为可怕。这具有预见性，实际上是前馈。在现实的媒体宣传、科普报告、学校教育中，需要辩证地理解科学技术的正面效应与负面影响的关系。我们时常听到某核电站建成后一年发多少万度电，创造多少万元价值，多少家亮了电灯，多少家看到了电视。新技术的应用，提高了人们生产的效率，改善了人们生活的质量。然而，我们很少见到技术利用不当的实例。实际上，现实世界中这种事例很多。例如，苏联的核反应堆泄露造成了方圆几百公里的核污

---

① 美国科学促进会.科学教育改革的蓝本[R].中国科学技术协会译.北京：科学普及出版社，2001：191，258.

② 刘森林.实践的逻辑[M].北京：社会科学出版社，2009：10.

③ Hirsch, E.D., JR.The Core Knowledge Curriculum—What's Behind Its Success? [J].Educational Leadership, 1993 (8)：23—30.

④ 杨闯.我国青年科技人才的激励因素研究[D].中国科学技术信息研究所论文，2011.2.

染,结果使得数以万计的生灵绝迹或终生残疾。又如,有关基因问题,通过基因重组,人们可以发现许多新的病因,找到许多新的病原体,许多疾病患者将不再受折磨。然而,基因工程成功地克隆出多种动物,搅乱了被克隆族群的血缘备份关系;基因技术可能产生新的物种和病毒,这样会威胁到整个人类和地球上现有一切物种,造成生命科学的战争,这也是人类面临的一个威胁。生命伦理、克隆人等一系列社会伦理问题需要人们科学地面对。

在科学课程设计中,必须强化技术的利用在为人类带来巨大财富和利益的同时,也给人类造成了无情的灾难和威胁。人们越发地感到,畸形的教育会迫使受教育者在掌握大量现代科学技术知识的同时,造成他们文化上和精神上的破缺,丧失人类本原的价值观和社会责任感。个人利益的恶性膨胀,使得人们完全沉醉于物品、名誉、功利之中。正如埃里希·弗罗姆(Erich Fromm)所说,人本身越来越成为一个贪婪的、被动的消费者。物品不是用来为人服务,相反,人却成了物品的奴隶。人们往往只想占有而忘却了生存的意义。① 大量事实表明,“今天,在我们周围,存在着一种由不断增长的物、服务和物质财富所构成的惊人的消费和丰盛现象。它构成了人类自然环境中的一种根本变化。”②由此看来,科学技术的可持续发展需要构建新的科学和技术教育文化,需要重新认识科学与技术的意义。在欣赏它的正面效应的同时,还必须正视人们因技术利用的不当所产生的负面影响。只有这样,才能实现科学和技术教育的真正目的,促进科学、技术、社会与环境的可持续发展。

(二)近期需要与长远发展

在科学课程设计时,应该重视科学技术的近期需要与长远发展的关系。课程理念的形成、目标的制定和内容的选择都要强化科学、技术、社会及教育发展的互动影响,处理好科学技术的近期需要与长远发展的关系。在现实中,片面地追求可预见的教育结果是形成教育上短期行为的重要原因之一。教育必须考虑它对学生、对社会发展的长远影响。应该从两个方面来理解人们常说的“与社会发展相适应”:一个方面,看不到教育与社会相互作用的关系,看不到社会发展与未来变化的趋势。在实际操作层面上,与今天的社会发展相适应,甚至与昨天的社会相适应,这对于基础教育和高等教育都具有同等的借鉴意义。另一方面,从教育的目的来看,不仅注重教育与社会的适应性,而且更应强调教育对社会的引领作用。美国著名科学史专家科恩(Kuhn)认为:“新科学的一个革命性的特点是增加了一个使用的目的,即通过科学改善当时的日常生活。寻求科学真理的一个真正目的必然对人类的物质生活条件起作用。”③科学与物质生活之间的互动正是技术张力和技术理性的作用。

在科学课程设计中,应该强调文化知识在学生长远发展中的奠基功能。我们知道,自20世纪以来,科学技术得到了空前的发展,以电子和信息技术为例,今天的计算机硬件核心部件是半导体集成电路。对于半导体的研究可追溯到19世纪。例如,1833年,法拉第(Faraday)曾观察到硫化银等化合物电阻具有负温度系数。这是半导体效应的先声。1874年,布劳恩(F. Braun)注意到金属和硫化物接触时具有整流特性。1876年,亚当斯(W. G. Adams)等人发现了光生电动势。1883年,弗利兹(C.E.Fritts)制成了第一个硒整流器。20世纪初期,巴丁(Bardeen)、肖克利(Shockley)、希拉顿(Brattain)等物理学家发明了晶体管,

① 埃里希·弗罗姆.在幻想连锁的彼岸[M].长沙:湖南人民出版社,1986:174.
② 让·鲍德里亚.消费社会[M].南京:南京大学出版社,2001:1.
③ 科恩.牛顿革命[M].南昌:江西教育出版社,1999:5.

这是信息时代的开始。1925—1926 年,量子力学建立后,费米(Fermi)、狄拉克(Dirac)等一大批物理学家做了大量的前期的基础性工作。自 20 世纪 40 年代末晶体管问世以来,60 年代的半导体集成电路,70 年代后期的大规模集成电路和超大规模集成电路相继诞生,推动着电子和信息技术产业的跨越式发展,使得当代社会的结构和面貌产生了新的改观,使得人类的活动方式和思维方式产生了新的飞跃。由此可见,在科学课程设计时,应该强调这样的信念,即强调核心知识的同时,始终处理好科学技术的近期需要与长远发展的关系。

(三)继承传统与改革创新

在科学课程设计时,需要注意科学技术的继承传统与改革创新的关系。课程理念的形成、目标的制定和内容的选择都要强化科学、技术、社会及教育发展的彼此关联,处理好科学技术的继承传统与改革创新的关系。例如,在谈继承传统时,哪些文化阻碍了中华民族科学技术的发展?从孔子办私学算起,我国的学校教育已有 2000 多年的发展史,经历了古代社会、近代社会和现代社会的历史变革。我们应该认真总结这段历史的经验与教训。教育发展史表明,一定的教育与一定的文化背景相适应,并深受各种文化因素的制约和影响,反映了特定的历史文化内涵。教育的传承作用不仅表现在知识和技能领域,而且表现在情感、态度和价值观等各个层面。教育的功能不仅表现在狭义的文化性和教育性,而且表现在广义的文化观、教育观、科学观和价值观。从世界文化发展的潮流来看,自然科学和社会科学具有同样的价值。在今天看来,为了人类与自然的和谐与可持续发展,学校的教育和课程应担当更多的责任。这就要求我们,在学习领域和学习方式、研究范围和研究范式等方面,都需要有新的突破。

在科学课程设计中,需要明确科学家在处理继承传统与改革创新中的社会责任。在当代中国,无论是高等教育,还是基础教育,一流科学家的介入或直接参与或引领都是不可或缺的。特别是基础教育课程改革更应如此。20 世纪中期以来,美国哈佛大学科南特、日本东京大学茅诚司等在国家课程改革中的引领作用,促使该国基础教育改革发生了跃变,可以说是世界教育发展史上的一个里程碑。中国的一些学者由于工作繁忙,往往无暇顾及基础教育。在国家课程改革启动期间,作者曾在中国科学院、香港大学、香港中文大学、北京大学、清华大学等全国 80 多所高校、科研机构调研,大家积极建议。不过也有“乐意参加,时间不够”婉言谢绝者,而他们退休后积极参与者居多。除新中国成立初期外,多年来,我国一流科学家未能实质性参与或主持科学课程改革,这正是多年来我国科学教育水平不高的重要原因之一。作为科学家,在位时就应以国家的利益为重,以关注国家的科学技术传播和教育,特别是科学课程改革为己任之一,为实现中华民族的强国梦想尽一份力量。

第三节 小学科学教育课程设计的类型

课程类型是指课程的组织形式或课程设计的种类。根据不同的分类原则,小学科学教育课程设计可分为不同的类型。根据哲学观分类,可以划分为基于学科(或学科中心)的小学科学教育课程设计、基于学生(或学生中心)的小学科学教育课程设计和基于社会(或社会中心)的小学科学教育课程设计。①

---

① 施良方.课程理论[M].北京:教育科学出版社,1996:119—121.

一、基于学科中心课程设计的类型

基于学科(或学科中心)的小学科学教育课程设计,强调按照知识内在的性质和逻辑结构组织学校课程。该课程观认为:第一,学科是传递社会文化遗产的最系统、最经济有效的形式;第二,学科以合理的方式向学生提供有关的课程要素及其关联,而非孤立的概念与事实。

基于学科(或学科中心)的小学科学教育课程设计的长处主要表现在:第一,按照学科自身的逻辑组织课程与教材,可系统地为学生传授人类文化遗产;第二,按照学科逻辑、由易到难地组织课程与教材,可有序化地发展学生的心智技能;第三,以成熟的知识为基础组织课程及教材内容,便于学校课程的教学与评价。其不足之处在于:第一,课程设计过分强调学科的知识结构,学生所学内容较易割裂各学科之间的关联性与综合性;第二,课程与教材过分强调理论的重要性,学生所学内容较易削弱实用知识的学习以及生活和社会需求的教育;第三,课程设计过分强调学科的逻辑系统,学生学习后难以科学地认识、构建学科的知识。

二、基于学生中心课程设计的类型

基于学生(或学生中心)的小学科学教育课程设计,强调根据学生的兴趣、需求和经验等组织学校课程。该课程基本特征为:第一,学生是课程的中心。课程设计既要以学生的兴趣、需求和经验等为出发点,又要以学生的兴趣、需求和经验等为终结点。第二,课程是变动的。课程内容不是固定不变的,应随学校教育中学生的变化而改变。

基于学生(或学生中心)的小学科学教育课程设计的长处主要表现在:第一,根据学生自身的兴趣设计课程,容易促进学生的学习与他们的认知需要和情感需求相一致;第二,根据学生随机的需求设计课程,较易培养学生在实际社会生活中所需的各种技能;第三,根据学生各自的经验设计课程,较易培养学生在真实的社会情境中运用所学分析、解决各类问题的能力。其不足之处在于:第一,课程设计过分强调学生自身的兴趣,学生所学内容较易遗漏人类文化遗产的诸多方面;第二,课程和教材过分强调学生随机的需求,学生所学内容很难达到一个相对合理的教育水准;第三,课程设计过分强调学生各自的经验,学生经所学难以获得必要的思维能力、思维品质等有序化训练。

三、基于社会中心课程设计的类型

基于社会(或社会中心)的小学科学教育课程设计,强调基于社会生活的适应或改造组织学校课程。该课程基本特征为:第一,社会生活是课程的中心。课程设计既要以社会生活问题作为起点,又要以社会生活问题作为归宿。第二,社会生活问题是课程设计的核心内容。课程设计需注重学科内容的整合,课程内容的重点在于学会问题的解决。

基于社会(或社会中心)的小学科学教育课程设计的长处主要表现在:第一,强调内容的统一性和实用性及对学生和社会的适应性;第二,基于问题解决的课程设计既利于学生知识的学习,又利于他们技能的把握。其不足之处在于:第一,课程设计过于强调问题的逻辑而非学科的逻辑,学生所学内容很难保障学科内容的系统性;第二,课程设计缺少具体的范围,内容支离破碎,学生所学内容很难保障学科内容的整体性;第三,课程设计缺乏明确的顺序，内容零乱肤浅，学生所学内容很难保障学科内容的逻辑性。

课程类型是指课程的组织形式或课程设计的种类。根据不同的分类原则，课程设计可分为不同的类型。例如，根据组织形式分类，可划分为学科课程、广域课程、核心课程和完全未分化结构课程。① 根据哲学观分类，可划分为学科中心课程、学生中心课程和社会中心课程。根据表现形式分类，可划分为显性课程和隐性课程。根据内容性质分类，可划分为知识类课程、工具类课程和技艺类课程。根据设置要求分类，可划分为必修类课程和选修类课程。

本章小结

课程设计是指拟定一门课程的组织形式和组织结构。它决定于两种不同层次的课程编制决策。小学科学教育课程设计亦然。为做好小学科学教育的课程设计，从小学科学教育课程设计的依据、信念和类型等几个方面进行把握是非常必要的。

小学科学教育课程设计的依据。按照泰勒的观点，课程理论必须考虑学科内容、学生、教师和环境，以及将这些要素组织在一起的关系，相应地就要探讨哲学（认识论）、心理学和社会学。由此可见，哲学、心理学和社会学正是小学科学教育课程设计重要的理论依据。据此提出了基于哲学视角课程设计、基于心理学视角课程设计和基于社会学视角课程设计等三个重要理论依据。

小学科学教育课程设计的信念。根据泰勒课程编制原理，课程设计要从学科、学生和社会三个方面进行整体考量。作为小学科学教育的课程设计，除了从学科、学生和社会三个方面进行整体考量外，还必须强化核心知识的学习，重视实践能力的提升，坚持可持续发展的理念。这既是我国当前科学课程设计的基本信念与取向，又是我国科学教育和科学课程健康发展的必由之路。第一，基于核心知识课程设计的信念。强调核心知识在某学科领域或知识系统中占有核心位置。第二，基于实践能力课程设计的信念。强调实践能力是个体在生活和社会中生存与发展所必备的基础能力。第三，基于可持续发展课程设计的信念。强调科学技术的可持续发展，需要同时具备充分条件和必要条件，两者缺一不可。

小学科学教育课程设计的类型。课程类型是指课程的组织形式或课程设计的种类。根据不同的分类原则，小学科学教育课程设计可分为不同的类型。根据哲学观分类，可以划分为基于学科中心的小学科学教育课程设计、基于学生中心的小学科学教育课程设计和基于社会中心的小学科学教育课程设计。第一种类型强调按照知识内在的性质和逻辑结构组织学校课程，第二种类型强调根据学生的兴趣、需求和经验等组织学校课程，第三种类型强调基于社会生活的适应或改造组织学校课程。各种类型课程分别具有各自的特点、长处与不足。另外，作为课程类型的分类，还可根据组织形式、表现形式、内容性质和设置要求等多种分类原则或方法进行分类。

---

① 拉尔夫·泰勒.课程与教学的基本原理[M].施良方译.北京：人民教育出版社，1994：78—79.

拓展阅读

1. 拉尔夫・泰勒.课程与教学的基本原理[M].施良方译,瞿葆奎校.北京:人民教育出版社,1994.

2. 李子建,黄显华.课程:范式取向和设计[M].香港:香港中文大学出版社,1998.

3. 中华人民共和国教育部.全日制义务教育科学(3—6年级)课程标准(实验稿)[S].北京:北京师范大学出版社,2001.

4. 美国科学促进会.科学教育改革的蓝本[R].北京:科学普及出版社,2001.

5. 美国科学促进会.科学素养的基准[S].中国科学技术协会译.北京:科学普及出版社,2001 .

思考题

1. 小学科学教育课程设计主要的理论依据有哪些?

2. 小学科学教育课程设计的信念主要包括什么?

3. 为坚持可持续发展的理念,在科学课程设计中需要处理好哪些关系?

4. 根据哲学观分类,小学科学教育课程设计主要包括哪些类型?

5. 请阐述基于哲学观分类的各种类型课程的基本特点、长处与不足。

第四章　小学科学教育的主要内容

本章要点

科学素养与科学教育；世界主要国家和地区科学教育的内容；我国内地小学科学教育的内容。

科学技术的迅猛发展对社会与经济发展产生巨大的推动作用。当今社会的发展已经越来越依靠科学技术。科学技术水平的提高、科学技术人才的培养必须依靠教育，特别是科学教育。作为科学教师，科学素养与科学教育、世界主要国家和地区科学教育的内容以及我国内地小学科学教育的内容等正是小学科学教育的主要内容。

第一节　科学素养与科学教育

科学素养已成为21世纪公民必备的素质。因此，公民必须具有一定的科学知识，了解科学研究的方法和过程，发展科学思维，才能对涉及自身和社会的有关信息做出选择，参与公共政策和决策的讨论，参与法律的制定、监督和执行。在科学技术迅速发展的今天，科学教育为培养21世纪合格公民的科学素养提供了必要的和基本的途径。

科学素养的形成是长期的，早期的科学教育对一个人科学素养的形成具有十分重要的作用。培养小学生的科学素养是小学科学课程的主要任务和内容。小学科学教育，能够使学生初步了解与小学生认知水平相适应的基本科学知识和科学方法，体验科学探究的过程，培养学生初步的科学探究能力、思维能力、创新能力、运用科学解决实际问题以及进行表达和交流的能力，使学生初步形成实事求是的科学态度，保持对科学与探究的好奇心，从而为他们今后的学习和终身发展奠定良好的基础。

一、科学素养的概念辨析

在我国，科学素养一词是由英文 Science Literacy 或 Scientific Literacy 翻译而来的。在英文中，literacy 的基本含义是能读会写，也即人们过去通常所说的“有文化”。根据 literacy 概念的基本含义，可以推论出科学素养概念的基本含义，即在科学技术方面，具有基本的读写能力。布兰斯科姆（Branscomb，1981）在《知如何知》（Knowing how to know）一文中考察了“科学”和“素养”（literacy）的拉丁词根，将科学素养定义为：阅读、书写和理解系统化的人类知识的能力。① 国际上科学素质的研究权威、国际科学素养促进中心主任米勒(J.D.Miller)教授也对科学素质做了如是的定义,即科学素质是指对于科学技术具有读写的能力②。

如前所述,科学素养的基本涵义是对科学技术具有基本的读写能力。但是,这一定义并不是唯一的,不同的组织和个人对科学素养给出了自己的定义。

最早使用"科学素养"(Science Literacy)一词的是美国的科南特。1952 年,科南特在《科学中的普遍教育》一书的序言中写道:"他(普通公民)的经验越广泛,他的科学素养就越高。"在这里,科南特只是把科学素养作为一般术语使用,没有进一步阐明它的意义。把科学素养作为重要议题并加以阐明的是赫德。1958 年,在一篇名为《科学素养:它在美国学校的意义》的文章里,赫德把科学素养解释为对科学的理解及其对社会经验的应用。从此以后,科学素养这一概念就频繁出现在科学教育文献中。目前,对科学素养涵义的理解,还没有形成统一的表述。以下是几个有代表性的有关科学素养的表述。

(一)美国关于科学素养的定义

在美国,关于科学素养的定义有很多种,这里选取两个最有影响的定义,分别见之于美国科学促进会的《面向全体美国人的科学》和美国国家研究理事会的《美国国家科学教育标准》。

《面向全体美国人的科学》中提出,一个具有科学素养的人,应该了解科学、数学和技术是相互依存的人类事业,应该认识到这种事业既有其威力,也有其局限性;应该理解科学的基本概念和原理;熟悉自然界并认识到其多样性和统一性;能够应用科学知识和科学的思维方式处理个人问题和社会问题③。

《美国国家科学教育标准》对科学素养的界定是,科学素养是指制定个人决策、参与公民和文化事务、从事经济活动所需要掌握的科学概念和科学过程。此标准还对科学素养做了补充说明:"科学素养意味着一个人对日常经历中各种事物能够提出、能够发现或能够回答因好奇心而引发出来的一些问题。科学素养意味着一个人具有描述、解释和预测自然现象的能力。科学素养意味着一个人能够读懂通俗报刊刊载的有关科学的文章,能参与就有关结论是否有充分根据的问题发表自己的看法。科学素养意味着一个人能识别国家决策和地方决策所赖以为基础的科学议题,并且能提出有科学技术根据的见解来。一个具有科学素养的公民,应能根据信息的来源和产生此信息所用的方法,来评估科学信息的可靠程度。科学素养,还意味着有能力提出和评价建立在论据之上的论点,并且能恰如其分地应用从这些论证中得出的结论。"

(二)经济合作与发展组织(OECD)关于科学素养的定义

国际学生评估项目(PISA)是经济合作与发展组织发起的评估学生(和学校、国家)阅读素质、数学素质和科学素养的项目,旨在考察各国学生是否具有适应生活所必需的知识和技能,是否能够应对未来的挑战。

---

① Branscomb, A.W.Knowing how to know[J].Science, Technology & Human Values, 6(36), 5—9.

② 中国科学技术协会,中国公众科学素养调查课题组.2001 年中国公众科学素养调查报告[M].北京:科学普及出版社,2002.

③ 国家研究理事会.美国国家科学教育标准[M].戢守志译.北京:科学技术出版社,2002:28.

经济合作与发展组织将科学素养定义为应用科学知识、提出科学问题，并在证据的基础上得出结论的能力，以便认识自然界和人类活动给自然界带来的变化，并帮助人们做出与之相关的决策。PISA 指出，科学素养被认为是所有学生从接受教育开始到了 15 岁时，形成的一个主要结果，不管他将来是否还继续学习科学。科学思维是所有公民都必需的，绝不单是科学家才需要的。这里给出的定义，并不意味着未来的成人需要掌握大量的知识，科学素养的关键是能够针对碰到的证据进行科学的思维。

PISA 还给出了科学素养的三个维度，分别是科学基本概念、科学实践过程和科学场景。

（三）我国关于科学素养的定义

在科学素养的实践中，我国关于科学素养的定义主要有种表述：一是我国公众科学素养调查的定义；二是 2049 行动计划的定义。

我国公众科学素养调查基本上采用了米勒的定义。有学者认为，该定义的优点是易于进行国际比较，美国、英国、加拿大、欧盟、新西兰、韩国和日本等 20 多个国家和地区采用了米勒的科学素养测量体系；其缺点是不太适合中国国情，米勒科学素养重点考虑的是公众科学素养的高低，有着重要的政治意义，对科学政策的制定有着重要的影响。

我国《全民科学素质行动计划》采用的定义是：科学素养是国民素质的组成部分，是指公民了解必要的科学知识，具备科学精神和科学世界观，以及用科学态度和科学方法判断及处理各种事务的能力。①

二、科学素养与科学教育内容

关于科学素养的内涵，PISA 提出三个维度：① 科学基本观点。科学基本观点能够帮助人们理解自然世界的某些现象和通过人类的活动对自然世界进行的改变。科学基本观点包括公众熟知的物理学、化学、生物科学、地球和太空科学知识。对于科学素养测试的内容，主要由三个方面知识构成：生命与保健科学；地球与环境科学；技术中的科学。② 科学实践过程。重点是获取证据、解释证据并在证据的基础上进行科学活动的过程。科学实践过程由五个阶段组成：确认科学问题；寻找证据；做出结论；与他人就结论进行交流；表明所了解的科学基本观点。③ 科学场景。主要选自人们日常生活中的科学问题，而不是学校教室、实验室的科学实践或专业科学家的工作。②

PISA 对科学素养维度提出了如下若干要素：

A. 科学的本质

B. 基本科学概念

C. 科学研究的过程

D. 科学—技术—社会—环境的关系

E. 科学技能和技术技能

F. 科学背后的价值观

G. 与科学有关的利益和态度

科学素养从要素结构上讲，包括科学知识、科学方法、科学态度、科学技术与社会。科学

---

① 中国科协全民科学素养行动计划大纲. 中国教育报，2003.2 .14 .

② PISA 2000 报告，第 24 页.

教育的宗旨是培养学生的科学素养。因此,科学教育主要包含四个方面的内容:一是科学知识;二是科学方法;三是科学态度;四是科学、技术、社会与环境的关系。

第二节 世界主要国家科学教育的内容

世界主要国家和地区科学教育的内容包括:美洲主要国家科学教育的内容;欧洲主要国家科学教育的内容;大洋洲主要国家和地区科学教育的内容;亚洲主要国家和地区科学教育的内容。

一、美洲主要国家科学教育的内容

关于美洲主要国家科学教育的内容,我们以美国科学教育的内容为例做些介绍。自1996年由美国国家研究理事会(National Research Council, 简称NRC)颁布第一部全国科学课程标准至今的十多年以来,科学教育研究一直是美国基础教育研究的热点。国家研究理事会(NRC)、美国科学教师协会(NSTA)、美国科学促进协会(AAAS)、达成机构(Achieve)相继成为开展科学教育实证研究的重要支持者。随着社会的变革,知识经济时代的到来给美国K-12年级科学教育以较大的冲击。美国在世界格局中下降的竞争优势、美国学生在国际科学教育评测中较为落后的学业成绩,以及学习科学的理论变革促使美国教育界对科学教育不断反思。

通过基于标准的科学教育研究,2010年7月美国国家研究理事会公布了《K-12科学教育框架(草案)》,2011年正式出版的《K-12科学教育框架:实践、跨领域概念和核心概念》(以下简称《框架》)标志着美国新一轮科学教育改革已初步完成。2013年4月7日美国正式公布了《新一代科学教育标准》(Next Generation Science Standards, NGSS, 以下简称《标准》)。

(一)《新一代科学教育标准》的内容概要

无论是在《框架》中,还是目前公布的《标准》的内容中,美国科学教育内容包含三个维度,即实践(practices)、跨领域概念(crosscutting concepts)和学科核心概念(disciplinary core ideas,即内容)。

1. 实践

实践描述了科学家在研究和建构有关自然世界的模型及理论时的行为,以及工程师们在使用设计搭建模型和系统时一系列关键的工程实践。美国国家研究理事会在《框架》和《标准》中使用“实践”代替“技能”,以强调参与科学研究不仅需要技能,而且需要有针对性的特定知识。使用“实践”能更好地解释和拓展“探究”在科学上的意义,说明实践所需要的认知、社会和自然实践的范围。

实践更加拓展了工程领域中的科学教育,尽管工程设计类似于科学探究,但两者仍然存在较大的区别。例如:科学探究涉及的是通过研究可以回答的具体问题,而工程设计包含的是可以通过设计来解决的问题。在《标准》中强调工程方面的内容将帮助学生了解在日常生活中科学、技术、工程和数学方面的联系。

实践方面的内容包括:

- 提出问题和明确需解决的难题

- 建立和使用模型
- 设计和实施调查研究
- 分析和解释数据
- 利用数学和计算思维
- 建构解释和设计解决方案
- 基于证据的论证
- 获取、评估和交流信息

2. 跨领域概念

跨领域概念在所有科学领域中均可运用，其本身就表明和体现了在不同科学领域中统一的思维方式。《框架》中强调在科学教育中需要明晰这些概念，是因为它们能帮助学生将不同科学领域中相互关联的知识组织成连贯的、条理清晰的基于科学的对客观世界的认知。

跨领域概念包括：

- 模式
- 原因与结果
- 尺度、比例和数量
- 系统和系统模型
- 能量与物质
- 结构和功能
- 稳定性与变化

3. 学科核心概念（学习内容）

学科的核心概念具有聚焦 K-12 年级在科学方面最重要的课程、教学和评测内容的功能。至少具有以下条件中的两条，最好是都满足的概念可被认可为核心概念。

- 能跨越多门学科或工程领域的具有明显重要性的概念，或是一个具体学科知识组织中的关键概念
- 能提供对于理解和研究更复杂概念和解决问题的关键工具
- 能与学生的兴趣和生活经验相关，或能连接需要科学和技术知识的社会或个人问题
- 通过增加深度和复杂性，能在持续的多个年级中教和学

学科核心概念涉及四个领域：物质科学，生命科学，地球与空间科学，工程、技术和科学运用，其内容如表 4-1 所示。

表 4-1　学科核心概念涉及四个领域

物质科学	生命科学	地球与空间科学	工程、技术和科学运用
（1）物质及其相互作用 （2）运动和稳度：力和相互作用 （3）能量 （4）波及其在信息传递中的作用	（1）从分子到有机体：结构和过程 （2）生态系统：相互作用，能量和动力 （3）遗传：遗传和变异 （4）生物进化：统一性和多样性	（1）地球在宇宙中的位置 （2）地球系统 （3）地球和人类活动	（1）工程设计 （2）工程、技术、科学、社会的联系

《标准》的呈现方式不同于 1996 年版的科学教育标准，它将三个维度结合在每一条标准中，并在所有标准之间设置了有意义的连接。为了给所有使用者提供指导和说明，制定者创设出能够突出标准所涉及的三个维度的内容，以及与其他年级和学科相联系的体系结构。每条标准都通过表格形式呈现，其中包括三个主要部分，即表现期望（performance expectation）、基础框（the foundation boxes）和联系框（the connection boxes）。

为更好地说明《标准》的内容和意义，以“物质的结构和性质”主题为例进行说明（见表 4-2）。

表 4-2　物质的结构和性质

<table>
<tr><td colspan="3">表现期望
掌握了该部分内容的学生应能够：
MS-PS1-1. 构建模型来描述简单分子和延伸结构(extended structure)的原子组成。
[细致说明：重点在构建有不同复杂性的分子的模型。简单分子可以以氨气或乙醇为例，延伸结构可以以氯化钠或钻石为例……][评估界限：检测不包括价电子和结合能……]
MS-PS1-3. 收集和分析信息来描述来自自然资源的合成材料对社会的影响。[…]
MS-PS1-4. 构建模型来预测和描述加热（或降温）时纯净物的状态、温度和粒子的运动的变化。[…]</td></tr>
<tr><td>科学与工程实践</td><td>学科核心概念</td><td>共通概念</td></tr>
<tr><td>构建和使用模型
6-8年级的建模在K-5的基础之上进展到构建、使用和修正模型来描述、检验和预测更抽象的现象……
获得，评估和交流信息
在6-8年级……
- - - - - - - - - - - - -
联系到科学本质
科学模型，定律，机制和理论解释自然现象
•定律是自然现象的规律或数学描述。</td><td>PS1.A: 物质的结构和性质
•物质由不同类型的原子组成，它们以不同的方式相结合。分子尺寸的范围可由2个到2000个原子组成。
……
PS1.B:化学反应
……
PS3.A：能量的定义
……</td><td>原因和效果
•因果关系可以用来预测自然或人为系统中的现象。
尺度、比例和数量
……
结构和功能
……
- - - - - - - - - - - - -
联系到工程、科技和科学的应用
科学、工程和技术相互依赖
……
科学、工程和技术对社会和自然世界的影响
……</td></tr>
<tr><td colspan="3">与同一年级的其他主题的联系：……</td></tr>
<tr><td colspan="3">跨年级的连接点：……</td></tr>
<tr><td colspan="3">与《州共同核心标准（英语和数学）》的联系：……</td></tr>
</table>

表现期望

每条标准的表格的第一部分为“表现期望”，是说明评测内容的栏目，也是每条标准的主要内容。通过表现期望的方式描述出学生掌握该条标准后应达到的能力和水平，再由“说明”给出相关实例，“评测界线”则对该条表述的评测给予指导。

基础框

基础框图中提供了附加的有用信息，拓展并解释与表现期望相关的三个维度中的具体要求。基础框图中的每一条陈述的末尾都用代码标志出与其对应的预期成果。依据三个维度，基础框分为“科学与工程实践”“学科核心概念”和“共通概念”3 个栏目，其中“科学与工程实践”的陈述选自《框架》中八个实践种类的具体内容，以进一步解释在每个年级段科学和工程实践的重点；“学科核心概念”栏目的陈述内容完全对应于《框架》，详细的描述对于支持学生掌握核心概念非常必要；“共通概念”栏目的陈述也源自于《框架》，进一步解释了在每个年级段强调共通概念的重要性。

需要说明的是，虽然大多数主题中强调的仅是几种实践类型，其实所有实践类型对于每个年级段都很重要，教师在教学中都应该鼓励学生使用多种实践类型。同样，虽然大多数主题中只强调几个跨领域概念的类型，其实所有跨领域概念都可以在每个年级段内强调。因此，基础框中列出的仅仅是重点，并不全面，也没有限制教学的意图。

联系框

联系框分为三个部分，即“同年级段中其他学科核心概念的联系”“跨年级段间学科核心概念的关联”以及“与州共同核心标准的联系”。

“同年级段中其他学科核心概念的联系”中包括了同一年级段内具有相关核心概念的其他学科主题的名称，例如物质科学和生命科学标准中都包括与光合作用相关的核心概念，它们可以在教学中彼此相关；“跨年级段间学科核心概念的关联”中包括了其他科学主题的名称，这些主题可能出现在之前的年级段，以提供学生理解该条标准概念的基础，也可能出现在后续的年级段，以说明该条标准为后续学习提供的基础；“与州共同核心标准的联系”中包括了在《英语语言艺术、文学和数学的通用核心国家标准》中出现的与该条标准相关的代码和名称，以说明该条标准与语言、数学等其他学科教学的联系。

《美国新一代科学教育标准》将 K-12 分成小学、初中、高中三个学习阶段。《新标准》共分 16 个主题（见表 4-3），源于 13 个学科核心概念。有的主题是跨学科的，但是以某一学科核心概念为重点。在小学阶段每个年级下有 3~4 个主题，共涉及 12 个主题。

表 4-3　K-12 共分 16 个主题

主题	K	1	2	3	4	5	MS	HS
物质的结构和性质	✓		✓			✓	✓	✓
化学反应							✓	✓
力和相互作用				✓			✓	✓
能量					✓		✓	✓
波和电磁辐射		✓			✓		✓	✓
结构、功能和信息加工		✓			✓		✓	✓
生命体和生态系统中的物质和能量						✓	✓	✓
生态系统中的相互依存关系	✓		✓	✓			✓	✓
生命体的生长、发育和繁衍							✓	✓
自然选择和适应			✓	✓			✓	✓
空间系统		✓				✓	✓	✓
地球的历史							✓	✓
地球系统					✓	✓	✓	✓
天气和气候	✓		✓	✓			✓	✓
人类的影响							✓	✓
工程设计					✓		✓	✓

在 K-5 年级没有学习所有的主题，而是选择学生有感性认识、能理解的主题进行学习。每个主题在不同的学习阶段需要反复学习，其内容和要求是逐步进阶的。在 K-5 年级是通过“故事线”来串联各部分内容的。“故事线”用来阐明以下三者的关系：生活中的问题与社会议题；解答这些问题所需达成的表现期望；达成这些表现期望所需要的对学科核心概念、跨领域概念的理解和科学与工程实践能力。

（二）美国加利福尼亚州制定的科学内容标准

美国教育是分权制的。各州根据国家教育标准制定各州的学习内容标准。以下是2007年美国加利福尼亚州制定的科学内容标准，其科学课程内容如下：

一年级

物质科学

1. 材料存在着不同形态，包括固态、液态、气态。作为理解这一概念的基础，学生应知道：

a. 固体、液体、气体有不同的特性。

b. 当物质被混合、受冷、受热时，物质的性质能够改变。

生命科学

2. 植物和动物以不同的方式满足它们的需要。作为理解这一概念的基础，学生应知道：

a. 不同的植物和动物在不同的环境中生活，它们有不同的外部特征，以使它们能够在不同的地方成长。

b. 植物和动物都需要水，动物需要食物，植物需要阳光。

c. 动物以植物和其他动物为食物，也利用植物甚至其他动物作为保护和栖息地。

d. 如何从牙齿的形状推断动物以吃什么为食（如锋利的牙齿吃肉食，扁平的牙齿吃植物）。

e. 根部的作用是吸收水分和土壤的养分，绿叶的作用是利用太阳光制造食物。

地球科学

3. 天气可以被观察、测量和描述。作为理解这一概念的基础，学生应该知道：

a. 如何使用简单的工具（如温度计、风向标）测量天气状况，并且记录每天以及不同季节的变化。

b. 每天的天气是变化的，但是在同一个季节里，其温度、雨（或雪）变化的趋势是可以预测的。

c. 太阳使大地、空气和水受热。

观察和实验

4. 科学的进步是通过提出有意义的问题以及进行仔细的观察实现的。作为理解这一观点的基础，以及为了说出另外三条线索的内容，学生们应该提出他们自己的问题并进行观察活动。学生们将：

a. 用画画的形式描述事物的一些特征。

b. 以图片、数字以及（或者）描述的方式记录观察和资料。

c. 用线条图记录观察。

d. 使用两种参考的方式（如以及和以后、下面和左面）描述物体的相对位置。

e. 当对同一个现象或物体的两个描述存在不相符合的时候，重新进行观察。

二年级

物质科学

1. 对物体的运动可以进行观察和测量。作为理解这一概念的基础，学生们要知道：

a. 物体的位置可以用它与另一个物体或背景的相对位置来描述。

b. 一个物体的运动可以通过记录它的位置随时间的变化进行描述。

c. 改变某一物体的运动的办法是给它一个推力或拉力。变化的大小是与这个力或者推和拉的“力量”相关的。

d. 可以使用工具和机器推或拉(施加压力)物体而使之发生移动。

e. 近地的物体将落向地面,除非某一物体支撑起它们来。

f. 磁力可以不通过接触,就能够使某些物体发生移动。

g. 声音是由物体的振动产生的,可以用音调和音量进行描述。

生命科学

2. 植物和动物具有可预测的生命循环。作为理解这一概念的基础,学生们要知道:

a. 不同类型的生物体繁殖其各自类型的后代。其后代具有与双亲和彼此类似的特征。

b. 对于不同的动物而言,其生命周期的相继阶段是不同的。例如蝴蝶、青蛙和老鼠。

c. 一种生物体的许多特征是通过继承其双亲而获得的。一些特征是由环境所导致或影响的。

d. 在某一种族的某一种类型的个体中存在一定的变异特征。

e. 光、重力、触摸以及环境压力影响植物的发芽、生长和发展过程。

f. 植物的花和果实与繁殖有关。

地球科学

3. 地球是由具有不同属性的物质构成的,这些物质为人类活动提供了资源。作为理解这一概念的基础,学生们要知道:

a. 如何比较不同类型岩石的自然属性,该岩石是由矿物的不同化合物组成的。

b. 小岩石来源于大岩石的破裂和风化作用。

c. 土壤部分来源于风化的岩石,部分来源于有机物,并且土壤在颜色、结构、持水能力以及支持许多类型植物的生长方面是不同的。

d. 化石提供了生长在很久以前的植物和动物的有关证据,科学家通过研究化石了解地球的历史。

e. 岩石、水、植物和土壤提供了许多资源,包括食物、燃料以及人类使用的建筑材料。

观察和实验

4. 科学的进步是通过提出有意义的问题以及进行仔细的观察取得的。作为理解这一概念的基础,并且为了说出其他三种线索的内容,学生们应该发展他们自己的问题并进行实验。学生们将:

a. 根据一系列的观察而不是随意的猜测进行预测。

b. 运用适宜的工具测量长度、重量、温度和液体的体积,并且用标准的和非标准的单位表述测量结果。

c. 根据两种或更多的自然属性(包括颜色、形状、结构、大小、重量)对普通物体进行比较和分类。

d. 写出或画出对一系列阶段、事件和观察的描述。

e. 适当地使用带有标签的轴建立条形图来记录数据。

f. 写出或画出对一系列阶段、事件和观察的描述,包括使用放大镜或者显微镜以扩展判断力。

g. 根据口头的指导进行一次科学的观察。

三年级

物质科学

1. 能量和物质具有多种形式,而且可以从一种形式变化到另一种形式。作为理解这一概念的基础,学生们应知道:

a. 来自于太阳的能量以光的形式到达地球。

b. 存储能量的源极具有不同的形式,如食物、燃料和电池。

c. 机器和有生命的东西把存储的能量转变为运动和热量。

d. 通过波的形式,如水波和声音,以及通过电流和移动物体,能够使能量从一个地方转移到另一个地方。

e. 物质有三种形式:固体、液体和气体。

f. 蒸发和融化是当物体被加热时产生的变化。

g. 当两种或更多种物质被合成为一种新物质时,这一新物质可能具有不同于原来物质的特征。

h. 所有的物质都是由称作原子的小微粒构成的,原子非常小,用我们的眼睛无法看到。

i. 人们曾经认为土、风、火和水是构成所有物质的基本元素。科学实验证明大约有100多种不同类型的原子,元素周期表显示了这些原子。

2. 光有来源,而且沿着一个方向传播。作为理解这一概念的基础,学生们应该知道:

a. 太阳光能被阻挡,从而形成阴影。

b. 光线能被镜子和其他表面所反射。

c. 照到一个物体上的光的颜色影响着我们的眼睛如何看它。

d. 当光从一个物质运动进入到我们的眼睛时,我们看到物体。

生命科学

3. 身体结构和行为的适应能够提高生物体生存的机会。作为理解这一概念的基础,学生们应知道:

a. 植物和动物具有生长、生存和繁殖等不同功能的结构。

b. 在不同的环境里,如海洋、沙漠、苔原、森林、草原和湿地,形成了各种各样的生命形式。

c. 有生命的东西在其所生存的环境中产生了许多变化。这些变化有的对生物体或其他生物体是有害的,而其他一些变化是有益的。

d. 当环境发生改变时,一些植物和动物生存繁衍下来,而其他的或者死亡,或者迁移到新的地方。

e. 曾经生活在地球上的某些类型的生物体已经彻底消失了,其中一些与今天仍存活的一些生物体具有类似的地方。

地球科学

4. 空中的物体以一种有规律的并且可以预测的方式运动着。作为理解这一概念的基础,学生们要知道:

a. 恒星的图案是保持不变的，尽管在不同夜晚的天空它们看起来发生了移动，而且在不同的季节里可以看到不同的恒星。

b. 月亮的外观在四个星期的月运周期中是如何变化的。

c. 望远镜使天空中一些遥远物体的外貌放大了，包括月球和行星。通过望远镜看到的恒星数目要比用肉眼所能看到的多得多。

d. 地球是围绕太阳运转的行星之一，而月球围绕着地球运转。

e. 在一天里以及不同的季节，太阳在天空中的位置发生着变化。

观察和实验

5. 科学的进步是通过提出有意义的问题以及进行仔细的观察取得的。作为理解这一概念的基础，并且为了说出其他三种线索的内容，学生们应该发展他们自己的问题并进行实验。学生们将：

a. 反复进行观察以提高观察的精确性，并且知道类似科学观察的结果很少是完全一样的，因为所观察的物质、使用的方法或观察的不确定性是存在差异的。

b. 区别判断与证据，并且知道科学家并不依赖于权威和结论，除非它们能被可以被证实的观察所支持。

c. 使用数据资料描述和比较物体、事件和测量。

d. 预测简单观察的结果，并且将预测与观察结果相比较。

e. 在观察中收集资料，并且进行分析，以得到合乎逻辑的结论。

四年级

物质科学

1. 电和磁是相关的作用，在每天的生活中它们具有许多有用的应用。作为理解这一概念的基础，学生们要知道：

a. 如何设计和使用电线、灯泡和电池等元件连接简单的串联和并联电路。

b. 如何制造一个简单的指南针，并用它探察磁力的影响，包括地球上的磁场。

c. 电流产生磁场，如何制造一个简单的电磁铁。

d. 电磁铁在制造电动机、发电机以及如门铃和耳机等简便设备中的作用。

e. 由电所控制的物体相互吸引和排斥。

f. 磁铁有两个极，分别为南极和北极，相同的两极相互排斥，不相同的两极相互吸引。

g. 电能能够被转化为热、光和运动。

生命科学

2. 所有的生物体都需要能量和物质用以生存和生长。作为理解这一概念的基础，学生们要知道：

a. 植物是物质的最初来源，能量进入到大部分食物链中。

b. 生产者和消费者（草食动物、食肉动物、杂食性动物以及分解者）在食物链和食物网中是相互联系的，而且在一个生态系统中彼此之间可能是相互竞争的。

c. 包括许多菌类、昆虫和微生物的分解者从死亡的植物和动物中循环利用物质。

3. 活的生物体为了生存相互依赖，并且依赖于其周围的环境。作为理解这一概念的基础，学生应知道：

a. 生态系统的特征取决于其有生命的和无生命的组成物质。

b. 对于任何特定的环境而言,有一些类型的植物和动物能够很好地生存下来,有一些生存得并不好,还有一些根本就无法生存。

c. 许多植物依赖于动物为之授粉和传播种子,而动物依靠植物为之提供食物和掩蔽场所。

d. 大多数微生物并不会导致疾病,而且许多是有益的。

地球科学

4. 岩石和矿物的特性反映了形成它们的过程。作为理解这一概念的基础,学生们应知道:

a. 如何通过它们的特性和形成方式(岩石周期)辨别火成岩、沉积岩以及变质岩。

b. 如何使用诊断特性的表格识别构成岩石的共同的矿物(包括石英、方解石、长石、云母和角闪石)以及金属矿石。

5. 波浪、风、水和冰形成着并改变着地球的表面。作为理解这一概念的基础,学生们要知道:

a. 地球上的一些变化是由缓慢的过程产生的,如侵蚀,同时还有一些变化是由快速的过程产生的,如山崩、火山爆发和地震。

b. 自然过程,包括结冰/融化以及根的生长,导致岩石分解为较小的碎块。

c. 移动的水侵蚀着地表形态,通过搬移作用,使卵石、沙子、淤泥和泥浆沉积下来而改造着大地。

观察和实验

6. 科学的进步是通过提出有意义的问题以及进行仔细的观察取得的。为了理解这一概念,并且为了提出其他三种线索的内容,学生们应该发展他们自己的问题并进行实验。学生们将:

a. 区分观察与推论(解释),并且知道科学家的说明一部分来源于他们的观察,一部分来源于他们是如何解释他们的观察的。

b. 测量并估计物质的重量、长度和体积。

c. 说明预测并且根据因果关系证实所做的预测。

d. 进行多种试验以验证一个预测,并将结果与预测之间的关系做一个结论。

e. 通过测量,绘制图形并进行解释。

f. 根据一系列书写的指令进行一项科学的观察。

五年级

物质科学

1. 元素和它们之间的结合解释了世界上所有类型的物质。作为理解这一概念的基础,学生们要知道:

a. 在化学反应中,反应物中的原子重新结合以形成具有不同特性的产物。

b. 所有的物质都是由原子构成的,原子还可以结合形成分子。

c. 金属具有共同的特性,如导电性和导热性。一些金属,如铝、铁、镍、铜、银、金是单质,而另一些,如钢和黄铜是由金属的一种化合物构成的。

d. 每一种元素都是由某一种原子构成的。这些元素根据它们的化学性质组成元素周期表。

e. 科学家已经发现了能够创造原子和分子影像的工具，说明它们是离散的，而且通常发生在一个非常规则的方阵中。

f. 可以利用物质的化学性质和物理性质的不同，分离混合物以及鉴别化合物。

g. 固态、液态和气态物质，如糖、水、氦、氧、氮和二氧化碳的性质。

h. 活的生物体和大多数物质仅仅包含很少的一些元素。

i. 盐，如氯化钠的共同性质。

生命科学

2. 植物和动物具有呼吸、消化、排泄以及运输物质的器官。作为理解这一概念的基础，学生们要知道：

a. 许多多细胞生物体具有用以运输物质的特殊结构。

b. 血液是如何通过心脏的心室、肺和身体实现循环的，二氧化碳和氧是如何在肺和组织中实现交换的。

c. 消化的一系列步骤，牙齿以及嘴、食道、胃、小肠、大肠、结肠在消化系统的功能中的作用。

d. 肾的作用是将细胞废物从血液中排除，并且将它们转化成尿，尿被存储在膀胱中。

e. 糖、水和矿物是如何在含有脉管的植物中得到输送的。

f. 植物利用二氧化碳和从太阳光中得到的能量合成糖分子并释放出氧气。

g. 植物细胞和动物细胞降解糖以获得能量，形成二氧化碳和水（呼吸作用）。

地球科学

3. 通过蒸发和凝聚过程，地球上的水在海洋和陆地之间实现移动。为理解这一概念，学生们要知道：

a. 地球上大多数的水是作为海洋中含盐的水存在的。海洋覆盖了地表的大部分。

b. 当液态水蒸发时，变成空气中的水蒸气，而当遇冷时又可以再次变为液态水，或者温度降到水的凝固点以下时变成固态。

c. 水在空气中以云或雾的形式从一个地方运移到另一个地方。雾是水或冰的细小滴，可以成为雨、冰雹、冰雨或雪降落到地面上。

d. 存在于河流、湖泊、地下水和冰川中的淡水数量是有限的，但是可以通过循环利用和减少使用延长其可使用量。

e. 被当地所利用的水的源泉。

4. 来自于太阳的能量使陆地不均衡地受热，产生空气的运动，导致天气形式的变化。为理解这一概念，学生们要知道：

a. 陆地的不均衡受热产生空气运动（对流）。

b. 海洋对气候的影响，水循环在气候中的作用。

c. 各种恶劣天气的产生及其影响。

d. 如何使用天气图和天气预报来预测当地的天气，天气预报是根据许多变化的变量进行的。

e. 在地球表面的上方，大气释放出的压力随着距离而减弱，在所有的方向上都一样。

5. 太阳系包括行星以及在预定轨道上围绕太阳运转的其他星体。为理解这一概念，学生们要知道：

a. 太阳是一个普通的恒星，也是太阳系的中心，是太阳系中最大的星体，主要是由氢和氦构成的。

b. 太阳系包括地球、月球、太阳、八颗其他行星和它们的卫星，以及像小行星和彗星这样的小星体。

c. 一个行星围绕太阳运转的轨道取决于太阳和这颗行星之间的引力。

观察和实验

6. 科学的进步是通过提出有意义的问题以及进行仔细的观察取得的。为了理解这一概念，并且为了说出其他三条线索的内容，学生们应该发展他们自己的问题并进行实验。学生们将：

a. 根据一个适当的标准为物体（如岩石、植物、树叶）分类。

b. 提出一个可以检验的问题。

c. 根据学生提出的问题设计并实施一次简单的观察，写下可以使其他人实施这一程序的说明。

d. 辨识一次观察中的决定变量和受控变量。

e. 辨别一次科学观察中的单一的独立变量，并说明通过收集这个变量的资料可以了解到什么。

f. 选择适宜的工具（如温度计、米尺棍、天平和分等级的圆柱体）进行定量的观察。

g. 使用适宜的图形表示方法记录数据（包括图表、曲线图、带标注的图表），并根据这些数据进行推测。

h. 根据科学证据得出结论，并说明要得到一个详细的结论是否需要更多的信息。

i. 写一份观察报告，包括所做的检验、收集的资料或者调查的证据，并得出结论。

六年级

集中于地球科学

板块构造理论和地球的结构

1. 板块构造理论解释了地球表面的重要特征以及主要的地质事件。为理解这一概念，学生们要知道：

a. 陆地的形成，地震的位置，火山，中海山脊，化石的分布，岩石类型，古气候带对板块构造理论提供的证据。

b. 固体地球可以分为寒冷的易碎岩石层（地壳）；热的对流地幔以及密度大的金属核心（地核）。

c. 岩石地壳是陆地和海洋的大小排列，以每年几厘米的速度与地幔的运动相对应。

d. 地震是地壳中沿着破裂带的突然运动，火山/裂缝是岩浆到达地表的地方。

e. 主要的地质事件，如地震、火山爆发和造山运动都是地壳运动的结果。

f. 如何根据板块构造理论（包括高山、断层、火山）解释加利福尼亚地质的主要特征。

g. 如何测定一次地震的震中以及地震随着大小、距离震中的距离、当地的地质和相关建筑的类型而变化所产生的效应。

地球表面的形成

2. 地形是经过岩石和土壤的风化作用以及沉积物的搬运和沉积作用不断改造的。为理解这一概念，学生们要知道：

a. 水沿着山坡的冲刷是地形形成的决定过程，包括加利福尼亚的地形形成。

b. 河流和小溪是动态的系统，以自然的和循环的模式侵蚀并搬运着沉积物，不断变化着，并使两岸泛滥。

c. 海滩是一个动态的系统，在那里，沙子是由河流提供的，并经过波浪运动沿着海岸运动着。

d. 地震、火山爆发、山崩和洪水改变了人类和野生动物的生活环境。

热量（热能）（物质科学）

3. 热量运动是一个可以预测的流动，它从热的物体流向冷的物体，直到所有的物体都达到同样的温度。为理解这一概念，学生们要知道：

a. 能量可以从一个地方转移到另一个地方，或者通过热流，或者通过波，包括水波、光和声音，或者通过移动物体。

b. 当燃料被消耗时，大多数能量被释放变成了热能。

c. 固体中的热流动包括传导（并不涉及物质的流动），液体中的热流动既包括传导也包括对流（涉及物质的流动）。

d. 热能在物体之间也是可以通过辐射转移的；辐射能够通过空间传播。

地球系统中的能量

4. 地球表面的许多现象是由于辐射和气流的对流所产生的能量转移而发生的。为理解这一概念，学生们要知道：

a. 太阳是地表现象、大风、洋流和水循环的主要能量来源。

b. 太阳能量通过辐射到达地球，大多数是以可见光的形式。

c. 地球内部的热量主要通过对流到达地表。

d. 在大气和海洋中，对流使热量分布均匀。

e. 压力、热量、空气运动和潮湿的差异导致天气的变化。

生态学（生命科学）

5. 生态系统中的生物体彼此之间以及和环境之间交换着能量和营养。为理解这一概念，学生们要知道：

a. 当太阳光被生产者通过光合作用转化成化学能时，能量进入生态系统，进而通过食物网中的生物体的传递进入到生物体。

b. 随着时间变化，物质从食物网的一种生物体转移到其他生物体中，并且在生物体和自然环境中实现转移。

c. 生物体的群体能够通过他们在生态系统中的功能进行分类。

d. 不同类型的生物体在相似的生物群系中担任着相似的生态任务。

e. 一个生态系统所能支持的生物体的数量和类型取决于可获得的资源和非生物因素，如光和水的数量、温度范围和土壤成分。

资源

6. 能源和原料的来源在数量、分布、有效性以及形成它们所需要的时间上是有区别的。为理解这一概念，学生们要知道：

a. 能源的有用性取决于把这些能源转化成有用的形式以及转化过程的结果等方面有关的因素。

b. 不同的自然能源和原料来源，包括空气、土壤、岩石、矿物、石油、淡水、野生动物和森林，可以把它们分为可更新的和不可更新的类别。

c. 用于制作普通物体的材料的自然来源，

观察和实验

7. 科学的进步是通过提出有意义的问题以及进行仔细的观察取得的。为了理解这一概念，并且为了说出其他三种线索的内容，学生们应该发展他们自己的问题并进行实验。学生们将：

a. 进行假设。

b. 选择使用适宜的工具和技术（包括计算器、计算机、天平、弹簧秤、显微镜和双筒望远镜）进行实验，收集资料并显示资料。

c. 根据资料创建适宜的图形并对变量之间的关系进行量化的综述。

d. 用手写报告和口头展示对一个观察的步骤和结果进行交流。

e. 辨别证据是否与所提出的解释相一致。

f. 读地形图和地质图上所提供的信息，并创造和解释一个简单比例尺图。

g. 从自然现象（如岩石和侵入的相对年代）的发生序列和时间解释事件。

h. 不用通过控制现象（如树枝、小树林、小溪和小山坡）去辨别自然现象随时间发生的变化。

二、欧洲主要国家科学教育的内容

关于欧洲主要国家科学教育的内容，我们以英国科学教育的内容为例做些介绍。2013年9月11日，英国教育部颁布了基础教育新课程标准以及与其配套的学习指导和评价措施，新标准在2014年9月全面实施。本次修订的目的在于为英国基础教育设定一个更高、更清晰的目标，特别是提高核心学科的标准。本次修订的方针包括：扩大学术自由、提高教育质量、吸引更多优秀的人才从事教师职业，帮助所有学生，特别是最贫困家庭学生提高学业成就。

本次标准修订起始于2011年。2011年1月20日，英国教育大臣正式宣布修订中小学国家课程标准，重点是所有学生都必须掌握的核心知识，同时设计更宽泛的课程内容，给学校和教师留出更大的空间来根据大纲组织有效教学，更好地满足学生的需求。随后组织学科专家、教学专家和一线教师对现行课程进行调查，并初步形成了修订意见。2011年12月，英国教育部公布了这份名为《国家课程框架——专家组的报告》（The Framework for the National Curriculum：a report by the Expert Panel）。随后开始起草初级阶段英语、数学和科学课程草案，并公开征求这一学段利益相关者的建议。2012年6月16日，教育大臣公布了与课程标准配套的成绩目标和官方评价要求。

本次修订的重点是提高核心学科——数学、科学和英语的标准，让学校确保所有学生在上述学科都达标，并对此恰当而严谨地负起责任。同时，为优秀教师通过创新而有效的方式使学生达标提供足够的支持。本次修订的原则是：秉承优秀传统，保持学生的创造性和对知识民主发表见解的自主权，使每个学生实现自己的天赋才能。这次修订的国家法定新课程目标为：

（1）国家课程要为学生提供成为有教养的公民的必要内容，为学生提供所能想到的和所能提供的最优质的内容，引导并呈现人类文明的创造和成就。

（2）国家课程只是每个学生教育的一部分。学生在校的每一天、每个星期和每年还应该有剩余时间去安排国家课程外的内容。

（3）国家课程只是提供核心知识框架，教师可以围绕这些内容创设有趣的、激励性的课堂教学，作为更广义的学校课程，来促进学生知识、理解和能力的发展。

科学作为国家核心课程之一，其课程内容从小学到高中整体考虑，连贯设计。科学课程内容包括四个学习领域：科学探究、生命进程与生物、物质及其特性、物理过程。

学习计划是标准的核心内容。在科学探究、生命进程与生物、物质及其特性、物理过程四个方面的内容中，科学探究主要包括科学思想、科学证据的本质和重要性以及调查研究的主要技能（如制订计划、获得和提出证据、思考和评估证据等）。根据规定，教学应当保证通过对"生命进程及生物""物质及其属性""物理过程"的内容的学习，培养学生进行科学探究所需要的知识、技能和理解力。"科学探究"的具体内容见表 4-4。

表 4-4 科学探究的内容

KS 内容		KS1	KS2	KS3	KS4
科学思想和证据		1a. 认识通过观察和测量收集证据回答问题的重要性	1a. 科学的本质 1b. 利用证据检验科学思想的重要性	1a. 运用事例说明经验性问题、证据和科学解释 1b. 预测并检验预测结果与证据的一致性 1c. 了解科学家们的工作方法	1a. 如何提出、评价和传播科学思想 1b. 科学观点因证据的不同会产生不同的解释 1c. 科学工作的背景对工作方式和科学思想传播的影响 1d. 思考科学的力量和局限
调查研究技能	制订计划	2a. 提出问题并决定寻找答案的方法 2b. 利用第一手经验和简单资料回答问题 2c. 行动前预测可能发生的事情 2d. 当实验或比较不合理时，能够识别	2a. 提出能借助科学手段进行调查的问题，决定发现问题的方法 2b. 思考发现问题的途径 2c. 预测或决定要做什么、收集何种证据、使用何种设备和材料 2d. 改变一个实验因素（变量），而保持其他因素不变，观察并测量其影响	2a. 将想法变成可实施的计划 2b. 决定是否使用经验或二手资料获取证据 2c. 做预备工作，适当时做预测 2d. 收集资料时考虑关键因素和无法控制的情况 2e. 决定收集证据的程度和范围、要使用的技术、设备和材料	2a. 将想法变成计划，并计划实施策略 2b.（同左 2b） 2c.（同左 2c） 2d.（同左 2d） 2e.（同左 2e）

续表

KS 内容		KS1	KS2	KS3	KS4
调查研究技能	制定和提出证据	2e. 根据简单说明控制危险 2f. 利用感觉，探索、观察、测量并记录结果 2g. 使用包括信息交流技术在内的多种方式表达结果	2e. 正确使用简单设备和材料并控制危险 2f. 系统观察和测量 2g. 适当时重复观察和测量，验证正误 2h. 使用各种图表和 ICT 表达数据	2f.（同左 2e） 2g. 观察和测量，使用 ICT 分析数据达到精确无误 2h. 进行相关联的观察和测量以获得可靠证据 2i. 使用各种图表和 ICT，表达定性和定量的数据	2f.（同左 2f） 2g.（同左 2g） 2h.（同左 2h） 2i. 判断观察和测量的精确程度 2j.（同左 2i）
	思考和评估证据	2h. 简单比较结果，分辨简单模式和联系 2i. 将已发生的事件和预测做比较并加以解释	2i. 比较数据，分辨其中的简单模式和联系 2j. 推导结论 2k. 判断结论与预测的一致性，并做进一步预测 2l. 解释数据和结论 2m. 再检查自己和他人的研究结果，并描述其意义和局限	2j. 利用各种图表，辨认并解释数据可构成的模式和联系 2k.（同左 2j） 2l.（同左 2k） 2m.（同左 2l） 2n. 思考观察和测量中的反常现象并加以解释 2o. 思考证据能否支持上述解释 2p. 适当时，提出改进方法的建议	2k.（同左 2j） 2l. 提出精确无误的计算结果 2m.（同左 2k） 2n.（同左 2l） 2o.（同左 2m） 2p. 思考反常数据并给出拒绝或接受的理由；就观察和测量的不确定性，思考数据的可信度 2q. 思考证据能否支持结论和解释 2r.（同左 2p） 2s. 提出更深入的调查研究的建议

在学习计划的四个方面中，后三个方面的关系是并列的，所有学生都要同时学习有关后三个方面的内容。每一方面的内容随阶段的上升范围逐渐拓宽、难度逐渐加深。这三个方面的具体内容框架见表 4-5。

表 4-5　“生命进程及生物”“物质及其属性”“物理过程”的内容框架

KS 内容	KS1	KS2	KS3	KS4	
				单一的科学课程	双重的科学课程
生命进程及生物	1. 生命进程 2. 人类和其他动物 3. 绿色植物 4. 变异的分类 5. 周围环境中的生物	1. 生命进程 2. 人类和其他动物营养、运动呼吸、呼吸作用、健康 3. 作为生命体的绿色植物营养、生长呼吸 4. 变异、分类和遗传 5. 周围环境中的生物适应、给养关系、微生物	1. 细胞及其功能 2. 作为生命体的人类营养、运动、繁殖、呼吸、呼吸作用、健康 3. 作为生命体的绿色植物营养、生长呼吸 4. 变异、分类和遗传 5. 周围环境中的生物适应和竞争、给养关系	1. 细胞的活动 2. 作为生命体的人类营养、循环、激素、神经系统健康、体内平衡 3. 变异、分类和进化 4. 周围环境中的生物、适应和竞争	1. 细胞的活动 2. 作为生命体的人类营养、循环激素、神经系统、健康、呼吸、运动、呼吸作用、体内平衡 3. 作为生命体的绿色植物营养、激素、物质运输和水 4. 变异遗传和进化 5. 周围环境中的生物、适应和竞争、能量和营养的转换
物质及其属性	1. 物质的分类 2. 物质的变化	1. 物质的分类 2. 物质的变化 3. 混合物的分离	1. 物质的分类，固体、液体和气体，元素、化合物和混合物 2. 物质的变化，物理变化、地质变化、化学变化 3. 物质的典型特性，金属、酸基和卤素	1. 物质的分类，原子结构 2. 物质的变化，从有机资源中获得有用的产品 3. 物质的典型特性，元素周期表，化学反应、反应率，添加催化剂的反应	1. 物质的分类，原子的结构，化学键 2. 物质的变化，分别从有机资源、金属矿石、岩石和空气中获得有用的产品，定量化学，地球及大气变化 3. 物质的典型特性，元素周期表，化学反应、反应率，添加催化剂的反应，可逆反应，反应中的能量转换

续表

KS 内容	KS1	KS2	KS3	KS4	
				单一的科学课程	双重的科学课程
物理过程	1. 电 2. 力和运动 3. 光和声	1. 电、简单电路 2. 力和运动、力的种类 3. 光和声、光的日常影响、光的可视性、振动 4. 地球和其他星体,太阳、地球和月亮,周期变化	1. 光和磁、电路、磁场电路 2. 力和运动、力和线性运动、力和旋转、力和压力 3. 光和声、光的特性、听力、振动和声音 4. 地球和其他星体、太阳系 5. 能源和能量、转换能源、能量守恒	1. 电、电路电源 2. 波、波的特点、电磁、波谱、声波和超声波 3. 地球和其他星体、太阳系和宇宙 4. 能源和能量转换、能量转换电磁的影响 5. 放射现象	1. 电、电路、电源、电荷 2. 力和运动、力和加速度、力和不规则运动 3. 波、波的特点、电磁波谱、声波和超声波、地震波 4. 地球和其他星体、太阳系和宇宙 5. 能源和能量转换、能源转换电磁的影响 6. 放射现象

三、大洋洲主要国家科学教育的内容

在此我们以澳大利亚为例,该国于 2010 年 3 月公布了由课程设置、考评与报告管理局(ACARA)制定的全国统一课程标准:《幼儿园 至 10 年级科学课程标准框架》。澳大利亚科学课程总目标是促进学生全面发展。课程目标分为科学理解、科学探究技能、人类科学史三个维度。人类科学史维度是一项比较新的发展,除包含情感态度价值观外,还包含了科学史观、科学伦理观等,充分体现了科学史、科学社会学和科学哲学思想,即 HPS 教育思想。

科学课程的目标如下:

- 获取科学技能与概念
- 获取和利用科学调查、推理、分析的技能去回答问题,探索解决方案
- 培养和发展科学态度,如好奇、批判性反思等态度
- 尊重证据以及考虑伦理问题等
- 认识和理解科学的力量和局限
- 能够有效地表达和交流科学观点和想法

科学课程主要内容包含四个领域:生命科学、化学、物理、地球与宇宙。每个领域又分为两个主题(见表 4-6)。

表 4-6　科学课程的领域和主题

科学课程的领域	科学课程的主题
生命科学	1. 一起生活:过去、现在与未来 2. 结构与功能
化学	1. 物质:结构、性质与用途 2. 反应与变化
物理	1. 能量及其运用 2. 力及其作用
地球与宇宙	1. 变化中地球 2. 我们在宇宙中的位置

在二年级以前,四个领域是整合在一起的,统称科学。四个领域的内容提出了 6 级水平的学习成果,其中生命科学领域、化学领域的学习成果分级分别如表 4-7、表 4-8 所示。

表 4-7　期望学生在生命科学领域取得的 1—6 级水平的学习成果

生命科学领域成果概述		
学习成果水平	一起生活:过去、现在和未来	结构与功能
1	利用恰当的语言描述物理、化学、自然界等方面所做的科学探索	
2	识别在探究活动中容易识别现象的探究模式	
3	描述影响生物生存的环境因素	识别构成植物和动物系统的主要器官、组织的结构特点
4	识别不同栖息地各种生物之间的关系	描述植物和动物某些系统的功能
5	解释生物分类的生物学基础 描述生物之间的作用以及生物与周围非生物之间的关系	将不同细胞的结构和组织与其功能相联系
6	解释如何维持生态系统中能量与物质的平衡 描述有关生物进化的学说	描述动植物生长过程中的规律与调节 解释细胞的活动过程 描述遗传的基因学基础

表 4-8　期望学生在化学领域取得的 1—6 级水平的学习成果

化学领域学习成果概述		
学习成果水平	物质:结构、性质与用途	反应与变化
1	利用恰当的语言描述物理、化学、自然界等方面所做的科学探索	
2	识别在探究活动中容易识别现象的探究模式	
3	根据可观察的性质对一系列物质按气体、液体、固体进行分类	描述常见物质的变化

续表

化学领域学习成果概述		
学习成果水平	物质:结构、性质与用途	反应与变化
4	将常见物质的性质与其用途相联系	区别物理变化与化学变化
5	利用简单的分子结构模型解释固体、液体、气体的结构与性质 将常见物质的安全使用和处理和其物理、化学特性相联系	描述产生一种化学变化及影响其变化速度的方法 将混合与分离混合物的简单方法和步骤与医学的、工业的流程相联系
6	将物质的基本性质与其元素的基本特征相联系 描述元素周期表中各组元素的相似性质	说明某类相似物质的特点、化学反应与用途 用化学符号和化学反应方程式表示化学变化

四、亚洲主要国家科学教育的内容

(一) 日本科学教育的内容

日本小学科学课从小学三年级起开设。科学课程的总目标为:亲近自然,有目的地进行观察和实验,培养解决问题的能力和热爱自然的情感,同时,谋求对自然事物现象的理解,培养科学的看法和观点。

日本小学科学课程标准中除总目标之外,还规定有从三年级到六年级各年级的具体目标,各年级的目标具体明确在各部分内容上。日本的小学科学内容包含三个领域:生物与环境、物质与能量、地球与宇宙。下面以六年级的具体目标为例进行说明(见表 4-9)。

表 4-9 日本小学科学六年级的具体目标

	具体目标		
	A. 生物与环境	B. 物质与能量	C. 地球与宇宙
六年级	将生物体的构造和作用以及生物与其环境等联系起来进行分析,通过对发现的问题进行多方面的探究活动,培养尊重生命的态度,同时对生物体的作用以及生物与其环境的作用的关系形成科学的看法和观点	将水溶液、物质燃烧、电磁铁的变化以及作用等与其原因联系起来进行分析,通过对发现的问题进行多方面的探究活动和手工制作活动,对物质的性质和作用形成科学的看法和观点	将大地的结构和变化的情况与自然灾害等联系起来进行分析,通过对发现的问题进行多方面的探究活动,对大地的构造和变化的规律形成科学的看法和观点

三年级、四年级、五年级各年级的具体目标与表 4-9 所列出的六年级的具体目标一样,都是具体在生物与环境、物质与能量、地球与宇宙的各部分内容上。

此外,总目标中的培养解决问题的能力在各年级目标中的具体所指是,三年级侧重培养对自然事物、现象的比较能力；四年级侧重培养能够把相互之间有关系的事物、现象联系起来的能力；五年级侧重培养设计通过控制一定的条件所进行的观察、实验的计划能力；六年级侧重培养对事物、现象变化的原因进行多方面的思考和调查的能力。

日本小学科学各年级的内容是紧密围绕各年级的具体目标选取的。例如，根据三年级侧重培养对自然事物、现象的比较能力的目标要求，选有调查动植物体的生长过程和构造、调查磁铁的性质、调查向阳和背阴地面情况等内容；根据四年级侧重培养能够把相互之间有关系的事物、现象联系起来的能力的目标要求，选有生物一年的变化情况、物体的体积与温度、月亮与星星等内容；根据五年级侧重培养设计通过控制一定的条件所进行的观察、实验的计划能力的目标要求，选有植物的发芽与生长、杠杆的作用、流水的作用等内容；根据六年级侧重培养对事物、现象变化的原因进行多方面的思考和调查能力的目标要求，选有生物与环境、物质的燃烧、大地的形成等内容。下面，通过表 4-10 来看六年级的具体内容。

表 4-10　日本小学科学课程标准中规定的六年级的具体内容

六年级的具体内容		
A. 生物与环境	B. 物质与能量	C. 地球与宇宙
1. 观察人、动物和相关资料等，分析呼吸、消化、排泄以及循环系统的作用，了解人体和动物体的构造和作用 （1）人体是吸入氧气，排出二氧化碳 （2）食物经过口、胃、肠的同时被消化、吸收。没被吸收之物排出体外 （3）血液在心脏的作用下进行体内循环，输送养分、氧气和二氧化碳 2. 观察动物和植物的生活，调查生物养分的摄取方法，了解生物和环境的关系 （1）植物叶在阳光的照射下制造淀粉 （2）有的动物吃活的植物，有的动物吃枯萎的植物 （3）生物通过食物、水及空气与周围的环境发生关系并与其共存	1. 使用各种水溶液，调查它们的性质和使金属发生变化的情况，了解水溶液的性质及作用 （1）水溶液有酸性、碱性和中性之分 （2）水溶液里含有溶化气体的物质 （3）水溶液里含有使金属发生变化的物质 2. 燃烧物质，调查物质和空气的变化，了解燃烧的结构 植物体燃烧时，使用空气中的氧气并产生二氧化碳 3. 给电磁铁导线通电，调查电磁铁强度的变化，了解电流的作用 （1）通电的线圈有磁化铁芯的作用。改变电流的方向，电磁铁的极性发生变化 （2）电磁铁的强弱由电流的强度和导线的圈数决定。	1. 观察土地及其中所含的物质，调查土地的构造及形成方式，了解土地的构造 （1）土地是由石子、砂、黏土、火山灰及岩石等组成，形成地层扩展开来的 （2）地层是由流水的作用和火山的喷发形成，并含有化石 （3）土地是由火山喷发而形成的 （4）土地根据地震的变化发生而发生变化

（二）新加坡科学教育的内容

1. 小学科学课程大纲的目标

新加坡课程计划开发司于 2001 年公布的小学科学课程大纲的目标是：

- 基于学生的兴趣为学生提供学习经验，激发他们对周围环境的好奇心
- 教给学生科学概念，帮助他们认识自己和周围的世界
- 为学生提供机会，培养进行科学探究所必需的技能、思维习惯和态度
- 培养学生运用科学知识和方法做出个人决定的能力
- 帮助学生了解科学与技术对人类生活与环境的影响

该大纲的基本目标是使学生能够认识到表面看似不同的事情之间的内在联系，培养学生综合运用科学知识的能力。课程内容选定了五个主题，包括：多样性、循环、系统、能量、相互作用。这些主题涵盖了生命科学与物质科学中的核心概念。这些概念被选定的原因是它们可以帮助学生更好地认识周围的环境并为将来的学习提供坚实的基础，尤其是，科学技术与环境间的相互关系在“相互作用”主题下得到了较好的体现和探究。

尽管大纲的内容被划分为五个主题，每个主题下面的学习内容并不应该被视为相互独立的知识。一般来说，这些主题之间没有明确的界限。有的内容同属于不同的主题。所以，只要有机会就应该尽可能地体现主题之间的相互联系。尤其值得说明的是，“系统”“能量”及“相互作用”三者之间是密切相关的。

螺旋上升是本大纲的另一个特点。这一特点主要表现在，一些概念和技能会在不同的年级反复出现，但是程度、要求不同。这种螺旋上升的特点保证了科学概念和技能的学习与学生的认知水平相适应，从而能够帮助学生在原有的知识基础上学习新的内容，逐步掌握各种技能。

2. 各个主题下的主要内容

多样性

学生应能欣赏自然界中生物及非生物的多样性。为了更好地认识我们周围的世界，人们试图对这种多样性进行归纳。我们可以找到一些共同的线索把所有的生物联系起来，也可以找到对非生物的多样性进行分类的共同因素。对于世界多样性的研究还能使学生学会欣赏世界的多样性，懂得维持世界多样性的必要。

主要内容：

- 生物的多样性和特征
- 材料
- 有机体和材料的分类

循环

学生应能认识到自然界中存在着一些反复循环的变化，知道循环发生的原因。这方面的例子包括昼夜节律、生物的生命周期以及资源的循环利用等。循环内容的学习可以帮助人们对事件和过程的发生做出预测，知道地球是一个自立系统。

主要内容：

- 植物和动物的生命周期
- 物质
- 水
- 昼夜节律
- 生命单位
- 植物和动物的繁殖

系统

学生应当懂得系统是由部分组成的整体，各部分之间协调一致，共同完成一项功能。我们的周围有许多天然系统，也有许多人造系统。消化系统和呼吸系统是典型的天然系统，电路则是典型的人造系统。关于这些系统的学习可以使人们懂得这些系统是怎样运作的，知道为了完成一个共同的功能各个部分之间是怎样相互影响、相互作用的。

主要内容：

- 植物的组成部分和功能
- 消化系统和骨骼/肌肉系统
- 呼吸系统和循环系统
- 电路

相互作用

学生应懂得，关于系统与系统之间以及系统内部各部分之间相互作用的内容的学习，可以帮助人们更好地认识周围的环境和自己在其中所起的作用。相互作用的种类很多。生命世界与环境之间存在着不同层次的相互作用，即：各器官内部的相互作用，器官与器官之间的相互作用，以及器官与环境之间的相互作用。力与物体之间也有相互作用。在社会层面，人与周围环境之间的相互作用会促进科学和技术的发展；同时，科学与技术也会影响人与周围环境的相互作用方式。通过研究人和周围环境之间的相互作用，学生可以更好地认识人类行为产生的后果。

主要内容：

- 磁铁
- 简单机械
- 力
- 环境的影响
- 生态学

能量

学生应意识到能量对生物和非生物的影响，知道能量是日常生活中的各种变化和运动的原因；知道能量有许多形式，不同形式的能量可以相互转换。人类利用能量的方式有许多，目的也各不相同。人类不是唯一懂得利用能量的动物，所有的生物都能获得能量并利用能量完成生命过程。关于这个主题的学习，可以使学生懂得能量的重要性和能量的用途，明白节约能源的重要性。

主要内容：

- 光
- 热
- 光合作用与呼吸
- 能量的形式和转换

表 4-11 给出了小学各年级水平主题及主题的内容。

表 4-11 小学各年级水平主题与主题内容

年级	主题	主题内容
三年级	多样性 循环 系统 相互作用	• 生物多样性与特征 • 材料 • 动植物的生命周期 • 植物的结构与功能 • 消化系统和骨骼/肌肉系统 • 磁铁
四年级	循环 系统 能量	• 物质 • 水 • 呼吸系统和循环系统 • 光 • 热
五年级	循环 相互作用 系统 能量	• 昼夜交替 • 生命周期 • 动植物的繁殖 • 简单机械 • 电 • 光合作用与呼吸
六年级	多样化 能量 相互作用	• 生物的分类和材料的分类 • 能量的形式与转换 • 力 • 环境保护 • 生态

第三节 我国内地小学科学教育内容

我国内地的科学教育，除早期的自身萌发外，经历了近代西方科学理念与中华传统文化观念的碰撞与融合。伴随时代的发展，具有中国特色的科学教育取得了新的进展，作为科学教师，了解这些是非常必要的。这些内容包括：我国内地小学科学教育内容的变迁、小学科学教育课程的理念和目标以及小学科学教育课程的主要内容等。

一、我国内地小学科学教育内容的变迁

我国真正意义上的科学教育肇始于近代。小学科学教育内容的变迁可从科学课程进入小学校算起，即从清政府 1902 年颁布的《钦定小学堂章程》开始。根据课程内容变革的特征，可将我国内地小学科学教育内容的变迁划分为四个时期：以《钦定小学堂章程》为始端，确立我国小学科学教育课程；以苏联教育为基准，建立中国新教育的小学科学教育；以义务教育法为基础，探索中国特色的小学科学教育；以面向新世纪为目标，创建面向全球的小学

科学教育。①

（一）以《钦定小学堂章程》为始端，确立我国小学科学教育课程

本阶段从清政府1902年颁布的《钦定小学堂章程》至新中国成立。在清政府颁布的《钦定蒙学堂章程》中规定，从第一年始开设“舆地”，即以地球行星图指授之。同年颁布的《钦定小学堂章程》中规定，从第一年始开设“舆地”，即地球大势及本乡各境和本县各境等；随后增设“理科”，即动植物浅理、器具制造浅理和物理初级等。1904年颁布的《奏定初等小学堂章程》中规定，从第一年始开设“地理”和“格致”，即地理、动物和植物等。1923年民国政府颁布的《新学制课程纲要》中规定，从第一年始开设“地理”和“自然园艺”。1929年制定了《小学课程暂行标准》（小学自然），1932年制定了《小学课程标准》（自然），分为自然现象和生活需要两个类别。1936年制定了《小学高年级自然课程标准》，分为自然现象、生活需要和卫生知能三个类别。② 此后又以“常识”“自然”等称谓，并在内容、形式等方面有所调整。

（二）以苏联教育为基准，建立中国新教育的小学科学教育

1949—1986年，我国科学课程的建设以苏联教育为基准，经历了学习、借鉴和改造三个时期，初步建立了中国新教育的科学课程模式。

1. 1949—1960年，我国科学课程的建设基本上全面学习苏联经验

新中国成立前后，东北人民政府教育部以苏联十年制中学科学教科书为蓝本，编译了教科书。③ 第一次全国教育工作会议提出的“借助苏联教育建设的先进经验”④等基本理念作为新中国成立初期科学课程建设的基本依据。据此，教育部颁发了《小学各科课程暂行标准（草案）》，参照苏联中小学教学大纲，草拟了小学阶段的《小学高年级自然课程暂行标准初稿》，颁布了第一个以苏联教学大纲为蓝本的《小学自然教学大纲（草案）》及《小学自然教学大纲（修订草案）》。

在小学阶段，在课程理念和课程目标层面，提出了获得基本的自然科学常识、初步的生产常识和破除迷信与偏见等主旨理念，强调了学习“苏联伟大科学家米丘林的伟大成就”。在课程模式和课程内容层面，提出了“第一至三学年通过语文及其他学科进行自然常识教学；第四、五学年设置自然课”。⑤ 分别安排自然现象、自然物、浅易物理、简单生产制造和生理卫生等课程。内容的选择与组织必须与教学目标相结合，从乡土教材出发，适合时令季节，注意城乡兼顾。中年级以农业常识为主，高年级以工业常识为主，注意互相兼顾。⑥

从课程整体来看，11年的时间，我们多数教学大纲以苏联教学大纲为蓝本；多数教科书或是苏联教科书的编译本，或以苏联最新出版的教科书为蓝本，结合中国情况适当改编。这

---

① 杨宝山.我国基础教育教材的建设：历史与建设[J].课程教材教法，2010(11)：10.

② 课程教材研究所. 20世纪中国中小学课程标准 教学大纲汇编 课程教学计划卷[C]. 北京：人民教育出版社，2001：1—185.

③ 中央教育科学研究所. 中华人民共和国教育大事记（1949—1982）[C]. 北京：教育科学出版社，1983：9.

④ 中华人民共和国教育部. 教育文献法令汇编（1949—1952）[C].

⑤ 课程教材研究所. 20世纪中国中小学课程标准 教学大纲汇编 课程教学计划卷[C]. 北京：人民教育出版社，2001：202.

⑥ 课程教材研究所. 20世纪中国中小学课程标准 教学大纲汇编 自然、社会、常识卷[C]. 北京：人民教育出版社，2001：44—49.

些教学大纲和教科书在许多方面仍保留了苏联教学大纲和教科书的结构或痕迹。为了全面学习苏联经验,在1950—1957年间,商务印书馆、三联书店、大众书店、新知识出版社等13家出版单位翻译出版了涉及科学、物理、化学、生物、地理、技术等14个学科的苏联中小学教材、教法等书籍不少于200本(册)。其中,小学阶段如自然教学(梅里尼科夫编著,王静等译)等不少于70本(册)。这些教材、教法类书籍对于中国当时的教材建设和教学改革产生了重要的影响。

2. 1960—1977年,我国科学课程的建设基本上部分地借鉴苏联经验

1960年7月16日,在华全部苏联专家撤回。① 在中国内地,进行了全日制中小学"适当缩短年限,适当提高程度,适当控制学时,适当增加劳动"②的大规模试验。在总结过去制定教学大纲、编写教材经验的基础上,"结合我国的优良传统和当前社会主义建设的实际,合理地吸取外国(包括社会主义国家和资本主义国家)的对我有用的东西。"③我国修订了教学大纲,编写了教材。

在小学阶段,在课程理念层面,确立了以"基础知识与基本技能"为重点的主旨理念。在课程目标方面,提出了儿童学习初步的自然科学常识,扩大儿童的知识领域,培养儿童爱科学的品德,发展儿童的观察能力和思维能力等;在课程模式层面,提出了"小学一、二年级通过语文及其他学科进行自然常识教学,三、四年级设置常识课,五、六年级设置自然课"。如在五年级上学期安排水、空气和土壤,下学期安排动物和植物,六年级上学期安排人体保健和矿物,下学期安排机械、电和宇宙;课程内容主要包括生物常识和无生物常识。如关于粮食、工业原料、蔬菜细菌等植物,家畜、家禽、野兽等动物,人体保健、水、空气、金属、机械、电等的初步常识。

从课程整体来看,17年的时间,我国以苏联十年制教学大纲和学校教科书为参照,"注意了基础知识的充实和基本训练的加强;适当反映了科学技术的新成就;注意了切合当前的教学实际"。不容置疑,我们多数教学大纲和教科书在许多方面仍然含有苏联教学大纲和教科书的框架或印记。

3. 1977—1986年,我国科学课程的建设开始了整体改造苏联经验

1977年8月至1978年2月,我国先后从美国、英国、西德、法国、日本等发达国家引进了大、中、小学教材达2200册,其中小学教材占15%,中学教材占20%,大学教材占65%。从1977年12月起,相继颁发了《全日制十年制中小学教学计划试行草案》和《全日制十年制中小学各学科教学大纲(试行草案)》。

在小学阶段,在课程理念层面,确立了以"爱科学、讲科学和用科学"为重点的主旨理念。在课程目标层面,提出了学习浅近的自然科学知识,初步认识自然界和人对自然界的利用改造;开阔学生的眼界,丰富学生的知识,培养学生的观察、分析等初步技能等。在课程模式层面,提出了小学一至三年级通过语文及其他学科进行自然常识的教学;四、五年级设置自然课。如在四年级第一学期安排水、空气,第二学期安排植物、动物,五年级第一学期安排人体保健、机械、声光热,第二学期安排岩石矿物、电、宇宙等方面的常识。

---

① 卓晴君,李仲汉. 中小学教育史[M].海口:海南教育出版社,2000:13.

② 中央教育科学研究所. 中华人民共和国教育大事记(1949—1982)[C]. 北京:教育科学出版社,1983:272.

③ 江山野. 中国教育事典(中等教育卷)[C]. 石家庄: 河北教育出版社,1994:309.

在总结课程改革经验与教训的基础上，我国调整了教学计划，修订了教学大纲。1986年发布了自1949年新中国成立以来的第一个不冠有“草案”“修订草案”或“试行草案”的教学大纲。① 在课程理念层面，强调了“为提高全民族的素质，培养有理想、有道德、有文化、有纪律的社会主义公民，并为培养现代化建设需要的各级各类人才奠定基础”等的基本理念。在课程目标层面，突出了“系统地掌握学习现代科学技术和从事社会主义建设需要的科学基础知识，了解这些知识的实际应用”，强调了“培养学生的观察、实验能力，思维能力和解决实际问题的能力。注意培养学生学习的兴趣；重视科学态度和科学方法的教育；鼓励独立思考和创造精神”等。这与我们今天提倡的三项目标相近。

从课程整体来看，近10年的时间，我们在原有部分借鉴苏联课程经验的基础上，开始引荐、吸收、借鉴美国、英国、西德、法国、日本等发达国家课程教材改革的经验或教训。应当看到，在整体改造苏联经验的同时，我们有些教学大纲和教科书在某些方面仍然难免隐含苏联教学大纲和教科书的印记。

（三）以义务教育法为基础，探索中国特色的小学科学教育

1986—1996年，我国科学课程的改革以义务教育法为基础，探索中国特色的科学课程方式。从课程本质特征来看，这是一种强调动态观念的课程方式。在我国内地，从1986年4月起，在国家教育层面，开始以九年义务教育为基础，整体构建中国特色的基础教育课程，先后制定了《义务教育全日制小学、初级中学教学计划（试行草案）》和24个学科教学大纲（初审稿）。

在小学教育阶段，在课程理念层面，确立了以“有理想、有道德、有文化、有纪律”为重点的主旨理念；在课程目标方面，提出了培养学生热爱科学和学科学、用科学的能力等；在课程模式层面，安排了植物、动物、人体、水和空气、力和机械、声、光、热现象、电磁现象、地球和地壳变动、宇宙，提出了按照低年级、中年级和高年级直线或螺旋上升的课程教材体系。以“动物”内容为例，在低年级阶段，学习常见的动物，要点包括：几种常见动物的外形特征、吃食情况和活动方式；在中年级阶段，学习各种动物的特征要点包括：昆虫外形的共同特征、鱼类外形和繁殖的共同特征、爬行类外形和繁殖的共同特征、鸟类外形和繁殖的共同特征、哺乳类外形和繁殖的共同特征等；在高年级阶段，学习动物的生活、进化、驯化、仿生知识，要点包括：动物怎样过冬、动物怎样保护自己、家畜和家禽是由野生动物长期驯化来的、仿生知识的应用等。

从课程整体来看，伴随课程的实施，国家教委于1992年制定了《九年义务教育全日制小学、初级中学课程方案（试行）》。这是我国第一次以文件的形式将沿用40年的“教学计划”更名为“课程计划”且将小学课程与初中课程统一规划设计，颁发了24个学科教学大纲（试用）。在地方层面，上海市于1986年开始了综合科学课程改革试验。国家教委于1988年确定上海市和浙江省实行义务教育阶段科学课程改革。在这前后，北京、上海、吉林、广东等省市的部分学校进行了不同程度的科学课程教材试验。我们看到，无论是在国家层面，还是在地方层面，综合科学课程的改革与实施，都为九年义务教育科学课程的建设做出了重要的贡献，同时为2001年开始实施的义务教育课程改革起到了很好的借鉴作用。

---

① 杨宝山. 课程标准与教学大纲对比分析[M]. 长春：东北师范大学出版社，2004：16.

(四) 以面向新世纪为目标,创建面向全球的小学科学教育

自1996年以来,我国科学课程的发展以面向新世纪为目标,创建面向全球的科学课程范式。从课程本质特征来看,这是一种提倡开放理念的课程范式。自1996年6月始,教育部组织中央教育科学研究所和北京师范大学、华东师范大学等6所师范大学的研究人员,对1993年秋在全国施行的九年义务教育课程的实施状况进行了调研。

在义务教育阶段,从1999年6月起,我国开始在国家层面上整体构建九年一贯制义务教育课程,相继编制了各学科国家课程标准。2001年7月,教育部颁布了全日制义务教育科学(3—6年级、7—9年级)、物理、化学、生物等学科课程标准(实验稿)。

例如,在课程理念层面,提出了"注重全体学生的发展、改变学科本位的观念,注重科学探究、提倡学习方式多样化,注重学科渗透、关心科技发展,构建新的评价体系"等基本理念。在课程目标层面,以全面提高公民的科学素养为基本目标,突出了"知识与技能、过程与方法、情感态度与价值观"三个领域目标。

又如,在课程模式层面,小学阶段以综合性课程为主(科学3—6年级);初中阶段分科课程(物理、化学、生物、自然地理等学科)与综合课程(科学7—9年级)结合。如3—6年级的科学课程提出了"生命世界,物质世界,地球与宇宙等"几个主题;7—9年级的科学课程提出了"生命科学,物质科学,地球、宇宙和空间科学,科学、技术与社会的关系等"几个主题。

从课程整体来看,义务教育阶段的科学课程从2001年9月起在全国38个实验区开始试验。伴随试验面的逐步扩大,各学科的课程标准、教材等也在接受检验。2011年教育部又颁布了部分学科课程标准的修订稿。

二、小学科学教育课程的理念和目标

小学科学课程是以培养科学素养为宗旨的科学启蒙课程。学习这门课程,有利于小学生形成科学的认知方式和科学的自然观,并将丰富他们的童年生活,发展他们的个性,开发他们的创造潜能。

(一) 课程的基本理念

1. 课程面向全体学生,学生是学习的主体

面向全体即要为每一个学生提供公平的学习科学的机会和有效的指导。同时,要充分考虑到学生在性别、天资、兴趣、生活环境、文化背景、民族、地区等方面存在的差异,在课程、教材、教学、评价等方面鼓励多样性和灵活性。作为学习的主体,学生对周围的世界具有强烈的好奇心和积极的探究欲,学习科学应该是他们主动参与和能动的过程。科学课程必须建立在满足学生发展需要和已有经验的基础之上,给他们提供能直接参与的各种科学探究活动,让他们自己提出问题、解决问题,比单纯的讲授训练更有效。教师是科学学习活动的组织者、引领者和亲密的伙伴,对学生在科学学习活动中的表现应给予充分的理解和尊重,并以自己的教学行为对学生产生积极的影响。

2. 学习强调科学探究,内容要满足社会和学生的需求

科学探究是科学学习的主要方式之一。亲身经历以探究为主的学习活动是学生学习科学的主要途径。科学课程应向学生提供充分的科学探究机会,使他们在像科学家那样进行科学探究的过程中,体验学习科学的乐趣,增长科学探究能力,获取科学知识,形成尊重事实、善于质疑的科学态度,了解科学发展的历史。但也需要明确,探究不是唯一的学习模式,

在科学学习中，灵活和综合运用各种教学方式和策略都是必要的。科学课程的内容要满足社会和学生两方面的需要，应选择贴近儿童生活的、符合现代科学技术发展趋势的、适应社会发展需要的和有利于为他们的人生建造知识大厦永久基础最必需的内容。这些内容需加强科学各领域之间的有机联系，强调知识、能力和情感态度与价值观的整合。

3. 科学课程应具有开放性

这种开放性表现为课程在学习内容、活动组织、作业与练习、评价等方面应该给教师、学生提供选择的机会和创新的空间，使得课程可以在最大限度上满足不同地区、不同经验背景的学生学习科学的需要。这种开放性还表现为，要引导学生利用广泛存在于学校、家庭、社会、大自然、网络和各种媒体中的多种资源进行科学学习，将学生的科学学习置于广阔的背景之中，帮助他们不断扩展对周围世界科学现象的体验，并丰富他们的学习经历。科学课程的评价应能促进科学素养的形成与发展。评价既要关注学生学习的结果，又要关注他们学习的过程。评价指标应该是多元的，要包括科学素养的各个方面；评价方法应该是多样的；评价主体则应包括教师、学生、家长等。

（二）课程的基本目标

本课程目标分为总目标和三个分目标：科学探究、情感态度与价值观和科学知识。

1. 总目标

通过科学课程的学习，知道与周围常见事物有关的浅显的科学知识，并能将其应用于日常生活，逐渐养成科学的行为习惯和生活习惯；了解科学探究的过程和方法，尝试应用于科学探究活动，逐步学会科学地看问题、想问题；保持和发展对周围世界的好奇心与求知欲，形成大胆想象、尊重证据、敢于创新的科学态度和爱科学、爱家乡、爱祖国的情感；亲近自然、欣赏自然、珍爱生命，积极参与资源和环境的保护，关心科技的新发展。

2. 分目标

（1）科学探究

知道科学探究涉及的主要活动，理解科学探究的基本特征。

能通过对身边自然事物的观察，发现和提出问题。

能运用已有知识做出自己对问题的假想答案。

能根据假想答案，制订简单的科学探究活动计划。

能通过观察、实验、制作等活动进行探究。

会查阅、整理从书刊及其他途径获得的科学资料。

能在已有知识、经验和现有信息的基础上，通过简单的思维加工，做出自己的解释或结论，并知道这个结果应该是可以重复验证的。

能用自己擅长的方式表达探究结果，进行交流，并参与评议，知道对别人研究的结论提出质疑也是科学探究的一部分。

（2）情感态度与价值观

保持与发展想要了解世界、喜欢尝试新的经验、乐于探究与发现周围事物奥秘的欲望。

珍爱并善待周围环境中的自然事物，初步形成人与自然和谐相处的意识。

知道科学已经能解释世界上的许多奥秘，但还有许多领域等待我们去探索，科学不迷信权威。

形成用科学提高生活质量的意识，愿意参与和科学有关的社会问题的讨论与活动。

在科学学习中能注重事实，克服困难，善始善终，尊重他人意见，敢于提出不同见解，乐于合作与交流。

意识到科学技术对人类与社会的发展既有促进作用，也有消极影响。

（3）科学知识

学习生命世界、物质世界、地球与宇宙三大领域中浅显的、与日常生活密切相关的知识与研究方法，并能尝试用于解决身边的实际问题。

通过对物质世界有关知识的学习，了解物质的常见性质、用途和变化，对物体的运动、力和简单机械，以及能量的不同表现形式具有感性认识。

通过对生命科学有关知识的学习，了解生命世界的轮廓，形成一些对生命活动和生命现象的基本认识，对人体和健康形成初步的认识。

通过对地球与宇宙有关知识的学习，了解地球、太阳系的概况及运动变化的一般规律，认识人类与地球环境的相互作用，懂得地球是人类唯一家园的道理。

三、小学科学教育课程的主要内容

根据我国现行课程标准，本内容主要包括五个方面：生命世界、物质世界、地球与宇宙以及科学探究和情感态度与价值观。

（一）生命世界

科学课程要让学生接触生动活泼的生命世界，去田野树林、山川湖泊，看花草树木、虫鱼鸟兽，感受生命的丰富多彩、引人入胜。他们会发现每一片树叶都不同，每一朵花儿都绚丽，从而激发热爱生命的情感和探索生命世界的意趣。“生命世界”的内容标准的确定是要让学生尽可能多地去认识不同种类、不同环境中的生物，进而对多种多样的生物有比较全面的认识。“生命的共同特征”部分的内容是为了整合学生对生命零散的认识。“生命与环境”“健康生活”部分的具体内容则十分强调联系和应用。“生命世界”部分内容的学习不应拘泥于生物学上的专有名词和概念，要让学生深入探究生物生命活动中一些有意义的问题，有助于他们对生命本质的认识上升到新的高度。“生命世界”内容的标准框图如图 4-1 所示。

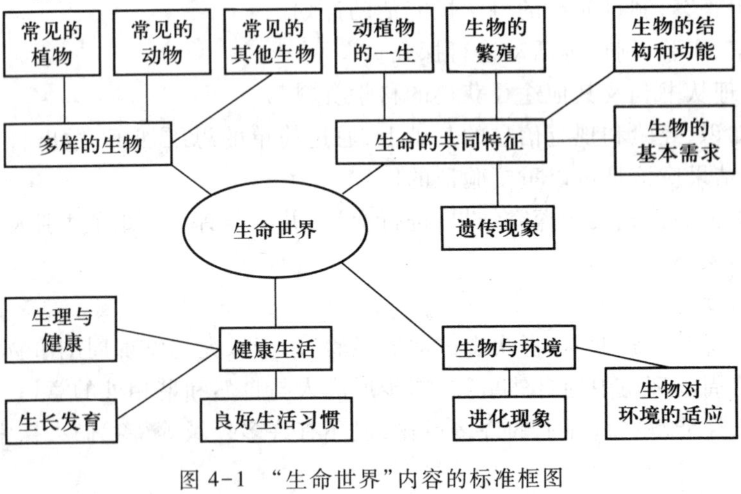

图 4-1　“生命世界”内容的标准框图

1. 多样的生物

（1）多样的生物之一：常见的植物。

（2）多样的生物之二：常见的动物。

（3）多样的生物之三：常见的其他生物。

2. 生命的共同特征

（1）生命的共同特征之一：动植物的一生。

（2）生命的共同特征之二：生物的繁殖。

（3）生命的共同特征之三：生物的基本结构和功能。

（4）生命的共同特征之四：生物的基本需求。

（5）生命的共同特征之五：遗传现象。

3. 生物与环境

（1）生物与环境之一：生物对环境的适应。

（2）生物与环境之二：进化现象。

4. 健康生活

（1）健康生活之一：生理与健康。

（2）健康生活之二：生长发育。

（3）健康生活之三：良好生活习惯。

（二）物质世界

一个无生命的物质世界与生命世界同样五光十色，精彩纷呈，充满了形形色色令人惊奇、迷惘、感叹的现象和过程。“物质世界”这部分的学习将带领小学生走进这块神奇的土地，开始探索其中的奥秘。“物体与物质”部分经过对物体—材料—物质这三个层次的观察与探讨，了解物质一些基本的性质与变化过程，使学生的认识逐渐由具体向抽象过渡。

“运动与力”部分使学生了解位置与运动的概念，知道力与运动变化的关系，了解常见的简单机械。“能量的表现形式”部分讨论了声、热、光、电、磁这些物理现象，使学生知道它们都是能量的不同表现形式，能量可以转换。

“物质世界”这部分所涉及的许多知识与技能都是现代科学和现代技术的基础，在这一部分应该充分体现出其与技术的关系。“物质世界”内容的标准框图如图 4-2 所示。

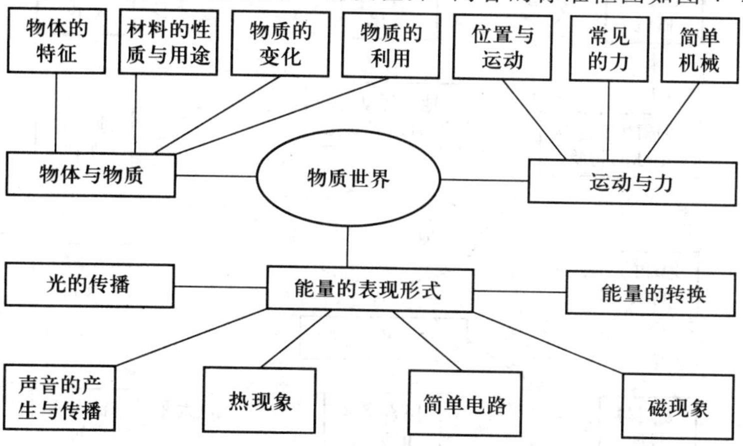

图 4-2　“物质世界”内容的标准框图

1. 物体与物质

(1) 物体与物质之一:物体的特征。

(2) 物体与物质之二:材料的性质与用途。

(3) 物体与物质之三:物质的变化。

(4) 物体与物质之四:物质的利用。

2. 运动与力

(1) 运动与力之一:位置与运动。

(2) 运动与力之二:常见的力。

(3) 运动与力之三:简单机械。

3. 能量的表现形式

(1) 能量的表现形式之一:声音的产生与传播。

(2) 能量的表现形式之二:热现象。

(3) 能量的表现形式之三:光的传播。

(4) 能量的表现形式之四:简单电路。

(5) 能量的表现形式之五:磁现象。

(6) 能量的表现形式之六:能量的转换。

(三) 地球与宇宙

在低幼年段,儿童就从各种媒体接触到"地球"这个名词,科学课程有责任使小学生获得有关地球的更完整的印象,这包括了解地球的概貌和组成物质以及因地球的运动而引起的各种变化。让小学生用探究的方法研究地球物质的性质,不仅可以使他们获得有关的知识,了解科学探究的过程和方法,体验到探究的乐趣,还可以使他们对习以为常的地球物质"刮目相看",意识到地球物质的价值和保护它们的重要性。地球与宇宙还包括天空中的星体,这部分内容为小学生撩起了星空的神秘面纱。他们通过观察、记录太阳和月球的运动变化,探究它们的运动模式,锻炼自己的毅力;他们通过了解人类对宇宙奥秘的探索,认识科学的进步和人类智慧的潜力。这部分内容的教学重点是点燃小学生的求知欲,这远比告诉他们太阳的直径、温度更重要!"地球与宇宙"内容的标准框图如图 4-3 所示。

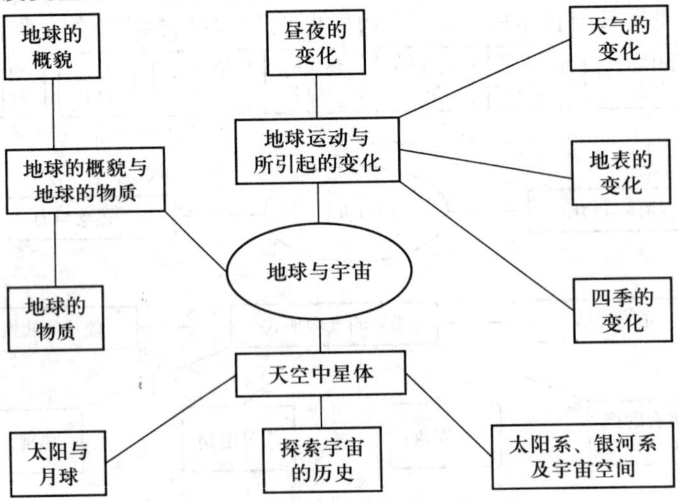

图 4-3 "地球与宇宙"内容的标准框图

1. 地球的概貌与地球的物质

（1）地球的概貌。

（2）地球的物质之一：岩石、沙、土壤。

（3）地球的物质之二：水。

（4）地球的物质之三：空气。

2. 地球运动与所引起的变化

（1）地球运动与所引起的变化之一：地球运动与天气变化。

（2）地球运动与所引起的变化之二：地球运动与昼夜变化。

（3）地球运动与所引起的变化之三：地球运动与地表变化。

（4）地球运动与所引起的变化之四：地球运动与四季变化。

3. 天空中的星体

（1）天空中的星体之一：太阳和月球。

（2）天空中的星体之二：太阳系、银河系及宇宙空间。

（3）天空中的星体之三：探索宇宙的历史。

（四）科学探究

科学探究是科学学习的中心环节。科学探究不仅可以使小学生体验到探究的乐趣，获得自信，形成正确的思维方式，而且可以使他们识别什么是科学，什么不是科学。科学探究不仅涉及提出问题、猜想结果、制订计划、观察、实验、制作、搜集证据、进行解释、表达与交流等活动，还涉及对科学探究的认识，如科学探究的特征。科学探究能力的形成依赖于学生的学习和探究活动，必须紧密结合科学知识的学习，通过动手动脑、亲自实践，在感知、体验的基础上，内化形成，而不能简单地通过讲授教给学生。在小学阶段，对科学探究能力的要求不能过高，必须符合小学生的年龄特点，由扶到放，逐步培养。在具体的教学实施过程中，可以涉及科学探究的某一个或某几个环节，也可以是全过程。主要包括：

1. 认识科学探究

2. 提出问题

3. 猜想与假设

4. 制订计划

5. 观察、实验、制作

6. 搜集整理信息

7. 思考与结论

8. 表达与交流

（五）情感态度与价值观

情感态度与价值观既是科学学习的动力因素，影响着学生对科学学习的投入、过程与效果，又是科学教育的目标，通过对千姿百态、引人入胜的自然现象的学习，改变学生的行为倾向，激发他们对科学学习的兴趣，陶冶爱科学、爱家乡、爱祖国的情感，并为他们形成正确的科学价值观打好基础。科学教育中情感态度与价值观的目标主要包括对待科学学习，对待科学，对待科学、技术与社会的关系，对待自然四个方面。培养小学生的情感态度与价值观，不能像传授知识一样直接“教”给学生，而是要创设机会，通过参与活动，日积月累，让学生感受、体验与内化。主要包括：

1. 对待科学学习
2. 对待科学
3. 对待自然
4. 对待科学、技术和社会的关系

本章小结

科学技术水平的提高、科学技术人才的培养必须依靠教育，特别是科学教育。作为科学教师，科学素养与科学教育、世界主要国家科学教育的内容以及我国内地小学科学教育的内容等正是小学科学教育的主要内容。科学素养已成为21世纪公民必备的素质。因此，公民必须具有一定的科学知识，了解科学研究的方法和过程，发展科学思维，才能对涉及自身和社会的有关信息做出选择，参与公共政策和决策的讨论，参与法律的制定、监督和执行。科学素养的形成是长期的，早期的科学教育对一个人科学素养的形成具有十分重要的作用。培养小学生的科学素养是小学科学课程的主要任务和内容。

世界主要国家和地区科学教育的内容包括：美洲主要国家科学教育的内容；欧洲主要国家科学教育的内容；大洋洲主要国家科学教育的内容；亚洲主要国家科学教育的内容。随着社会的变革，知识经济时代的到来给美国K-12年级科学教育以较大的冲击。通过基于标准的科学教育研究，2010年7月NRC公布了《K-12科学教育框架（草案）》，2011年正式出版的《K-12科学教育框架：实践、跨领域概念和核心概念》标志着美国新一轮科学教育改革已初步完成。2013年4月7日正式公布了《新一代科学教育标准》。在欧洲，英国教育部于2013年9月颁布了基础教育新课程标准以及与其配套的学习指导和评价措施，本次修订的目的在于为英国基础教育设定一个更高、更清晰的目标，特别是提高核心学科的标准。此外，近些年来，澳大利亚、日本和新加坡等国的科学教育在目标、内容等方面都有了新的变化。

我国内地的科学教育，除早期的自身萌发外，经历了近代西方科学理念与中华传统文化观念的碰撞与融合。伴随时代的发展，具有中国特色的科学教育取得了新的进展。作为科学教师，了解这些是非常必要的。其中包括：我国内地小学科学教育内容的变迁、小学科学教育课程的理念和目标以及小学科学教育课程的主要内容等。小学科学课程是以培养科学素养为宗旨的科学启蒙课程。学习这门课程，有利于小学生形成科学的认知方式和科学的自然观，并将丰富他们的童年生活，发展他们的个性，开发他们的创造潜能。本课程目标分为总目标和三个分目标。本课程内容主要包括生命世界、物质世界、地球与宇宙等几个部分。

拓展阅读

1. 课程教材研究所. 20世纪中国中小学课程标准 教学大纲汇编 自然、社会、常识卷[C]. 北京：人民教育出版社，2001.

2. 中华人民共和国教育部. 全日制义务教育科学（3—6年级）课程标准（实验稿）[S]. 北京：北京师范大学出版社，2001.

3. 杨宝山.我国基础教育教材的建设:历史与建议[J].课程教材教法,2010(11).

4. 国家研究理事会. 美国国家科学教育标准[S]. 戢守志等译. 北京:科学技术文献出版社,1999.

5. 美国科学促进会. 科学素养的基准[S]. 中国科学技术协会译. 北京: 科学普及出版社,2001 .

思考题

1. 为什么说小学科学教育的宗旨是培养学生的科学素养?
2. 请简述国外几种关于科学素养的定义。
3. 美国科学教育的主要内容是什么?
4. 澳大利亚的科学课程内容有什么特点?
5. 简述我国小学科学课程的基本目标。
6. 简述我国小学科学课程的主要内容。

第五章　小学科学教材的开发与利用

本章要点

小学科学教材的发展历程；小学科学教材编写的模式和原则；小学科学课程资源的开发和利用。

作为学科课程与教学的三大要素（教师、学生、教材）之一，教材有广义和狭义之分。从狭义上看，教材是教师用于开展教学活动的基础资料，主要以教科书的形式呈现，一般包括学生用书和教师用书。从广义上看，教材是教师教学和学生学习所利用的一切教学资料，不仅包括标准的教科书，而且也包括其他各种形式的教学资料和教学辅助资源，如印刷品形式的教学参考书、讲义、教学挂图、学生活动报告册、练习册、辅助读物等，数字化形式的多媒体教学课件、音频或视频资料等，甚至还包括实物形态的教具、学具等。

本章将简要介绍小学科学教材的发展历程，在此基础上，首先从狭义的理解上说明小学科学教材编写的模式和原则，然后从广义的理解上说明各种类型的小学科学课程资源开发和利用方式。

第一节　小学科学教材的发展历程

本节通过介绍国外和我国小学科学教材的发展历程，展现不同时期小学科学教材的基本特征，为进一步理解小学科学教材编写和小学科学课程资源的开发与应用打下基础。

一、国外小学科学教材的发展历程

19世纪初期，科学开始进入大学的殿堂，到19世纪60年代以后才逐渐延伸到中等和初等教育阶段的学校。19世纪中期的科学教育并没有书本化的教材，学习所用的材料来自于周围环境中真实的动物、植物、矿物等，而教师的教学方式则是教儿童详细地描述各种动物、植物和矿物，使他们学会观察和归纳。这种教学方式被称为“实物教学”（object teaching），教学的目标是促进儿童的心智发展，对科学知识的学习则处于从属地位。

实物教学实施不到20年就逐渐消失了。究其原因，一方面，是因为实物教学不能构成有组织的课程体系，不利于学生掌握系统的科学知识；另一方面，由于大多数小学老师缺乏科学训练，使得实物教学沦为对实物的机械描述和记忆，不能有效促进儿童的心智发展。英国科学家赫胥黎将这种受古典教育遗风影响的教学方法比喻为“教一个木匠懂得锯和刨的原理,但从未让他在木头上去实践”,并指出“科学教育的最大特点,就是使心智直接与事实联系,并且以最完善的归纳方法来训练心智”。①

20 世纪下半叶,随着一系列法令的颁布,初等义务教育逐渐在欧洲和美国流行起来,而科学教育也在学校课程中取得了合法地位,主要包括地理、生物、自然和卫生等方面的内容。然而,当时美国中小学的科学教学仍然是深受古典教育传统影响的书本教育,大部分学校只是机械地往儿童的头脑中塞一些零碎而枯燥的科学事实。

19 世纪后期,美国教育开始摆脱欧洲教育传统的影响,进入到教育理论和实践的创新时期。一方面,明确了科学教育的三大目标:理解和掌握科学知识、理解和运用科学方法、促进个性与社会性发展;另一方面,提出了两种新的科学教学模式:“小学科学”(elementary school science)和“自然学习”(natural study)。

“小学科学”教学模式由美国教育家帕克(F.W.Parker)、杰克曼(W.S.Jackman)等人提出。这一模式以掌握重要的科学概念为主要目标,并强调以观察和实验等科学方法作为达到这一目标的手段。哈里斯(W.T.Harris)认同小学科学模式的基本观点,并主持编写了第一个有实际影响的小学科学课程。这一课程被认为是早期编写的最完整的科学课程之一。哈里斯特别强调科学教学要适应学生心理发展的需要,认为应实施交叉学科的科学教学,以有效地促进学生的心理发展。

“自然学习”教学模式不像“小学科学”教学模式那样注重科学知识的学习,而是以儿童发展作为教学的主要目标。19 世纪末 20 世纪初是美国从农业社会向工业社会的过渡时期,出现了工业文明要求个体服从机器和组织而导致个性泯灭的现象。在这一背景下,“自然学习”教学模式极力弘扬个性主义和情感主义,强调指导儿童探究与他们有关系的周围环境,激发他们探索大自然的热情和欲望,为进入高年级学习科学做好准备。显然,这一模式反映了人们对小学各年级只教科学、导致儿童异化的反抗。

科学教育三大目标和两种教学模式不仅推动了美国科学教育的实施,也对 20 世纪各国的科学教育产生了一定的影响。随着教学目标和教学模式的确定,科学教育在小学课题体系中的地位得到了进一步巩固。

进入 20 世纪后,随着社会变革的加剧和中等教育的普及,科学教育经历了一系列的变化和改革。在欧洲,发生了以新教育运动为特色的教育改革;在美国,出现了进步主义教育运动。在进步主义教育思想和课程理论的影响下,小学科学课程更加注重实际和面向社会,强调科学教学要向学生提供作为未来公民直接有用的知识。在这一时期,克雷格和杜威对科学教育的理论研究和实践推进做出了重要的贡献。

作为第一个获得科学教育博士学位的学者,克雷格(G.S.Craig)继承、修正和发展了杰克曼的科学教育思想,其主要观点记录在《科学教学计划》一书中。书中强调要将一般原理和通用法则作为科学教育的知识目标,并以此与自然学习运动相抗衡。克雷格通过调查了解儿童对科学的哪些方面感兴趣,据此制定科学课程手册。在课程手册中,科学原理被表述为科学教学目标,经验、活动和科学方法则是实现这些目标的手段。克雷格的科学教学模式影响美国科学教育长达 30 年之久。

作为实用主义哲学的代表人物,杜威(J.Dewey)旗帜鲜明地提出“儿童中心”的思想,强

---

① 赫胥黎.科学与教育[M].单中惠、平波译.北京:人民教育出版社,1990.

调科学教学必须从学习者已有的经验开始，达到对科学概念和原理的充分理解。此外，杜威也赞同将科学方法作为科学教育的主要目标，并总结出反省思维的“五步法”（暗示、问题、假设、推理、检验）。杜威指出，在经验与科学知识之间的心理步骤就是科学方法，因此，科学方法既是科学教育的手段，又是科学教育的目标；既是逻辑的，又是心理的。

到了20世纪50年代后期，美国许多人士，尤其是保守派人士认为进步主义教育运动走得太远，对生活适应或功利性教育提出了强烈的批评。在这一背景下，1957年10月苏联人造卫星的发射成为引发美国科学教育改革的“导火索”，美国乃至全世界科学教育改革经历了一个为期10年的“黄金时期”。在这一时期的科学教育改革中，一批新的小学科学教材被编写出来。其中，影响最大的有美国科学促进会组织编写的《科学——一个过程模式》(S-APA)、美国教育发展中心组织编写的《小学科学探究》(ESS)、美国劳伦斯科学馆组织编写的《科学课程改进研究》(SCIS)三种教材。

在课程目标和内容方面，以上教材都与以往科学教材大不相同。在课程目标方面，一方面，与克雷格注重一般原理不同，新教材转向了对科学学科知识的注重，并强调科学方法在获取科学知识方面的重要作用；另一方面，与杜威的进步主义教育不同，新教材对学生的个性与社会性发展的关注明显减弱。在课程内容方面，新教材强调对现代科学的重要概念、原理和理论的深入理解，强调对处理科学问题的探究能力的系统培养，强调对科学、科学学习和科学事业的积极态度的重点培育。

美国的科学课程改革迅速扩展到其他国家，形成了一轮波及全球、声势浩大的科学教育改革运动。各国政府不惜大量投入经费，一流的科学家、心理学家和教育家也积极参与领导课程改革，指导教材编写。一些国家还对科学教师进行了大规模的重新培训。然而，这些改革措施并没有取得预期的成效。美国在20世纪70年代中期开展的全国性调查发现，选修新科学课程的学生数量很少，大多数中学生在K-12年级学完10年科学课程以后，就不再选修任何科学课程了；并且，普通学生的科学素养水平也没有得到明显的提高。

1983年，美国政府发布《国家在危机中》报告，拉开了以卓越教育、探究学习、国家课程标准、统一考试为特征的新一轮课程改革，进一步将“科学”列为核心课程。在教材方面，K-8年级（大致对应于我国的义务教育阶段）一般使用综合的科学教材，9—12年级（大致对应于我国的高中阶段）则使用分科的科学教材。

从形式上看，美国的科学教材具有引人入胜的形式、以学为主的活动、友好的课型、循环提升的复习等基本特征。从教材的开发方式和教学内容看，美国的科学教材还具有以下四个方面的特点。

1. 权威专家编著

美国K-12年级的科学教材大多是集中了该学科前沿专家或学术权威的“超一流智慧”精心打造。例如，从学前教育到小学6年级适用的科学教材 Scott Foresman Science（如图5-1所示）由诺贝尔物理学奖得主斯蒂文·威恩伯格（Steve Weinberg）、美国航空和宇宙航行局（NASA）宇航员凯思林·桑敦（Kathryn C.Thornton）、国际小学科学理事会主席谢瑞尔·梅西尔（Sheryl A.Mercier）等世界一流的专家共同打造。

另一套初中科学教材 Science Explorer（《科学探索者》，如图5-2所示）在美国处于绝对的领先地位，被几十个发达国家的名牌学校所选用，该教材的作者迈克尔·帕迪拉（Michael Padilla）博士是美国佐治亚大学教育系的教授，是《美国国家科学教育标准》的作者之一。

图 5-1　美国的科学教材(1)

图 5-2　美国的科学教材(2)

2. 教育资源丰富

美国 K-12 科学教育教材除了学生用书和教师用书之外,还配有教师资源包、实验室活动包和网络数字资源库。以前面提到的初中科学教材 Science Explorer 为例,这套教材由两部分组成,一部分是科学概要——“科学与技术的本质”;另一部分是科学知识,包括生命科学、地球科学、物质科学三个领域。每个领域都包括五个模块,每个模块都有学生用书(含课本内容的 CD-ROM)9 种、教师用书和各种教育资源包 17 种、配套光盘 8 种。全套教材辅助资源的总数多达 544 种。此外,在学生的教材中还配有很多“动手做”的实践材料以及供教师课堂教学使用的“活动挂图”。

3. 重视学习策略

美国的科学教材在强调科学的知识体系和编排体系、教学程序的同时,非常关注对学生在科学学习中探究性学习策略的指导。例如,由美国著名物理学家保罗·海威特(Paul G. Hewitt)编著的高中物理教材 Conceptual Physics(如图 5-3 所示)提出“概念先于计算”的策略,引导学生在理解概念的基础上学习物理。基于这一策略的教学模式包括以下三个步骤:

(1) 探索,引起学生对有趣的实例和课堂活动的兴趣。

(2) 概念拓展,通过有趣的实例、演示、实验、拓展练习和激励性问题来建构学生对物理规则的理解。

(3) 应用,学生通过科学实验、数学性问题解决、评价性问题解决,来应用他们所学的知识。

4. 贴近生活实际

美国的科学教材改变了以往科学学习抽象、乏味、枯燥的面貌,向学生传达这样一种理念:科学与我们的生活息息相关,科学研究不是科学家的专利,而是普通大众都可以参与的。例如,在 Science Explorer 中,每一个课题(一节内容)都从学生熟悉或发生在学生周围的事例出发,将课堂学习延伸到了学生的家庭、社会生活之中。不仅如此,教材还提示学生学完后要立即加以应用,设置了“身边的科学”“实践活动”“小习作”“试一试”(如图 5-4 所示)等栏目让学生积极参与。

图 5-3　美国的科学教材(3)

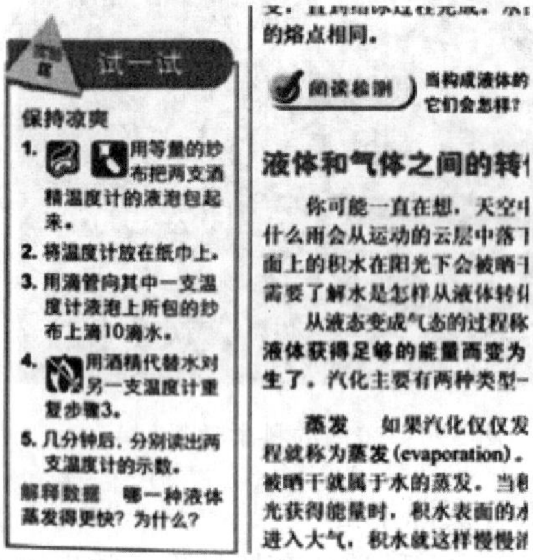

图 5-4　美国的科学教材(4)

二、我国小学科学教材的发展历程

在我国,小学科学教材是在 20 世纪初伴随着西方科学教学思想的传入发展起来的。清末的《格致》以文言文呈现,民国初年的《理科》初步白话化。这两个版本的教材都是从日本的小学科学课本翻译过来,而日本的课本又是从欧美引进的。1928 年,我国开始制定自己的课程标准,并从英美直接引进教育学说,指导教材编写。

新中国成立后,我国的小学科学教材经历了多次变化。1952—1953 年,统一使用人民教育出版社根据苏联小学四年级自然教材改编的《自然》(上、下册)。1956 年 8 月,国家教委规定小学一至四年级学习“生物界”自然常识,在语文课中进行教学;五至六年级学习“无生物界”自然常识,统一使用《语文》《自然》课本。1963 年 5 月,国家教委规定只在高年级学习“生物界”和“无生物界”自然常识,统一使用人民教育出版社出版的高级小学课本《自然》(1—4 册)。

1978 年 1 月,国家教委规定小学四年级至五年级开设自然常识课,统一使用人民教育出版社出版的全日制十年制学校小学课本《自然常识》(1—4 册)。1981 年 3 月,国家教委规定三至五年级学生开设自然课,统一使用人民教育出版社出版的五年制小学课本《自然》(1—6 册)。继这套教材后,人民教育出版社于 1987 年出版小学低年级自然教材,降低了对知识系统性和完整性的要求,加强了教材的趣味性和实用性。

1988 年,国家教委成立了教材审定委员会,实施“一纲多本”的教材建设政策,改变了教材开发国家过于集中的状况。1992 年,国家教委颁布了新的九年义务教育自然教学大纲,规定从小学一年级开设自然课，并编制六三学制和五四学制两套自然教材。从 1993 年开始，遵照国家教委关于中小学教材建设“在国家统一要求下实现教材多样化”的精神，上海、广东、江苏等地开始编写自然教材。

从 1950 年到 1993 年，我国先后编写了 8 套全国通用的小学《自然》教材。这些教材在编写思想、内容编排、体例写法等方面各具特色，反映出我国小学科学教材发展的大致情况。下面，分别对这些教材的主要特点加以简要说明。

1.《自然课本》(1950 年版)(见图 5-5)

《自然课本》是新中国成立以来的第一套全国通用的小学科学教材，主要由顾均正和贾祖章编写，人民教育出版社出版。该套教材共分 4 册，每册 18 课，共 72 课，适用于高级小学的 5—6 年级。

这一课本的主要特点是非常注重科学的实用性，有很多与生产技术相关的课，占全部课的三分之一，包括农业生产、农作物病虫害防治、家畜、养鸡、养鸭、发电机和电动机、电报、电话、无线电、电影、潜水艇等，其他课的内容也都是围绕生产、生活实际展开的。显然，这套教材更像是一套职业技术教科书。

从内容来看，这套教材的知识体系不完整，各领域知识的比重也不均衡，物质科学的内容所占比例太大(占 56%)，并且没有考虑到各个领域知识之间的联系。从呈现方式来看，课文注重了讲述性和验证性，缺乏启发性和趣味性。

图 5-5　《自然课本》(1950 年版)

2.《自然》(1953 年版)(见图 5-6)

该套教材由方宗熙、陈同新等编写，共分 4 册，每册 30 课，适用于高级小学的高年级段。主要特点如下：

(1) 在教学内容上采用模块式设计，包括水、空气、电、矿物、土壤、生理卫生六个模块。各模块内的知识具有相当严格的系统性，按照由浅入深、循序渐进的原则编排课文。例如，“水”这一模块有 30 课，从水的重要性出发，按顺序介绍了水的形态、水的溶解性、水污染、水的蒸发和沸腾、与水有关的天气现象、水的三态变化、水循环等一系列知识。这些知识环环相扣、层层深入，具有很强的逻辑性。此外，还围绕水，综合了水中的生物、温度计、蒸汽机的发明等其他领域的知识，与今天综合理科课程的理念很接近。

（2）在呈现方式上，从学生熟悉的具体事物或问题出发，按照“观察（或故事、实验）—问题—实验—获得概念—运用概念—新的问题”的形式呈现，具有一定的启发性和趣味性。例如，在《哪些物质能溶解于水》一课中，就是由“两只骆驼过河”的故事引出哪些物质能溶于水的问题；然后给出详细的实验方法和实验结果；最后，运用物质的溶解性来分离物质。本教材有 80 多个实验和观察活动，引导学生通过实验和观察来学习科学。

（3）该教材注重利用讲故事的方式向学生介绍一些科学技术史的内容，以培养学生的科学兴趣和科学精神。例如，教材中介绍了蒸汽机的发明、潜水艇的故事、孔明灯、热气球、富兰克林与雷电、罗蒙诺索夫与避雷针等故事。这些故事语言生动有趣，并配有插图，非常适合学生阅读。

该套教材的不足之处是知识的覆盖面太窄，没有涉及天文、力与机械、物体运动、动物、植物等领域的知识。

图 5-6 《自然》（1953 年版）

3.《自然》（1957 年版）（见图 5-7）

该教材由人民教育出版社生物室编写，共分 4 册，适用于高级小学的高年级段。该教材继承 1953 年版《自然》教材的模块化设计，在以前的 6 个模块的基础上，增加了机械和宇宙两个模块，总数达到 8 个模块。与 1953 年版的教材相比，该套教材保留了原有教材知识的系统性，进一步增强了科学性，主要表现在教材内容和呈现方式两个方面。

首先，在教材内容上，更加注重知识性，减少了观察和实验活动的数量，在每课后减少了一些拓展性问题、新增了作业题，在每册书的结尾专门设计了复习巩固课。

其次，在呈现方式上，改变了前套教材以故事或叙事方式来表述科学知识的方式，语言更加规范，概念更加严谨；在课文的开始处减少了引入和铺垫的内容，往往采用正面叙述的方式开门见山地介绍科学知识。

4.《常识》（1961 年版）

该套教材由人民教育出版社编写，共 4 个分册，适用于五年制小学 4—5 年级。从严格意义上说，《常识》并不完全是一本科学教材，因为它还包含了历史、地理、政治等其他学科

图 5-7　《自然》(1957 年版)

的知识,科学课的比重只有 50%左右。并且,这些科学课并不具备科学知识的系统性和严谨性,也缺乏科学实验活动。此外,课文中还融入了许多政治教育的内容,更像一套科普读物或政治教育素材。

5.《自然》(1964 年版)

该套教材由刘默根、李培实等编写,共 4 个分册,适用于高级小学高年级段。该套教材可以看成是 1957 年版《自然》教材的继承和发展,新增了“动物”和“植物”两个模块,并对各模块的分布和内容进行了调整。

与 1961 年版的《常识》教材类似,该套教材以科普文章的方式呈现科学知识,增强了课文的知识性。按照这一呈现方式,与 1957 年版的教材相比,该套教材削弱了实验活动在科学学习中的作用,在课文中不设实验的内容,只是将少部分实验和观察活动放在“问题和作业”中,供学生在课下进行研究。

6.《自然》(1978 年版)

该套教材由刘默根、李培实等编写,共 4 个分册,适用于高级小学高年级段。该教材吸收了前几套教材的一些特点,没有重要的突破,其特点主要有以下几个方面:

(1) 重新设置了“实验”“观察”栏目,提高了科学实验的地位,但课文中的实验几乎都是验证性的。

(2) 增强了科学史的教育,尤其是增加了关于我国科学技术成就的内容。

(3) 继承了 1957 年版教材的科学性和严谨性,同时也设计了一些问题引发学生思考,具有一定的启发性。

(4) 摒弃了模块化的设计,将原来几个大模块的内容化整为零,按照一个个小课的形式进行编排。

7.《自然》(1982 年版)(见图 5-8)

该套教材由刘默根、李培实等编写,共 4 个分册,适用于高级小学高年级段,后来被改编成 6 册,供小学 3—5 年级使用。该套教材在继承我国前几套教材的一些优点的基础上,借鉴了国外教材的先进经验,在以下几个方面表现出以前教材所没有的鲜明特点。

（1）非常重视学生科学能力的培养，注意引导学生自行获得科学知识。课文中对于科学知识描述的文字大大减少，通过一个个富有启发性的问题和有趣的实验或活动展现科学过程，逐渐逼近科学知识。

（2）突出了知识模块的限制，按照学生的认知规律和教学实际组织内容，表现出螺旋式上升的特点，既考虑到学生的认知特点，也兼顾了知识的系统性和逻辑性。

（3）结合教学实际，增强了教材的实用性。一方面，考虑到季节和地方差异，将动植物、天气现象、四季星空等内容安排在适当的时间；另一方面，考虑到实验材料的可获得性，力求用学生身边简单便宜的材料进行实验。

图 5-8 《自然》(1982 年版)

（4）增强了开放性和探究性。一方面，有些课文没有直接给出实验结论，而是要求学生通过自己的实验得出结论；另一方面，课文的作业中也有一些需要学生在课后进一步探究的活动，拓展了科学学习的空间。

多年的教学实践证明，该套教材符合教学实际，并且很好地兼顾了科学性、趣味性和启发性，受到全国广大教师的好评。美中不足的是，由于受到当时科学技术发展水平的限制，该教材的科学内容还不够充实，也没有精美的彩色印刷。

8.《自然》(1993 年版)

该套教材由人民教育出版社、北京教研室和天津教研室联合编写，共 12 个分册，共 1—6 年级使用(五年制为 10 个分册)。与 1982 年版的教材相比，这套教材吸收了教育学、心理学、科学哲学的最新研究成果，在内容上进行了很大的拓展，几乎涵盖了科学的全部领域。在编排上具有以下特点。

（1）以自然界的构成为线索，将知识教学、能力培养、思想教育三者有机结合，三个维度都可以明显地分为低年级、中年级、高年级三个台阶，在每个台阶内部，都按照由近及远、由浅入深、由易到难、由简到繁的顺序进行编排。

（2）虽然在形式上没有明确按单元编排，但将几个内容相近或者认知层次相近的课编排在一起，实际上构成了一个个教学单元。例如，各种各样的果实、各种各样的根、各种各样的茎、植物的身体这 4 课就构成一个教学单元。

（3）每篇课文一般包括描述现象、提出问题、设计实验、运用知识四个组成部分，既是教学的一般过程，也符合科学探究的基本步骤，同时也体现了学生认知的一般过程，实现了三者的有机统一。

（4）一些人认为这套教材的语言过于严谨、知识性太强、可读性不够，缺乏开放度和探究性等。

2001 年初，教育部开始组织编写新的《义务教育阶段科学（三到六年级）课程标准》①，规定从小学三年级开始开设科学课，课程的名称也由《自然》改为《科学》，并推行在统一课程标准下的教材多样化，先后通过国家审定并在全国适用的有大象出版社、广东教育出版社和青岛出版社等出版 8 套小学科学教材。

第二节　小学科学教材编写的模式和原则

教材既是学科知识的载体，又是支持教师教和学生学的工具。作为学科知识的载体，教材的功能在于将人类在生产和科研中所积累的学科知识加以精炼和概括，并以学生能够理解的形式表达出来；作为教与学的工具，教材的功能在于支持课堂内外各种教与学的活动，使学生能够高效率地掌握学科知识和相关技能，并利用这些知识和技能解决实际问题。为了有效发挥教材的功能，需要采用适当的教材编写模式，并遵循一些基本的编写原则。本节介绍小学科学教材编写的模式和原则。这里所说的教材，是指狭义理解的教材，主要包括教师指导书、学生用书和学生记录手册等。

一、小学科学教材编写的主要模式

在 20 世纪 50—60 年代的美国科学课程改革运动中，课程目标制定和教材编写都是由科学家主导的，使用新教材的教师培训工作也是由科学家、心理学家规划和组织的，只有最终的课程实施是由一线教师完成的。这一模式被称为“RDDA 模式”，包括“研究”（Research）、“开发”（Development）、“传播”（Diffusion）、“采用”（Adoption）四个环节，也叫“中心—边缘”模式，即课程目标是由“中心”专家制定的，再由他们主持课程开发和传播，而课程的实施则由处于“边缘”的教师来完成。

这一模式是建立在以下假设的基础之上的：只要教师按照课程开发者所规定的那样，采用引导学生探究和发现的方式进行教学，学生就能学好科学。这一假设将一线教师置于被动执行的地位，没有考虑教师的教育条件和实际能力，很少听取教师的意见，使许多教师对新课程反应冷淡，甚至持否定的态度。

20 世纪 50—60 年代的“学科主义”课程改革失败后，在 70 年代曾兴起一场强烈关注个

① 2011 年，教育部组织专家对小学科学课程标准进行了修订，形成《科学（1—6 年级）课程标准（修订稿）》。

人价值、注重个人需要的课程改革运动。然而，在倡导尊重人的价值的同时，这场以人为中心的课程改革运动也助长了反理智主义，造成了中小学教育质量的下降。在此背景下，20世纪80年代，学科主义课程重新复活，形成“新学科主义”课程改革运动。1983年，美国高质量教育委员会(The National Commission on Excellence in Education)发表《国家在危险中：教育改革势在必行》(A Nation at Risk：The Imperative for Educational Reform)，主题是提高所有学生的学术成就。报告提出了一套改革中小学课程的具体方案，主张加强学术教育，制定“新基础课程”，指出英语、数学、科学、社会和计算机科学这五项新基础课是现代课程的核心。

与此同时，日本、英国、法国等也在进行课程改革。日本于1984年开始课程改革。中曾根首相成立了临时教育审议会，三年中提交了四次咨询报告。1988年，英国议会通过了《1988教育改革法案》，以法令的形式规定从1989年起全国所有公立中小学实行统一课程(包括核心课程与基础课程)，制定统一标准，改革考试制度，建立新的中学教育证书。

在这场科学教育改革运动中，科学教材的开发和应用逐渐从以科学家为主导的“中心—边缘”模式转向以一线教师参与为特征的“行动研究”模式。行动研究是德国心理学家勒温在群体动力学研究中首创的方法。这一方法强调研究者和实践者组成工作组，在实践过程中发现问题、设计方案、实施方案、评价方案，在评价过程中发现新问题、再计划、再实施、再评价。这一研究方式于20世纪60年代被引入到教育研究中。

在科学教材开发和应用的“行动研究”模式中，科学家、课程研究专家、教师形成工作组，参加研究、开发、使用的全过程，并通过在这一过程中开展多种形式的评价活动，确保教材开发的科学性和实用性。

在“行动研究”模式下开发的科学教材主要有以下一些特点：

(1) 教材内容贴近学生生活实际，强调知识和技能的实用性、时代性，关注科学—技术—社会(STS)之间的联系。

(2) 教材编排突破了单一学科知识体系的结构，呈现多样化的特点。例如，有采取按知识领域编排的板块式教材，如加拿大安大略省GTK出版社的科学与技术教材；有按儿童生活经验编排的单元式教材，如澳大利亚Nighting Ale出版社出版的科学与技术教材；有按跨学科主题编排的主题式教材，如我国台湾的自然教材。

(3) 教材的形式不限于学生用书和教师用书，更多地采用“学习包”(learning kit)的形式，包括形式多样的学习资源，如：阅读课本、活动手册、评价手册、教师指导手册，以及各种多媒体光盘及基于网络的辅助性材料等。

二、小学科学教材编写的基本原则

我国的《义务教育阶段科学(三到六年级)课程标准》将小学科学课程定义为“以培养科学素养为宗旨的科学启蒙课程”，围绕科学探究、情感态度与价值观、生命世界、物质世界、地球与宇宙五个方面规定小学科学的学习内容和具体要求。根据以上要求，该标准从内容的选择、内容组织和呈现方式等方面，对教材的编写提出了一系列原则和建议。本节分别从这些方面说明教材编写的基本原则。

(一) 选择教学内容的原则

1996年，美国国家科学研究会(NRC)出版了美国历史上第一部科学教育的标准——

《美国国家科学教育标准》,从 8 个方面陈述了科学教育的具体内容,并分别对 K-4 年级、5—8 年级、9—12 年级学生应该达到的水平做出了规定。这 8 个方面的内容包括:① 统一的概念和过程;② 作为探究的科学;③ 物质科学;④ 生命科学;⑤ 地球和空间科学;⑥ 科学与技术;⑦ 从个人与社会视角所见的科学;⑧ 科学的视角与本质。

在我国,小学科学的教学内容包括科学探究、情感态度与价值观、生命世界、物质世界、地球与宇宙五大部分。科学教育标准规定了各部分的具体内容标准,说明学生通过各部分内容的学习所应达到的水平。教材编写的任务是选择相应的教学内容去帮助学生达到这些水平。在内容选择方面,应遵循以下原则:

1. 选择有利于学生亲历科学探究过程的内容

从培养小学生科学素养的角度看,科学课程的重点不在于科学知识的传授,而在于引导学生亲身经历科学探究的过程,激发学生对科学的兴趣,形成科学的态度和科学探究的能力。科学教材应注意选择便于开展观察、实验、栽培、饲养等活动的有关内容,以向学生提供亲历科学探究的机会,激发他们对自然事物和现象动手探究的欲望,发挥他们在学习中的主动性。

2. 选择符合学生年龄特征和生活经验的内容

在小学生形成科学素养的过程中,只有能够理解的内容才有意义。限于认知发展的水平,小学生只对具体的自然事物与现象感兴趣,因此,科学教材的内容要注意从儿童身边的自然事物和现象中选取,满足他们的好奇心,以利于他们更好地感受和体验科学。

3. 选择基础的科学知识

小学科学教育应为学生长大成为有科学素养的合格公民打下坚实的基础,因此,科学教材的内容选取应注重基础性。具体说,应选择以下几个方面的内容:① 基本的科学事实和原理;② 科学领域中对学生后续学习和终身学习最有影响的概念;③ 对他们形成科学地看问题和想问题的方法具有典型意义的活动。

4. 选择有利于培养学生情感态度与价值观的内容

情感态度与价值观的培养是科学课程的主要目标之一,而情感态度与价值观的培养离不开具体生动的学习情境,使学生的学习情境更贴近于真实的生活。因此,在选择教学内容时,要有意识地关注那些蕴含了情感态度与价值观培养因素的学习情境,并将教学内容与学习情境有机地结合起来。

5. 选择具有时代感和社会普遍关注的内容

科学教材要注意摒弃那些已经陈旧和过时的教学内容,吸收和反映科学技术发展中的新成果、新话题,社会生活中人们共同关注和亟待解决的问题,以使学生从科学课程的学习中增强社会责任感,并真实地感受和体验科学的本质及科学、技术和社会之间的关系。

(二) 编排教学内容的原则

小学科学课程标准只给出了学生在科学探究、情感态度与价值观、生命世界、物质世界、地球与宇宙五大部分的具体内容及应达到的水平,没有规定这些内容的年级分布和排列顺序。教学内容的编排顺序是教材逻辑框架的具体表现,与科学课程的教学活动密切相关,对学生形成科学素养具有重要的影响。

目前,世界各国科学教材的逻辑框架主要有以下几种类型:

(1) 以儿童的生活经验发展为线索,从儿童的视野组织材料,按照他们生活经验圈的不断扩大逐步展开教学内容,逐渐增进儿童对科学的了解和认识。

(2) 以儿童的认知发展为线索的科学教材,在生命世界、物质世界、地球与宇宙等领域中找出与不同年龄阶段学生认知发展特点相适应的学习材料,并按照由浅入深、由简单到复杂的顺序排列,形成一定的知识体系。

(3) 以具体领域的科学概念体系为线索,从某一科学领域的基本概念出发,按照逻辑体系推演出定理、原理、法则、规律等教学内容。

(4) 以若干基本的、科学的、统一的概念与过程为线索组织教学内容,目的在于促进和加强科学概念和原理的学习,使学生逐步掌握、理解自然界的强有力的思想武器。

(5) 以科学方法为线索,围绕一些基本的科学研究方法组织教学内容,如观察与实验、比较、参照、归纳、推理、联想、模型与模拟、感受规律、认识规律、计划、分析、探究等。

此外,也有一些教材把教学看成是教师的创造性劳动,只提供生命世界、物质世界、地球与宇宙内容中具体的事实或相关内容的学习素材,由教师在教学中按照某种教学目的自行组织。

教材编写者可以参照以上逻辑结构,按照一定的构想对标准中规定的内容进行适当的组织编排。不管采用哪种方式组织教学内容,都应遵循以下基本原则。

1. 体现以探究为核心的科学学习过程

在教材的组织编排中,要通过有计划、有步骤地展现教学情境,引导学生带着兴趣和关注去观察自然界的事物和现象,让他们在开展实验与调查、交流与分析和最终形成结论的过程中进行科学学习。在必要的时段,也需要组织适当的内容,形成一个有序的结构,强调探究活动的连续性,让学生亲身经历完整的科学探究过程,促进学生探究能力的发展。

2. 符合小学生认识事物的特点和规律

要以小学生先前的经验为起点,从他们熟悉的具体事物中展开学习内容,并帮助他们逐步发展认识较为抽象的概念和理性规律的能力。教材内容的组织,要遵循由易到难、由具体到抽象、由简单到复杂、循序渐进的原则,与小学生的认知结构和心理发展水平相适应,并充分促进他们在原有基础上的发展。

3. 有机地整合科学课程的各项目标

在进行教学内容的组织时,要通盘考虑标准中所规定的科学探究、情感态度与价值观、科学知识目标,将相关内容以综合主题的形式有机地加以整合,形成一个个教学单元,使学生在学习过程中各方面都能得到发展。

4. 为小学生自由地展开学习过程提供适当的条件

要向学生提供开放的、主动思维的空间,给他们的活动留有充分的余地。例如,要有机会让他们选择感兴趣的探究问题,鼓励他们从探究的过程中生发新的问题并发表自己的独立见解。对于教材中的内容也要允许师生选择,并充分考虑学校教学的实际进程,在课时安排上留有余地。

(三) 设计呈现方式的原则

科学教材的呈现方式应当突出小学生的特点,要生动、活泼,富有启发性和趣味性,对小学生具有吸引力。具体原则如下。

1. 从学生的视角描述科学事实和概念

不是从成人的视角和接受式学习的方式来表述科学知识,要从小学生观察世界的角度表述，用描述的方式阐述科学事实和概念，避免出现抽象的定义。

2. 为学生的自主学习留有充分的空间

一般不以结论加验证的方式展开教学内容，要尽可能设计相应的活动引导小学生通过探究自己得出结论。要将科学探究和情感态度与价值观的教育有机地结合在活动之中，让学生从参与、体验和探究中去内化，不要将科学探究和情感态度与价值观作为抽象的结论去记忆和背诵。

3. 满足学生多样化学习方式的需要

内容载体要富有儿童特点并且多样化，如童话、诗歌、谜语等。体例要实现陈述、分析、提问的综合运用，文字、插图、实验、练习的相互配合，并能够引起学生的兴趣和关注。

第三节　小学科学课程资源的开发与利用

在科学课程和教学中，除各种纸质形态或数字化形态的教学材料外，也将各种实物形式的模型、教具、学具、实验器材等纳入到教学材料中。本节所说的小学科学教材是广义的教材，包括用于小学科学教学的各种纸质形态、数字化形态和实物形态的教学材料，与课程资源同义。

《基础教育课程改革纲要（试行）》提出要“积极开发并合理利用校内外各种课程资源”。根据这一要求，小学科学教育不能局限于纸质形态的教材，必须开发与利用形式多样的科学教育课程资源。从性质上看，可以分为内容资源、条件资源和方法资源等；从形式上看，可以分为纸质印刷品资源、实物资源、数字化资源等；从来源上看，可以分为学校资源、家庭与社区资源、自然资源、数字化资源等。

《科学课程标准（3—6 年级）》指出，学校要以多种途径、多种方式、多种渠道开发与利用丰富的课程资源，共同促进小学生科学素养的提高和发展。一方面，要充分利用学校内部的资源开展科学教育活动；另一方面，要有效利用学校周围的社会资源（家庭、社区、高校、科研机构和工矿企业等）、自然资源（如星空、田野、森林、河流、各种动植物等）、媒体资源（如报纸、杂志、广播、电视、互联网等）补充学校资源的不足，为学生的科学学习提供广泛的资源支持。

下面，按照课程资源的来源和位置，分别介绍学校资源、家庭与社区资源、自然资源、数字化资源的开发与利用。

一、学校资源的开发和利用

学校内的科学课程资源包括内容资源、条件资源和方法资源。其中，内容资源指直接承载科学教学内容的媒体资源，主要包括课本、教学参考书、科普图书、教学挂图、音像制品、多媒体资料、教学软件等；条件资源指不直接承载教学内容，但又是开展科学教学活动必不可少的条件，包括科学教室、实验室、设备设施、标本、模型、自然事物、科技景观等；方法资源指开展科学教学、评价的各种方法和标准，包括教学案例、活动方案、评价标准等。

各学校可以组织本校教师利用学校资源，为学生学习科学提供有效的支持，激发学生学习科学的欲望、探究自然的兴趣和好奇心。具体说，学校资源利用与开发的途径和方式主要有：

（1）在学校图书馆增添科技类图书，更新科学教育设备，也可以发动学生自制和收集各种科学学习材料，建立学生科学图书箱。

（2）充分利用学校内的场地，建立太阳钟、风力发电机、科技雕塑等各种科技景点，开辟百草园、气象站、饲养园地等各类科学教学场所。

（3）利用多种媒介传播科学知识，如开设科技专栏，在红领巾广播站定期播送科学知识，定期编辑科学启蒙小报，设立科学金点子信箱等。

（4）在校园内开展形式多样的科技活动，创设浓厚的学习科学的氛围。可以定期举行科学知识讲座、开展科学作品比赛等，也可以在各种节日（如3.12植树节、3.28世界气象日、4.1—7爱鸟周、4.7世界卫生日、6.5世界环境日等）不定期举办各种科学专题活动。

（5）发动在科技方面有特长的教师，积极开发有地方特色的科学启蒙教育校本课程。

二、家庭与社区资源的开发与利用

家庭里也存在着丰富的科学课程资源，主要包括家长的阅历与职业背景、家庭饲养与种植的动植物、家庭科技藏书等。家庭资源开发与利用的方式主要有：

（1）丰富家庭的科普读物，关注科技资讯信息，引导孩子建立自己的小小图书馆，并提高其利用率。

（2）鼓励家长和孩子一起对家庭饲养与种植的动植物进行一些简单的科学探究活动。

（3）家长尽可能带孩子接触大自然，接触社会，进行社会实践。

社区资源主要包括大专院校、科研院所、事业单位、高新企业、工厂、农业基地、科学实验基地、名胜古迹、图书馆、科技场馆等。在科学教学中，开发和利用社区丰富的课程资源不仅可以弥补学校资源的不足，还可以有效地扩展学生的学习空间。社区资源开发与利用的方式主要有以下几个方面：

（1）与社区科研、企事业单位建立联系，共建科技实践基地，将社区资源与科学课程相结合，开展基于现场的科技教学活动。

（2）聘请科技人员和专家担任学校科技活动的指导教师，邀请他们向学生做科普讲座。

（3）乡村学校可以与当地的农业生产户、蔬菜种植户、动物养殖户等建立联系，建立学校的科技实践基地。

（4）组建学生科技团体，利用社区资源开展科普宣传和实践活动。

三、自然资源的开发与利用

小学科学课程的最基本特点是引导儿童关注身边的自然事物，形成对自然事物进行探究的态度，学习探究自然事物的方法，获得关于自然事物的科学知识。科学课程标准要求学生“亲近自然、欣赏自然，珍爱并善待周围环境中的自然事物，初步形成人与自然和谐相处的意识”。因此，小学科学课的教学中，教师要充分挖掘和利用周围自然资源，利用学生熟悉的自然事物学习科学知识，既能提高学生学习科学的兴趣，又能培养学生热爱自然、热爱家乡、珍爱生命的情感。下面，分别从植物资源、动物资源、水文和地质资源、气候与气象资源等方面，说明如何利用自然资源开展科学教学。

在植物资源方面，可以让学生观察身边的各种植物、给校园内的植物挂牌等活动，了解植物的多样性；可以通过建立小型植物园、种植园等，改善学校的生态环境，丰富学校的自然资源。

在动物资源方面,可以让学生以蚕、蝴蝶、蝗虫、青蛙等为例,探究动物的生命周期;可以让学生以蚂蚁、蚯蚓、泥鳅、蛇、金鱼、老鼠等为例,探究动物与环境的关系。

在水文和地质资源方面,可以让学生考察当地河流和湖泊的水文特征,了解当地开发利用河流和湖泊的方式;可以让学生结合当地的特点来认识各种类型的地形,了解地质条件与各类矿产资源开发和利用的关系。

在气候与气象资源方面,可以让学生观察身边寒来暑往、草木枯荣、鸟兽迁徙等自然现象,了解气候的变化及其对生活在其中的动物和植物的影响;可以让学生记录阴晴雨雪、光照、温度、刮风等气象信息,了解地球上各种运动的特点和规律。

四、数字化资源的开发与利用

在 2000 年 6 月召开的美国教育技术首席总裁论坛第三次年会中,众多世界顶尖级教育与信息技术专家就指出,建立当今世界最佳教育环境的关键,是围绕课程将信息技术、教学内容和人力资源有机整合起来,建立支持学生数字化学习的资源体系。所谓数字化学习,就是建立在数字化学习环境之下的学习。这种学习环境具有数字化存储、多媒体呈现、网络化传输、智能化互动等方面的特征。经过 10 多年的发展,数字化学习正在逐步变成现实。

数字化资源突破了纸质教材的局限,从单一的教材编撰发展到网络课程、教学课件、音像制品、教学资源库、教材应用和服务支撑平台等多种形式的立体化呈现。以网络为载体、采用多媒体呈现的数字化资源,终将会改变传统的学习模式,走出一条全新的数字化学习之路。

美国加州走在了数字化资源和数字化学习的前列。美国加州参议院通过了允许青少年学生使用网络课本的提案。该提案的起草者说:“当今的学生被电脑、视频游戏机、数字音乐播放器、摄像机、移动电话以及其他数字时代所具有的多样产品所包围着,已不再是通过黑板和粉笔进行教育的一代。”

为应对网络时代教育的需求,新加坡政府推出“iN2015 教育目标”计划,全面实施“实验学校”和“未来学校”信息化教育改革方案。该计划雄心勃勃地宣布,将在 2015 年让所有学校都具备使用最新信息通信技术的能力,为所有学生提供网络课本,推进教材内容的开发,支持课程和学习项目的数字化学习,实现“没有墙壁的课堂”的梦想。

在这个梦想中,资源的数字化是基础、教学与学习的交互性是核心。数字化资源建设不是简单地把课本变成网页浏览,而是建立一个动态的、数字化的学习平台,使教学和管理、课堂和网络等各方面紧密结合,使传统的教学模式向动态的、及时的交互学习模式转变。其重点是通过智能的手段支持教学服务和教学管理,让学生能够在课前预习和课后复习中实现个性化的学习,在课堂中能够与老师进行互动,从而实现过程化的评价管理体系、共享化的教与学环境。

2012 年,苹果公司在 iBookstore 图书商店里添加一个全新的教科书类别 iBooks 2,这些数字教科书可以全屏显示拥有多种多媒体内容的电子课本,支持多点触摸控制的交互式内容,包括 3D 物体、表格、视频、照片相册等。为了帮助出版商进一步丰富 iBookstore 图书商店的内容,苹果还推出免费的 iBooks Author 应用,它允许用户将 Word 文档、图片、视频和插件直接拖进该软件,创建各种类型的互动式电子书;这些电子书可以通过 iPad 预览,并且可以直接发布到 iBookstore 图书商店。

本章小结

国外科学教材发展是伴随着科学教育改革同步发展的，不同历史时期的教材在编写作者、教学目标、教学内容、呈现方式等方面有明显的差异。从1950年到1993年，我国先后编写了8套全国通用的小学《自然》教材。2001年，教育部规定从小学三年级开始开设科学课，课程的名称也由《自然》改为《科学》，并推行在统一课程标准下的教材多样化，先后审定通过8套在全国适用的小学科学教材。

科学教育改革运动中，科学教材的开发和应用逐渐从以科学家为主导的“中心—边缘”模式转向以一线教师参与为特征的“行动研究”模式。在科学教材开发和应用的“行动研究”模式中，科学家、课程研究专家、教师形成工作组，参加研究、开发、使用的全过程，并通过在这一过程中开展多种形式的评价活动，确保教材开发的科学性和实用性。教材编写的原则包括选择教学内容、编排教学内容和设计呈现方式三个方面。

小学科学教育不能局限于纸质形态的教材，必须开发和利用形式多样的科学教育课程资源。学校要以多种途径、多种方式、多种渠道开发与利用丰富的课程资源，共同促进小学生科学素养的提高和发展。从来源上看，可以分为学校资源、家庭与社区资源、自然资源、媒体资源（网络资源）等。

拓展阅读

1. 丹尼尔（L.H.Daniel），万学. 美国小学主流科学教材 科学启蒙［M］. 杭州：浙江教育出版社，2010.

2. 刘忠学.从《自然》到《科学》——五十多年来我国小学科学教材的主要特点及演变［J］.科学课（小学版），2007(6).

3. 陈菊，徐学福.小学科学课程实施与案例分析［M］.桂林：广西师范大学出版社，2005.

思考题

1. 请简要说明教材的功能和形态，并解释教材和课程资源的关系。
2. 我国和美国的小学科学教材有哪些相同的地方？有哪些不同的地方？
3. 比较小学科学教材开发的“中心—边缘”模式与行动研究模式。
4. 小学科学教材的内容选择应遵循哪些基本原则？
5. 试对小学教材内容编排各种逻辑框架的优缺点进行比较。
6. 为什么小学科学教育不能局限于纸质形态的教材？如何以多种途径、多种方式、多种渠道开发与利用丰富的小学科学课程资源？

第六章　小学科学教育的实施

本章要点

小学科学教育的主要途径;小学科学教育的组织形式;小学科学教育的主要方法。

随着时代的发展以及科学技术的不断进步,小学科学教育的途径、形式与方法也在不断发展变化着,呈现出多种多样的形式。本章将结合小学科学教育的学科特点介绍其主要的途径、形式与方法。

第一节　小学科学教育的主要途径

自科学教育进入小学课程以后,小学科学教育的途径也在不断发展变化,除了课堂教学这一主要途径以外,还有课外兴趣小组、社会实践与研究性学习、校外科学教育等主要途径。以下分别加以介绍。

一、课堂教学

课堂教学是小学科学教育最重要的,也是最常用的教育途径。以下从课堂教学的含义、课堂教学的方法以及课堂教学中应注意的问题三个方面加以说明。

(一)课堂教学的含义

小学科学课堂教学,是根据《义务教育小学科学课程标准(2011 年版)》(以下简称《标准》)规定的目标,在一定时段和环境下围绕规定的教学内容所开展的有效的教与学的活动。《标准》明确指出:“小学科学课程是一门以培养学生科学素质为宗旨的义务教育阶段的核心课程。”小学科学课堂教学就是培养学生科学素养的活动。

(二)课堂教学方法

《标准》强调:“小学科学课程以探究式学习为主要的学习方式。”科学探究是科学研究过程的本质特征,具有重要的教育价值。在小学科学课堂中,教师是学生学习科学的支持者和引导者。引导学生主动探究,亲历科学探究的过程,这将有利于保护学生的好奇心并激发学生学习科学的主动性。科学探究是学生学习科学的重要方式,但不是唯一的方式。根据教学内容的不同,学生的学习方式可以是多样的。教学中要根据教学目标和内容采用不同的教学方式与策略,让学生将探究式的学习与其他方式的学习充分结合起来,以获得最佳的学习效果。小学科学课堂上经常使用的比较经典的教学方法还有以下几种:

1. 讲授法

讲授法是教师通过语言系统连贯地向学生传授科学文化知识、思想理念,并促进他们的智能与品德发展的方法。由于语言是传递经验和交流思想的主要工具,故讲授法是教学的一种主要方法,应该说在运用其他方法时都需要配合一定的讲授。

2. 合作学习式教学法

合作学习是一种旨在促进学生在异质小组中互助合作,达成共同的学习目标,并以小组的总体成绩为奖励依据的教学方法。合作学习关注提高学生的学业成绩,改善班级社会心理气氛,旨在促进学生形成良好的心理品质,培养一定的社会技能。

3. 多媒体辅助教学法

多媒体辅助教学是充分利用计算机、多媒体技术,把图形、图像、动画和声音与教学内容有机地结合起来,实现教学目的,完成教学任务的方法。它能使教学更直观、更形象,模拟许多无法在现实中完成的现象,使学生更能够从感观上对抽象的知识进行理解。

4. 自主学习式教学法

自主学习是学生在教师的指导下自己主动探索知识的方法。这种方法的使用对教师的要求较高,教师要有较强的控制能力、观察能力和指导能力,为确保学生能够真正地进行自主学习,教师要在情境上为学生提供恰当的支持。

5. 实验法

实验法是教师自己或指导学生运用一定的仪器设备进行独立作业,观察事物和过程的发生和变化,探求事物的规律,以获得知识和技能的方法。实验法的优点在于它能按教学需要创造和控制一定的条件,引起事物的发生和变化,使学生看到事物的因果联系,不仅有助于学生理论联系实际,掌握实验操作技能,而且能培养学生对科学实验的兴趣和求实精神。

(三)课堂教学中应注意的问题

1. “用教材教”而不是“教教材”

“教教材”的教学,常常把目标单一地定位于教知识;“用教材教”则是在更大程度上把知识的教学伴随在培养能力、态度的过程中。科学课的目标设计要有“用教材教”的意识,这样,才能把科学探究、情感态度与价值观的目标有机地和科学知识目标结合在一起。

2. 用不同的行为化动词表述不同类型的教学目标

为了便于考查教学效果,教学目标的主语最好是学生,谓语最好用可测的行为化动词,而且不同类型的目标用不同类型的动词。如“知道天气可以用一些可测量的量来描述”“会用温度计、简易风向仪、雨量器搜集有关数据”“体会长期的测量和记录天气数据是非常有用的”,三个目标分别用“知道”“会用”“体会”,明显地区分了知识、技能、价值观的目标。

3. 尽可能用表现性目标去表达需长期积累才可能实现的目标

不可能指望在一节课内就能学会某一种技能或态度,因此,最好把“热爱大自然”这样的目标,分解为“观赏植物的花和叶”或“朗读有关星空的美文”。

4. 用丰富多彩的亲历活动充实教学过程

以培养小学生科学素养为宗旨的科学教育,强调以学生参与丰富多彩的活动为主要教学形式,这些活动应当是学生熟悉的、能直接引起他们学习兴趣的、精心选择和设计的、具有典型科学教育意义的。通过这些活动的教学,可以让学生亲身体验一次科学发现、科学探究、科学创造的过程。

5. 秉持开放的教学观念

作为科学课程学习主体的小学生，在面对纷繁复杂的科学世界时，会产生无比的激情和盎然的兴趣。教师必须尊重学生的意愿，以开放的观念和心态，为他们营造一个宽松、和谐、民主、融洽的学习环境，引领他们到校园、家庭、社会、大自然中去学科学、用科学。科学课程的开放性，表现在时间、空间、过程、内容、资源、结论等多方面。

6. 悉心引导学生的科学学习活动

以探究活动为核心的科学教学过程，不再是教师照本宣读教科书和刻板地执行教案的过程。教学要在一定的情境中展开，学生会提出许多教师意想不到的问题，教学过程中也会出现许多难以预料的情况。这对科学课教师提出了新的更高的要求，需要教师能够根据学生的实际情况和教学活动中实际发生的事件，有效地推动学生的科学探究活动，创造性地驾驭课堂。

二、课外兴趣小组

（一）课外兴趣小组的含义

课外兴趣小组是具有相同兴趣和爱好的学生在教师指导下组成或自愿结成的活动小组。在小学开展科学课外兴趣小组活动是培养小学生学习科学兴趣的一个简单有效的办法。开展科学课外兴趣小组活动有利于丰富小学生的精神生活，实现和谐教育。苏联教育家苏霍姆林斯基提出：要满足学生的精神需要，即人的道德的、智力的、审美的需要和兴趣，就必须让学生过丰富的精神生活。开展科学课外兴趣小组活动，可以培养学生积极向上的、愉快的情绪，使他们充分感受到自己就是学习的主人，从而激发他们的求知欲，满足其兴趣发展的需要。开展科学课外兴趣小组活动有利于提高课堂教学效果。课堂教学是学校实现教育教学任务的重要途径。由于各方面因素的影响，课堂教育存在着不同程度上的理论脱离实际、课内与课外相脱节的问题，而通过开展科学课外兴趣小组活动，可以促使小学生积极地追求和探索，使他们愉快而又主动地加深和巩固课堂上所学的知识。因此开展科学课外兴趣小组活动是小学教育和教学整体结构中的有机组成部分，也是提高课堂教学效果的有效途径。开展科学课外兴趣小组活动有利于发展小学生的思维，开拓他们的视野，扩大其知识面，同时也可促进小学科学教师的教学改革。

（二）成立课外兴趣小组的原则

（1）学生自愿：要坚持学生自愿的原则。参加课外兴趣小组对于每一位学生来说，机会都是平等的，只要有兴趣参加即可，也可以中途退出。

（2）主辅相宜：在成立活动小组、选择内容和活动方式上不能放任于学生，应在教师的正确指导下进行。教师可以组织与辅导，把学生放到主导地位。课外兴趣小组必须有组织地开展活动，教师可以根据小组成员的实际情况酌情商定活动内容和方式，并与学生讨论，分工明确，指定组长。教师要指导学生正确地实施小组活动，要保证活动的完整性，使小组活动行之有效。

（3）循序渐进：在课外兴趣活动中要坚持循序渐进、合作互补的原则。对于每一项活动内容，要让每一个成员都积极动脑和动手，通过团队合作进行实践和探究，让学生在动手、动脑的活动中练兴趣、练技能、得收效。

（4）勇于创新：课外兴趣小组活动必须坚持创新的原则，充分发挥学生的想象力和动手操作能力。鼓励小组的每个成员从多个角度去看问题和分析问题,一人一法、多人多解,力求让学生运用自己的创新思维和动手操作能力,去解决课本中与生活实际中的有关问题。

(5) 安全第一:在课外兴趣活动小组活动的过程中,一定要坚持安全第一的原则,一切从安全出发,以防止意外事故的发生。

(三) 课外兴趣小组活动内容的选择

课外兴趣小组活动的内容应注意趣味性和可操作性,目的是为了学生在轻松娱乐中学习科学,增长知识,提高学生的动手操作能力和利用现有知识解决社会生产和生活中的实际问题。在确定课外兴趣小组活动内容上应当注意以下几个问题:

(1) 选择新奇的内容能够引发学生的学习兴趣。

(2) 选择的活动内容应贴近学生的实际生活。由于课堂教学的时间有限,很多科学课程的内容无法在课堂中完成,需要在课外活动的基础上得出结论。

(3) 选择的内容不能完全脱离课堂教学活动。组织课外兴趣小组就是为了让学生更好地掌握科学知识。科学来源于实际的社会生产和生活,因此学好科学课程不能局限于课堂知识,应选择与社会生活息息相关的知识进行课外兴趣活动,学生将所学知识运用与实践,在巩固所学知识的同时也锻炼了动手动脑和互相协作的能力。

(四) 教师在课外兴趣小组中的角色

教师在课外兴趣小组活动要起到良好的引导作用,从学生感兴趣的任务入手,吸引学生进行课外延伸探究。课外探究的选题非常重要。首先教师要对学生所要探究的问题进行筛选,从中确定比较容易完成的学生感兴趣的问题,以更好地帮助学生形成自身的知识体系。教师的指导要坚持"从扶到放",引导学生制定课外探究的具体计划。教师是学生课堂探究的组织者和引领者,而对于课外探究教师的作用更不容忽视。小学生的兴趣持久性不强,克服困难的意志薄弱,由于他们的知识水平和技能的限制,遇到问题时很容易无法深入研究下去。因此在每次探究活动中教师应当指导学生制定具体可行的计划,在初步培养起学生自主学习的能力后再逐步放手。家长、社会是教育教学中重要的组成部分,教师要积极争取家长、社会对学生科学课外探究活动的支持,将课堂延伸至家庭和社会,在开展丰富多彩的适合学生年龄特征的科学探究活动的同时让家长也参与进来,达到学校教育与家庭教育相融合的目的。

三、社会实践与研究性学习

目前,很多教师往往只注重教材中的问题的探究,而忽视学生对生活实际的关注与研究。教师要转变这种教学观念,让学生在生活中而不是仅仅是从教科书上学科学。这就要求教师要积极开展一系列的活动,让学生有更多的机会走出学校,走进社会,参加社会实践活动。在社会实践活动中,可结合教材内容和学生生活实际,带着问题开展研究性学习。

(一) 社会实践的含义

《标准》指出:"小学阶段科学概念的建构强调从学生熟悉的日常生活实际出发。"小学生对事物的认知,更多地是来自于对生活的体验,而科学知识本身与生活、与自然界、与社会实践活动有着密切的联系。小学科学教学就是让小学生一方面通过对科学的认知,提高生活实践能力,形成良好的科学品质与习惯;另一方面运用科学进行生活实践,感知科学强烈的生命力与吸引力,并进入到一种对科学主动探求的状态。在小学科学的课堂教学中,如果小学生感受不到抽象的科学知识与熟悉的现实生活之间存在的联系，就会失去对科学进行主动探究的兴趣，无法形成有力的学习动机。因此，课堂教学应该注重挖掘科学内容与日常生活的“连接点”，以学生耳熟能详、喜闻乐见的生活现象为切入点，营造“生活化”科学气氛，创建“生活化”科学场景，唤起小学生对学习科学的渴望，调动他们的学习热情和探究兴趣。这就要求教师在教学中不能仅局限于书本知识和课堂教学，也要注重社会实践。

（二）社会实践的内容和形式

社会实践活动的内容和形式是多种多样的，既有情感互动、实验探究、调查研究，也有参观访问、家务劳动，还有手工制作、社区服务等。

（三）研究性学习的含义

小学科学研究性学习是指在小学科学教育中，结合教材内容和学生生活实际，创设类似科学研究的情境，让学生通过主动的探究、实践、发现和体验，获取直接经验，培养学生的科学精神、创新思维、收集和处理信息的能力、分析问题和解决问题和的能力的一种学习方式。研究性学习符合科学与科学教育的本质，有利于学生的可持续学习和研究，有利于培养学生的创新精神。

（四）研究性学习的内容

研究性学习的内容是由学生自主确定或在教师的指导下确定的，既源于课本，又源于生活。科学教育中有两个层次的研究性学习内容：

一是以教材为依托，根据教学内容确定研究课题，进行课堂内的“小课题”研究。根据每节课的教学内容和教学目标，创设一定的探究情境，让学生提出问题，从中确立 1~2 个研究课题，并进行自主研究。操作模式：确定课题→设计方案→实施研究→得出结论。

二是以生活为基础，根据兴趣特长确定研究课题，进行课内外结合的“大课题”研究。研究性学习允许学生根据自己的兴趣、爱好和特长来灵活地选择参加研究的内容，教师可以组织进行研究动员、背景介绍，也可请专家来做有关讲座，为学生提供信息、开阔视野，从而启发学生从学习和生活中选取和确定他们感兴趣的研究专题，并组织、指导、督促学生完成研究。

（五）研究性学习的组织

研究性学习是一种全新的学习方式，学生的学习范围已经走出课堂，深入到学习和生活的各个角落。每个课题的研究并非一朝一夕就能完成的。于是，研究性学习的开放性和周期性长的特点决定了它的组织工作的重要性，教师需要关注以下两个方面的组织。

1. 研究人员的组织

为了保证研究性学习的有效开展，并有效培养学生的合作精神和交流能力，通常采取自愿结合的小组化原则，让 3~5 个兴趣相近、能力不同的学生组合在一起分工合作、优势互补，使研究中既有个体的活动，也有体现合作的小组活动。研究小组应保持相对的稳定性，但也不排除必要的淘汰或招收新组员。此外，也可以采取个体独立研究和师生合作研究等多种组织形式。

2. 研究过程的组织

让学生进行开放式研究，并不是一放了之，任其发展。为了使学生的研究持续有效地进行，必须对学生的研究实行全程监控与管理，并给予必要的指导。例如，根据研究方案中的实施步骤，定期检查课题组的研究进度，督促学生按时按质完成好阶段性研究任务；也可组织研究小组进行中期成果汇报和结题汇报，以展示自己的研究成果。

（六）研究性学习的评价

根据研究性学习的目标定位，研究性学习的评价与以往的学科评价应有很大的不同。在评价原则上，应注重把过程评价和结果评价相结合、管理性评价和激励性评价相结合、自我评价和他人评价相结合；在评价目的上，要注意研究性学习评价是一种发展性评价，是为了促进学生创新精神的培养和实践能力的提高；在评价标准上，应体现开放性，不求结论的标准化、唯一化，鼓励学生标新立异，以形成重综合性、重差异性、重特色性、重自我性的研究性学习评价体系。

（七）研究性学习中教师的角色

研究性学习是一种自主性极强的学习方式，已经完全不满足于在课堂中按照教师的要求按部就班地进行，而是按照研究目的，独立自主地收集、选择和处理信息。所以学生必须具备一些基本的“科研”素质，这就要求教师在学生研究前或研究中作一些有效的指导，以满足学生研究的需要。

（1）指导学生选择和捕捉问题。这里的问题不是课堂上学生向教师提出的记忆性问题，而是一种怀疑、一种探索。所以要求学生在课堂的争论中、实际的学习和生活中提出问题，并对问题的价值和可研究性进行判断。研究性学习从一开始就把目标指向问题意识的培养上。

（2）指导学生从多渠道获取信息。使学生初步掌握现代化信息技术，能从互联网、图书馆和人际交往中等多种渠道获得有关信息，从总体上把握获取信息资料的基本方法。指导学生对有关信息进行分级分类和价值判断，例如信息是否有针对性、科学性、先进性。

（3）指导学生进行最基本的科学研究方法的训练。例如研究中的文献法、实验观测法、调查研究法，以及研究成果的表达形式，如小论文、图表、影像等，使学生初步掌握从事科学研究与探索的规律和方法。

（4）指导学生参与和合作。研究性学习的过程是开放性的，没有统一的格式和要求，但必须要求学生全身心、全过程、全方位地参与；要使每位学生都努力为小组的研究工作出点子、作贡献；要使学生学会倾听别人的意见，学会表达自己的意见，从而形成良好的参与意识和合作意识。

四、校外科学教育

校外科学教育有时也称做非正规教育、非正式教育，是指由校外教育机构或社会团体领导和组织的、在学校教育教学计划范围之外对学生进行的多样化的教育活动。它是课堂教学的延续和补充，是科学教育中不可缺少的重要阵地，有着课堂教学无法替代的重要作用。

校外科学教育可以补充课堂教学所授知识的不足，使学生丰富经验、开阔视野、活化知识；校外科学教育能突破课堂教学的时空限制，更有利于学生接触自然和社会，完成一些需要长期连续定时观察、实验的项目，发展学生的能力；校外科学教育可以使学生理论联系实际，开阔眼界和思路，培养实践与创造能力；校外科学教育可以使学生综合利用各种知识，可以培养和发展学生的兴趣、爱好和特长；学生的校外科学活动，有些是需要与人合作，共同研究完成，包括与同学合作、与家人合作、与老师合作等，因此，校外科学教育还可以培养学生的合作精神，完美人格。

目前,从以学校教育为主走向学校教育与校外教育并重已成为世界许多国家和地区中小学科学教育改革的重要趋势。

（一）校外科学教育的含义

1. 校外科学教育中的教育概念

校外科学教育是一种有目的、有计划、有组织的教育，不是一种泛化的教育影响。在教育理论上对教育概念的表述有广义和狭义之分。从广义上说，凡是增进人们知识和技能、影响人们思想品德的活动，都是教育。狭义的教育，主要指学校教育，其含义是教育者根据一定社会(或阶级）的要求，有目的、有计划、有组织地对受教育者的身心施加影响，把他们养成为一定社会(或阶级)所需要的人。依据这一定义，校外科学教育当属于狭义教育的范畴，当然它又是一种不同于学校教育的狭义教育。

2. 校外科学教育的对象

校外科学教育的对象是儿童和青少年。他们平时在学校中接受教育，在课余时间，根据个人的兴趣爱好，选择自己所喜爱的专业和活动，在校外教育机构接受各种培训和指导。与学校教育不同的是，校外科学教育的对象对校外教育机构有很大的选择性，他们可以选择具体的专业和活动，也可以选择具体的培训时间和活动时间。①

3. 校外科学教育的目标

校外科学教育的目标包括校外科学教育的总目标和具体的培养目标。校外科学教育的总目标和学校教育的总目标具有一致性。校外科学教育具体的培养目标是依据教育目的，结合校外教育性质、任务和特点所制定的校外科学教育总的活动目标。校外科学教育在以下四个方面有别于学校教育:一是侧重少年儿童个性品质的培养，关注少年儿童在科技、文艺、体育等方面的兴趣和才能的发展;二是寓品德教育于丰富多彩的活动之中，更注重学生的道德情感的升华和道德行为的塑造;三是强调教育与实际生活的有机结合，通过组织有益于少年儿童身心健康的文化娱乐活动，使他们的课余生活有一个更为广阔的活动空间;四是关注少年儿童的闲暇生活，将教育与娱乐有机地结合在一起。

4. 校外科学教育的内容

早在 1995 年,国家教育委员会、文化部、国家体育运动委员会、全国总工会、共青团中央、全国妇女联合会和中国科学技术协会联合发布的《少年儿童校外教育机构工作规程》中明确指出，校外教育的内容应包括:思想品德教育、科学技术普及教育、体育运动、文化艺术教育、游戏娱乐、劳动与社会实践教育。这些教育内容在编排和组织上有着很大的灵活性，具有多元化、多层次化的特征。由于没有统一的教学大纲和教学计划的制约，每位辅导教师可以从社会发展的需要和学生个人发展的实际需要出发，因人设课，因组设课，因活动设课，并可采用丰富多彩的活动形式，寓教于乐。

5. 校外科学教育的组织形式与机构

校外科学教育的组织形式有很大的灵活性,常常不受班级、课时的限制。从活动时间上看,可以是长期性活动,也可以是短期性或临时性活动(科技节、科普周等);从活动空间上看,可以在专门的校外教育机构中进行,也可以在家庭、社区、田野中进行。校外科学教育的特点是在自愿的基础上充分发挥少年儿童的主动性、积极性，让少年儿童独立自主地开展

---

① 中国儿童中心. 校外教育学. 北京:学苑出版社，2002:7—10.

各项感兴趣的活动。活动的方式以实践为主，通过实践发展少年儿童的创造才能。从活动人数和规模上考虑,可以分为集体性的科学活动(科学欣赏;科学报告会;竞赛活动;参观访问、游览和调查;文体活动;社区科学活动;社会公益劳动;主题系列活动)、小组科学活动(学科小组;劳动技术小组;艺术小组;体育小组)和个人科学活动(阅读科普书刊;摄影;采集标本;各自进行小发明、小论文、小实验等)三类。①

中国的校外教育机构可分为综合性与专门性两类。综合性的校外教育机构中设有许多活动内容,学生可以在其中完成多种任务,如儿童活动中心、少年宫、少年之家、儿童活动站、儿童公园和附设在成人公园内的儿童游戏场地、少先队的夏令营等均属此类。而专门性的校外教育机构是指专门为开展某项活动而设立的,如儿童图书馆、儿童阅览室、儿童影剧院、少年科技站、少年农科站、少年业余体育学校、少年儿童广播站等。②

6. 校外教育的本质

阐释校外教育的本质涉及两个方面的问题：一是校外教育作为教育的一个附属概念，它的本质特征也是教育本质特征的一个重要方面；二是校外教育毕竟是一种特殊的教育形式，分析它的本质特征重点是要把握其区别于其他教育形式的独特性。从这两个方面出发，可以认为校外教育是注重人的个性品质培养的社会活动。作为一种培养人的社会活动，体现的是教育的本质特征，而作为一种注重人的个性品质培养的社会活动，则突出了校外教育的独特性。

（二）校外科学教育概念与已有的教育分类的关系

长期以来，关于校外科学教育在整个教育体系中的归属问题众说纷纭,研究者各自选择了不同的角度分析问题,但所有的角度都涉及了校外科学教育概念和已有教育分类的关系。现有教育分类大致有以下各类。

(1) 按受教育对象的年龄划分，一般把教育划分为学科教育、学校教育、成人教育。于是有人认为校外科学教育的对象是在校的中小学的学生,由于校外科学教育与学校教育拥有共同的教育对象，校外科学教育当属于学校教育。

(2) 按教育的实施场所可划分为家庭教育、学校教育和社会教育。有人认为，校外科学教育是由社会教育机构所承办的教育活动，并且主要是在学校之外开展各种活动，因此校外科学教育应该属于社会教育。

(3) 按受教育的时间可分为全日制教育、半日制教育和业余教育。由于校外教育的学习时间和活动时间是安排在双休日、节日和寒暑假，因此有人认为校外教育是一种业余教育。

(4) 按教育的规范性可分为正规教育、非正规教育和非正式教育。根据联合国教科文组织的有关规定，所谓的正规教育指的是从学前教育、小学、中学直至大学所形成的一个比较系统的教育发展阶梯,包括公立学校和私立学校，也包括其他非官方教育系统的各种学校。所谓的非正规教育，指的是学生或其他缴费学习的人，不必通过报名或其他手续即可上课的教育形式。所以有人认为校外科学教育是一种非正规教育。

---

① 中国儿童中心. 校外教育学. 北京:学苑出版社，2002:309—399.

② 中国儿童中心. 校外教育学. 北京:学苑出版社，2002:439—458.

第二节　小学科学教育的组织形式

小学科学教育有多种组织形式，本节主要讨论教学组织形式。教学组织形式是指为了完成特定的教学任务，教师和学生按一定要求组合起来进行活动的结构。①随着社会经济的发展、科学技术的进步以及人类教育追求的提高，教学组织形式也在不断改进和发展。在教学发展过程中先后出现了很多教学组织形式，影响较大的有传统的个别教学制、班级授课制、道尔顿制和分组教学制以及新兴的如网络化课堂、翻转课堂、个性化学习等教学组织形式。

一、班级教学

（一）班级授课制的含义

班级授课制是一种集体教学形式，是把年龄和知识程度相同或相近的学生编为固定人数的班级，教师根据固定的时间表，按照各门学科教学大纲（或者课程标准）规定的内容，在课堂上用连续上课的方式进行教学的一种教学组织形式。所以，班级授课也叫课堂教学。②在班级授课制中，同一班级的每个学生的学习要求、学习内容和进度必须一致，不同学科的教学任务一般由不同的教师来承担。

班级授课制萌芽于16世纪西欧的一些国家。随着资本主义经济的发展和科学技术的进步，社会对于大量的新增劳动力提出了知识和技能上的更高要求，使得教育对象范围不断扩大，教学内容更加丰富和复杂，以前学校普遍采用的个别化教学形式已经不能满足新的要求了，于是在西欧一些国家的中学里出现了班级授课的尝试。17世纪捷克教育家夸美纽斯总结了前人和自己的实践经验，在其所著的《大教学论》中加以论证，为班级教学奠定了理论基础。此后，班级教学在欧洲许多国家的学校逐步推广。中国采用班级授课始于同治元年（1862）清朝政府在北京开办的京师同文馆。随着废除科举，建立新式学校，“癸卯学制”（1903年）颁布后，班级授课逐渐在全国实施。

（二）班级授课制的特点

班级授课制经过几百年的发展已经形成了较为稳定的特点。在此期间虽然有一些改变，但班级授课制的主要特点依然延续了下来。总体来说，小学科学班级授课制的特点主要有六个方面。

（1）教师固定。按照国家课程设置，学校一般会选派科学教育专业或者理科相关专业的教师承担小学科学课程的教学任务，教师对所教科目负责，教师教授的科目基本保持稳定。

（2）学生固定。按照年龄和知识程度将学生分成固定人数的班级，一个班级的学生同步学习小学科学知识。

（3）教学目标固定。根据国家规定的课程目标，小学科学教师开展教学，要求学生在小学科学领域都要达到一定的课程目标。在一节课里，小学科学教师根据教学目标开展教学，所有的学生都要达到本节课的教学目标。

（4）教学内容固定。根据国家规定的课程内容，学生在小学阶段学习的科学内容是确

---

① 王道俊，王汉澜.教育学（新编本）.北京：人民教育出版社，1989：264.

② 周德昌.简明教育辞典.广州：广东高等教育出版社，1992：134—135.

定的，教师向全班学生传授统一的内容。

（5）场所固定。一个班级有一个固定的教室，各科学习基本都在一个教室里，学生的座位也比较稳定。实验课或实践课的学习场所可以在原班级教室开展，也可以在实验室进行，还可以在室外进行，但主要学习的场所还是在班级固定的教室。

（6）时间固定。国家有学制安排，地方有教学日历，学校有课程表和作息时间表，每节课的时长也比较固定。目前，小学科学课程在三、四、五、六共 4 个年级开设，每周 2 课时。

正因为这样的结构特点，班级授课制在教学实践中表现出相应的优点和局限。其优点在于：第一，有利于提高教学质量。在教学目标、教学内容、教学操作和教学时空等方面的统一规定和要求，使教学能有计划、有组织、有系统地进行，可以发挥教师的专业优势和主导作用，保障了教学任务的完成，有利于提高教学质量和发展教育事业。第二，有利于提高教学效率。教师同时对几十名学生进行教学，单位时间内扩大了教学覆盖面，提高了教学工作效率。第三，有利于发挥班集体的教育作用。把相同或相近年龄和知识程度的学生编为班级，使他们成为一个集体，可以发挥集体的教育功能，同学之间也可以相互促进和提高。第四，有利于师生身心健康。科学的作息时间，使师生能够劳逸结合，各门学科轮流交替上课，既能扩大学生的知识领域，又可以提高学习兴趣和效果，减轻学习疲劳。

当然，班级授课制也有其局限性。这种教学组织形式面向班级，教学要求、进度比较固定，不利于因材施教，不利于学生主动活泼地学习，也容易导致脱离生活、生产实际的现象。[①] 由于小学科学课程是一门活动性和实践性课程，强调通过学生亲身经历动手、动脑活动，学习科学知识，了解科学探究中的具体方法和技能，提高科学能力，发展科学态度，经常需要学生开展自主、合作、探究学习，所以在一些情况下班级授课制并非是最为合适的教学组织形式。因此，小学科学教学还必须有其他教学组织形式给予补充，班级授课制本身也要不断地进行改革和提高。

知识拓展

科学教学应成为促进学生学习的工具[②]

有成效的科学教师往往信奉并坚持以下教学原则。

◆ 尊重并理解学生的个体差异及特殊需求。

◆ 当选择和运用具体的教学策略与技术时，要充分考虑学生的已有知识和兴趣。

◆ 坚信所有的学生都愿意学习并具备学习潜能。

◆ 创设一个富有挑战性的、融洽的学习环境。

◆ 努力发展学生的智力和学习能力。

◆ 相信自己是有能力的、可以信赖的、积极的教师。

◆ 相信自己能有效地教学，有效教学会产生积极的学习成果。

（三）课的类型

在课堂教学中，每堂课并非都是一个模样，可以分为多种类型。教师如果能够根据教学情况正确地选择和运用不同类型的课，就可以顺利地组织教学，促进教学目标的达成，进而

---

① 李秉德，李定仁.教学论.北京：人民教育出版社，2001：222.

② 约翰·斯塔韦尔.怎样教科学.秦晓文，张铁道译.教育研究，2011(6)：73—78.

提高教学质量。

课的划分有不同的角度，常见的分类有以下几种。第一，依据教学的目的和任务。小学科学课的教学任务主要包括传授文化科学知识、训练探究技能、培养科学态度、了解科学—技术—社会与环境的关系。一节课如果主要完成一种教学任务，那么这种课属于“单一课”。单一课又视所完成的主要任务而分为了解现象课、过程体验课、概念学习课、技能训练课、规律探究课、练习巩固课、复习提高课等。如果在一节课里要完成的主要任务有两个或两个以上，这种课就叫做“综合课”。第二，依据教学内容。针对教学内容，小学科学课可以分为以“现象学习”为中心内容的课，以“概念学习”为中心内容的课，以“规律学习”为中心内容的课，以“方法（技能）学习”为中心内容的课，以“科学态度、科学思想”为中心内容的课，以“科学—技术—社会—环境”为中心内容的课。第三，依据教学方法。如果以教学方法作为维度，课可划分为讲授课、实验课、探究课、制作课、讨论课、练习课、参观课等。课的类型不同，其课堂组织教学的顺序和时间分配也存在差异，这叫做课的结构。下面简要介绍综合课以及几种小学科学常用单一课的实施过程。

（四）综合课的实施

综合课是小学科学经常采用的上课类型，这一方面是因为小学科学的教学内容比较简单，需要一节课都用于某一项单一任务的情况比较少，另一方面对小学生来说，一堂课内穿插使用几种不同的教学组织方式，有利于减轻学习的难度，有助于维持学生的兴趣，提高他们参与学习的状态。一般认为，综合课的组成部分如下。

1. 组织教学

这是保证教学工作正常而有秩序地进行的基本条件，其任务是稳定学生情绪，安定课堂秩序，集中学生的注意力，营造良好的教学氛围。任何一堂课都离不开组织教学环节，组织教学贯穿于一堂课的始终。小学科学教师从上课一开始就应迅速安定学生的情绪，及时排除干扰，通过有意思的实验、精彩的影像、身边的科学现象等活动将学生的注意力吸引到课堂上来。

2. 明确任务

通过课堂教学的组织引入，学生的注意力逐渐集中到课堂主题上来，研讨的话题也慢慢聚焦到一节课的主要任务。小学科学教师根据学生研讨的情况，进一步引导全班明确问题，确定学习任务。

3. 学习新内容

这是课的主要组成部分，目的在于使学生掌握新知识、习得新技能、形成新态度。在小学科学教学中，教师要特别注意采用启发式教学、探究式教学，充分发挥学生的主体性，引导学生主动学习，基于学生的认知水平，利用各种资源，创设良好的学习环境，引起学生的认知冲突，引导学生主动探究，启发学生积极思维，努力完成学习任务。

4. 理解巩固

理解巩固的目的是促进新学内容的理解，并尽可能做到当堂消化和巩固，提高学习效率，减轻学习负担。教师可以组织学生在全班或者小组内展开交流、研讨，引导学生描述科学现象、解释科学概念、应用科学规律、反思研究过程，帮助他们理解、巩固、拓展新学内容。

5. 布置作业

这是课堂教学任务的课外延伸，其目的在于巩固新学内容，培养学生良好的学习习惯。

作业布置要精心安排，要突出所学重点，精选题目，不能盲目地布置过多的任务；要有针对性，有些学生可以做一些比较基础的题目，有些学生可以做一些难度稍大的题目；作业形式可以多样化，可以是书面作业，也可以是课外小实验，还可以做一些专题性的调查。小学科学课程特别要重视课外实验、课外探究、小调查、小制作等多种形式作业的布置。

以上五个部分是综合课的主要组成部分。在实际教学中，根据教学的目标和内容，可以选择五个部分来组织教学，也可以选择其中的几个部分来组织教学，并不是每堂课都必须将五个部分全部用上。

案例

表 6-1 ［探究设计方案］下沉的物体会受到水的浮力吗①

探究目标	1. 感受水的浮力，明确浮力的方向。 2. 小组合作设计实验，寻找下沉的物体在水中也受到浮力的证据。 3. 归纳在水中的物体都受到水的浮力。	
活动重点	寻找下沉的物体在水中都受到浮力作用的证据。	
活动难点	能用不同的方法寻找证据。	
材料设计	塑料瓶、砖块、马铃薯、玻璃瓶、泡沫块、木板、线、测力计。	
探究过程	教师指导	学生活动
一、组织教学：引出话题	创设情境，引出浮力 1. 塑料瓶有重力，为什么在水中不沉下去？ 2. 如果手从瓶子底下移开，会怎样？为什么？ 3. 小魔术：不沉的瓶子 看我上演奇迹：撤去托住瓶子的右手，瓶子不沉。（线，向上拉的力） 继续上演奇迹：右手不往上托，左手不往上拉，瓶子照样不沉底。（悄悄移到水里） 4. 把其他物体放入水中，哪些会因为水的浮力浮起来？	在情境中对话 观察与思考
二、学习新内容：感受浮力	指导学生亲身感受浮力的存在 1. 谈话：浮力到底是一个什么样的力？我们来亲自感受一下。如果能将这种感受形象地描画出来，就更好了。 2. 怎么做可以感受到？怎么做可以生动地感受到？不要忘了做记录。 3. 小结：浮在水中的物体会受到水向上的托力，这个力就是水的浮力。浮力的方向竖直向上。	思考怎样来感受 亲身感受浮力的存在 观察材料：空玻璃瓶、木块 边体验边记录 （强调浮力的方向） 交流感受

① 由深圳市南山实验学校张祖志老师设计，深圳市沙河小学陈尚宝老师协助整理.

续表

探究过程	教师指导	学生活动
三、学习新内容：寻找下沉物体受到浮力的证据	问题：浮在水面上的物体会受到水的浮力作用，沉入水中的物体会受到水的浮力作用吗？ （一）感受下沉物体受到水的浮力 1. 猜想：根据自己的生活经验，判断下沉物体是否受到水的浮力？ 2. 设计亲自体验方法。 教师：感受到了，但不太明显。好像手也变轻了。 （二）寻找下沉物体受到水的浮力的证据 1. 你能用身边常见的材料寻找更充分的证据吗？ 2. 介绍准备的材料。你能利用这些有限的材料设计实验方案，并寻找到足够的证据吗？ 3. 策略指导，打开学生思路。 教师：不在乎材料多少，关键是你能否把这些材料的作用充分利用，巧妙运用，寻找到让人信服的证据。 策略：让数据来说话；多种证据证实；反复实验，等等。 4. 小结。 种种证据表明，下沉物体是受到水的浮力作用的。 归纳概念：上浮的物体都受到水的浮力，下沉的物体也都受到水的浮力。可以怎样说更简洁？放入水中的物体都会受到水的浮力。	根据生活经验做出判断 动手体验 交流想法，相互质疑 领取并观察（材料：砖块、马铃薯、测力计、弹簧秤、线） 设计方案并质疑 交流、质疑、完善方案 实验探究，完成记录 交流证据，分享成果 归纳，建立概念
四、理解巩固：举例说明	1. 请学生举例说明浮力，解释生活中见到的与浮力有关的现象。 2. 教师：很多重大的科学发现往往就是在我们做实验和观察的过程中意外发现而获得的。今天我们可以从数据和现象中捕捉到哪些意外的信息呢？ 3. 指导分析数据和现象，捕捉新发现，生成新问题。 4. 交流发现。	分析数据，交流想法： 慢慢浸入水中，浮力慢慢增大； 浸入水中体积越大，浮力越大； 全部浸入水中后，浮力最大。 全部浸入水中后，无论它的深度如何，它受到的浮力是一定的。 只要是下沉的物体，它的浮力的大小和轻重无关，和体积有关
五、布置作业：课外探究	1. 下沉的物体既然具有浮力，为什么还要下沉？ 2. 物体在气体里受到浮力吗？	

（五）单一课的实施

1. 科学探究课

科学探究是科学家探索和了解自然、获得科学知识的主要方法。以证据为基础，运用各种信息分析和逻辑推理得出结论，公开研究结果，接受质疑，不断更新和深入，是科学探究的主要特点。小学科学学习的方式是多种多样的，探究式学习是学生学习科学的重要方式。探究式学习是指在教师的指导、组织和支持下，让学生主动参与、动手动脑、积极体验，经历科学探究的过程，以获取科学知识、领悟科学思想、学习科学方法的学习方式。

科学探究是在一定的信念和假设指导下进行的。它可以是指科学领域里的探究，即科学家提出关于自然界的问题，寻求答案，深化理解的过程；也可以是指学生在科学课堂所进行的探究，即学生用以获取知识、领悟科学的思想观念、领悟科学家研究自然界所用的方法而进行的各种活动，包括观察、测量、制作、提出假设、进行实验、提出模型和交流等。从这里不难看出，探究教学实质上是将科学领域的探究引入课堂，使学生通过类似科学家的探究过程理解科学概念和科学探究的本质，并培养科学探究能力的一种特殊的教学方法。

探究教学是怎样进行的呢？从探究教学的纵向展开过程来看，大体要经过以下 6 个步骤。

（1）提出科学的问题。在特定的情境中如观察、实验、案例分析、研究图片等，引导学生提出科学性的问题。例如，光遇到物体会产生什么现象？怎样确定我们在地球上的位置？我们吸入体内的气体与呼出的气体一样吗？这些问题应当是通过探究活动能够解决的，并且不能超出学生的能力范围。

（2）根据已有的知识和经验，提出假说或猜想。针对具体的问题，根据已有的知识和经验，提出解释问题的假说或者猜想。例如，对于“光遇到物体会产生什么现象”这一问题，学生可能会作出光会被物体吸收、光会被反射回来等假设。

（3）收集证据。要制定出较详细的探究计划，计划中应明确所要收集的证据以及收集证据的方法。再通过多种途径和形式，如：观测、实验、调查、查阅文献、观看影视录像、个案追踪分析和上网查询等，收集有价值的证据。

（4）解释。对所收集的证据进行筛选、归类、统计和列表分析等综合处理，并运用已有知识得出符合证据的结论，尝试着对问题作出解释。

（5）评估。检查和思考探究计划的严密性、证据收集的周密性，以及解释的科学性，并对结论的可靠性作出评价。如果结论与假设不吻合，应重新确定探究方向、制订方案进行探究。

（6）交流和推广。通过制作模型、角色扮演、写论文或调查报告、举办辩论会或展览等，交流自己的探究结果。交流过程中，要能够解释探究计划以及自己在探究过程中形成的见解，并认真听取他人的意见，对不同的意见进行讨论。最后，将结论运用到不同的情境中。①

探究教学是让学生用一种类似于科学家做研究的方式进行学习，它有助于学生对科学概念、科学本质的理解与内化，有助于科学思考技能的形成，还有助于激发学生的学习动机。根据小学生的年龄特点，小学阶段的科学探究应提倡“做中学”，多给学生动手实做的机会，把动脑的机会镶嵌在亲历亲为的探究过程中，如让学生思考证据的可信程度、论证的合理性，以及提出新的探究方案。要使科学探究具有适当的不确定性，避免模式化的探究。要选择与主要科学概念相关联、学生感兴趣并且适合小学生探究的问题进行探究。教师应合理把握“指导性探究”“引导性探究”和“自主性探究”的介入程度和介入方式，处理好“扶”和“放”的关系。

---

① 柴西琴. 对探究教学的认知与思考. 课程·教材·教法，2001(8)：16—19.

案例

声音是怎样产生的①

一、教学目标

（一）知识与技能

引导学生通过观察，比较发声物体和不发声物体的状态，并对这一现象进行积极思考，探究声音产生的原因。

（二）过程与方法

1. 通过创设情境质疑—猜想假设—观察实验—合作交流等方式，让学生亲历科学探究过程之中的各个环节，培养学生掌握观察现象—提出问题—推测结果—实验验证—得出结论等思维方法。

2. 在动手实验过程中，通过用看、摸、画、说等方法进行探究。

（三）情感、态度与价值观

学会与他人交流；体会探究声音的乐趣。

二、教学重点与难点

通过观察、实验、比较、讨论、交流等活动，知道"声音是由物体振动产生的"。

三、教学模式选择

为了能够顺利完成整个探究活动，根据课程标准的要求，把探究活动分为四个部分：创设情境、引出问题；提出假设、实验探究；巩固提高、拓展延伸；验证猜测、总结评价。课堂上让学生通过运用看、摸、画、说等多种方法观察发声物体的特点，并对发生物体与不发声物体进行观察比较，就观察到的现象进行积极思考。在教学过程中，先"扶"后"放"，始终贯穿小组合作实验、观察、对比、讨论、交流相结合的教学方式，采用引出问题—提出假设—实验探究—得出结论的科学研究方法，努力让学生在探究过程中获得知识、提高能力。

四、媒体的使用

1. 利用多媒体给学生提供创设问题的情境，激发学生的兴趣，启发学生的思维。

2. 利用课件出示本节课的实验记录表及探究结论，突出重点。

3. 利用展示平台展示各小组的实验记录表，便于学生相互交流，形成正确的认识，得出科学的结论。

五、教学准备

队鼓、黄豆、橡皮筋、尺子、音叉、橡胶小槌、铜锣、水槽、乒乓球、口琴、竖笛、录音机、实验记录表。

六、教学过程

（一）导入新课

1. 创设情境，提出问题

自然界中有许多美妙的声音，你听……

（播放多媒体课件）小鸟欢快鸣叫、闹钟振铃、浪涛拍岸、心跳声。像这样的声音在我们的生活中还有很多很多。那么，你知道声音是怎么产生的吗？今天这节课我们就来研究这

① 由宁夏回族自治区吴忠市利通二小李娜老师设计.

个问题。(板书课题:声音是怎样产生的)学生同时思考,猜猜声音是怎样产生的。

2. 猜测声音产生的原因,作出假设

(1) 谁来大胆地猜一猜声音究竟是怎么产生的,你为什么会这么认为?

(板书:摩擦、撞击、弹拨、敲打、乐器发声、语言说话……)

(2) 以上都是同学们的看法,是一种猜测。要知道,世界上许多伟大的发现都源于猜测。要想知道声音究竟是不是因为摩擦、撞击、弹拨、敲打、乐器发声、语言说话等原因产生的,就要通过我们今天的观察与实验才能知道。

(二) 探究活动

1. 介绍实验材料

(1) 请同学们看看你的实验桌,老师为大家准备了一些实验物品,仔细看看都有一些什么?你能想办法让它们发出声音吗?

(2) 由学生介绍实验材料:队鼓、尺子、橡皮筋……并演示让它们发出声音。

教师随机指导。

(3) 重点介绍并演示实验仪器:音叉——这是一种用钢制成的U形的实验仪器,用橡胶小槌轻轻敲击它就会发出声音。注意:在使用音叉的时候,手要握住音叉柄,用小槌敲击音叉的上端。

2. 讲解研究方法并出示实验记录表

(1) 要想知道这些物品为什么都可以发出声音,我们就要观察研究这些物品发出声音时的共同特点。那么,你知道哪些研究的方法呢?(板书:方法;学生回答:闻、看、摸、听、说、尝、画……)

同学们很爱动脑筋,提出了这么多好的研究方法,那么请大家看看屏幕,今天这节课,我们要用到哪些研究方法。

(2) (课件打出)实验记录表。

(3) 介绍演示音叉的使用方法。

按看、摸、画、说四个方面进行研究。

① 下面请同学们和老师一起来做关于音叉的实验(板书:音叉)首先进入第一个环节:"看"(板书:看)。我们用橡胶小槌敲击音叉,让音叉发出声音,然后将音叉迅速轻轻靠近水面,或者靠近静止不动的乒乓球,仔细看有什么现象发生?(学生回答,教师同时板书:水花四溅、有波纹、有水泡、乒乓球弹开……)

② 第二种研究方法是"摸"(板书:摸)。我们让音叉发出声音后,用手摸摸或将音叉轻轻贴到脸上,有什么感觉?(学生回答,教师同时板书:麻、痒……)

③ 接下来是"画"(板书:画)。画什么呢?就把你看到的、摸到的用你喜欢的符号画下来(请学生在黑板上画一画)。

④ 最后是"说"(板书:说)。说说音叉在不发出声音时的状态和发出声音时的状态。(学生回答,教师同时板书:音叉在不发出声音时是平静的、静止的、不动的……音叉发出声音时的状态是颤动的、动态、振动……)

(4) 小结。刚才我们用哪些研究方法一起做了关于音叉的实验?(学生回答:看、摸、画、说)下面我们就要用这些研究方法去研究队鼓、尺子、橡皮筋不发出声音时的状态和发出声音时的状态。

3. 学生分组实验

(1) 提出实验要求(课件打出)。指名学生朗读实验要求。

(2) 学生操作实验,教师巡视,指导。

(3) 小组汇报实验发现。

① 用实物投影仪向全班展示实验记录表。

② 重点说说实验物品在发出声音时和不发出声音时的状态。

(4) 得出结论,总结方法。

① 学生得出结论:所有的物体在不发出声音时都处于静止的状态,在发出声音时处于振动(或颤动、摆动、晃动、摇动……)的状态。所以,声音是由于物体的振动(或颤动、摆动、晃动、摇动……)产生的。(课件打出)

教师适时引导:通过实验研究,同学们发现物体发出声音时的状态有的颤动、有的摆动、有的晃动……你们观察得很仔细,说得也很正确,那么我们能不能用一个更加科学、更加准确的词语来代替这些词语呢?那就是——振动。

② 总结方法:刚才同学们通过实验发现了物体在不发出声音时处于静止的状态,在发出声音时处于振动的状态,大家之所以有这样的发现,可以找到声音产生的原因,是因为我们运用了看、摸、画、说的科学的研究方法。

(三) 巩固提高,拓展延伸

(1) 怎样让正在发出声音的锣立刻停止发声,学生演示并说明理由。

(2) 找寻人体发声部位。

① 集体说话:我爱科学。边说边用手摸一摸自己身体哪个部位在振动。

② 谈话:对,在我们的喉咙处有个发声器官叫声带,当声带振动时,就会发出声音了。所以同学们在平时的学习生活中不能大喊大叫,要注意保护自己的声带。

(3) 游戏:"能摸到的声音"。(指定一名学生,先摸摸不发声的手机,并说出是什么状态。再用耳机捂住学生的耳朵,用布条蒙住眼睛,播放手机铃声,让学生触摸,谈触摸后的感觉。)

(4) 演示:"看得见的声音"。(播放录音机、用粘有碎镜片的及时贴对着阳光,感受光斑的跳跃,谈谈观察后的现象,并给这个游戏起个合适的名字)

(四) 总结评价

1. 师生小结

在刚刚上课时,同学们猜测声音产生的原因可能是由于摩擦、撞击、乐器、说话等,通过本课的学习,我们知道了声音原来是由物体振动产生的。

2. 评价

在这节课上,老师发现许多同学都能像科学家那样去仔细观察,认真思考,积极动手操做实验。

那么你认为你们小组中谁的表现最好?为什么?你觉得自己在这节课上的表现怎么样?哪个方面表现得好(或不好)?这节课上,老师和同学们一起探究声音产生的问题,那么大家认为老师的表现怎么样?

还有很多同学也很想评价自己或者评价你的小伙伴。可是,由于时间的关系,老师不能请每位同学都发言。那么,老师为每位同学都准备了一张成长卡,下课后你们可以继续评价自己或同伴,然后将这张成长卡装进你的成长记录袋中。

下节课，我们将继续研究“声音是怎样传播的”问题。

请各小组的同学整理好实验台，将所有的实验物品放回原位，准备下课。

2. 现象——概念课

科学知识可以分为事实性知识和概念性知识，概念性知识包括科学概念、科学规律、科学理论等。概念性知识是科学课程的核心，它不仅可以整合大量科学事实，而且是对自然现象、科学事实的本质反映。掌握概念性科学知识有利于知识的迁移。小学科学概念的教学，应当根据课程标准的要求、科学概念的特点、学生形成概念的认识过程来确定。其教学过程一般包括以下几个环节。

(1) 创设情境，引导学生发现问题。进行科学概念学习，首先要解决的问题是为什么要引入某一个概念。教学中可以利用学生的生活经验和原有认识创设情境，激发学生的兴趣和热情，启发学生思考并提出问题，进而产生建立概念的需求。

(2) 提供素材，使学生获得丰富的感性认识。事实性知识是理解概念性知识的基础，对于小学生来说尤其如此。由于概念比较抽象，是对事物性质的间接反映，为了帮助学生学习，教师应该提供丰富、鲜活的科学素材。教师可以和学生一起收集、列举大量的事实，也可以进行演示实验，还可以组织学生开展实践活动，通过直接或者间接的方式，提供充足的科学素材，为学生建立概念奠定基础。

(3) 重视过程与方法，实现科学概念的建立。建立科学概念是一种创造性的劳动，是人脑对科学现象和科学过程等感性材料进行整理加工的过程。小学科学教师应该按照科学认识的过程，引导学生逐渐学会借助归纳、概括、比较、抽象、推理等方法，找出所观察科学现象的共同属性，初步形成科学概念。有的教师急于求成，包办代替，甚至直接给出概念要学生记住，或者要求科学概念一步到位，这样做并不能使学生真正地理解科学概念。

(4) 及时运用，加深对科学概念的理解。概念的理解和掌握离不开对概念的应用。通过运用概念解决问题，一方面可以加深学生对概念的理解，另一方面也可以在运用中暴露学生对概念理解的缺陷和错误，以便进一步加以纠正和完善。概念的运用要注意循序渐进，区分初步应用、熟练应用和灵活应用的不同要求，引导学生分阶段、分步骤地解决不同难度的问题，以此促进他们对科学概念的理解和掌握。

3. 探究——规律课

规律反映了事物之间的内在的必然联系，决定着事物发展的必然趋向。小学科学规律教学要充分考虑学生科学认知、思维发展水平的特点和规律，依据学生自己已有的知识来探究物质世界，获得对规律的认识和理解。规律课的教学过程大致可以分成三个环节。

(1) 创设情境，形成问题。科学探究始于问题。小学科学规律教学要引导学生经历科学探究过程，在研究问题的过程中探索科学规律。为了形成科学问题，教师需要有效地创设问题情境，提供相关科学现象，引发学生的认知冲突，激励他们进行观察和思考，鼓励他们大胆地提出问题。

(2) 开展探究，总结规律。在形成了恰当的科学问题之后，规律教学就进入了探究环节。在探究过程中，教师要引导学生围绕着问题设计探究方案，明确探究目的、探究任务、探究内容和探究过程，选择探究工具，分配探究任务，按照一定的规范和要求实施探究。在学生探究的过程中，教师应该加强巡视，发现问题要及时处理，帮助学生提高探究的质量。在交流总结阶段，教师要重视学生之间的交流与讨论，组织学生用自己的语言总结和表述探究结果，引导学生形成科学规律的自我表达并将之与教材中的表述进行对照，必要的时候还要和学生一起反思、讨论科学规律的意义、条件和适用范围等。

（3）运用规律，深化理解。在引导学生通过探究得出科学规律之后，要及时开展规律的应用，指导学生运用规律解决问题，促进科学规律的巩固、深化和灵活化应用，强化规律的理解和掌握。

4. STSE 课

“科学—技术—社会—环境（STSE）”是科学教育的一个重要内容。在这一领域的教学中，教师应该结合具体的情境或者实例，并且与实践活动紧密结合起来，围绕一个核心问题展开教学。“科学—技术—社会—环境”教学主要包括四个部分。

（1）形成问题。为了引出问题，教师应注意选择能引起学生兴趣的题材，如图片、视频、事例等作为背景材料，调动学生积极思考。

（2）设计探究方案。教师要引导学生选取解决问题的方法和途径，并预测可能的结果。这一环节需要设计探究的目的、探究的工具、探究的步骤和资料的收集与处理。

（3）分析论证。根据所收集到的资料，教师要引导学生对问题进行分析论证，并基于对证据的分析得出自己的结论。

（4）交流讨论。教师要组织学生展开交流与讨论，引导学生倾听同学的探究结果，提出疑问，并对研究过程展开反思。在广泛交流和讨论的基础上，得出探究的结果并与教材上的表述进行比较，形成准确、清晰、简洁的认识。

以上是小学科学课程常用的课程类型和结构的概述。值得注意的是，上面所说的只是各种课型结构的一般情况，落实到每一节课，应结合各年级学生的年龄特征、学习情况而具体安排。如果把课的结构凝固化，就会导致教学上的呆板、形式化，既不利于教师发挥创造性，也会使学生厌烦，教学效果也得不到保证。

知识拓展

5E 教学模式

5E 教学模式是美国生物学课程研究开发的一种基于建构主义教学理论的模式，其一般程序是吸引（Engagement）、探究（Exploration）、解释（Explanation）、迁移（Elaboration）、评价（Evaluation），见表 6-2。由于上述 5 个环节都是以“E”开头，所以被称为“5E”教学模式。5E 教学模式十分注重教师的教学行为与学生的学习行为协调一致。学生是学习的主体，是活动的中心，教师是指导者和帮助者的角色，教师所做的一切，都是为了促进学生更好地探究而获取科学的概念。①

表 6-2　5E 教学模式

教学环节	教学要求	教师行为	学生行为
吸引（Engagement）	教师提出关于周围事物的一些问题，将学生引入学习状态，同时，了解学生的已有背景知识和相关概念	培养兴趣 激发学生产生好奇心 提出问题 了解学生的前概念	提出问题，例如：“这种现象产生的原因是什么？”“关于该问题我已经知道什么？”“我可以发现什么？”表现出对问题的兴趣

① 吴成军，张敏.美国生物学“5E”教学模式的内涵、实例及本质特征.课程·教材·教法，2010（6）：108—112.

续表

教学环节	教学要求	教师行为	学生行为
探究 (Exploration)	学生制订计划进行探究,收集证据回答问题	鼓励学生合作,给予间接指导,在学生探究时进行观察、倾听 在需要时给学生的探究指明正确的方向 为学生提供思考问题的时间 扮演学生顾问的角色	在活动限制的范围内自由思考 检验预测和假设 形成新的预测和假设 尝试不同的方法并和其他人讨论 记录观察结果并形成观点 不急于得出结论
解释 (Explanation)	在学生探究和解释的基础上,教师正式明确概念、原理。学生在教师的指导下,使用新知识回答最初提出的问题	鼓励学生用自己的语言解释概念和定义 询问学生的理由,让学生表明想法 规范地讲解新术语和定义 在学生已有经验的基础上解释概念	向其他人解释可能的解决方案或答案 对解释互相质疑 倾听并试图理解教师提供的解释 联系以前的活动 在解释中使用观察记录
迁移 (Elaboration)	学生运用新知识、新概念解决新的问题	要求学生使用所讲授的规范的术语、定义和解释等 鼓励学生在新情境下运用或扩展概念和技能 提醒学生采用不同的解释 根据已有的数据和材料对学生提问	引用新术语、定义、解释、技能以及新的但是类似的情境 运用以前的信息进行提问,提出解决方案,作出决策,设计实验 从所得证据中概括出合理解释 记录观察结果和解释 与同伴互相检查是否理解
评价 (Evaluation)	用正式或非正式的方法评价学生对于新知识、新概念的理解情况,包括新技能的学习情况	在学生运用新概念和新技能的时候对其进行观察 评定学生的知识和技能掌握情况 寻找学生改变想法或行为的依据 允许学生评价自己的学习以及在小组学习中获得的技能 提出一些开放式问题	利用观察结果、所得数据和已得的解释回答开放性问题 证明自己理解了概念或技能 对自己的进步和所掌握的知识作出评价 提出可进一步探究的相关问题

二、小组合作教学

(一)小组合作教学的含义

小学科学教学重视小组合作教学的组织形式。小组合作教学是以合作教学小组为基本形式,系统利用教学中动态因素之间的互动,促进学生的学习,以团体成绩为评价标准,共同达成教学目标的教学活动。其特点是:以小组活动为主体,同伴之间合作互助;为达到一定的教学目标而开展活动;以各个小组在达成目标过程中的总体成绩为奖励依据;由教师分配学习任务和控制教学进程。

一般来说,小组合作教学应该包含以下五个基本要素:

1. 个人责任

个人责任是指每个组员必须承担一定的学习任务，并掌握所分配的任务，积极承担在完成共同任务中个人的责任。通过将小组任务分解到个人，使组内每个成员都承担小组任务中的特定部分，一个人完不成所承担的任务，不仅会影响自己的成功，也会对小组或全班完成任务带来不利影响。小学科学课中，小组往往由材料员、操作员、记录员、发言人、小组长等角色组成，每个角色都要承担相应的责任。

2. 正相互依赖

学生不仅知道要为自己的学习负责，还要为小组中其他同伴的学习负责，进行积极的相互支持和配合，特别是正相互依赖。在科学教学中，小组成员形成一个“利益共同体”，要快速、准确、有效地完成实验、调查、探究、展示等学习任务，相互之间必须互帮互助。比如进行科学实验的时候，往往需要组员相互配合，有的组员操作实验仪器，有的组员记录实验数据，有的组员拍摄实验照片，只有这样才能够保证实验探究的质量。

3. 合作能力

合作能力是小组合作教学是否有效的关键所在。如果学生缺乏社交技能，即使被放在一起，被迫合作，效果也会大打折扣。为了协调各种努力，达到共同的目标，学生必须做到：① 彼此认可和信任；② 彼此进行准确的交流；③ 彼此接纳和支持；④ 建设性地解决问题。只有这样，小组成员之间才能建立并维护彼此的相互信任，进行有效的沟通，才能够相互配合，共同完成实验探究，完成教学任务。

4. 混合编组

混合编组是指编组要做到“组间同质，组内异质”。小学科学教师可以依据学生的组织能力、学习能力、动手能力、语言表达能力、守纪状况等将学生进行异质分组，这样有助于打破不同类型学生之间的障碍，扩大学生的交往范围，形成科学学习的最佳组合。由于组内各成员之间在各方面的差异与互补，又有利于各小组成员之间互助性合作活动的开展，最终促进组内每个成员的认知、社会交往、个性和积极情感的全面提高。

5. 小组评估

对小组内共同活动的成效进行评估，以寻求提高活动的有效性。在小组奖励面前，每个小组成员都尽力为集体的成功而工作，积极承担集体义务，从而推动小组合作学习的顺利进行。保证以小组为单位实施评价，使得小组成员之间不是你输我赢的关系，而是大家输或大家赢。这种机制可以有效地调节小组合作，促进成员争取小组目标的实现。

知识链接

常见的分组形式①

表 6-3　常见的分组形式

分组形式	内　　容
圆桌式	给出题目和问题进行讨论，全班都对这个问题进行思考，然后大家一起共享答案
基本组	把学生分成基本组别，每一次课都给他们一定的时间，让他们共享信息，提问、探讨所关心的问题。通常把这种组作为常设的组别

① 孙冬梅.复式教学新论.兰州：兰州大学出版社，2011：86.

续表

分组形式	内　容
合作争议式	提出有争议的问题,学生准备论点(或者赞成或者反对),然后进行争议。争议时,一方提出自己的论点,另一方倾听、记笔记、不许插话,然后双方交换,由另一方发言,最后让学生列出他们所学到的东西
个人贡献式	学生们先各自准备材料,然后交流介绍给小组的其他成员
列单式	先备好一系列的题目,然后划分小组,把不同题目分给不同的组,每个小组形成对其问题的观点,小组成员一起分享知识,每个小组尽量能产生一个共同的答案
探索式	给各组一些词汇、短语和图片,让他们依据这些信息展开思考
制定目标式	把目标式题目写到黑板上,然后让学生写出对这些题目他们已知哪些知识,想要学习和准备学习哪些知识
两个练习组	用于形成技能的过程,学生互相帮助,两人一组,一人来解释、演示、发表见解,另一人检查、纠正、鼓励第一个人,必要时可对其进行辅导,在规定时间的中间时刻,两个人互换角色
同伴修改	通过 2 人组或 3 人组,对每个人的作业提出批评意见,学生们可以在交作业的前一次课上来修改他们的作业草稿
共同完成式	学生们一起工作,对问题或阅读材料作答,概括听课的要点,检查作业

(二) 小组合作教学的实施

小组合作教学的整个过程大致可以分为:诱导产生合作动机—明确学习任务—承担个人责任—合作探究—交流学习—反馈结果。

(1) 诱导产生合作动机。在合体教学之前,教师要创设合作教学的氛围,使学生产生想要合作的动机,激发学生强烈的合作欲望。

(2) 明确学习任务。产生合作欲望后,教师要向学生说明学习的内容和目标是什么,告诉学生评价的标准是什么,适时引导激发学生的学习兴趣,使学生明白怎样完成学习任务。

(3) 承担个人责任。每个学生都必须承担自己在合作学习小组内的角色任务,根据教学要求努力完成个人任务,积极配合其他组员完成任务,共同完成小组任务。教师通过巡视指导以便了解学生的角色状况和学习水平。

(4) 合作探究。确立学习任务之后,小组要通过研究学习目标,明确主攻方向和需要解决的问题,根据组员角色任务,分工合作,探索交流。在此期间教师要在组间巡视,针对学习过程中出现的各种问题及时进行引导。

(5) 交流学习。小组成员通过探究阐述各自观点,对有疑问的地方进行集体研究,并在全班汇报自己小组的交流成果。对小组内没有解决的问题,可以提出来请其他小组帮助解决。

(6) 反馈结果。通过小组间的交流探讨,教师指导学生逐步统一认识,得出结论,并对各小组和组内成员的表现给予评价。①

---

① 张玉民.新课程教师组织合作学习和创设教学情境能力培养与训练.北京:人民教育出版社,2004:59.

知识链接

道尔顿制

道尔顿制是美国进步教育运动中出现的一种有影响的教学组织形式，由美国的H.H.帕克赫斯特制定于1911年，1920年在马萨诸塞州道尔顿城的道尔顿中学试行，因此得名。道尔顿制的目的是废除年级和班级的教学，学生在教师指导下，分别在实验室（作业室）内，根据已定的学习计划，用不同的教材、不同的速度和时间进行学习。道尔顿制的主要措施是：① 将教室改为各科作业室或实验室，按学科性质陈列参考用书和实验仪器，供学生学习之用，同时设立12名教师指导学生。② 废除课堂讲学，将学习内容分月安排，各科教师与学生每月订出作业大纲和公约，学生即可根据自己的兴趣，自由支配时间，完成作业。③ 学生完成本月公约，须经教师考试，合格后才能学习下一个月的作业。④ 将学生的学习成绩和进度登记在学习手册上。道尔顿制重视学生身体及社会意识的发展，强调儿童中心、师生合作、照顾个别差异及独立工作能力的培养，这在弥补班级授课制的不足、发展学生个性、培养学生独立能力等方面都有积极的作用。但它忽视学生集体观念的培养，推行时易形成放任自流。

三、个别化教学

个别化教学是一个古老而又年轻的教学观念。在古代，个别教学是主要的教学形式，个别教学制成为个别化教学的最初的萌芽状态；在大工业社会中，班级授课制成为普遍实施的教学组织形式，但是人们从没有放弃对个别差异的研究，因此对适应个别差异的教学研究也就从没有停止过；在信息技术社会，要求基础教育要为培养具有主体性、创新精神和创新能力的复合型人才奠定基础，要求教育要能够更好地适应人类社会生活的改变，教育工作的重心不再是教给学生固定的知识，而是转向学生自由人格的塑造。个别化教学已成为一种人们不断探讨与追求的教学理念，成为现代教学研究的一个热点。

（一）个别化教学的含义

所谓个别化教学，是为满足每个学生的需要、兴趣和能力而设计的一种教学组织形式。

个别化教学不同于以往的个别教学。个别教学就是教师采取一对一的方式向学生传授知识，教学评价、释疑解惑、学业辅导也都是个别进行的，其最显著的特点在于教师与学生之间的一对一的互动，通过这种互动，教师能够系统地了解学生的特点，进而确定相应的教学目标、内容和教学方法，做到因材施教。个别化教学强调以个别差异为出发点，以学生兴趣与需要为中心，以班级教学的调适与分化为基本方向，以每个学生能力与个性的最大发展为目标。个别化教学的组织形式并不能简单地归结为某一种组织形式，它实际上是能够达到个别化教学目标的组织形式体系。在这一体系中，教学组织形式应是多样化的。

个别化教学组织具有比较突出的三个特点。一是在教学内容上，提供广泛、丰富的学习材料，鼓励学生根据个人的情况选择学习内容。二是在学习过程中，引导学生认清教学目标和评定成绩的标准，围绕教学目标，学生可以选择不同的学习内容，并选择适合自己的学习方式，按照自己的学习进度来组织个人学习过程。三是在教师作用上，强调教师的主要任务是引导和帮助，提供教学目标、教学内容和重点、难点等方面的咨询，帮助学生选择或设计学习活动，鼓励学生个人的自主学习和创造性学习。

个别化教学的优点主要体现在五个方面。第一,有利于学生主体性的发挥,能够促进学生自主学习能力的提高。第二,有利于学生自主性的发挥,学生可以自定学习步调,自负学习责任,这有助于在教育活动、工作职责和个人行为方面形成良好习惯。第三,有利于教师因材施教,允许教师花更多时间去关注个别学生和学生之间的相互作用。第四,有利于提高学习效果,允许程度各异的学生都能按自己的能力选择相应的学习条件,让每个学生都能最大限度地获得学习效益。第五,学习的时间和空间的灵活性大。

(二)个别化教学实施要点

小学科学课程实施个别化教学有几点需要把握。第一,根据所要求的教学目标精心选择和准备学习的活动和各种不同内容、不同媒体的资源。小学科学课程是一门综合性课程,学习内容多样,学习资源丰富,实施个别化学习必须选择适合的内容和资源,设计合理的活动方式。第二,仔细安排学习活动,把教学内容划分成较小的独立部分,每个部分一般只包含单个知识点,认真安排各部分的学习程序。科学概念和规律的理解有着不同的认知水平要求,存在着个别化学习的内在需求。对于那些内涵丰富、思维复杂的概念,个别化教学要逐步提升学习任务的难度,要设置不同的学习台阶,允许学生按照自己的步骤学习。第三,通过一定方式让学生表现自己对所学内容的理解情况和应用情况,以便在进入下一部分学习之前,检验学生对前一部分内容的掌握程度。小学科学课程具有较强的知识体系,部分内容还是逐步积累的结果,所以在小学科学教学中实施个别化学习,要特别重视每一部分学习结果的检查,要尽量使学生在掌握了前一部分的内容后再去学习下一部分的内容,以免影响后续学习。第四,必须让学生立即知道每一部分学习的结果,让他们伴随一次次的成功,充满信心地前进。小学科学教学重视反馈,特别是实验操作和探究技能等具有一定的规范性,及时发现问题、及时反馈结果,是非常有必要的。第五,教师要尽可能多地与学生接触,诊断他们的困难,及时给予帮助,激励他们自觉学习,及时给予强化。

实施个别化教学也要注意其局限性,并在组织教学过程中加以克服和防范。第一,若长期把个别化教学作为唯一的教学形式,可能会缺少师生之间和学生之间的相互作用,要注意多种教学组织形式的合理使用。第二,若用单一途径和固定不变的方法学习,学生可能会感到单调无味,因此教学过程中要根据实际情况采取多样化的教学方法。第三,个别化教学不是对所有的学生和教师都适用,要把握个别化教学的条件和范围。第四,若学生缺乏应有的自觉性,可能会拖延学业,所以在教学组织中必须关注学生的学习情况,发现问题要及时调整。

四、复式教学

复式教学是教学的一种特殊组织形式。它是指一个教师在同一课堂、在同一节课里对两个以上不同年级学生进行的教学。它同单式教学相对。单式教学是指一个教师在同一课堂、在同一节课里对一个年级学生的教学。[①] 复式教学是班级教学的一种特殊形式,它保留了班级教学的一切本质特征。两者的差别在于,复式教学中教师给一个年级的学生上课时,其他年级的学生根据教师的指示进行预习、复习、练习或做其他作业,而单式教学是对全班学生开展同样的教学。

---

① 周德昌.简明教育辞典.广州:广东高等教育出版社,1992:139.

我国采用复式教学始于清朝末年。新中国成立后，为了普及小学教育，在人口居住分散、交通不便的山区、牧区、农村，学生不多，教师又少，而学生的班级多、课室不充裕的条件下采用这种形式。当前，虽然我国教育事业已经有了很大的发展，教育基础设施建设已经不是主要问题，但是随着城镇化建设以及出生人口的减少，一些地区出现了生源急剧萎缩的情况，学校规模小、学生人数少的现象依旧存在，复式教学依然还有实践的需求。同时，研究也发现复式教学对于学生的智力发展、能力培养和社会化等方面具有独特的教育价值，不仅一些发展中国家重视复式教学，欧美一些发达国家复式教学的实施范围也在逐渐扩大。所以，小学教师了解复式教学、学习一些复式教学的知识，是有必要的。

复式教学具有三个明显的特点。第一，教学任务多元性，即在同一课时内教师要讲至少两个年级的异科或同科教材内容，达成不同要求的教学目标。第二，教学环境的复杂性，要对不同年级的学生进行教学，各年级的学生之间会在同一环境内感受众多的信息。第三，教学过程的交替性，要在同一课时内分别对两个年级以上的学生进行教学，因而在教学内容和时间安排上必须交替进行，动静搭配、线路穿插便是教师开展复式教学的一种特有方式。①

开展复式教学一般要解决好几个基础性问题。

一是班级的编排。第一种是相隔年级组合，也称间隔式组合，例如一、三年级组合为一个复式班级，二、四年级组合为一个复式班级。第二种是相邻年级组合，也称连续式组合，例如一、二年级组合为一个复式班级，三、四年级组合为一个复式班级。第三种是相隔相邻年级混合组合，也称连间混合式组合，例如一、二、四年级组合为一个复式班级，三、四、六年级组合为一个复式班级。第四种是“一校一师一班”，将所有年级都容纳在同一个班级内上课。各种编班方式都有自己的优势与劣势，因此，在具体实践中采用哪种组合方式，一般要根据具体情况具体安排。

二是课程组合。复式教学的课程组合是指不同年级的学生在同一课堂上的科目组合。具体有三种：同科搭配、异科搭配和同异混合搭配。同一节课内，如果各年级安排相同的科目教学就是同科搭配，如果各年级安排不同的科目教学就是异科搭配，如果同一节课内各年级安排的教学科目具有相同的、也有不同的就是同异搭配（这主要出现在三级及以上的复式教学中）。复式教学课程组合直接影响教师课堂教学的操作模式。

三是座位布局。复式教学在一个教室里同时对几个年级的学生开展教学，对座位布局有一些特殊的要求。常用的排座形式有以下几种：纵列排座式，即按照各年级学生的身高，从前依次向后排座，原则上每个年级坐一至两行，不足两行的与其他年级合排，同向而坐；横列排座式，按照年级横列排座，前面是较低年级，后面是较高年级；二部背向排座式，把所有的学生按年级分成两部分，在一个教室里彼此背向而坐；隔幕排座式，如三级复式班在教室的横向中间和教室的一段纵向中间至横向中间各做一块幕布，把教室用幕布隔成三部。②

四是课堂管理。复式教学过程要整体把握不同年级的教学进程，处理好动静结合的问题。横向上，教师在讲授一个年级的内容时，另一个年级的学生自己学习，可以预习新课，也可以完成作业。教师可以培养一些小助手，协助教学中的一些工作，比如带领同学预习、练习等。如果复式班的不同年级进行同科教学，也可以采取同静同动的方式，开展分组学习。

---

① 刘桂元.复式教学规程概说[M].重庆：重庆出版社，1998：1—2.

② 李彩.怎样进行复式教学.北京：人民教育出版社，1989：96—100.

知识拓展

翻转课堂

翻转课堂(The flipped classroom)是一种新的教学组织形式。在传统的教学中,学生通常在学校里听老师讲课,课后复习、做作业、然后参加考试。翻转课堂首先由教师创建教学视频,学生在课外利用电脑、平板或者手机等终端设备观看视频讲解,尝试解决一些问题;到了课堂上,围绕学习中遇到的问题采用探究、实验、查阅文献、讨论、教师引导等方式加以解决,并在师生间分享学习成果与心得,以实现教学目标并促进学生能力的提升。①

五、新技术支持的小学科学教育

信息技术作为一种新的技术是指能够完成信息的获取、传递、加工和使用等功能的一类技术,或者说主要指感测与识别、通信、计算机与智能以及控制等技术的整体。现在常说的信息技术主要是指现代信息技术(计算机技术、通信技术、网络技术、人工智能技术和虚拟现实技术等),即利用计算机技术、通信技术等实现获取信息、传递信息、存储信息、处理信息、显示信息、分配信息等的一系列相关的技术。

信息技术进入教学领域重在加强信息技术与课程的整合。所谓信息技术与课程整合是指将信息技术融入课程教学的各要素中,使之成为教师的教学工具、学生的认知工具、重要的教材形态、主要的教学媒体,并促进教学环境、教学方式以及教学结构的改变。

信息技术与课程整合的关键是如何有效应用信息技术的优势来更好地完成课程学习的目标,培养学生的信息素养、创新精神与实践能力。信息技术在课程教学中的应用主要有十个方面,即信息技术可以作为演示工具、交流工具、个别辅导工具、提供资源环境、情境探究和发现学习工具、信息加工和知识建构工具、协作工具、研发工具、评价工具、教学管理工具。

(一)网络教学

教师与学生在网际网络的平台上所从事的教学活动都可以称为网络教学(e-learning)。网络教学活动形式相当广泛,包含学生网上阅读、网上作业、师生间同步及非同步的互动教学、电子邮件的课业辅导、视频交流、电子公告等,只要是教师与学生在网络环境下进行与教学相关的活动,不管是进行其中一部分、大部分或全部,都可以称为是“网络教学”。

小学科学教学中,网络教学同样可以用来组织教学或者与其他教学组织形式结合起来使用。比如,教师可以提供电子邮件的课业辅导信箱,布置作业、批改作业并解答学生提出的学习疑难;也可以将学习材料放在网络上,供学生课前预习或课后复习;还可以使用即时通信软件在网上组织师生同步收看天文现象直播、观看科学视频、讨论科学话题等;还可以在班级教学中通过网络开展探究,其他部分的教学活动仍然维持在传统教室环境下进行,形成“混合式的网络教学(blended e-learning)”。利用信息技术、通过网络开展科学教学正处于蓬勃发展的阶段,有许多新的理念、新的技术、新的教学方法正在不断涌现,小学科学教学也因此更加丰富多彩。

(二)信息技术的应用

小学科学教学中,信息技术可以用在以下几个方面。

---

① 朱宏洁,朱赟.翻转课堂及其有效实施策略刍议.电化教育研究,2013(8):79—83.

（1）作为演示工具。这是信息技术在学科教学中的初级应用形式，是信息技术与课程整合的最低层次。教师可以使用多媒体和数字化教育资源，也可以利用模拟软件演示某些实验现象，还可以在线直接异地演播。通过这种方式，可以提供形象、生动的学习内容，可以打破时空的限制，把一些不能在课堂上直接实现的科学现象播放出来。如认识月球的教学时，通过图片让学生感知月球的不同景象，通过播放纪录片让学生了解人类登月的情况，使学生获得更加形象的月球知识图景。

（2）作为探究工具。基于信息技术，一批作为科学学习的仿真虚拟实验软件不断开发出来，为科学探究提供了越来越有力的支持。比如在热传递的教学中，不同温度下物体的颜色可以通过控制虚拟软件上的温度控制条来实现，也可以通过调节温度来展示不同物态下水分子的运动情况。

（3）提供资源环境。校园网、互联网的建成使学生的学习资源由单调的文字教材变为信息密集、形式多样、海量开放的资源库。在这种丰富的资源环境下学习，能够极大地扩充教学知识量，使学生不再局限于学习课本上的内容，而能开阔思路，接触到丰富的信息。

（4）作为测评工具。通过在线作业、练习等形式给学习者提供学习效果的反馈信息，使学生明确学习的情况，便于有目的地调整学习、优化学习。

（5）作为交流工具。信息技术作为交流工具，是指将信息技术以辅助教学交流的方式引入教学，主要实现师生之间情感与信息交流的作用。比如关于植物繁殖的话题，开设论坛，建立 QQ 群或者微信群，让学生把栽培过程中拍摄的照片、录制的影像、记录的文字、偶发的感想等发到网站上，一起交流、讨论，老师也可根据情况与学生交流互动，帮助他们解决遇到的问题。让学生学习交流的时间、空间更加广阔。

（6）作为个别辅导工具。教师根据不同的学习内容和学习目标，运用练习型软件和计算机辅助测验软件，学生在练习和测验中巩固、检验知识，决定下一步学习的方向，实现个别辅导式教学。此外，教学还能在一定程度上注意学生的个别差异，提高学生学习的积极性。

目前，国内外较为常见的信息技术环境下的教学模式主要有：基于问题的学习、基于项目的学习、基于案例的学习、基于资源的学习、探究学习、协作学习、基于电子文档的学习、认知工具、个性化学习、个别授导、操作与练习、教学测试、教学模拟、教学游戏、智能导师、虚拟实验室、情境化教学等。随着教育信息化过程的不断深入和发展。新的信息化教学模式也将不断地涌现，形成新的教学模式种类。信息技术与课程整合所产生的各种教学模式从表面上看是信息技术的应用，深层特征则涉及人才观、教育观、学习观、技术应用观、评价观等方面的系列变化。

第三节　小学科学教育的主要方法

随着教学改革的不断深入，作为实践工作者的教师，应当掌握更加行之有效的教育方法。本节着重介绍小学科学教育的主要方法，包括实物教学、做中学、知识学习、探究式教学、概念图等教学方法。

一、科学教育与实物教学

科学教育的目的包含了三大部分，一是培养学生的科学知识，包括对科学概念、知识等的理解，二是培养学生掌握科学探究的方法，三是培养学生对待科学的态度、价值观以及科学精神等的形成，这不仅离不开科学学科本身的教与学，也同样离不开整个教育过程对学生综合素质的培养。简言之，科学教育是指通过一种以传授基本科学知识为手段（载体），体验科学思维方法和科学探究方法，培养科学精神与科学态度，以实现培养科学人才、提高全民科学素质、促进人和社会全面发展为目标的教育。① 它以全体青少年为主体，以学校教育为主阵地，以自然科学学科教育为主要内容，并涉及技术、科学史、科学哲学、科学文化学、科学社会学等学科的整体教育，以期使青少年掌握自然科学的基本知识和基本技能，学会科学方法，体验科学探究，理解科学技术与社会关系，把握科学本质，养成科学精神，全面培养和提高科学素养；并通过培养具有科学素养的合格公民，发展社会生产力，改良社会文化，让科学精神和人文精神在现代文明中交融贯通。

实物教学是一种直观形象的传统的教学手段，学生通过实物，可以直接认识自然事物之间的来龙去脉，从而激发学生探索科学的真谛。实物也是教具使用的一个最主要的延伸，这些物体可以让学生触摸、把玩、拿捏、观察、感受、堆积、创造和使用。让学生体验真实物体，是小学科学课堂上用来传授知识和学习知识的有效途径。因为实物是具体的存在，而不是在脑海中的一个抽象概念。当教师将实物当作向学生演示的工具时，实物就被当作教具使用；当教师让学生动手使用、操作时，实物就被当作学具使用。

（一）实物教学的含义

实物教学有时也称为演示教学法，它在教学中应用广泛。实物教学就是教师把实物展示给学生观察，或教师示范实验，并运用各种实验仪器和现代教学手段，使学生获得知识更新的一种教学方法。与观察法一样，它也经常与讲授、谈话、讨论等方法配合使用。教师通过实物的展示与各种演示实验的示范，能够吸引全体同学的注意力，激发他们的学习动机，增加对教师的好感与尊敬，并对探究科学世界产生强烈的兴趣。实物教学法在无法让学生进行分组实验、实验仪器很贵重、实验操作很复杂等的情况下最为适用。

实物教学作为小学科学教育的一种重要的教学方法，这种导入方式直观、形象、生动，能够快速吸引学生的眼球，激发他们学习的兴趣。它是大自然在课堂上直接的回归，密切联系学生的生活实际，使学生感到学习内容来自生活，从而进一步使他们增强生活中的问题意识，并乐于在生活情境中解决问题。

（二）实物教学具的选择

“实物教学”应改为“实物教学具”更为恰当，因为“实物教学”应理解为利用实物教具、学具开展活动，若主题中只提及教具，那么主体就只停留在教师身上了，不符合以学生为主体的要求。

实物教学具的选择应该具有科学性。首先，实物教学具的选择要适合教学活动的开展，有一定的启发性和实用性。其次，要遵循教育原则、活动的目标、学生的需要而选择合适的实物教具，而且教学具要符合学生的年龄心理特征，尽量选择色彩鲜艳、直观呈现的物体，以吸引学生的兴趣。最后，教师要考虑教学具的可操作性和安全性。

（三）开展实物教学要注意的几个问题

教师在运用实物教学法时，第一要提前做好实验准备，以便在教学时能够尽快进入状

① 祝怀新，等. 科学教育导论. 北京：中国环境科学出版社，2005:95—98.

态，不要提前让学生看到要展示的教具，以免使其失去兴趣，各种实物与演示实验装置也要尽量简单化；第二要明确实验目的，即通过实物的展示和演示实验的示范，要使学生掌握哪些基础知识与技巧；第三要精心设计最佳的演示方式和程序，并理顺知识结构体系，使整个教学过程条理清晰，便于学生理解；第四，在整个操作实验的过程中，都需要有明确的实验提示和规范的操作步骤，以便能够让学生清楚地观察到实验；第五，在实验操作完毕后，要注意实验器材的放置和保存。此外，由于科学实验中有很多不确定因素，因此教师需要有演示失败的准备和补救措施，并尽量避免出现失败的演示实验。

（四）实物教学的作用和有效性

（1）可以使抽象的概念直观、形象化。教师在课堂上利用直观、形象的教具，可以使抽象的问题直观化、形象化，因为它能帮助学生在抽象概念与客观实物之间建立起直接的联系，同时又能吸引学生的注意力，从而提高课堂教学质量。

（2）能激发学生的想象力和创造力。实物教学能培养学生的动手能力，促进学生形象思维能力的发展，进而激发学生的想象力和创造力。

（3）能提高学生的动手操作能力与实践能力。通过直观的实物教学不仅能够提高课堂教学效果，使学生学得扎实、记得牢固，而且还培养了他们的动手操作能力，使他们能够把所学的知识应用到日常生活中去、运用到社会实践中去，进而提高了学生的实践能力，达到了教学的最终目的。

（4）能使复杂的操作简单化、深奥的原理浅显化。通过建立实物模型可以帮助学生理清复杂步骤的因果关系、逻辑顺序，从而使复杂的问题清晰化、简单化，使学生轻松掌握操作步骤。教材来源于生活，在教学过程中教师可以恰当运用生活中的真实情境来进行实物模拟演示，这样不仅能使深奥的原理浅显化，而且往往能收到更好的教学效果。

（五）实物教学的弊端

任何一种教学方法都不是完美无缺的，实物教学也有一些要克服的问题。

（1）实物教学不利于正常组织课堂。由于实物比较容易激发学生高涨的学习情绪，所以往往当教师呈现实物，特别是学生感兴趣的实物时都比较兴奋，课堂秩序难以控制。长此以往，班级纪律不好控制，教学效果也就大打折扣了。

（2）实物教学容易分散学生的注意力。学生容易把注意力集中在具体的实物上，而没有认真听教师所讲的教学内容，对于一些能食用的实物来说，情况会更严重，学生可能会因想着怎么能吃到教师带来的东西而转移了注意力，没有去注意教师要求掌握的内容。

（3）实物教学可能会使学生产生依赖性。课堂实物教学，在能激起学生学习兴趣的同时，也可能会使他们对实物产生依赖性。学生在课堂上积极表现并不在于对知识的兴趣，而是被实物所吸引。也就容易造成这样一种后果，没有实物的课堂教学就将激不起他们的学习兴趣。长此以往，学生学习的自主性下降，对事物也缺乏足够的想象力了。

因此，针对以上在教学过程中可能产生的问题，教师应该努力加以克服，在教学过程中多和学生进行沟通交流，把学生当作主体。

二、进步主义教育与“做中学”

进步主义教育是20世纪上半期盛行于美国的一种教育哲学思潮，对当时的美国学校教育产生了相当大的影响。它起源自反对传统教育的形式主义，代表人物有帕克、杜威等。进步主义教育非常强调的一个教学方法即“做中学”，这是杜威在批判传统学校教育的基础上，提出的一个基本原则。由于人们最初的知识和最牢固地保持的知识，是关于怎样做的知识。因此，教学过程应该就是“做”的过程。在他看来，如果儿童没有“做”的机会，那必然会阻碍儿童的自然发展。儿童生来就有一种要做事和要工作的愿望，对活动具有强烈的兴趣，对此要给予特别的重视。

（一）进步主义教育概述

1. 进步主义教育的产生背景与发展历程

19 世纪末 20 世纪初，以进步主义教育运动的兴起为标志，美国发生了一场翻天覆地的教育变革。进步主义教育运动发端于美国社会重大转折时期——由农业国向工业国的大转折，由自由资本主义向垄断资本主义的大转折，由殖民地文化向独立文化的大转折。在此发展过程中，美国面临着前所未有的社会和文化危机。因此进步主义教育运动及其思想是美国教育界对美国社会现代化过程中的一系列重大变革所引发的挑战的回应，是现代城市工业文明条件下改革美国教育的一种广泛努力和改革方面的选择。①

进步主义教育之父的帕克受欧洲自然主义思想影响，于 1870 年首先引进新教学方法的实验，提出“教育要使学校适应儿童，而不是使儿童适应学校的”的原则。20 世纪初杜威将其实用主义哲学运用于教育领域，其实验和理论更壮大了进步主义教育的声势，甚至传播到中国。1910 年至 20 年代，美国建立了许多新学校，许多旧学校也加入进步主义教育的阵营。1919 年进步教育协会成立，1930 年达到全盛时期。第二次世界大战后，人们逐渐意识到进步主义教育并不能提高知识水平，因此进步主义教育运动逐渐衰退，1955 年进步教育协会解散，宣告了这个时代的结束，但是进步主义教育的思想至今对美国教育仍有影响。

进步主义教育的主要观点：

（1）以儿童为中心的学生观。进步主义教育协会发布了“改进初等教育七原则”，阐述了以儿童为中心的教育观，认为是儿童而不是传统的学科内容和价值观决定学校的课程和活动，强调儿童的自由，强调儿童的创造性，重视培养儿童解决问题的能力，提出教育的任务就是要根据儿童本能生长的不同阶段供给他适当的材料，促进本能的表现与发展。因此，教育应该是主动的，应该与儿童的兴趣相联系。

（2）以生活为内容的课程观。杜威认为，“教育即生活”“教育即生长”，生活和经验是教育的灵魂，离开了生活和经验就没有生长，也就没有教育。学校教育应该利用现有的生活情境作为其主要内容，而不是对既有的由科学知识组成的文理科目的系统学习。儿童学习的内容应该是儿童自己的活动所形成的直接经验，在学校课程中，应该把各种活动形式的课程摆在突出的位置上。故在课程内容上，应更加关注儿童的需要和兴趣，呈现实用化的倾向。学校可开设各种应用科学课程，如商店物理、应用化学、家庭物理、工业和家庭化学、应用生物学、生理学和卫生学等。

（3）以解决问题为方法的教学观。杜威指出，“教学的过程就是培养思维习惯的过程”。依据思维的顺序，教师首先应给学生设置一个使其感兴趣的真实的经验的情境，使学生在情境内部产生真实的问题，让学生充分占有学习资料，观察问题，最后通过应用来检验学习的想法。这种教学步骤以“活动”形式贯穿始终，以儿童的需要为中心，因此这种教学

---

① 褚洪启. 杜威教育思想引论. 长沙：湖南教育出版社，1998：23—30.

方法能使学生能动地活动，积极地思考。因此，在教学方法上，进步主义教育倡导围绕学生的兴趣和需要开展活动教学，让学生在科学探索中积极主动地解决问题而不是被动地记忆知识，通过活动、实践、观察等方法，开展个人学习和合作学习，教师的作用是鼓励与指导而不是监督和约束，这些都是进步主义教育所大力倡导的有效的教学策略。①

（4）淡化权威意识的教师观。进步主义教育者反对传统教育中教师所具有的那种专断性的主导作用，认为那种由上级的权威者把所必须接受的东西传给下级的接受者形成的教育体制，不是教育，而是灌输、宣传。教师的职务仅仅是依据较多的经验和较成熟的学识来决定怎样使学生得到生活的训练。因此，在进步主义教育家们看来，教师的“权威”只能体现在他的“经验”和“学识”上，这在很大程度上淡化了传统教育中教师所具有的权威意识。

（5）强调合作精神的学校观。进步主义教育者认为，学校应该鼓励学生之间的合作，教师应该注意培养学生的合作精神。学校应该是一种生动的社会生活的真正形式，而不仅仅是学习功课的场所；社会是由一些循着共同的路线、具有共同的目的而活动的个人集聚在一起的。学校应该采用各种不同形式的活动作业，使学生通过直接生活进行学习。

2. 进步主义教育的教学观

（1）“做中学”。在批判传统学校教育的基础上，杜威提出了“做中学”这个基本原则。杜威认为，“做中学”也就是“从活动中学”“从经验中学”，它使得从学校里知识的获得与生活过程中的活动联系了起来。“做中学”是儿童天然欲望的表现，它有助于儿童的整体发展，可以使儿童获得知识并锻炼能力。②

（2）五步探究教学法。杜威因为反对以教师、教科书、教室为中心的传统教学方法而提出的“做中学”是一种通过主动作业、在经验的情境中思维的方法，从而达到经验与思维的统一、思维与教学的统一、课程与作业的统一、教材与教法的统一。根据科学的实验主义探究方法和反省思维方式，杜威提出了五步探究教学法。即一是疑难的情境；二是确定疑难的所在；三是提出解决疑难的各种假设；四是对这些假设进行推断；五是验证或修改假设。杜威指出，这五个步骤的顺序并不是固定的。由“思维五步”出发，杜威认为，教学过程也相应地分成五个步骤，一是教师给学生提供一个与现在的社会生活经验相联系的情境；二是使学生有准备地去应付在情境中产生的问题；三是使学生产生解决问题的思考和假设；四是学生自己对解决问题的假设加以整理和排列；五是学生通过应用来检验这些假设。这种教学过程在教育史上一般被称之为“教学五步”。在杜威看来，在这种教学过程中，儿童可以学到创造知识以应付需求的方法。但是，他也承认，这实在不是一件容易的事。

（3）教材心理化。教材心理化是指把各门学科的教材或知识的部分回复到它所被抽象出来之前的原来的经验，就是把间接经验转化为直接经验，即直接经验化，之后再把直接经验组织化，从而形成能提供给有技能、成熟的人的教材形式。杜威一向反对将成人和专家编就的以完整的逻辑体系为表现形式的教材作为教育的起点，认为必须以儿童个人的直接经验为起点，并强调对直接经验加以组织、抽象和概括 。

（二）“做中学”教学方法的作用

1. 对传统“教师讲、学生听”教学方法的批判

---

① 祝怀新，等. 科学教育导论. 北京：中国环境科学出版社，2005：40—41.

② 卢苇.“做中学”小学科学教育模式研究. 江西师范大学，2004.

传统教育的基本特征，从某种意义上说，就是“听中学”“考中学”。教师想办法教好，学生想办法听好，当然，还要记好、考好。它过分地强调教师的主宰作用，忽视学生在教育中的地位，不引导学生活动；过分注意知识的传授，而忽视学生能力的培养。过分重视课程教学制度、教学理论和方法的建设，特点是按照逻辑顺序组织教材，分科教学，系统传授各种基本文化知识，注重强制性的纪律和教师的权威作用。而在我国，几百年来，甚至几千年来，这种教学模式在学校一直占据着统治地位，其结果就导致了理论与实践、知识与能力、教学与社会的严重脱离。

2. 对新课程方案的重新诠释

现代教育的根本目标是让学生主体得到全面的发展，最终让学生学会生存。通俗一点来说，学是为了做，知是为了行。新课程方案的基本理念是“以学生的发展为本”。课程设计的主要任务应该是为学生提供学习经历，丰富学习经验。这里说的经验和经历，既包括学，同时又包括做，即各类实践活动。新课程方案的理念解读中明确提出，要关注学生在学习过程中的体验、感悟；倡导自主探究、实践体验、合作交流的学习方式；在德育工作中，要求学校要重视培养学生乐于动手、勤于实践、勇于创新的意识、习惯和能力。

现代教育发展中的新课程方案，是“做中学”观点的完善和深化，是信息社会学生学习方式改变的又一个新的境界。现代学校的任务应该是提供为学生“做”和“学”的服务，也就是说，为学生提供课程、手段和实践的时空等条件。

3. 师生认知交流的桥梁

“做”，不能简单地理解为学生的独立行为，它应该是学生的一种学习经历，是学生在学习中的主体感悟，确切地说，是学生在学习中的所有实践活动。所以，学生的“做”，不仅不排斥与他人的交流，从某种程度上来说，“做”中的交流，正是为了更有效地提高学生“做中学”的质量。而教师在实践中，要正确处理“做中学”过程中教师和学生之间的关系，根据教学内容，用不同的方法与学生开展交流，使“做”成为师生认知、学生习得的桥梁。

4. 将“做、教、学、思”四者有效整合起来

“做中学”的提出，是对传统教育的挑战和批判，尤其是对“听中学”等传统教育方法的校正。刚开始时，“做中学”的重心是在“做”上，强调的是学生个体的行为，而忽视了学生的“做”和学生学习的其他过程的关系，也忽视学生的“做”和教师的“教”的密切关系。但随着教育改革的不断发展，人们对“做中学”的理解也不断深化，使“做、教、学、思”的整合更加紧密，“做”和“学”的效益不断得到提高。教师在“做”中“教”，让学生在“做”中“学”，在“做”中感悟、思考，也就是在“做”中“思”，才能让学生真正体验到科学家是怎样做科学的，从而提升自身的科学思想、科学精神和百折不挠的意志，进而全面提升科学素养。

三、科学读本与知识教学

（一）科学读本对小学生科学知识教学的重要意义

科学知识的普及、人类文明的发展离不开阅读，阅读可以开阔人们的视野，提高认识事物的深度，帮助人们找到改造生活的利器，丰富人们的生活。所以，在小学科学教育中必须重视科学阅读，运用科学读本帮助学生学习科学知识，培养学生的阅读能力显得非常必要。具体来说科学读本对小学生科学知识学习的意义主要表现在以下几个方面：

1. 拓展和补充课堂知识，提高学生的上课效率

小学科学课堂所授知识非常有限，而且小学生上课时注意力很难长时间保持，科学阅读不管是作为课内阅读还是课外阅读，都能扩宽学生的知识面，让学生对所学知识有初步认识，学生在已有基础上进行学习就能根据个人疑难和兴趣，有针对性和目的性的学习，提高学习效率。

2. 帮助形成和理解科学概念

学生阅读科学材料的过程是一种概念重构的过程，在已有知识的基础上，通过广泛的、统整的科学阅读，并随着科学阅读的不断深入，一些科学读物都会沿着某一主题将事实、概念、问题或特征等呈现出来，通过科学概念的串联以及内容的前后连贯，先前形成的科学词汇不断趋于准确，学生逐渐形成重要概念。

3. 培养学生学习科学知识的兴趣

小学阶段是学生兴趣形成和发展的最佳时期，这一阶段学生兴趣爱好广泛，但不稳定，小学科学读本通过插图、漫画、故事等形式从不同角度介绍科学知识，吸引学生注意，开阔学生视野。

4. 提高学生的科学素养

科学教育的最终目的是提高学生的科学素养，通过阅读不同类型的科学读本，学生学习科学探究的方法，学习科学家的探究精神，感受科学发展对人类文明的影响，特别是对科学史料的阅读，有助于对科学发展过程的了解，是学生学习科学探究方法和领悟科学精神的有效途径。

（二）小学科学读本的分类

小学科学读本对小学生是一个科学启蒙的过程，内容符合学生的认知特点，小学科学读本大体可以分为两大类：

1.《科学》教科书

现代《科学》教科书中的阅读材料与过去教科书相比内容更加丰富，而且分别安排了课内阅读和课外阅读两部分，这样在时间上就更加灵活。①《科学》教科书在阅读内容的选择主要有以下类型：

（1）科学家介绍。主要介绍科学家的相关事迹和重大发明，如袁隆平、伽利略等，对学生进行科学人文精神的教育。

（2）重大科学事件介绍。介绍重大科学事件及其对人类社会的影响，感受科技发展对人类文明的影响，感受科学的魅力。

（3）科学技术应用方面的介绍。联系现代生活介绍科学技术在生活中的应用，如磁悬浮列车、生态农业等，STS的教育。

（4）对教学内容的拓展或补充。介绍拓展学生视野，培养学生兴趣的知识。

2. 科学读物

儿童科学读物形式可以多样，如科学通话、科学美文、科学故事、科学漫画以及科学数码、科学动漫等，这些科学读物根据其内容和目的的不同又可分为知识拓展类、实际应用类、高科技领域类和科学家献身科学类。不同种类的科学读物其意义各不相同，如知识拓展类读物主要是帮助学生进一步理解和巩固新学知识；实际应用类读物主要是帮助学生将科学

① 徐杰. 科学教育中科学阅读的类型、方法及策略.科学课，2011(6).

与实际生产生活联系起来,学以致用;高科技领域类读物是主要扩展学生知识面,培养学生对科学的兴趣;科学家献身科学类读物是让学生学习科学家刻苦钻研,为发展科学事业而献身的精神。

(三)科学读本在知识教学中的应用

科学读本融入科学教育,这既是一种教学策略,更是一种用来沟通、组织想法和促进概念转变的工具,更能给教师在教学科学概念、促进学生问题解决技巧的进步、指导学生科学发现、丰富学生的创造力和思考能力等方面提供教学方法。① 科学读本在小学科学教育中的应用主要体现在以下几个方面:

(1)利用阅读材料创设问题情境,在情境中设疑激思,激发学生思维。思维是在解决问题的过程中得以完善和提高的,利用材料中的情境,加以巧妙的设问和引导,就能有效地使学生进入思考和解决问题。要做到这一点,教师需要对阅读材料进行加工,使之成为能被学生接受的问题情境,在此情境中巧妙设疑,激发学生兴趣。

(2)利用阅读材料进行STS的教育。理解科学、技术与社会的关系是现代公民科学素养的重要内涵,让学生体会到这一点首先需要有选择地分析材料中的科学知识和技术,感知"理论在实际中的应用",需要注意的是,在这部分教学中应对内容进行取舍,选择出学生已经具备或能够接受的知识及相关技术进行分析;然后,要多角度启迪学生领悟"社会需求对技术发展的动力作用",通过对材料有选择地分析,结合对学生多角度的启迪,使学生对材料中所蕴藏的科学知识有较清晰的了解,对所蕴藏的技术也能有较感性的认识,从而对科学、技术与社会的关系有更深刻的体验。

(3)利用阅读材料进行情感、态度和价值观的教育。情感、态度与价值观是科学精神的重要内容。介绍科学家的读物,可以让学生了解科学家的共性特点,如对自然现象保持强烈的好奇心和求知欲;尊重科学原理,对科学有浓厚的兴趣;富有创新意识,敢于依据客观事实提出自己的见解,能根据科学事实修正自己的观点;有强烈的社会责任感和为人民服务的意识等。教学时,根据材料内容的不同特点,有侧重地加以挖掘,有计划地加以落实。

(4)开阔学生视野。教学时,应从学生的原有知识出发,根据材料的特点多方向加以引导和链接,充分拓展学生的视野。这种多方向的引导和对原有知识的链接,能较有效地拓展学生的视野。在引导和链接中,应重视学生之间的合作和讨论,因为通过合作和讨论能使学生超越自己的认识,看到与自己不同的理解,看到事物的其他侧面,从而形成对事物更加丰富全面的理解,将有利于学习的广泛迁移。

四、科学探究与探究式教学

(一)科学探究及其特点

近年来探究一词在教育领域反复提及,对于它的含义,人们有着不同的认识。按照《牛津英语词典》的定义,探究是"对求索知识或信息特别是求真的活动;是搜寻、研究、调查、检验的活动;是提问和质疑的活动。"②《辞海》将探究解释为"深入探讨,反复研究。"美国国家

---

① 徐杰.加强科学阅读,提升学生科学素养.小学科学,2010:19—23.

② 教育部基础教育司,科学(3—6年级)课程标准研制组.科学(3—6年级)课程标准解读.武汉:湖北教育出版社,2002:90.

科学院将探究定义为："探究涉及观察、提问；查看书本和其他信息以获得知识；安排调查；根据实验证据对已知知识进行评价；应用工具收集、分解并解释数据，提出方案，进行解释和预测；交流结论等方面。"①

当前，世界各国都将"科学探究"作为科学教育的重要标志和方法。从对探究的定义可以总结出科学探究具有以下几个基本特征：

（1）问题性。科学探究是以科学问题为起点的，科学问题来源于自然界中事件、物体等。

（2）建构性。科学探究是一种认知过程，是主体主动建构对于客观世界的理解过程。在探究的过程中，需要学习者将新知识与已有的经验建立联系，并对原有知识进行调整，形成新的认知结构。

（3）合作性。探究重视交流与合作，科学探究作为一种建构活动，每个人的看法都是不全面的，都是从不同的基础出发，所以探究需要不同学习者之间交流与合作。

（4）过程性。探究结果的获得必须经过学习者积极的探究才能获得，科学探究重视结论获得过程的探索，注重探究方法的学习和探究经验的积累，注重培养学生探究学习的兴趣。

（二）科学探究基本过程

科学探究不仅重视探究结果更注重培养学生的探究能力，注重过程与方法，情感、态度与价值观的培养。科学探究的过程并不固定，在一般情况下，科学探究可以遵循以下几个基本步骤：

（1）确定探究问题。问题是指知识本身的内部矛盾，即知识的局限性、相对性和不足之处。在小学科学教育中，问题的选择要与学生的认知水平相适应，与学生必学的科学概念相联系，对学生以后的科学学习有一定的启发意义。

（2）制订探究方案。探究的方案根据探究问题合理选择，对同一探究主题可以有多个探究方案，通过不同设计方案的比较可以让学生体会科学探究中探究方法的重要性。

（3）实施探究方案。探究方案的执行阶段是整个探究的主体部分，探究方案的执行必须是在知识、概念、问题和观察的指引下开展。在具体的实施过程中可以适当调整探究方案，对执行过程中出现的各种现象都要认真观察并做好记录。

（4）得出和解释探究结果。在此阶段需要对探究得到的结果进行概括、归纳，对收集得到的数据进行处理分析，对整理得到的结论要根据已有的知识推理其可能产生的原因，最终形成关于某一问题或现象的科学认识。

（5）交流与应用。在形成关于某一问题的结论之后还需要进一步交流，通过交流学习者可以得到更多的结论，有助于问题的解决。最后，学习者还要将得到的结论运用于其他情境中。

需要注意的是对于科学探究步骤不能采取机械化、绝对化的理解，科学探究的问题是多种多样的，探究过程也可以是多种多样的。

（三）探究教学的理论渊源

探究教学有着深厚的理论渊源，其发展经历了萌芽与形成两大阶段。

---

① [美]国家科学资源中心，国家科学院，史密森协会.面向全体儿童的科学——改进小学科学教育的指南.李勇，译.北京：科学普及出版社，2005：13.

卢梭的自然主义教育思想可以看作是探究教学思想的萌芽,他在《爱弥儿·论教育》中特别强调要保护儿童的好奇心,让其率性发展,并指出科学教育对儿童发展的重要性,满足儿童的好奇心就要让他自己去发现问题和解决问题。这种思想后经杜威发展起来,第一个将探究引入到教学中,杜威在《我们怎样思维》一书中详细论述了探究的本质和阶段,认为探究就是思维或反省的思维。并在《民主主义与教育》一书中根据反省思维的五大特征总结了探究教学的基本步骤,即发现问题、提出问题、建立假设、验证假设、得出结论、应用。这与我们当前所提及的探究教学,在本质上已没有很大的不同。①

20 世纪 60 年代,在美国教育改革的推动下,布鲁纳等针对科学教育的弊端提出"发现学习"的概念。提出应该重视科学的知识结构,重视发展学生智力,培养能力的新教育观。布鲁纳发现学习的实质是要求儿童在教师指导下根据自己已有的知识或资料去探究事物、观察事物、理解事物从而得出自己的结论,可见发现学习与探究学习有很多相同之处。真正使探究成为一种教学方式的是 20 世纪五六十年代的美国生物学家、课程专家、芝加哥大学教授 J.J.施瓦布,他在《作为探究的科学教学》的报告中提出探究教学。后来探究教学在各个学科得到推广。

(四)探究式教学的内涵与特点

1. 探究式教学的内涵

不同学者对什么是"探究式教学"提出了自己的观点,如:"探究教学是指在教师的指导下,为获得科学素养以类似科学探究的方式所开展的学习活动。"②"探究教学,简单说来,就是指主要运用探究的方法来进行的教学活动。"《美国国家科学教育标准》中将"探究教学"定义为:"能够帮助学生掌握科学概念,获得科学探究能力和技巧,增进对科学探究的理解的各种亲身经历。"安德桑在《教学和教育百科全书》中,将探究教学的本质特征概括为:"不直接把构成教学目标的有关概念和认知策略直接告诉学生,取而代之,教师创造一种智力和社会交往环境,让学生通过探索发现有利于开展这种探索的学科内容要素和认知策略。"③

通过以上四种定义可以总结出探究教学是指教师按照探究的一般规律指导学生针对某一问题进行观察、收集资料、实验等探究活动,是学生的知识、情感、态度和价值观得到锻炼的教学方式。

2. 探究式教学特点

随着新一轮课程改革的推进特别是"三维目标"的提出,使得探究式教学越来越受到重视,探究式教学与传统的教学方式对比,有以下几个基本特点:

(1)以提高学生的科学素养为最终目标,改变传统的知识本位。探究式教学就是要使学生能够主动地获得科学知识,提高探究能力,掌握科学方法,养成科学态度和科学精神。使所有学生最终成为具有科学素养的公民,而不是要求全部成为科学精英。教学过程注重学生主动参与,积极思考和探究,改变传统知识学习的死记硬背。

(2)真正体现学生在学习中的主体地位和教师在教学中的主导作用。探究学习的本质是"学生知识的自主建构",探究教学以学生为中心,学生是探究的主体,教师的活动是为学

---

① 马欢. 从理念到课堂——小学科学探究教学实现条件研究.华东师范大学,2007.

② 徐学福. 探究学习的内涵辨析.教育科学,2002(3).

③ 靳玉乐. 探究教学的学习与辅导.北京:中国人事出版社,2002:15—16.

生的自主学习和探究创造条件，提供帮助。强调学生的主体地位并不意味着教师在教学中的主导作用的弱化，教师在探究式教学中对活动的组织、支持和对学生的引导非常重要。

（3）探究贯穿教学的始终。与传统的教学形式相比，探究式教学往往以某一问题为中心，学生在教师的指导下在已有知识的基础上，通过提出问题、设计方案、实施方案、得出结论、交流讨论等过程使问题得到解决，整个教学过程也是科学探究的过程。

（4）新的价值追求。探究式教学注重学生在探究过程中的体验，不仅重视结果而且重视过程；探究式教学不要求整齐划一，尊重学生的差异性，鼓励学生的创新；探究式教学源于学生的生活世界，为学生生活奠定基础；探究式教学培养学生的交往和表达能力，注重合作精神。

（五）探究式教学在小学科学教育中的意义

探究式教学可以运用于学生学习的各个阶段，在小学科学教学中实施探究式教学又有其特殊意义。首先，这是由小学生的特点决定的，因为探究是儿童的天性，小学阶段的学生对事物充满好奇心，满怀探究的热情，一道闪电、一个打雷声都可以是他们不断追求的对象；其次，小学阶段是学生学习科学的最佳时期，天文学家卡尔·萨根曾经说过："每个人在他们幼年时候都是科学家，因为每个孩子都和科学家一样，对自然界的奇观满怀着好奇和敬畏。"小学阶段的学生是好奇心、求知欲最旺盛的时期，也是接受能力最强的时期；再次，探究式教学有利于学生认知水平的提高，探究学习所创造的学习环境和丰富多彩的探究活动符合儿童的思维特征，有利于学生思维能力的发展；最后，探究式教学可以培养学生对科学学习的兴趣，小学阶段是学生兴趣培养和养成的黄金时间，利用探究活动将科学知识的学习融入到学生的生活中，培养学生科学探究的兴趣。

（六）探究式教学在小学科学教学中的实施

1. 探究式教学实施条件的创设

加涅认为，人类的学习结果有不同的类型，不同类型的学习结果需要不同的学习过程和有效学习的条件。探究式教学总是紧紧围绕某一问题展开，可以看作是"问题解决学习"的一种，问题解决的学习，需要学习者的内部条件也需要学习情境的条件，所以探究式教学的实施也需要有效地创设学习者的内部条件以及教学环境的条件。

首先，学习者内部条件的创设。参与探究式教学的学习者必须对所要探究的问题有相关的知识储备，有基本的探究技能，有基本的语言理解能力和交流能力。小学儿童认知结构发展还不完善，但是充满好奇心和求知欲，具有进行简单探究的能力，所以探究式教学适用于小学科学教育。

其次，教学环境条件的创设。实施探究式教学时要创设探究情境，给予学习者探究的自由，保证学习者能够获取探究所需的资料。良好的探究环境也包括充足的探究时间，灵活的探究空间和轻松自由的探究氛围。

2. 小学科学教育中探究式教学实施的类型

小学生认知特点和小学科学教育内容的特点决定了探究式教学在小学科学教育中具有重要地位。探究式教学在小学科学教育中主要以课内探究和课外探究两种形式开展。

课外探究是指探究活动在课外进行，其实施更加灵活，活动的参与者可以有学生、教师和学生家长等。探究活动地点不受学校限制，探究活动时间根据探究活动灵活安排，所以课外探究往往以某一个综合性的探究主题为中心，学生的主体地位在课外探究中可以更充分地体现。小学科学教育中最常见的课外探究教学是探究性的综合实践活动,因为小学教授的是基础的科学知识与学生的生活联系紧密,综合实践活动让学生回归自然生活,把时间留给学生,可以充分调动学生的思维潜能。综合实践活动不仅可以使学生学到科学知识,更重要的是培养学生的综合能力,真正地将科学知识回归于学生的生活,使学生在生活中获得关于科学知识的直接体验。

课内探究由于受到时间和地点的限制,探究内容多是某一具体的问题,其探究活动的主体可以是小组也可以是个人,探究形式可以根据具体探究内容灵活选择,教师在整个探究过程中处于主导地位,指导学生的探究过程。课内探究由于有教师的指导,有清晰明确的探究问题和探究方法,所以通过课内探究学习科学知识更加高效,学生习得的科学知识更加系统全面,但是很容易忽视学生情感、态度和价值观的培养。

3. 小学科学教育中探究内容的选择

小学科学教育探究内容的选择要结合学生的实际水平,既要能够激发学生的探究兴趣和热情,又要让学生在探究的过程中学到科学知识,学会基本的探究方法并使学生的情感、态度和价值观得到培养。小学科学教育的探究内容主要来自学生生活和《科学》教科书这样两个方面。

(1) 选择与学生生活贴近的相关内容。由于受地理条件、信息、师资等因素的制约,很多探究内容无法系列化开展,这时就可以选择来自学生生活的探究内容,例如对植物种类和植物基本结构的探究,就可以要求学生采集身边的植物并种植,观察其生长变化,从而认识植物的基本种类,学习植物在生长过程中的基本变化。又如对降雨的形式和作用这一知识的学习可以要求学生对日常天气状况进行观察记录后集体讨论探究。选自学生生活的探究内容,其探究的形式和探究的方法更加开放,比较自由,对学生探究精神和探究兴趣的培养非常有益。

(2) 选择小学《科学》教科书中的探究内容。教科书中的探究内容具体而深入,一般以实验探究、小组合作的形式开展,教师在探究中处于主导地位。其探究的过程基本遵循科学探究的一般步骤,学生对这部分科学内容的学习和探究过程的参与对进一步学习科学知识非常必要。

五、概念图和思维导图的应用

(一) 概念图概述

概念图最先由美国康乃尔大学的诺瓦克博士提出,他将概念图定义为:使用节点表示概念,使用连线表示概念之间关系的知识组织和表征工具。概念图的四个图表特征分别为:概念、命题、交叉连线以及层级结构。概念图的基本结构见图 6-1。

概念图是一种教学工具也是一种学习工具,有着丰富的理论基础。其心理学基础是奥苏贝尔的有意义学习理论和皮亚杰的建构主义学习理论,有意义学习理论和建构主义学习理论都强调新知识与已有知识之间的联系,注重知识与知识之间的逻辑关系。概念图正是从这一理论出发,通过使概念之间形成层级的逻辑关系来帮助学生建立新旧知识之间的联系,实现有意义学习。

概念图的另一理论基础即脑科学,根据脑科学理论人的记忆分为短时记忆和长时记忆,

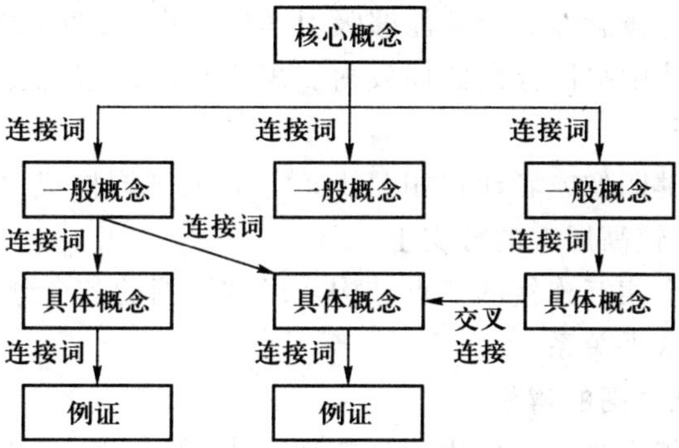

图 6-1　概念图的基本结构

只有记忆从短时记忆转变为长时记忆后，才能长久保存。[①] 概念图通过将零散的概念组织起来，使概念之间形成层级的逻辑关系，通过这种逻辑关系，学习者就可以反复进行短时记忆和长时记忆的交替，帮助学习者记忆。另外，人的左右半脑分工不同，概念图可以通过文字、图画、色彩等分别刺激左右半脑，开发大脑潜能，使学习者记忆更深刻。

（二）思维导图概述

思维导图概念是在 20 世纪 60 年代由英国著名心理学家、教育学家东尼 · 巴赞根据大脑思维放射性特点提出的。[②] 思维导图又称心智图，是将人脑发散性思维可视化的工具，如图 6-2 所示。思维导图的运用可以全面调动人的左脑和右脑，使大脑潜能得到充分的开发，促进思维的发展。

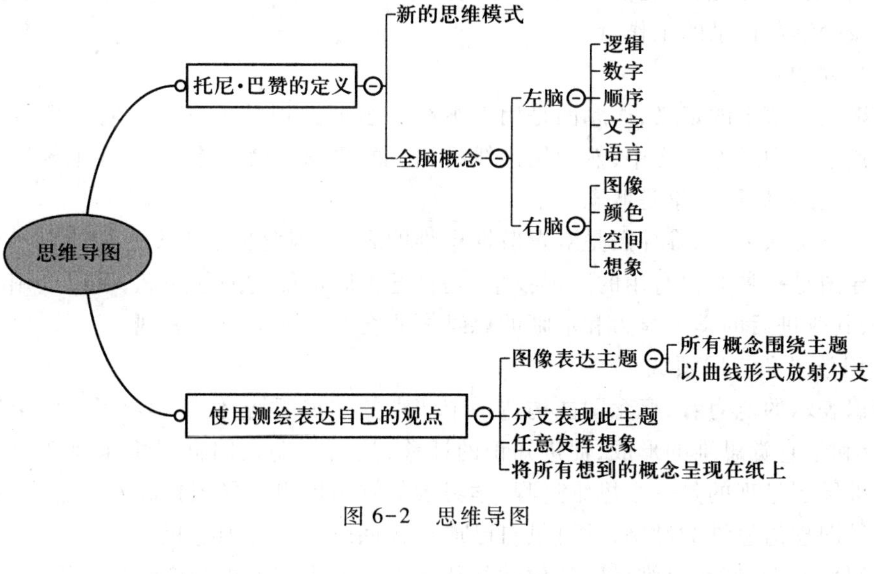

图 6-2　思维导图

思维导图是发散性思维的表达，它有以下四个基本特征[③]：

（1）注意的焦点清晰地集中在中央焦点上。思维导图都是以一个中心概念展开的，所

① 裴新宁.概念图及其在理科教学中的应用.全球教育展望，2001(08)：48—52.

② 托尼 · 巴赞.思维导图.北京：作家出版社，1995：53.

③ 东尼 · 博赞，巴利 · 博赞. 思维导图.北京：中信出版社，2009：34.

以在设计思维导图时中心概念需突出并能够吸引学生注意力，激发学生的创新思维。

（2）主题作为分支从中央图像向四周放射。思维导图一般从主概念到次概念，再到具体的实例，有层次地展开。

（3）分支由一个关键图像或者印在相关线条上的关键词构成，比较不重要的话题也以分支形式表规出来，附在较高层次的分支上。

（4）各分支形成一个相互连接的节点结构。思维导图的各个分支以及分支下的分支都具有一定的层次关系和水平关系。

（三）概念图与思维导图的辨析

概念图和思维导图越来越多地应用到日常教学中，但是当前对概念图和思维导图两个概念的认识却不是很统一，很多人认为概念图和思维导图是等同的不需要加以区分，其实概念图和思维导图还是有很大的不同，可以从以下四个方面对其加以区分。

1. 历史渊源

概念图是康乃尔大学的诺瓦克博士根据奥苏贝尔的有意义学习理论提出的一种教学技术。奥苏贝尔认为：影响学习的最重要的因素是学生已知的内容，弄清了这一点后，才能进行相应的教学。并提出了有意义学习的两个条件，即：① 学生表现出一种意义学习的心向，即表现出一种将新学的内容与自己已有的知识之间建立联系的心向；② 学习内容对学生具有潜在意义即能够与学生已有的知识结构联系起来。概念图就是基于有意义学习的理论，用来表示知识体系中固有概念之间的联系的工具。①

思维导图最先是针对传统笔记记录的弊端提出来的。传统的笔记记录耗时费力，而且抓不住重点，很容易遗漏关键信息，思维导图的应用可以完整地记录关键信息，通过图像、连线等符号减少笔记记录的工作量。

2. 作用对象

根据诺瓦克博士的定义，概念图是用来组织和表征知识的工具。它通常将某一主题的有关概念置于圆圈或方框之中，然后用连线将相关的概念和命题连接，连线上标明两个概念之间的意义关系，作用对象是概念。

托尼·巴赞认为，思维导图是对发散性思维的表达，因此也是人类思维的自然功能。他认为思维导图是一种非常有用的图形技术，是打开大脑潜能的万能钥匙，可以应用于生活的各个方面，其改进后的学习能力和清晰的思维方式会改善人的行为表现。

3. 作用效果和应用领域

从知识表示的能力看，概念图能构造一个清晰的知识网络，便于学习者对整个知识架构的掌握，有利于直觉思维的形成，促进知识的迁移，从而帮助人们直观快速地把握一个概念体系。思维导图呈现的是一个思维过程，学习者能够借助思维导图提高发散思维能力，可以通过思维导图理清思维的脉络，并可供自己或他人回顾整个思维过程。

从应用领域看，现在思维导图的软件往往是在企业中有着更为广泛的应用，其目的是借助可视化手段促进灵感的产生和发散性思维的形成，而概念图从开始到现在都是为了促进教学效果，最初是作为评价的工具，后来得到推广成为教和学的策略。

4. 创作方法和表现形式不同

---

① 朱学庆. 概念图的知识及其研究综述. 上海教育科研，2002(10)：32—35.

从创作方法上看，思维导图往往是从一个主要概念开始，随着思维的不断深入，逐步建立的一个有序的图，一个思维导图只有一个中心节点；而概念图则是先罗列所有概念，然后建立概念和概念之间的关系，一幅概念图中可以有多个主要概念。在创作时概念图强调知识体系的完整性和逻辑性，而思维导图则强调思维过程。

（四）概念图的制作

概念图作为一种教与学的认知工具，把知识高度浓缩，用交叉连线把各种概念及其相互关系以层状结构形式清晰地展示出来，揭示了意义建构学习的实质。要想在实际运用中达到理想的效果，概念图的合理设计非常必要。在对概念图进行设计时可以根据具体需要灵活选择，其一般设计步骤归纳如下：

（1）首先把某单元中所有的概念都罗列出来，不仅包括新的旧的，也可以包括那些虽然并不在该单元出现，但和该单元关系十分密切的概念。罗列的概念不需要有过多的解释，一般以名词为主。

（2）在这些概念中先找出那些较基本的以及具有普遍意义的概念，从这些概念出发，寻求各概念之间的联系，然后按一定的逻辑将它们整理归类，并用箭头将所有概念联结起来。

（3）在箭头上方用联结词表明两个概念之间的关系，例如："具有""含有""帮助""连接"……这些联结词通常是单个的词，当然也可用一些其他词类，但要简洁明了。

（4）设计概念图的注意点：

① 要力求简洁、流畅，不要用太多的箭头。

② 最基本的概念放在最顶部，如果概念图是横向的，就放在最左面，然后逐级展开。

③ 整个图面（各分支）尽量保持平衡，但这不是十分重要的。

④ 对同一个单元，不同人按自己的思路可有不同的构思，不能强求统一，也没必要统一。

⑤ 概念图既可作为教师备课的一部分，帮助教师更有效地组织教学，也可作为一种学生作业，帮助学生掌握知识的结构，更好地理解和掌握课程要求。

（五）概念图在小学科学教育中的具体应用

概念图主要以教的工具、学的工具和评价的工具这三种形式应用于小学科学教育。

1. 概念图作为教的工具

（1）在新授课中建构新的、完整的知识结构。在新授课中应用概念图来建构知识结构，可以将教师单纯的"教"转变为"教"与"学"并举，教师可以利用概念图来对学生进行启发、辅导和因材施教，而学生也有了自主学习的机会，培养了学生自学能力。如图 6-3 在学生学习动物的基本分类和基本特征时利用概念图不仅可以将学生已知的概念和新学的高等动物、低等动物、骨骼等概念联系起来，而且教师还可以将概念罗列出来，然后由学生自主完成概念之间的相互联结，将教师的"教"与学生的"学"融为一体。

在新课教学中，当新概念较多而又易于和前概念发生联系时，也可先让学生自学，尝试建构新的概念图之后再组织教学；教学之后让学生对自己建构的概念图进行修正和补充；最后，经学生和老师共同的评价、讲解，建立正确、完整的概念，完成学习任务。这样将学生的"学"融于教师的"教"中，不仅能培养学生的自主学习能力，更能帮助学生更好地理解、记忆、迁移概念。

（2）在复习课中帮助复习已有概念并形成正确的知识体系。概念图不是一成不变的，

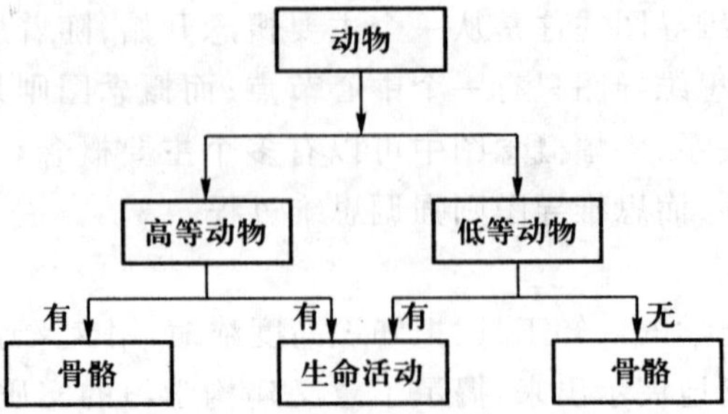

图 6-3 概念图作为教的工具

它随着概念的增多而丰富。当一节或一个单元学完时，一些概念在学生的头脑中是以线性呈现的，各概念之间的联系不多，整合不够。复习不仅要回忆、再现所学知识，还要将所学知识进行梳理、拓展，更重要的是要促进知识的迁移、能力的发展以及情感、态度与价值观的培养。与其他的概念图相比，复习课中使用的概念图所包含的概念相对较多，而且要特别强调建立概念之间的相互联系。图 6-4 展现了复习声音这一章时所使用的概念图，通过概念图不仅可以提炼出本章知识内容，更能使知识在学生的头脑中形成较为完整的知识体系，有利于学生形成关于声音这一知识内容的认知结构，对以后深入学习声音知识打下基础。

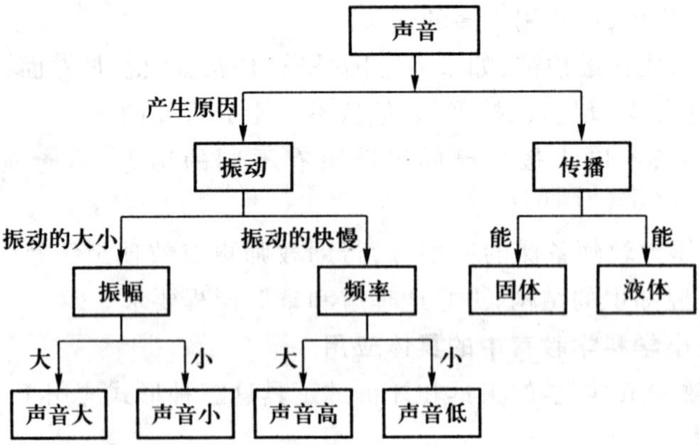

图 6-4 声音的教学

2. 概念图作为学的工具

（1）小学科学所涉及的概念对于小学生来说不仅比较陌生而且很多概念超出了学生的直接生活体验，使概念既不易理解又非常容易混淆，不易记忆。概念图作为学生学习的工具可以帮助学生理清各种概念之间的相互关系。概念图作为学生学习的工具也可以运用到不同的学习时段，既可以作为学生复习时整理知识的工具，又可以作为学生学习新知识时识别对知识的错误理解、识别知识的欠缺和错误概念的工具。

（2）概念图可作为“学”的策略。在教授新课时引导学生制作概念图，使学生逐步养成画概念图的习惯，并将这种学习方式迁移到其他内容的学习中。这样能促进学生的有意义学习、合作学习和创造性学习，最终使学生学会终身学习。

3. 概念图作为评价的工具

传统的评价方法常常只能考查学生的离散知识，而概念图中概念的联结和位置的改变实际上是学生认知结构变化的反映，所以，概念图不仅可以考查学生知识概念的习得情况还可以检测出学生的知识结构和产生新知的能力，可以有效地评价学生的创造性水平。通过让学生画概念图，教师可及时了解学生学习的进展，诊断学生的问题，从而改进教学，是形成性评价的好方式。

（六）思维导图的制作

思维导图是一种具有发散性结构的可视化工具，它包括文字、数字、符号、线条、颜色、图像等要素，根据东尼·巴赞发明思维导图的目的可知道，思维导图旨在发展儿童的发散思维，促进儿童大脑的自由发展，使其能从模糊的思考和混乱的结构中制造秩序。所以制作思维导图时需从以下几个基本原则出发：

（1）重点突出。突出重点是改善记忆和提高创造力的重要因素之一，在制作思维导图时可以使用富有层次感和颜色鲜明的中央图像、变化的字体、线条和图形来吸引学生注意，可以使用与视觉、听觉、嗅觉、味觉、触觉等有关的词或图形来增加思维导图的动感，从而帮助记忆。

（2）利于联想。联想是人脑使用的另一个整合工具，是改善记忆力和创造力的重要因素之一。通过箭头、色彩搭配和各种符号代码的应用，引导学生在各个概念之间建立联系，产生联想，从而对该主题进行深入的思考和探讨。

（3）图像简洁清晰。这是绘制思维导图的基本要求，模糊不清的图会妨碍感知力，不利于促进内部思维的调理，也会破坏图的美观性，所以在设计思维导图时，应该让图像清晰明了。

（4）层次突出。发散性思维往往没有清晰的层次，所以思维导图应该理清思维的层次，不至于使思维混乱。思维导图的层次可以按照不同的顺序进行，如时间顺序、重要性顺序等，这样可以使学生的思维更加清晰，帮助其记忆和进行深入探讨。

根据思维导图的具体结构可以分为网络型、发散型、文字型和图像型四类，以“降雨”为例，通过 Mind Manager 制作的发散型思维导图见图 6-5。

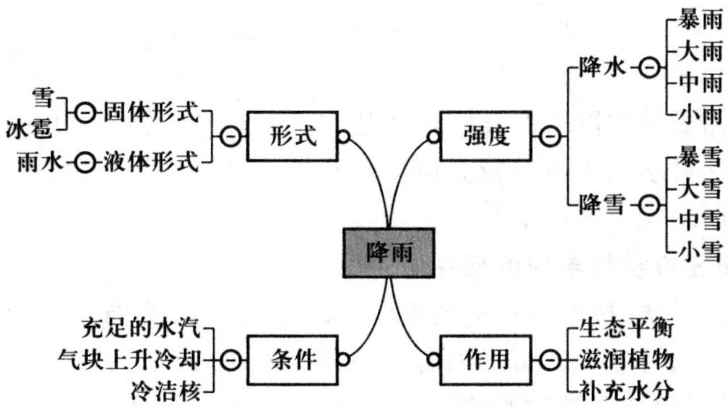

图 6-5　“降雨”的发散型思维导图

发散型思维导图是最常见的一种类型，它可以最大限度地发挥学生的想象力，培养学生的发散思维。

文字型思维导图是除了线条以外，其他都用文字来表达，一般用于高年级学生。以“降雨”为例，通过 Mind Manager 制作的文字型思维导图见图 6-6。

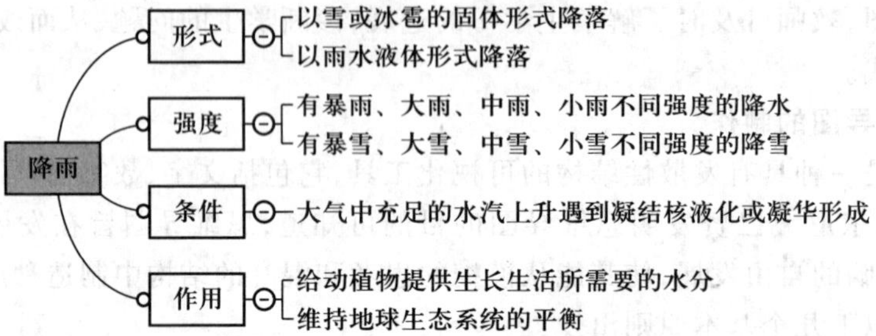

图 6-6 “降雨”的文字型思维导图

图像型思维导图是用图像来代替文字，图像型思维导图更具有灵活性和生动性，在小学科学教育中有非常广泛的应用。图 6-7 为一个图像型思维导图。

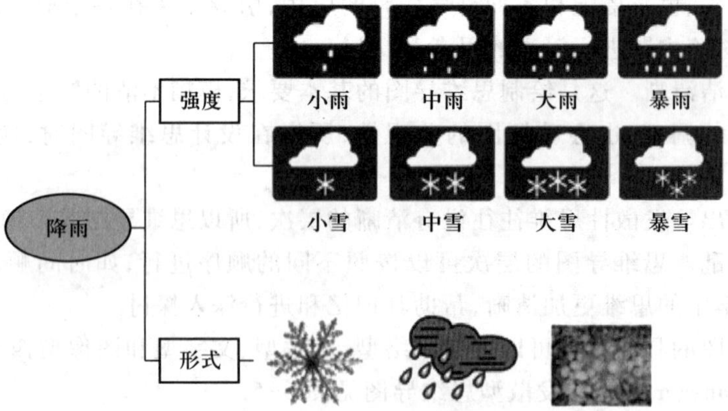

图 6-7 “降雨”的图像型思维导图

网络型思维导图就是像网络一样四通八达，分支与分支之间相互串联，形成一个非常复杂的网络。由于小学科学教学内容较为简单和基础，小学生认知发展水平有限，所以一般不采用网络型思维导图。

（七）思维导图在科学教学中的应用

现代科学教学是科学、技术和社会的教学，即 STS 教育，思维导图在科学课堂教学中的应用更多的是思维导图与 STS 教育的结合，STS 教育体现了科学综合的理念，不仅要求学生学习科学知识，而且强调培养学生的情感、态度与价值观。将思维导图应用于科学教学的各个教学方式中具有明显的优势：

（1）学生基于某问题进行探究时需要把已有的知识和新知识建立联系，通过认知冲突，进行概念转变。思维导图是层次分明的工具，将其应用于探究式教学中可以通过清晰的图示帮助建立新知识与已有知识之间的联系。

（2）学生对于知识的学习需要经历集体智力活动阶段，在合作型教学中学生合作中介是交流合作的基础，思维导图可以作为有效的合作中介。思维导图不仅可以帮助学生理清思路以不至于在交流时思维混乱或表达不清，还可以使学生始终围绕中心概念而不至于在讨论时偏离主题。

（3）创新性教学重在激发学生的创新动机，培养学生的创新能力。思维导图运用于创新性教学中，可以培养学生的发散思维，帮助学生记录和整理相关的概念或观点，并在此基础上联想更多的观点。

（八）思维导图在科学学习中的应用

思维导图在科学学习中的应用，能提高学生的学习效率，主要表现在以下几个方面：① 能够激发学生的学习兴趣，提高学生的积极主动性；② 有利于学生科学运筹时间，明确学习目的；③ 有利于提高学生分析问题和解决问题的能力；④ 有助于学生梳理已学知识，便于理解和记忆；⑤ 可以合理使用左右脑，有利于学生科学用脑。思维导图的这些功能主要体现在探究学习、课堂笔记的应用和学习态度的改善三个方面。

1. 在探究学习中应用思维导图

小学科学教育离不开探究，通过探究学习学生可以增加科学知识，获得对科学观念的理解，理解科学家是怎样研究自然界的，为以后的科学学习提供帮助。探究学习一般是以某一个科学问题为中心，包括提出问题、设计方案、执行方案、得出和解释结论、交流与应用五个环节，每一个环节都是个体主动建构对于客观世界的认知过程，具有问题性和建构性的特点。在科学探究的各个环节都可以运用思维导图，如在科学探究之前可以基于要研究的问题设计学生已知的思维导图，随着探究的逐步深入，思维导图的分支可以不断地发散和扩展，学生可以根据自己的理解设计属于自己的思维导图，这样不仅可激发学生思考探究的积极性，而且有利于其理解和掌握相关知识点。

2. 记笔记中应用思维导图

思维导图的提出本身就是针对传统记笔记的弊端提出来的，记笔记的过程是一个由感知转化为联想、分析、综合，再转化为文字表达的比较复杂的思维过程。传统的记笔记大都是原话记录教师在课堂上的讲课内容，这样的笔记既缺乏独立思考而且埋没了关键词，不易记忆。在课堂做笔记中运用思维导图不仅简洁明了而且可促进学生积极地思考，有利于学生将外显的知识内化，从而使新学的知识与已有的知识建立联系，实现有意义学习。

3. 思维导图可改善学生的学习态度

态度潜移默化地影响着个体行为的选择，是一种“情感性知识”。加涅将态度界定为“影响个体对自身行为做出选择的内部状态。”学生的学习态度影响着学生的学习行为，一个好的学习态度可以促使学生在学习中战胜困难、积极思考、勇于探究。当要求学生掌握知识的方式或方法不能与学生的学习相适应时，学生的学习态度会向消极的一面转换。思维导图能够弥补学习方法的不足，它的发散性结构与大脑的思维方式相同，是学生普遍能够接受的学习方式。通过使用思维导图，学生的学习就会是一个有个性的、不断变化的、学习经验不断积累的过程，学生在学习时会逐步找到学习的方法和自信，这样学习就不再是刻板无趣的，学生的学习态度也会慢慢地发生积极的转变。

本章小结

随着时代的发展以及科学技术的不断进步,小学科学教育的途径、形式与方法也在不断发展变化着,呈现出多种多样性。本章结合小学科学教育的学科特点介绍了小学科学教育的主要途径、小学科学教育的组织形式、小学科学教育的主要方法。

小学科学教育的主要途径。自科学教育进入小学课程以后,小学科学教育的途径也在不断发展变化,除了课堂教学这一主要途径以外,还有课外兴趣小组、社会实践与研究性学习、校外科学教育等途径。其中课堂教学是小学科学教育最重要的,也是最常用的教育途径。《义务教育小学科学课程标准(2011 年版)》明确指出:“小学科学课程是一门以培养学生科学素质为宗旨的义务教育阶段的核心课程”。小学科学课堂教学就是培养学生科学素养的活动。课堂教学方法突出“以探究式学习为主要的学习方式。”在小学科学课堂中,引导学生主动探究,亲历科学探究的过程,这将有利于保护学生的好奇心并激发学生学习科学的主动性。科学探究是学生学习科学的重要方式,但不是唯一的方式。根据教学内容的不同,学生的学习方式可以是多样的。教学中要根据教学目标和内容采用不同的教学方式与策略,让学生将探究式的学习与其他方式的学习充分结合起来,以获得最佳的学习结果。

小学科学教育的组织形式。小学科学教育有多种组织形式,本章主要讨论了教学组织形式。教学组织形式是指为了完成特定的教学任务,教师和学生按一定要求组合起来进行活动的结构。随着社会经济的发展、科学技术的进步以及人类教育追求的提高,教学组织形式也在不断改进和发展。在教学发展过程中先后出现了多种教学组织形式,影响较大的有个别教学制、班级授课制、道尔顿制和分组教学制以及新的如网络化课堂、翻转课堂、个性化学习等教学组织形式。

小学科学教育的主要方法。随着教学改革的不断深入,作为实践工作者的教师,应当掌握更加行之有效的教育方法。本章主要介绍了小学科学教育中主要使用的实物教学、做中学、知识学习、探究式教学、概念图等教学方法。在实际教学中,需要教师将上述方法有机结合,以达到最佳的教学效果。

拓展阅读

1. 中华人民共和国教育部. 全日制义务教育科学(3—6 年级)课程标准(实验稿)[M]. 北京:北京师范大学出版社,2001.

2. 美国科学促进会. 科学教育改革的蓝本[R].北京:科学普及出版社,2001.

3. 祝怀新,等. 科学教育导论[M]. 北京:中国环境科学出版社, 2005.

4. 国家科学资源中心,国家科学院,史密森协会.李勇,译.面向全体儿童的科学——改进小学科学教育的指南[M].北京:科学普及出版社,2005.

5. 托尼・巴赞.思维导图[M].北京:作家出版社,1995.

思考题

1. 小学科学教育的主要途径有哪些?
2. 小学科学教育的组织形式有哪些?
3. 小学科学教育的主要方法有哪些?
4. 从探究教学的纵向展开过程来看,大体要经过哪几个步骤?
5. 请论述校内科学教育和校外科学教育的关系。
6. 如何看待信息技术与小学科学课程的整合?请谈谈你的看法。

第七章　小学科学教育的评价

本章要点

发展性评价的基本特点；教育目标分类学与三维目标；小学科学学习结果的评价；学生科学素养评价概要。

教育评价是通过系统地收集和解释教育过程中的数据，对教育活动的水平和质量做出价值判断的过程。教育目标是确定教育评价的功能、内容、方法和效果的基础，而教育评价则是将教育目标传达给所有与教育有关的人或机构的工具。

本章首先简要介绍发展性评价的基本特点，然后介绍教育目标分类学和三维目标体系，并按照三维目标的结构描述小学科学的教学目标，举例说明如何评价学生科学学习结果的水平，最后介绍国内外几个有代表性的青少年科学素养评价项目。

第一节　发展性评价的基本特点

在教育学的发展历史中，先后出现了两种不同的课程模式，即目标模式和过程模式；不同课程模式对教育评价的理解也有所不同。

目标模式由泰勒创立，也称工学模式或泰勒模式，主要有以下四个方面的特点①：① 重视教育目标的具体性，目标通常具有结构性和层次性；② 将教学目标以行为术语表达，并且是价值中立的；③ 预先决定学生发展的行为特征，目标和行为尽量趋于一致；④ 将目标作为检验课程过程的基础，评价的结果通常视为提供有关教学方面的效用、内容的适切度和清晰度以及目标的充足度等的资料，作为改善课程的依据。

过程模式由著名课程理论家斯腾豪斯提出。这一模式反对用预先设定的目标限定学生的学习，将教育的重点放在鼓励学生探索具有内在价值的领域和过程，并且不局限于认知或心智领域的发展，将关注的范围扩展到学生的道德发展和社会发展。斯腾豪斯提出的展开性目标强调教师根据课堂教学的实际进展情况来提出相应目标，根据学生在课堂上的表现而展开。

20 世纪 80 年代中期以来，随着世界各国课程改革的全面推进，教学评价逐渐淡化评价的甄别与选拔功能，将关注的焦点从学生的学业成绩转移到学生、教师、学校的发展，突出评价的激励与调控功能，激发学生、教师、学校的内在发展动力，实现自身价值。这一新的评价

---

① 李子健，黄显华.课程：范式、取向和设计.香港：香港中文大学出版社，1996：153.

范式被称为发展性评价。

下面，从教学评价的功能、内容和方法三个方面，介绍发展性评价的基本特点。

一、形成性评价和总结性评价相结合

斯克利文在《评价方法论》一文中，根据功能将教育评价区分为总结性评价和形成性评价（见表7-1）。其中，总结性评价关注结果，重在判定，是着眼于“过去”的评价，主要由教师实施；形成性评价关注过程，重在改进，是着眼于“未来”的评价，教师、同学、家长、学生自己等都可以参与评价。

表7-1　形成性评价与总结性评价的基本要点

	形成性评价	总结性评价
评价目的	使学生明确学习的目的、要求和学习发展的方向，确认学生的学习潜力和能力水平，激励学生养成良好的学习态度	对学生基础知识和基本技能水平作出结论与判断
关注点	学习过程	学习结果
评价主体	教师、学生、同伴等	主要是教师
评价内容	学习能力、情感态度等	基础知识和基本技能等
评价结果	定性与定量相结合	定量（考试成绩）

在发展性评价中，应将形成性评价和总结性的评价有机结合，只有这样才能真实、准确地体现学生的学习能力和学业水平。

二、教学性目标和表现性目标相结合

在综合考虑目标模式和过程模式的基础上，美国课程学者艾斯纳（E.W.Eisner）对教学性目标（instructional objective）和表现性目标（expressive objective）进行了区分。所谓教学性目标，是在课程计划中预先规定好学生在完成一项或几项学习活动后应获得的具体行为，通常是从已有文化成果引出，并以适合学生的方式进行表述，也称为行为目标。所谓表现性目标，是指学生在具体的教育情境和教育活动中的个性化表现，它关注的是学生在活动中从某种程度上表现出来的新颖的反映形式，而不是预先规定的结果，也称为展开性目标。

从功能上看，教学性目标或行为目标适合于表述文化中已有的规范和技能，从而使进一步的探究成为可能；表现性目标则适合于表述那些复杂的智力性活动，这类活动是以已有的技能和理解为基础的，有时还需要发明新的智力工具。

我国课程论学者施良方认为：“可以将展开性目标作为行为目标的补充形式，而不是作为其对立面。…… 至于具体采取什么形式的课程目标，这取决于这门课程所要解决的具体问题。就一般而言，若重点放在基础知识和基本技能上，行为目标的形式比较有效；若要培养学生解决问题的能力，展开性目标的形式比较有效；若要鼓励学生的创造精神，表现性目标的形式较为适合。”①在这里，展开性目标是介于行为目标和表现性目标之间的一种目标形式。

---

① 施良方.课程理论——课程的基础、原理与问题.北京：教育科学出版社，1996.

三、量化评价与质性评价相结合

量化评价(quantitative evaluation)也称定量评价,是采用数学的方法收集和处理数据资料,对评价对象作出定量的价值判断。量化评价的认识论基础是科学实证主义,关注可测性的品质与行为,追求客观化、标准化、精确化。然而,量化评价过分依赖标准化测验,有些内容勉强量化后,只会流于形式,并不能对评价结果作出恰如其分的反映。

在20世纪60年代之前,人们一度十分重视量化评价,认为只有量化分析才能客观地反映评价对象的价值。20世纪70年代以后,随着评价内容的综合化,人们认识到量化评价忽视了那些难以量化的重要品质与行为,把丰富的个性心理发展和行为表现简单化为抽象的分数,有可能丢失重要信息,导致表面地、片面地反映和评价对象的特点。在这一观点的影响下,人们逐渐关注和采用质性评价。

质性评价(qualitative evaluation)也被称为自然主义评价(naturalistic evaluation),这种评价方法源于解释主义哲学,反对把复杂的教育现象简化为数字,主张评价应全面反映教育现象和课程现象的真实情况,为改进教育实践提供真实可靠的依据。质性评价借鉴了当代社会科学研究方法,如观察法、访谈法等,强调通过广泛细致的观察和分析,并运用解释性的语言,从参与者的角度来描述课程的价值和特点。

质性评价方法没有绝对严格的程序,不强调在评价开始就对评价问题进行理论假设,假设可以在评价过程中形成,也可以随着评价的进行而改变,有很大的灵活性。因此,质性评价本质上是一个一个连续性的、动态的过程,是一种共同参与的活动,是一种连续评价、不断反馈的模式。

目前,人们认识到,量化分析与质性分析是统一的、互补的。一方面,质性分析是量化分析的基本前提,没有质性分析的量化分析是盲目的、片面的;另一方面,量化分析是质性分析的深化和细化,缺乏量化分析的质性分析是肤浅的、粗糙的。在教育评价中,要采用量化评价和定性评价相结合的方式。在评价方法的选用方面,不仅要利用标准化测验获得数量化特征,而且要利用观察法、访谈法等获得描述性特征;在评价结果的呈现方面,不仅要采用分数或等级的方式呈现评价对象的数量特征,还应用代表性的事实来描述评价对象的个性和行为特点。

虽然新一轮基础教育课程改革已经在我国实施了十多年,但在学校的教育评价中仍然存在与发展性评价理念不一致的情况,主要表现在以下几个方面:

(1) 评价重心仍过于关注结果,强调甄别与选拔,没有形成真正意义上的形成性评价,不能很好地发挥评价的改进与激励功能。

(2) 评价内容仍然过多地聚焦于学科知识和技能等学业学习目标,较少考虑过程与方法目标、情感与态度价值观目标,在一般性发展目标方面更是难以顾及。

(3) 评价方法以传统的纸笔考试为主,过多地注重量化的结果,而很少采用体现新评价思想的、质性的评价手段和方法。

(4) 学生仍多处于消极的被评价地位,基本上没有形成教师、学生、家长、管理者等多主体共同参与、交互作用的评价模式。

显然,传统的教学评价已不能适应新的评价理念的要求,教学评价的相对滞后,已经成为制约全面实施素质教育的一个重要因素。

第二节　教育目标分类学与“三维目标”

教育目标是预期学生学习后在知识、解决问题能力、态度和价值观等方面的发展变化。1956年，为规范学校各课程考试的出题、施测及评分，美国心理学家B.S.布鲁姆及其同事提出了一个教育目标分类体系——《教育目标分类学手册：认知领域》；1964年，又提出了情感领域的目标体系。1966年，辛普森和哈罗提出运动技能领域的目标体系。这些目标体系自提出以来，已被翻译成20多种文字（中文版于20世纪80年代中期出版），为各类各级学校的课程开发、教学设计和学习测评提供了基本依据，并引发了大量其他教育目标分类体系的产生，对教育的科学化产生了广泛而深刻的影响。

“三维目标”是我国新一轮基础教育课程改革中提出的新名词，指对学生在知识与技能、过程与方法、情感态度与价值观这三个方面的要求。2001年6月8日正式颁布《基础教育课程改革纲要（试行）》中明确了新课程教育目标的三个维度：“国家课程标准是国家管理和评价课程的基础，也是教材编写、教学、评估和考试命题的依据。应体现国家对不同阶段的学生在知识与技能、过程与方法、情感态度与价值观等方面的基本要求，规定各门课程的性质、目标、内容框架，提出教学和评价建议。”①

本节将简要介绍教育目标分类学的基本观点，对新课程三维目标的含义进行说明，并以此为基础，分析小学科学教育目标体系。

一、教育目标分类学：认知领域目标体系的介绍

布鲁姆与同事们一起提出了认知领域的目标和情感领域的目标，前者针对知识学习，后者针对态度学习；运动技能领域（或称心智运动领域）的目标是由辛普森和哈罗参照认知领域的目标提出的，针对动作技能学习，后又经多次补充和改进。在这里，仅对认知领域的目标进行细致的说明。

布鲁姆将认知领域的教育目标分为知晓、领会、应用、分析、综合和评价6个层次②，这6个层次是按照从最简单到最复杂的顺序排列的。下面结合科学教育的内容，分别对6个层次的含义加以简要说明。

1. 知晓（knowledge）

“知晓”这一目标要求学生把某种信息储存在大脑中，并在需要的时候能够再认或回忆这些信息。根据所存储信息的性质不同，可以将知晓分为对具体事物的知晓、对方式方法的知晓、对概念或原理的知晓三类。

（1）对具体事物的知晓：是对具体的、孤立的片断信息的知晓。根据信息的复杂程度不同，可以分为术语和事实两类。其中，术语即指代事物的具体符号，如英语单词、植物或动物的名称等；事实指日期、事件、人物、地点等方面的信息，如“候鸟在冬天向南迁徙”。

（2）对方式方法的知晓：是对事物的变化过程或处理方法的知晓。根据方式方法的复杂程度不同，可以分为以下五个子类：① 惯例，即观察现象或表达观念的独特方式，如“用尺子测

---

① 教育部文件.基础教育课程改革纲要（试行）.教基〔2001〕17号.

② ［美国］布卢姆等.教育目标分类学（第一分册）：认知领域.罗黎辉等译.上海：华东师范大学出版社，1986.

量长度的方式”;② 趋势或顺序,即各种现象所发生的过程、方向和动作,如“昆虫生长发育的过程”;③ 分类和类别,即有关类别的组织或排列,如“生物的类别结构”;④ 规则,即有关检验和判断各种事实、原理、观点和行为所依据的规则,如“对生物进行分类所依据的规则”;⑤ 方法论,即在探究特定的问题和现象时所用的方法和技巧,如“科学探究的基本方法”。

(3) 对概念或原理的知晓:是对将各种现象和观念组织起来的抽象模式的知晓。根据模式的复杂程度不同,可以分为两个子类:① 概念或概括,即对各种现象进行概括而获得的抽象概念,如“气候”“繁殖”“进化”等概念;② 理论和结构,即能解释某种复杂的现象或问题的原理或原理系统,如达尔文的“进化论”、爱因斯坦的“相对论”等。

2. 领会(comprehension)

“领会”这一目标是指在学习指定信息时,不仅要知晓信息的具体内容,而且能够理解信息中所蕴含的各种目标、行为或者反应。根据表现形式不同,可以将领会分为转化、解释、推断三个子类。

(1) 转化:是用术语或其他形式来描述观察的现象或阅读的文字材料,例如,“用温度、风力、降水量等术语来描述天气”,或者“用一句话概括书本中描述进化论的一段文字”。

(2) 解释:是利用一套概念或理论系统来说明观察的现象或阅读的文字材料,例如,“利用进化论解释恐龙灭绝的原因”。

(3) 推断:指从给定的信息出发,根据一定的理论推测出新信息,例如,“根据动物的牙齿推测其食性”。

3. 应用(application)

“应用”这一目标是指在给定的具体情境中,正确地应用所获得的知识解决问题。需要说明的是,这里所说的应用是对知识的直接应用,而不是综合的、全面的应用,例如,“应用杠杆原理用木棍撬动大石头”。

4. 分析(analysis)

“分析”这一目标是指将一个事物分解成各种组成要素或组成部分,以便弄清组成要素或部分之间的关系和结构。根据复杂程度不同,可以将“分析”分为要素分析、关系分析、组织原理分析三个子类。

(1) 要素分析:指分析某一事物是由哪些要素或部分组成的,例如,“将植物分为根、茎、叶、花、果实等组成部分”。

(2) 关系分析:指分析某一事物中各种要素或部分之间的关系,例如,“描述植物的花和果实的关系”。

(3) 组织原理分析:指分析某一事物是如何由各种要素或部分组织成为一个有机整体的,例如,“说明一株完整的植物是如何由根、茎、叶、花、果实等构成的”。

5. 综合(synthesis)

“综合”这一目标是指把原本是独立存在的各种要素或部分组合成一个有机的整体。根据综合物的形态不同,可以将“综合”分为三个子类。

(1) 进行独特的交流:指将自己的观点、感受和经验整合为一个结构良好的整体,以便清晰、准确地传递给别人,例如,“撰写一篇记叙文,描述自己观察到的一组蚂蚁合作取食的过程。”

(2) 制订计划或步骤:指为完成一项任务而制定一项工作计划或操作流程,例如,“为了解蚂蚁的行为,制定一个观察计划”。

（3）推导出一套抽象关系：指推导一套抽象关系，用以对特定的资料或现象进行解释，例如，“提出一组假设，用以解释观察到的现象”。

6. 评价（evaluation）

“评价”这一目标是指为了特定目的，对某一事物的价值作出判断。根据判断的依据不同，可以将“评价”分为检查和评估两个子类。

（1）检查：就是依据内在证据来判断事物的价值，一般是依据诸如逻辑上的准确性、一致性和其他内在证据等来判定事物的价值，例如，“找出论文中某个概念出现的前后不一致的错误”。

（2）评估：就是依据外部准则来判断事物的价值，一般是根据一个指定的标准或典范来判断一个事物是否合乎要求，例如，“根据标本判断一种新发现的生物是不是一个新的种属”。

1995 年，在目标体系的提出者之一，测量和评价专家戴维·克拉斯沃尔与课程理论家洛林·安德森的提议下，组建了一个教育目标分类学修订小组，并召开了第一次会议。经过长达 6 年的编写和修改，形成教育目标分类学的修订版，并于 2001 年出版了《A Taxonomy for Learning, Teaching and Assessing: A Revision of Bloom's Taxonomy of Educational Objectives》。

修订后的教育目标分类学按照由“知识类型”和“认知过程”构成的二维表格的形式来表示。其中，“知识类型”这一维度包括四类知识：事实性知识（factual knowledge）、概念性知识（conceptual knowledge）、程序性知识（procedural knowledge）、元认知知识（metacognitive knowledge）；“认知过程“这一维度包括 6 种过程：记忆/回忆（remember）、理解（understand）、应用（apply）、分析（analyze）、评价（evaluate）、创造（create）。①下面，分别对两个维度的具体内容加以简要说明（参见表 7-2）。

表 7-2 修订后的教育目标分类学的二维结构

认知过程 / 知识类型	记忆	理解	应用	分析	评价	创造
事实性知识						
概念性知识						
程序性知识						
元认知知识						

新修订的教育目标分类学将知识分为事实性知识、概念性知识、程序性知识和元认知知识四种类型。显然，这一分类是以认知心理学对陈述性知识和程序性知识的区分为基础的，其中，事实性知识和概念性知识属于陈述性知识，而程序性知识和元认知知识则是对广义理解的程序性知识的拆解。下面对四类知识的具体含义加以简要的说明。

事实性知识，指学生为了掌握特定学科知识或解决问题而需要了解的基本事实，主要包括：① 有关术语的知识，指具有特定含义的具体言语和非言语的符号，如语词、数字、符号、图片等；② 特定事物的要素和细节的知识，指事件、地点、人物、日期、信息源等方面的知识。事实性知识的数量庞大，并且处在相对较低的抽象水平上，通常表现为相互分离的、孤立的

① L W Anderson & D R Krathwohl, A taxonomy for learning, teaching, and assessing-a revision of Bloom's taxonomy of educational objectives. New York: Longman, 2001.

事实片段。

概念性知识，是指一个整体结构中基本要素之间的关系，表明某一个学科领域的知识是如何组织、如何发生内在联系、如何体现出系统一致等，主要包括：① 分类和类别的知识，是具体现象或事物之间的类属关系的知识，如各种文学作品的类型、句子成分的类别、不同地质时期的类别等；② 原理和规律的知识，是分类和类别之间的过程和相互关系的知识，如物理定律、化学原理、特定文化的规律等；③ 理论、模型和结构的知识，是原理和规律之间关系的知识，如进化论、板块构造理论、国会的结构等。显然，与事实性知识相比，概念性知识是更为复杂的、结构化的知识形式，通常表现为图式、模型或理论。

程序性知识，指做事的方法，探究的方法，应用技能、算法、技术或方法的规范等，主要包括：① 特定学科的技能和算法的知识，是能导致确定性结果的、规范的操作序列，如利用水彩笔画图的技能、解一元二次方程的算法等；② 特定学科的技术和方法的知识，是不一定获得确定的答案或解决方案的操作程序，如访谈技术、科学探究的方法、文学评论的方法等；③ 决定何时应用适当方法的规则，如决定何时应用牛顿第二定律的规则、决定应用特定方法评估商业成本的可行性的规则。

元认知知识，指关于一般认知的知识，以及关于个体自己特定认知的意识和知识，包括关于策略、任务和个人的特征的知识。具体如下：① 策略性知识，是关于学习、思维和解决问题的一般性策略的知识，可以应用于许多不同的任务和学科中，如各种记忆策略、阅读策略、解决问题的手段及目的分析法等；② 关于认知任务的知识，包括情境性知识和条件性知识，前者是关于任务的难度、任务对认知系统的要求、任务对策略的要求等方面的知识，后者是关于各种策略最适合的任务和条件的知识；③ 关于自我的知识，不仅包括个体对自己在认知和学习方面的强项和弱项的了解，如对自己学科特长的认识、对自己知识水平的意识等，也包括个体关于自我动机的信念，如关于自己完成某一任务的能力的判断（自我效能感）、对自己完成某一任务的目的和原因的认识、对自己关于某一任务的价值认定和兴趣的判断。

根据以上对四类知识的解释，可以发现，一般所说的“知识”大致对应于事实性知识和概念性知识，程序性知识与我们通常所理解的“技能”有关，但又不等同于“技能”。具体说，程序性知识是学生所具有的关于各种程序和方法的知识，而不是他们使用程序的能力，即所谓的“技能”。从知识形态的角度看，程序性知识属于外显知识，而技能则属于内隐知识。

元认知知识更是与我们通常理解的“知识”大不相同。一方面，我们通常所指的“知识”（即事实性知识和概念性知识）反映的是认知主体对外部事物或现象的认识结果，而元认知知识反映的则是认知主体对自己特定认知过程的意识和知识。从知识形态的角度看，通常所指的“知识”是外显的知识，具有标准化的陈述形式；而元认知知识则是内隐知识，在大多数情况下是因人而异的，很难形成标准化的陈述。

在认知过程这一维度，新修订的教育目标分类学将第一个水平由原来的“知晓”（knowledge）改为“记忆”（remember）；将第二个水平由原来的“领会”（comprehension）改为“理解”（understand）；去掉了“综合”水平，增加了“创造”作为最高水平，从而形成了由“记忆、理解、应用、分析、评价、创造”构成的认知过程序列。

L.W.安德森对以上“认知过程”和“知识类型”的关系进行了细致的分析。他指出，在那些涉及记忆、理解和应用的目标中，认知过程与知识类别通常有直接的对应关系，即：记忆——事实性知识、理解——概念性知识、应用——程序性知识；而在那些涉及分析、评价和创造的目标中，认知过程与知识类别并存在直接的对应关系，往往是一种认知过程对应于多种类别的知识，一般表现为利用多种类别的知识完成特定任务。例如，在“评价一件艺术作品”这一目标中，就涉及与作品有关的事实性知识和概念性知识；在“为热带鱼设计一个生活环境”这一目标中，就涉及热带鱼的生理特征、生活习性等事实性知识，还涉及有关生存环境的概念性知识，以及有关如何设计生活环境的程序性知识。

按照这一分析思路，可以根据与不同知识类型的联系方式，将认知过程分为两种类型：一类是与特定知识直接对应的认知过程，包括记忆、理解、应用，称为“刚性过程”(crystallized process)；另一类是不与特定知识直接对应，而是需要整合各种知识来回答或解决特定问题的认知过程，包括分析、评价、创造，称为“柔性过程”(flexible process)。刚性过程的对象是被人们公认为正确的、形式化的外显知识，通常是以教材形式呈现的、作为学习结果的学科知识；而柔性过程的对象则是尚未被证实或认可的、没有被形式化的内隐知识。由于难以用符号进行标准的、形式化的描述，内隐知识有时表现为具体的实物或模型(如艺术作品)，有时表现为形象的图画或图形(如思维导图)；有时表现为抽象的设想或方案(如热带鱼的生活环境方案)。需要强调的是，个体的记忆、理解、应用等刚性过程本身也属于内隐知识，并可以成为柔性过程的对象。当柔性过程以个体自身的刚性过程为加工对象时，就属于元认知过程了。

二、从教育目标分类学看“三维目标”

《〈基础教育课程纲要(试行)〉解读》一书对三维目标的陈述作出了如下的说明：

“课程目标陈述基本方式可以分为两类：一是采用结果性目标的方式，即明确告诉人们学生的学习结果是什么，所采用的行为动词要求明确、可测量、可评价。这种方式指向可以结果化的课程目标，主要应用于‘知识与技能领域’，如‘能在地图上识别不同的地形’‘举例说明支持某一观点的证据或事实’‘说出自己喜欢或不喜欢的音乐作品’等。二是采用体验性或表现性目标的方式，即描述学生自己的心理感受、体验或明确安排学生表现的机会，所采用的行为动词往往是体验性的、过程性的，这种方式指向无需结果化的或难以结果化的课程目标，主要应用于‘过程与方法’‘情感态度与价值观’领域，如‘用不同的物体和方法制造声音，描述自己对这些声音的感受’‘阅读自己喜欢的作品，收藏自己喜欢的书籍’等。”①

在这里，明确地提出知识与技能目标应采用结果性目标的方式加以陈述，而过程与方法目标、情感态度价值观目标则采用体验性的或表现性目标的方式加以陈述。然而，教师们在陈述三维目标的时候，一方面，对知识与技能目标的陈述往往没有做到行为目标的要求，大量采用“了解、知道、领会、理解、掌握、欣赏、喜欢”等内隐性动词；另一方面，在体验性目标和表现性目标的倡导下，普遍将过程与方法目标、情感态度与价值观目标写成教学活动或学习活动，并热衷于使用“经历(感受)”“反应(认同)”“领悟(内化)”等含义模糊的词语。

对于教师为什么会将目标拟定为活动，L.W.安德森等从以下三个方面进行了分析：① 鉴于现在强调学生操作的评估，教师很愿意将学生的操作视为目标，如把“给议会写一封

---

① 钟启泉，崔允郭，张华.为了中华民族的复兴，为了每一位学生的发展：基础教育课程改革纲要(试行)解读.上海：华东师范大学出版社，2001：176—177.

信”“实施一项实验”作为教学目标;② 活动是可以观察的,便于教师对单元教学的进程进行评估;③ 有些教师深信学生参加教学活动的经验有自身的价值,从而认为活动与目标二者之间并无什么区别。

我国学者吴红耘和皮连生建议从“学习领域”和“学习结果”两个维度来分析三维目标,其中,学习领域包括知识与技能、学习方法或思维方法、态度或价值观;学习结果则可以按照教育目标分类学的认知过程进行区分。① 这一建议实际上是将三维目标转化为三个学习领域,并按照认知过程为三个领域设定学习结果,从而建立一个与“知识类型-认知过程”类似的二维目标体系。

从内容上看,“学习领域”反映了学习内容或结果的三个方面(知识与技能、学习方法或思维方法、态度或价值观),这三个方面的内容既与三维目标的内容大致对应,也与布鲁姆教育目标分类学修订版的四种知识类型基本对应(参见图 7-1)。

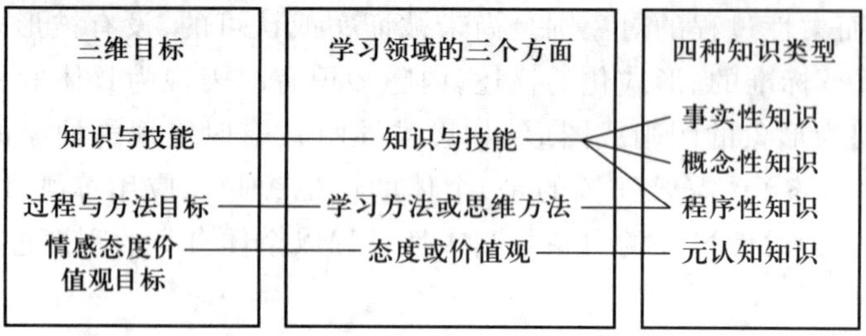

图 7-1 学习领域与三维目标和知识类型的对应关系

然而,不能将“学习结果”与不同的“认知过程”简单对应。首先,在加涅的理论中,“学习结果”被用于描述言语信息、智力技能、认知策略、运动技能、态度等,大致对应于布鲁姆教育目标分类中的学习领域。其次,在布鲁姆教育目标分类修订版中,将不同知识类型对应于不同的认知过程,不同认知过程没有水平高低之分。例如,“记忆”和“理解”是两种不同的认知过程,事实性知识只需要记忆即可,而概念性知识则需要理解。在这里,不能认为“理解”是比“记忆”更高的学习结果。进而,在具体的教学过程中,每种认知过程都有其不同的表现水平,对应于不同的学习水平。例如,可以根据记忆的程度区分出不同的记忆水平,可以根据理解的程度区分出不同的理解水平。

基于以上分析,可以按照“知识类型-认知过程-学习结果”建构一个真正的三维结构模型。在布鲁姆教育目标分类学修订版中,“知识类型”包括 4 个类别共 11 个亚类,“认知过程”包括 6 个类别共 19 个亚类。从理论上看,如果按照类别进行组合,可以得到 $4\times6=24$ 种组合;如果按照亚类进行组合,可以得到 $11\times19=209$ 种组合。如果将学习结果分为低、中、高三种程度,并与前面的组合进行再次组合,则可得到 72 种组合(按类别)或者 627 种组合(按亚类)。

显然,在教学实践中,并不需要这么细致的组合。新课程“三维目标”提供了一个简化的、实用的目标体系。不过,新课程的“三维目标”实际上只是广义理解的“知识”维度的三种类型,并不是真正的“三维”目标。考虑到仅用一个维度来描述教育目标过于简单,而用三个维度则又过于复杂。因此,在这里,暂时不考虑学习结果这一维度,根据教育目标分类

① 吴红耘,皮连生.修订布鲁姆认知教育目标分类学的理论意义与实践意义:兼论课程改革中“三维目标”说.课程·教材·教法,2009(第29卷第2期):92—96.

学的“知识类型”和“认知过程”二维模型，对小学科学教育中的知识与技能目标、过程与方法目标、情感态度与价值观目标进行分析。

三、基于“三维目标”的小学科学教育目标

《全日制义务教育科学（3—6年级）课程标准（实验稿）》（以下简称《科学（3—6年级）课程标准》）对科学课程的总目标规定如下：“通过科学课程的学习，知道与周围常见事物有关的浅显的科学知识，并能应用于日常生活，逐渐养成科学的行为习惯和生活习惯；了解科学探究的过程和方法，尝试应用于科学探究活动，逐步学会科学地看问题、想问题；保持和发展对周围世界的好奇心与求知欲，形成大胆想象、尊重证据、敢于创新的科学态度和爱科学、爱家乡、爱祖国的情感；亲近自然、欣赏自然、珍爱生命，积极参与资源和环境的保护，关心科技的新发展。”

显然，这一目标体系是按照三维目标陈述的。本节将按照“知识类型”和“认知过程”二维模型，分别对小学科学教育中的知识与技能目标、过程与方法目标、情感态度与价值观目标进行系统的分析。

（一）小学科学教育中的知识与技能目标

“知识”与“技能”是我国基础教育阶段各学科课程的核心目标，常被称为“双基”（即“基础知识”和“基本技能”）。在布鲁姆早期的认知领域目标体系中，“知晓”包括对“方式方法的知晓”，“应用”则强调“应用所获得的知识解决问题”，这两个方面都与技能密切相关。修订后的教育目标分类学按“知识类别”和“认知过程”的二维结构模型描述认知领域的目标，涵盖了知识目标和技能目标两个方面。其中，知识目标包括记忆事实性知识、理解概念性知识两个方面，技能目标可解释为应用程序性知识。

基于对知识的广义理解，新课程“三维目标”将“知识”与“技能”合并为一个目标维度——“知识与技能目标”。在学科课程中，事实性知识、概念性知识和程序性知识都是围绕学科领域内的特定对象组织起来的，因此，可以围绕特定对象，从记忆事实性知识、理解概念性知识、应用程序性知识三个方面分析知识与技能目标，并分别简称为“记忆”“理解”“应用”。

小学科学学科的知识是围绕生命世界、物质世界、地球与宇宙三个领域展开的，因此，可以结合三个领域中的内容主题，从记忆、理解、应用三种认知过程系统分析小学科学的知识和技能目标（参见表7-3、表7-4和表7-5）。

表7-3　“生命世界”中的知识与技能目标

认知 主题	记忆 （知道、初步认识）	理解 （认识、会）	应用 （掌握、运用）
多样的生物	能说出周围常见植物的名称，并描述其外形特征 能说出主要的经济作物、观赏植物和珍稀植物 能正确说出常见动物的类别 能说出我国主要的濒危动物 能说出生活中真菌特别是食用菌的种类	能说出几种适合于家庭种植的植物名称及特点 能说出常见动物的外形特征和运动形式 能说出病毒是一种特殊的生物 举例说明动物和人类的关系	了解显微镜的各部分名称，能正确使用显微镜观察微生物

续表

认知 主题	记忆 （知道、初步认识）	理解 （认识、会）	应用 （掌握、运用）
生命的共同特征	能举例说明动物的几种主要生殖方式 能指认哺乳动物的一些主要器官，并说出它们的功能 能指认植物的六大器官，并说出各种器官的作用 能说出种子萌发所需的条件 能说出绿色植物能在阳光下制造淀粉和氧气，同时吸收二氧化碳 能说出遗传和变异也是生物的特性之一	能描述常见植物和动物的生命周期 能说出繁殖是生命的共同特征 能解释细胞是生命体的基本单位 能说出不同动物吃不同的食物，动物要维持生命就要消耗这些食物作为能量 能举例说明生物的很多特性是遗传的	
生物与环境	能列举植物和动物在形态方面适应环境的具体实例 能列举一些动物适应环境的事实，如冬眠、保护色、拟态等 能简要说出达尔文的研究经历 能说出达尔文的生物进化理论的基本观点	能结合实例，说出植物适应环境的几个特性，如向光性、向水性、向地性 能举例说明环境对生物生长、生活习性等多方面有影响 能举例说明食物链的含义 能举例说明人类是自然的一部分，既依赖于环境，又影响环境，影响其他生物的生存 能以某种生物进化的事实为例，解释适者生存、自然选择的含义	
健康生活	能说出人类需要的各种营养及其主要来源 能说出人体消化食物的基本过程 能说出心脏和血管的作用及保健 能说出人的一生生长的大致过程 能说出青少年身体发育的主要特点 能说出青春期的主要身心发展特点	能列举常见的呼吸系统疾病，并说出原因和预防办法 能说出感觉器官的作用，解释人体的各种感觉是对外界刺激的反应 能举例说明大脑在人类智力活动中的“总指挥部”作用 能说出影响身体健康的各种因素	能解释养成良好生活习惯的重要性，并在生活中养成良好习惯

表 7-4　“物质世界”中的知识与技能目标

认知 主题	记忆 （知道、初步认识）	理解 （认识、会）	应用 （掌握、运用）
物体与物质	能列举常见的热胀冷缩现象 能区分常见的天然材料和人造材料 能说出物质有三种常见的状态：固态、液态和气态	能说出某些材料的性质，能将材料的特性与它的用途相联系 能举例说明温度的改变可使物质的状态发生变化，知道水的冰点与沸点 能举例说明物质的变化有两类，一类仅仅是形态的变化，另一类会产生新的物质 能举例说明物质有可再生的和不可再生的两类	能判断物体是由不同材料组成的，并能按材料对物体进行分类 能举例说明物质的变化有可逆和不可逆两种，并说出这些变化对人类生活的影响
运动与力	能说出生活中一些常见的力，如风力、水力、重力、弹力、浮力、摩擦力等 能说明描述物体的运动需要位置、方向和快慢	能说明物体的位置需要相对于另一个物体的位置来确定 能说明推和拉可以使物体的运动发生变化，推和拉都是力，力有大小和方向	能定性地描述一个物体的位置 能举例说明利用斜面、杠杆、齿轮、滑轮等机械可以提高工作效率，并在生活中尝试应用
能量的表现形式	能区分声音的大小与高低 能举例说明热能从一个物体传到另一个物体 能说出常用的传热和隔热方法 能举例说明光的直线传播现象 能说出常用电器的工作需要一个完整的回路 能说出有的材料容易导电，有的材料不容易导电 能说出电能产生磁，并能说出电磁铁的应用	能举例说明声音是由物体的振动产生的 能说明声音要通过物质传播到达人的耳朵 能举例说明热总是从高温物体传向低温物体，直到物体温度相等为止 能根据日光的色散现象，说出光是有颜色的 能说出任何物体工作时都需要能量，电、光、热、声、磁等都是能量的不同表现形式 能举例说明不同形式的能量可以相互转化	能说出噪声的危害和防治方法 能使用温度计测量温度，并说出温度的单位 能用平面镜或放大镜改变光的传播路线 能举例说明电是生活和工作中常用的能量来源，并说出安全用电常识 能利用开关等一些基本组件连接一个简单电路

表 7-5 “地球与宇宙”中的知识与技能目标

认知 主题	记忆 （知道、初步认识）	理解 （认识、会）	应用 （掌握、运用）
地球的概貌与地球的物质	能说出地球的形状、大小 能说出地球内部有炽热的岩浆 能说出地球仪、地图的主要标识和功用 能描述人类对地球形状认识的历史 能说出自然界水资源的分布 能说出主要的能源矿产、金属矿产及其提炼物的名称 能说出土壤的构成	能说出地球是由小部分陆地和大部分水域构成的 能举例说明水能溶解一些物质 能说出水域污染的危害及主要原因 举例说明人类对空气性质的利用 举例说明人类活动对大气层产生的不良影响	
地球运动与所引起的变化	能列举天气变化对动物行为影响的实例 能说出地球在不停地自转，自转一周为一天，需 24 小时 能描述火山喷发的现象 能描述地震的现象 能举例说明人类活动对地表改变的影响	能说出古人对昼夜成因的猜想与哥白尼的贡献 能说出地球表面是在不断变化的 能举例说明四季变化对动植物的影响 能举例说明各种自然力量对地表改变的作用 能说出四季变化与地球的公转有关	能用一些可测量的量（如温度、风向、风力、降水量、云量 等）来描述天气
天空中的星体	能说出太阳是一个温度很高的大火球 能举例说明人类对太阳能的利用 能说出太阳系的组成及九大行星的排列顺序 能说出人类探索宇宙的历史 能说出一些重要的探测宇宙的工具	能解释没有太阳，地球上就没有生命 能说出太阳每天在天空中运动的模式 能说出月球是地球的卫星，以及月球每天、每月的运动模式 能说出太阳系、银河系及宇宙的关系	能利用太阳辨认方向

（二）小学科学教育中的过程与方法目标

在起源于 20 世纪 60 年代的国际科学课程改革中，大多数学者认为科学探究过程可以被分解为一系列独立的探究活动，如观察、测量、分类、推理等，相应地也将科学探究能力分解为一些独立的技能，如观察技能、测量技能、分类技能、推理技能等。这些技能被称为“过程技能”（process skill），而科学探究能力则被理解为一系列过程技能的集合。

这种模型对科学教育的课程设计产生了一定影响，例如，美国科学促进会在 1967 年推出的课程《科学：一种过程方法》（SAPA）就是围绕 13 项科学过程技能设计的。这 13 项技能分为基本科学过程技能和综合科学过程技能。前者包括观察、分类、应用时空关系、传达、应用数字、测量、推理、预测等技能；后者包括下操作性定义、控制变量、形成假设、实验、解释资料等技能。综合科学过程技能被看成是对基本科学过程技能的综合应用。

然而，将科学探究能力描述成一系列过程技能的集合是对科学探究能力的人为肢解，不能反映其本质特征。这种做法受到来自学科专家的强烈批评，很快就退出了科学教育的历史舞台。虽然如此，过程技能的概念被保留下来，成为探究能力的组成部分，在许多科学课程中仍然受到重视。

1995 年颁布的《美国国家科学教育标准》提出科学课程要围绕“科学探究”加以组织，并将科学探究理解为一种多侧面的活动，主要包括以下几个方面：① 观察；② 提出问题；③ 查阅书刊及其他信息源，以便弄清楚什么情况已经是为人所知的东西；④ 制订与修改计划；⑤ 根据实验证据来检验已经为人所知的东西；⑥ 应用各种手段来搜集、分析和解读数据；⑦ 需要提出答案、解释和预测；⑧ 需要把研究结果告之于人。此外，学生还需要明确假设，需要应用判断思维和逻辑思维，需要考虑可能的其他解释（可作为第⑨项活动）。

《美国国家科学教育标准》强调指出，在学习探知自然界的科学方法时，学生不仅需要培养从事某些方面科学探究活动的能力，而且也需要培养从事完整的科学探究过程的能力。因此，科学探究能力既包括从事单项科学探究活动的能力，也包括从事完成科学探究过程的能力，可以将前者称为单项科学探究能力，将后者称为综合科学探究能力。

我国《科学课程标准（3—6 年级）》从以下几个方面对科学探究及科学探究能力进行了说明：① 科学探究不仅可以使小学生体验到探究的乐趣，获得自信，形成正确的思维方式，而且可以使他们识别什么是科学，什么不是科学；② 科学探究不仅涉及提出问题、猜想结果、制订计划、观察、实验、制作、搜集证据、进行解释、表达与交流等活动，还涉及对科学探究的认识，如科学探究的特征；③ 科学探究能力的形成依赖于学生的学习和探究活动，必须紧密结合科学知识的学习，通过动手动脑、亲自实践，在感知、体验的基础上，内化形成，而不能简单地通过讲授教给学生。

基于以上认识，《科学课程标准（3—6 年级）》制定了科学探究的内容标准，包括认识科学探究，提出问题，猜想与假设，制定计划，观察、实验、制作、搜集和整理信息，思考与结论，交流与表达等 8 个方面。

（三）小学科学教育中的情感态度与价值观目标

从名称上看，情感态度与价值观目标似乎可以分为情感目标、态度目标、价值观目标三个方面，但没有一个学科直接从这三个方面来设定情感态度价值观目标的具体内容，而是根据学科自身的特点，围绕特定的对象，分别从情感、态度、价值观三个方面确定情感态度与价值观目标的具体内容。

《科学课程标准（3—6 年级）》确定了科学学习、科学、科学技术与社会的关系，自然四个方面的对象，并围绕这个对象，明确规定了情感态度与价值观的内容标准（参见图 7-2）。与前面从自我、自然、社会三个方面描述对象进行对比，可以发现，“科学学习”与“自我”有关，“科学、技术与社会的关系”与社会有关，“自然”与“科学”都与“自然”有关（一个是自然本身，一个是关于自然的知识）。显然，小学科学学科围绕四个对象阐述情感态度与价值观目标是从个体与对象的关系的角度展开的。

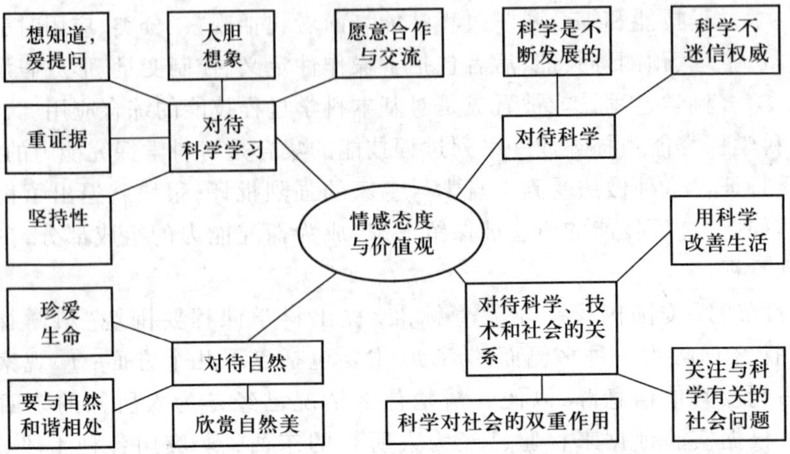

图 7-2 《科学课程标准(3—6 年级)》的情感态度与价值观目标

对于上图描述的情感态度与价值观目标,可以采用二维结构图的方式,从对象和内容两个方面加以分析(表 7-6)。

表 7-6 对《科学课程标准(3—6 年级)》的情感态度与价值观目标的分析

内容 / 对象	情感	态度	价值观
科学学习	想知道,爱提问,坚持性	大胆想象,重证据,愿意合作与交流	
科学		不迷信权威	科学是不断发展的
科学技术和社会的关系	关注与科学有关的社会问题	用科学改善生活	科学对社会的双重作用
自然	欣赏自然美,珍爱生命		要与自然和谐相处

由上表可以看出,《科学课程标准(3—6 年级)》所设立的情感态度价值观目标在对象确定上是合理的,在内容陈述上也是清晰的,形成了一个良好的结构。

第三节 小学科学学习结果的评价

美国著名教育心理学家加涅根据学习者学习后的行为变化,将学习结果分为以下五种类型:① 言语信息,表现为能够陈述观念的能力;② 智慧技能,表现为运用符号对外办事的能力;③ 认知策略,表现为控制学习者自身内部过程的能力;④ 动作技能,表现为运用肢体操作工具或实物的能力;⑤ 态度,表现为个人对人、对事、对物进行选择的倾向。

以上五种学习结果与"三维目标"大致对应。言语信息、智慧技能和动作技能对应于"知识与技能目标",其中,言语信息对应于"知识"(主要指陈述性知识),智慧技能和动作技能通常难以分割,被整合为"技能";认知策略对应于"过程与方法目标",在科学学科中表现为"科学探究";态度对应于"情感态度与价值观目标",在科学学科中常简称为"科学态度”。

本节将加涅的学习结果分类转化为“三维目标”，分别从知识与技能、科学探究、科学态度三个方面，说明如何对小学科学课程的学习结果进行评价。

一、对科学知识与技能的评价

小学科学课程多数以简单枚举方法来陈述概念或规律，而且多属于事实和概念，基本不涉及运算的规则。因此，对小学科学知识的评价可以分为了解、理解、系统化三个方面。在技能方面，则表现为应用科学知识解决具体问题。下面分别加以说明。

（一）了解

学生经过知识的学习后，能够以与学习内容相同或相近的方式陈述知识或再现知识的内容。再现知识的内容一般采用填空、选择等方式进行测试，测试题与学生学习这部分知识所呈现的方式相同或相近。例如：

1. 热传递实质上就是________从高温物体到低温物体或从同一物体的________部分传到________部分的过程.

2. 1771 年，英国科学家(　　)发现绿色植物可以更新空气。后来，实验证明这是植物光合作用释放氧气的结果。

A. 普利斯特利　　　B. 牛顿　　　C. 瓦特

3. 植物体各个部分所需的养料是由________来完成运输的。

4. 电路连接方法有两种：________和________。

5. 一节电池的电压是 1.5 伏，两节电池串联的电压是________，两节电池并联的电压是________。

6. 花岗岩由________、________、________三种矿物组成。

（二）理解

经过“有意义学习”后，学生能够用自己的语言解释知识的内容，并能够自己举出符合概念、定理的例证。布鲁姆从以下三个方面考查学生对知识的理解。

解释：指学生能够用自己的语言来陈述知识的意义，而不拘泥于原文的呈现方式。

例 1　举例说说什么是导体？什么是绝缘体？

例 2　举例说说植物中动物传播种子的方式？

转换：将材料从一种形式变成另一种等价的表达方式，包括将文字转化为图表、图表转化为文字、变化文字表述方式等。

例 3　写出灯泡各部分的名称。（应与学习课本的呈现图不一样）

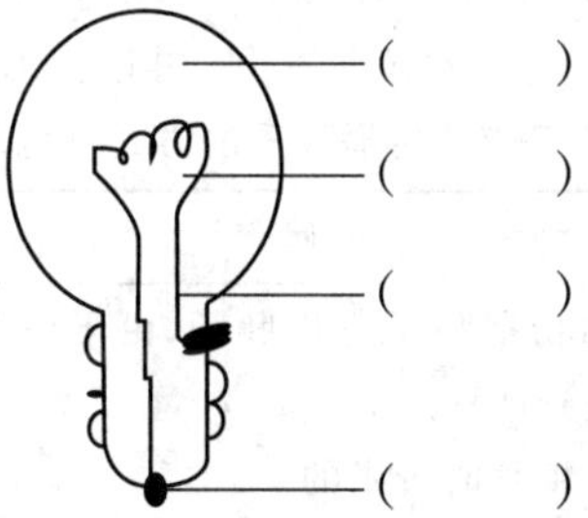

例 4　写出油菜花各部分的名称。（应与学习课本的呈现图不一样）

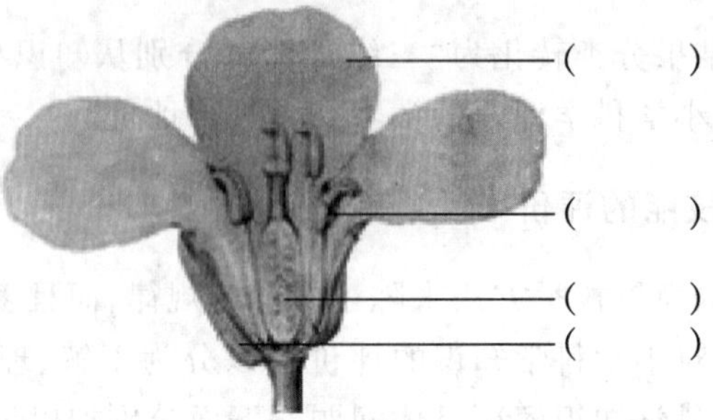

例 5　写出以下的两种不同电路的连接方法。(应与学习课本的呈现不同)

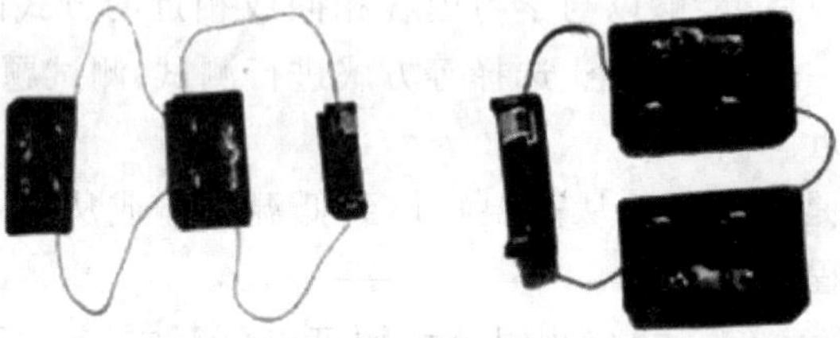

推断:在超出给定资料之外的情况下延伸各种趋向或趋势,能够根据特定知识的本质属性做出正确或错误的判断。这类题通常以判断题或选择方式呈现。

例 6　判断以下说法的正误

1. 植物的茎能从上向下将根吸收的水分和矿物质运输到植物体的各个部分。(　　)
2. 要剥开凤仙花的果实是不容易的事情。(　　)
3. 不同植物的种子的形状、大小、颜色等各不相同。(　　)
4. “一年之计在于春”,所以只有春天才是播种的好季节。(　　)
5. 植物一生生长所需的养料全部是叶通过光合作用提供的。(　　)

例 7　关于热传递,下列说法正确的是(　　)。

A. 热传递的实质是温度的传递

B. 物体间存在着温度差,才能发生热传递

C. 可以在任何情况下进行

D. 物体内能发生改变,一定是吸收或放出了热量

以上测试题,均指向所学知识本身,涉及对知识的适用条件、内涵的考查,测题与原文呈现方式不同,属于“理解”层次。

(三)系统化

系统化知识以图式、命题网络等形式存储,表现为学生可以回答哪些知识点间存在有关系,以及有什么关系。以“传播种子的方式”为例,可以采用下面表格的方式呈现(表 7-7)。

表 7-7　传播种子的方式一览表

方式	基本过程	典型植物
动物传播	靠小鸟或其他动物把种子吃进肚子,由于消化不掉,便随粪便排出来传播到四面八方 靠松鼠储存过冬粮食时带走的 苍耳种子主要是靠钩挂到动物的毛上传播	樱桃、野葡萄、野山参 松子 苍耳

续表

方式	基本过程	典型植物
风传播	靠柳絮的飞扬把种子传播到远处去 蒲公英的瘦果，成熟时冠毛展开，像一把降落伞，随风飘扬，把种子散播到远方	红皮柳 蒲公英
水传播	椰子成熟以后，椰果落到海里便随海水漂到远方 睡莲的果实成熟后沉入水底。果皮腐烂后，包有海绵状外种皮的种子就会浮起来，漂到其他地方	椰子 睡莲
弹射传播	凤仙花的果实会弹裂，把种子弹向四方	凤仙花

在测试学生是否习得这部分知识时，一种方式是采用与原先方式相同的形式呈现（例8），考查学生达到系统化的"识记"层次。为了测量学生达到系统化知识的"理解"层次，测题应与原先呈现方式有变化，比如，可用简答等形式要求学生回答各知识点间的关系（例9），也可用连线题将相关知识串接起来（例10）。

例 8　填写下表相关内容（表格题）

散播方式	
动物传播	
	蒲公英

例 9　举例说说植物有哪些传播种子的方法？（简答题）

例 10　请用连线连接相关内容（连线题）

果实在成熟时会突然炸裂	靠风传播	椰子
果实或种子轻、带翅或绒毛的	靠水传播	苍耳
果实或种子有小刺或多肉好吃	弹射传播	蒲公英
果实轻，能浮在水面上	靠动物传播	凤仙花

第一种测试题与学生的学习情境相同，考查学生对该知识点的"识记"层级；后两种测试题与学生的学习情境不同，并且需要学生自己组织回答，考查学生对该知识点的"理解"层级。对比可知，三种形式的测试题学生完成的难度不同，教师可以依据学生习得后的外显行为，选择不同的测试题来控制难度。

（四）技能

在科学知识学习的基础上，学生可以应用所学知识解决一些具体问题，表现为科学技能的获得。对科学技能的评价可以采用以下几个方面的实例加以说明。

1. 串联电路、并联电路的应用

例 11　用一些导线、一节电池可以使两个小灯泡发光。请用简图画出两种使两个小灯泡发光的接法。

例 12 用导线把下面两张图中的电池和灯泡连起来，并使第一张图中的灯泡比第二张图中的灯泡亮。

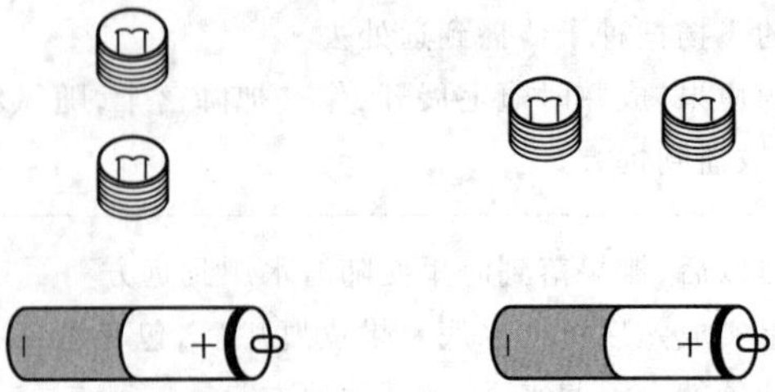

例 13 根据左边的图在右边的框中画出简单电路图。

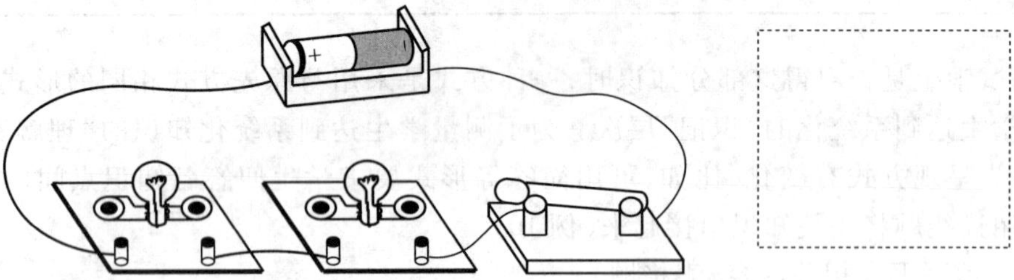

简单电路图要参照课本，注意小灯泡的画法。

上述几道题目，主要应用串联、并联的规则就可以解决，所以上述题目属串联、并联“应用”的测试。虽然题目形式各异，但就其本质来看，就是应用串联、并联的特征解决问题。例 12、例 13 都给出了相应的实物图或线路图，要求学生解答，例 11 完全要学生自己应用串联和并联规则，组织相关知识完成，较少可以参考的信息，所以难度较高。

2. 热传递概念的应用

例 14 氯化钴在干燥的空气中是蓝色的，加湿后，颜色变成了粉红色，将棉纸放入氯化钴溶液中浸湿后取出，将其贴在一块铁片中间，然后放到酒精灯火焰上烧，如图，可看到原先粉红色的棉纸会有什么样的颜色变化？并说明其中的道理。

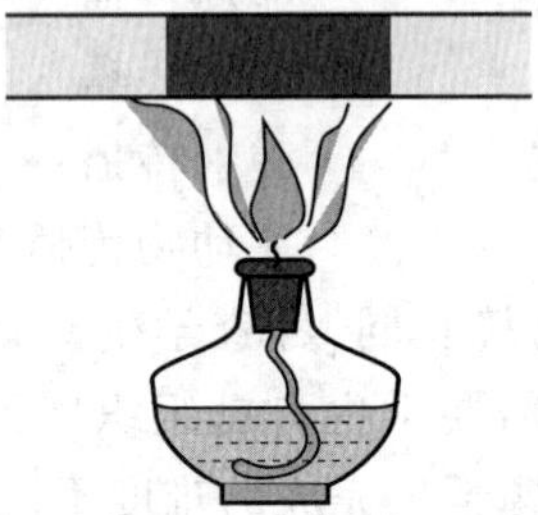

例 15 放在热汤中的铁勺，勺把儿并没有在汤中，过一会也会很烫手，这是为什么？

3. 种子萌发条件的应用

例 16 有 8 个分别装有数粒玉米种子的培养皿（分别编号 1～8）。其中 7 号培养皿中的种子挖去胚，8 号培养皿中的种子去掉胚乳。现把 4 号培养皿放在寒冷处，其余均放在温暖处，并且 1、2 号培养皿中不加水，3、4 号培养皿中加适量的清水，5、6 号培养皿中加水至淹没种子。这种状态保持一段时间后，请回答：

（1）能萌发的种子是________。

（2）因缺乏适宜的外界条件不能萌发的种子是________。

二、对科学探究的评价

小学生对具体课题进行探究时，由于缺乏直接解决问题的经验，所以在每一探究环节都可能会遭遇障碍。例如：

（1）如何从原始问题情境中抽象并用科学术语界定被研究的现象？

（2）如何确定被研究现象出现的场合，并遵循一定的方法分析影响现象的可能因素？

（3）在了解被研究现象及可能的相关因素条件下，遵循何种方法规划研究方案？

（4）在提供或没有提供实验仪器的情况下，遵循何种方法来有依据地选择仪器并加以组合，用以研究各种因素之间是否存在关系？

（5）在已有实验数据的条件下，遵循何种方法对数据进行适当的处理，并获得结论？

（6）遵循何种方法验证获得的结论的可靠性？

每一环节所遇到的问题不同，也就需要不同的科学探究方法。以下就各环节中应用的探究方法加以简要说明。

（一）规划方案

在规划方案阶段，主要应用控制变量法。科学研究中对于多因素（多变量）的问题，常常采用控制因素（变量）的方法。把多因素的问题变成多个单因素的问题，每次只改变其中的某一个因素，可研究这个因素对所研究现象的影响，最后再综合解决，这种方法叫控制变量法。

也就是说，经过“猜测和假设”环节，已确定被研究现象为 A；可能影响因素是 B、C。接下来需要解决的子问题是如何规划研究方案，研究 A 与 B、C 间是否有关系？形成如下研究方案，就是应用控制变量法实现的：

其一，保持因素 C 不变，变化 B，测量 A 是否改变。

其二，保持因素 B 不变，变化 C，测量 A 是否改变。

（二）设计实验

在小学科学课程的探究性问题中，多是通过实验找出研究对象之间存在的关系。实验可从以下四个方面进行设计：① 确定研究对象可观测或测量的属性；② 确定影响研究对象的因素以及其可观测或测量的属性；③ 设置因素改变的条件以及实现方式；④ 确定被研究对象可观测属性的实现方式。

（三）确定实验步骤

根据设计出的实验装置、实验目的、规划的方案，合理地选择变化条件的先后、研究结果的测量等步骤。

（四）处理数据

处理数据、获得结论主要采用归纳法，包括求同法、差异法、共变法等。

1. 求同法

求同法是通过考察被破究现象出现的若干场合，确定在各个场合先行情况中是否只有另外一个情况是共同的，如果是，那么这个共同情况与被研究的现象之间有因果联系。其结构见表 7-8。

表 7-8 求同法的结构

场合	先行情况	被研究现象
1	A、B、C	a
2	A、D、E	a
3	A、F、G	a
所以,A 与 a 有关		

2. 差异法

差异法是通过考察被研究的现象出现和不出现的两个场合,确定在这两个场合中是否只有另外一个情况不同,如果是,那么这个不同情况与被研究现象之间有因果联系。其结构见表 7-9。

表 7-9 差异法的结构

场合	先行情况	被研究现象
1	A、B、C、D	a
2	B、C、D	
所以,A 与 a 有关		

3. 共变法

共变法是通过考察被研究现象发生变化的若干场合,确定是否只有一个情况发生相应变化,如果是,那么这个发生了相应变化的情况与被研究现象之间存在因果联系。其结构见表 7-10。

表 7-10 共变法的结构

场合	先行情况	被研究现象
1	A_1、B、C	a_1
2	A_2、B、C	a_2
3	A_3、B、C	a_3
所以,A 与 a 有关		

下面,以 3 个案例说明如何对科学探究进行评价。

例 17 下表是“探究种子萌发所需的环境条件”实验的结果

编号	种子所处环境	萌发情况
1	不放水,置于温暖处	未萌发
2	放少量水,置于温暖处	萌发
3	放少量水,置于冰箱保鲜层	未萌发
4	放过量水,置于温暖处	未萌发

问题：

(1) 本实验中,对照组是几号瓶?

(2) 根据实验结果,你得出的实验结论是什么?

(3) 如果想进一步探究光对种子萌发的影响,在上述基础上该如何设计探究方案?

解答：

(1) 2号是对照组。

分析:学生如能做出回答:表明学生能够"理解"用控制变量法规划实验方案的实质,可以说该小题考查了学生"应用控制变量法解决规划实验方案子环节问题"的能力,或简单地说,考查学生规划实验方案的能力。

(2) 可得出"种子萌发需要水""种子萌发需要适当的温度""种子萌发需要适量的水"。

分析:根据实验数据,可应用差异法、共变法分析得出三个结论。

其一,种子萌发需要水分(用差异法分析,见下表)。

	差异条件	结果	不变条件
实验1	不放水	未萌发	所处环境、温度等相同
实验2	放少量水	萌发	
	种子萌发与水有因果关系(即种子萌发需要水)		

其二,种子萌发与温度有关(用共变法分析,见下表)。

	变化条件	结果	不变条件
实验2	温暖——温度较高	萌发	所处环境、放少量水
实验3	保鲜层——温度较低	未萌发	
	种子萌发与温度有因果关系(即种子萌发需要较高的温度)		

显然,该小题考查了学生"应用差异、共变等归纳方法处理数据得出结论"的能力。

(3) 规划方案如下：

编号	种子所处环境	萌发情况
1	放少量水,置于温暖处,照强光	
2	放少量水,置于温暖处,日常光	
3	放少量水,置于温暖处,遮光	

分析:学生确定研究的性质(种子萌发与否),应用控制变量法确定变化条件(光照强度)以及不变条件(温度、水分等),形成方案。因此学生解决问题(3),实际就是应用控制变量法完成的。也就是说,从中既可以识别出学生是否能应用控制变量法,也可以判断出学生是否具有规划方案的能力。实际测量中一般不会对认知策略或者说方法进行单独测试,而是蕴含在解题中应用的。

例18　面包发霉是由霉菌引起的 那么,霉菌的生长可能和哪些因素有关呢?

(1) 我的推测是:霉菌的生长和________有关。

(2) 我需要准备的材料:____________________。

(3) 我可以这样做实验:____。

(4) 实验结果发现________________________________。

例 19 请你设计一个实验,研究植物的根吸收水分的作用,请写出实验需要的材料和实验步骤。

对于例 18 和例 19,学生显然要经历"规划方案""设计实验""执行实验获得数据""处理数据获得结论"等子环节,每一个子环节都需要学生遵循特定的策略解决相应的子问题。

例 17、例 18、例 19 是直接对认知策略进行测量,而更多的做法是通过考查学生"应用特定方法解决某问题"的能力间接反映科学探究,以下两道例题考查了学生对规划实验方案环节中控制变量法的应用。

例 20 某同学在两个同样的花盆中种下大豆种子,并设计了如下的实验。从该实验可知,他所研究的影响大豆发芽的因素是(　　)。

花盆	光线情况	温度	水
甲	向阳处	20℃	充足
乙	向阳处	20℃	不充足

A. 阳光　　B. 空气　　C. 温度　　D. 水分

例 21 某同学发现棉花刚开始是白色的,后来转变成了红色。由此他提出了一种假设:"棉花的变色是由于温度升高而引起的。"他在设计实验进行验证时,应该(　　)。

A. 设计两组实验,一组置于光下,一组置于黑暗中

B. 设计两组实验,一组置于 15℃ 的环境下,一组置于 35℃ 的环境中

C. 设计两组实验,一组置于 15℃ 的环境下,一组置于 180℃ 的环境中

D. 设计两组实验,一组置于碱性溶液中,一组置于酸性溶液中

当然也可直接设问:例 21 中问题的求解所用的方法是______________,并举一个应用该方法的实例______________________________。

学生能举例解释所使用的方法,即达到理解层次。

三、对科学态度的评价

态度有三个成分,学习者能够举例陈述态度的认知内容,或能够从自己及他人的行为中辨识出体现的科学精神,表明学习者达到"理解"层次;如果学习者能够稳定地表现出特定态度或科学精神要求的行为,说明学习者达到"内化"层次。

在纸笔考试中,对态度的考查一般只能要求学生回答特定态度的认知内容和相应行为,即"理解"层次。

例 22 著名物理学家卢鹤绂在回顾自己研究经历时,曾有如下描述:一切就绪,实验开始了。我的实验室是第 77 号房间。操作这台质谱仪并不容易,光稳定仪器性质就得花上几天时间。然而比这更难的是究竟选择什么合理的矿物来测定。在我之前的科学家用的锂离子热源矿物质是锂辉石,它是一种透明、呈淡绿色或粉红色的含锂矿石,把它研磨成粉末,在

灯丝上加热,锂离子就释放出来。大家公认锂辉石是最理想的锂离子热源。可是,我并不相信,我是个不唯书的人,我就去请教地质系的助教 W 先生,问他:“含锂的矿有多少?他为我推荐了一大堆矿物,从中,我终于筛选出一种效果极好的磷矾石,发现用磷矾石粉末做锂离子热源,释放锂离子的效果好,温度不用升得很高,热源被烧坏的可能性就小得多,寿命也就延长了。对此,我如获至宝。

问题:从上面的描述中,尤其是画横线的部分,主要体现卢鹤绂对待权威的态度,请阐述在科学研究中应该用何种态度对待权威或已有经验。查找相关科学研究中的事实佐证你的论点。

四、学生科学素养评价概要

在国外,学生科学素养评价以国际数学和科学学习成就趋势测评项目(TIMSS)和国际学生评价实践项目(PISA)为代表。在国内,中小学生科学素养评价实践近 10 年才出现,特别是在 2006 年国务院发布《全民科学素质行动纲要》以后。为了落实未成年人科学素质行动的要求,许多地区相继开展了针对学生科学素养的调查与测评活动。本节对国外和国内学生科学素养评价实践加以简要介绍。

(一)国际数学和科学学习趋势测评项目

成立于 1959 年的国际教育成就评价协会(IEA)在 60 年代初第一次组织了有 10 多个国家参加的国际数学评测和国际科学评测。20 世纪 70 年代末、80 年代初,IEA 又组织了第二次国际数学评测和国际科学评测。1995 年,IEA 在美国国家教育统计中心(NCES)和国家科学基金会(NSF)的支持下,发起并组织了第三次国际数学和科学评测(Third International Mathematics and Science Study,TIMSS)。1999 年,这项活动继续进行并被称为 TIMSS-R 或 TIMSS-REPEAT。2003 年,为了更好地延续这项测评和研究活动,TIMSS 被解释为“国际数学和科学学习趋势测评”(The Trends in International Mathematics and Science Study)的缩写。

TIMSS 项目以向各国派发问卷的方法来采集数据资料,通过数据分析和比较研究,对参与国家四年级和八年级学生的科学素养状况进行排名,同时也列出国际平均水平以供参考。TIMSS-2003 的科学测量框架由“内容”和“认知”两个方面构成。“内容”包括生命科学、化学、物理、地球科学和环境科学等;“认知”包括了解事实、理解概念、推理分析等。每一方面都有针对四年级和八年级科学课的内容而分别设计的若干题目,每一题目都包含一系列具体的测试目标。除了“内容”和“认知”这两个方面外,TIMSS-2003 还包括一个独立的测试因素——“科学探究”,涉及一系列不同认知要求背景下的知识、技巧和能力。学生将完成需要在实际情况中应用所掌握的知识、技巧和思维过程的项目或任务,以展示他们对科学探究的基本理解或重要技能,包括系统地描述问题以及假说、设计调查方案、收集数据资料并进行分析、得出结论和形成解释等。

在 TIMSS 的测试中,科学素养较高(约 690 分)的学生通常能够创造或使用概念模型来进行预测和解释,能对科学探究进行分析,进而掌握诸如实验设计或明确被试的概念,评析不同观点等。得分在 550 分左右的学生,能够应用科学知识进行预测和解释,能识别出哪些是科学研究能回答的问题,在数据比较时能选择相关信息等。得分在 400 分以下的学生能够识记简单的事实性知识(例如名称、因素、术语、简单规律),能够利用科学常识得出结论。

（二）国际学生评价实践项目（PISA）

国际经济合作与发展组织（OECD）于2000年发起并组织实施了国际学生评价实践项目（The Program International Student Assessment，PISA）。该项目主要对接近完成基础教育的15岁学生（初三或高一学生）进行评估，测试他们是否掌握适应社会所需要的阅读素养、科学素养和数学素养。通过对测试结果的分析，OECD对各国的基础教育水平进行比较，同时也为各国政府研究制定教育政策提供参考。下面以PISA-2006为例，说明PISA测试的基本要点。

PISA-2006将科学素养分解为四个方面：科学情境、科学能力、科学知识以及对科学的态度。每个方面包括若干成分，每个成分又包括若干子成分，用于指导具体的试题编制和水平认定。在测试试题（test unit）的编制中，PISA-2006把科学素养的四个方面整合到一个框架中：试题取材涉及科学和技术的生活情境，在该情境中需要学生表现出一定的科学能力；而学生表现的水平受制于学生知道什么（科学知识）和如何应对（科学态度）。

PISA-2006的测试内容包括科学知识、科学能力、科学态度三个方面，其中，科学态度不单独编制测验项目进行评价，而是依托或嵌入科学知识和科学能力两个维度的测验试题中，大约一半的测验试题中会设计一道态度题。

在测试结果呈现方面，PISA根据学生的测试结果，将科学素养的水平分为由下至上逐次提升的6个等级，并对不同等级的表现进行描述。例如，水平1的学生只有有限的科学知识，并仅能把这些知识应用于少数熟悉的情境中。而水平6的学生则可以在复杂的生活情境中识别、解释和应用"关于自然世界知识"和"关于科学本身的知识"；能将不同的信息资源联系起来，并从中寻找证据来证明结论的正确性；能展示高级的科学思考和推理过程，展示在不熟悉的科学和技术情境中积极地应用科学的能力；可以在与个人、社会或国际情境相关的背景中应用科学知识。

（三）我国学生科学素养评价的实践探索

根据科学素养指标体系和测评工具的不同，我国中小学生的科学素养评价活动大致分为以下四种类型：一是采用问卷调查的方式开展学生科学素养评价，如重庆市小学生科学素养调查；二是采用测验的方式开展学生科学素养评价，如杭州市初中生科学素养测评；三是参照PISA项目的学生科学素养评价，如上海市青少年科学素养调查；四是以TBSL为测量工具的学生科学素养评价，如广西壮族自治区中学生基本科学素养调查。

1. 采用问卷调查方式开展学生科学素养评价

2004年，重庆市在首批国家级基础教育课程改革实验区（北碚区）的小学5年级学生中组织开展了小学生科学素养调查。本次调查采取分层抽样调查方法，选择城市重点小学、城市一般小学、农村小学共4所，抽查样本以班为单位，共发放问卷350份，收回330份，其中有效问卷330份。调查内容涉及科学兴趣、科学知识、科学方法和科学精神四个科学素养的核心要素，具体内容见表7-11。

表7-11 重庆市小学生科学素养调查各要素的具体内容

核心要素	具体内容
科学兴趣	对科学的好奇心和求知欲 亲近科学、体验科学、热爱科学的情感

续表

核心要素	具体内容
科学方法	对认识客观事物的过程和程序的了解或把握 知道如何应用科学技术知识去尝试解决身边的问题 会提出假设或猜想 会搜集有关的信息或证据 会进行判断、推理和决策 会同他人交往,并且能与他人共同合作,一起来解决难题
科学知识	对自然事物、自然现象和科学技术知识的理解,包括对具体的事实、概念、原理或规则的理解
科学精神	对科学技术具有正确的价值判断、形成负责的学习态度 既勇于探究新知识又能够实事求是 既能独立思考又乐于互助合作

问卷由两部分组成:第一部分是基本信息,包括姓名、性别、年龄、学校类别等;第二部分由 28 道客观题和 5 道主观题构成。客观题包括判断题与选择题,其中,判断题共 10 题,涉及物质科学、生命科学、地球与宇宙科学等学科领域的科学概念;选择题共 18 题,涉及科学兴趣、科学方法(包括科学活动和动手能力)、科学知识、科学态度和科学精神等方面内容。在主观题中,对获取科技信息的渠道、对科学研究人员的看法、对科学技术发展的看法、对科学技术的评价和态度等进行了调查。

调查发现,不同层次学校学生的科学素养存在显著差别,城市重点学校最好(63 分),农村学校次之(56 分),城市一般学校较前两类学校差(48 分)。城市一般学校的学生其科学素养水平不如城市重点学校是可以理解的,但不如农村学校则出乎意料。调查对产生这一现象的原因作了分析:重点学校师资优良,教学设备较好,课堂教学形式多样,有利于学生科学素养的发展;农村学校虽然在以上方面较弱,但学生实践机会较多,升学压力较小,师生均衡对待所有学科,也有利于学生科学素养的形成和发展;城市一般学校由于升学压力较大,师生将主要精力投入到考试科目的教学之中,不利于学生科学素养的发展。

2008 年,广州市采用米勒的科学素养“三要素模型”及调查问卷,结合我国中学的课程目标和初中生的实际情况,编制了中小学生科学素养调查问卷并开展调查。调查选取了广州市 4 所中学的初中三个年级 12 岁到 15 岁之间的学生进行了实测,共发放试卷 1500 份,回收 1400 份。问卷采用无记名方式进行,男女生的比例分别为 50.7%、49.3%。初一、初二、初三学生的比例分别为 40.6%、22.7%、36.7%。

调查报告分别对调查对象从关于科学技术的基本知识、对研究过程与方法的理解、对科学与社会关系的综合评价、初中生科学信息来源的渠道情况、广州市初中生科学素质总体状况等五个方面作了全面评价。其中,对广州市初中生科学素质总体评价是通过对科学素养的三个维度(科学基本概念和原理的理解、科学研究过程和方法的基本理解、科学与社会关系的综合评价)分别计算科学素养的达标率,然后再进一步计算符合这三个维度的总体达标率。经过对同时具备以上三个维度标准的达标率的测算,广州市初中生具备科学素养的比例为 73%。

2. 采用测验的方式开展学生科学素养评价

2006年,杭州市开展的初中生科学素养评价以《全民科学素质行动计划纲要》及教育部编写的《科学课程标准(7~9年级)》的内容为基准,从“科学探究”“科学态度、情感与价值观”“科学知识与技能”“科学、技术与社会”四个维度,建构了检测初中生科学素养的四个一级指标,并参考科学课程标准关于科学素养的相关表述,制定了11个二级指标。根据这一指标编制的调查问卷总分为260分,各一级指标和二级指标的分值分配如下:

在一级指标“科学探究”之下,包括“科学方法”“科学过程”2个二级指标。该一级指标的分值为50分,其中“科学方法”为20分,“科学过程”为30分。

在一级指标“科学态度、情感与价值观”之下,包括“对待科学学习的态度”“对待科学的态度”“科学价值观”3个二级指标。该一级指标的分值为90分,其中“对待科学学习的态度”为40分,“对待科学的态度”为30分,“科学价值观”为20分。

在一级指标“科学知识与技能”之下,包括“物质世界”“生命世界”“地球与宇宙”3个二级指标。该一级指标的分值为60分,其中“物质世界”为20分,“生命世界”为20分,“地球与宇宙”为20分。

在一级指标“科学、技术与社会”之下,包括“科学史”“参与实践活动”“关注当代重大课题”3个二级指标。该一级指标的分值为60分,其中“科学史”为10分,“参与实践活动”为30分,“关注当代重大课题”为20分。

本调查从杭州市2所有代表性的中学进行抽样调查,其中一所为城区中学,一所为乡镇中学。根据调查结果,分别对杭州市初中生科学素养的总体现状及在科学素养各维度上的表现进行了分析,具体情况如下:

(1) 在一级指标“科学探究”上,学生的得分为33.76分(得分率为67.5%),接近中等水平,并且城区学生与乡镇学生的差异不显著。在二级指标“科学方法”上,学生的得分为11.11分(得分率为55.5%),城区学生高于乡镇学生,且差异显著;在二级指标“科学过程”上,学生的得分为22.65分(得分率为75.5%),乡镇学生高于城区学生,且差异显著。城区学生“科学方法”得分高于乡镇学生,而“科学过程”得分低于乡镇学生,这种奇怪的反差是一个值得思考的现象。

(2) 在一级指标“科学态度、情感与价值观”上,学生的得分为60.42分(得分率为67.1%),达到中等水平,并且城区学生与乡镇学生的差异不显著。在二级指标“对待科学学习的态度”上,学生的得分为28.8分(得分率为72%),城区学生与乡镇学生的差异不显著;在二级指标“对待科学的态度”上,学生的得分为11.6分(得分率为58%),城区学生与乡镇学生的差异不显著;在二级指标“科学价值观”上,学生的得分为20.02分(得分率为67%),乡镇学生高于城区学生,且差异显著。

(3) 在一级指标“知识与技能”上,学生的得分为60.42分(得分率为79.5%),城区学生与乡镇学生的差异不显著。在二级指标“物质世界”上,学生的得分为15.91分(得分率为79.5%),乡镇学生高于城区学生,且差异显著;在二级指标“生命世界”上,学生的得分为15.65分(得分率为78.3%),城区学生与乡镇学生的差异不显著;在二级指标“地球与宇宙”上,学生的得分为16.1分(得分率为80%),乡镇学生高于城区学生,且差异显著。综合来看,乡镇学生在“物质世界”“地球与宇宙”两个二级指标上的得分略高于城区学生。

(4) 在一级指标“科学、技术与社会”上,学生的得分为29.3分(得分率为48.9%),是四个一级指标中水平最低的，并且城区学生显著高于乡镇学生。在二级指标“科学史”上，学生的得分为3.85分（得分率为38.5%），城区学生高于乡镇学生，且差异显著；在二级指标“参与实践活动”上，学生的得分为13.25分（得分率为44.2%），城区学生高于乡镇学生，且差异显著；在二级指标“关注当代重大课题”上，学生的得分为12.2分（得分率为61%），乡镇学生高于城区学生，且差异显著。

（5）学生四个一级指标的总分为171.14分（得分率为65.7%）。

以上调查结果反映了学生在“科学探究”“科学态度、情感与价值观”“知识与技能”“科学技术与社会”四个方面的得分情况，并考察了城区学生和乡镇学生的差异。这些结果对于其他地区调查青少年科学素养水平具有一定的参考价值。

3. 参照PISA项目开展学生科学素养评价

2007年，上海市在PISA项目采用的科学素养模型的基础上，建立了评估上海青少年“面向未来”科学素养5种能力的结构模型，包括阅读能力（R）、数学能力（M）、科学解释能力（Pe）、科学探究能力（S）、问题解决能力（P）。

参考PISA的做法，上海市的调查通过问题情境测试的方式评估学生科学素养的发展状况。测试工具由四个情境题组成，分别涉及能量、电池、假期旅游、网上购物四个方面。各项测试题按两个层次设置测试点：第一层次包括阅读能力（R）、数学能力（M）和问题解决能力（P），共有30个测试点；第二层次包括科学解释能力（Pe）和科学探究能力（S），共有10个测试点。四个情境试题共包括110个测试点。

2007年5月，调查组初步拟定了问卷，并在一定范围内进行了试测，随后根据试测结果对问卷进行了调整。正式调查在2007年9月进行，调查对象为接受了7年、8年和9年义务教育的学生，9所样本学校在全市随机抽取，其中既有市区学校也有郊区学校，既有公立学校也有私立学校，既有完全中学也有独立初中，既有普通高中也有示范性高中。调查共发放试卷1440份，回收有效试卷1180份，占发放试卷数的81.94%。

通过对获得的数据进行分析，该调查从科学素养的发展背景和状况两个方面，对上海市青少年科学素养的发展情况作出了结论。科学素养发展背景包括家庭背景和学校背景两个方面，在家庭背景方面，学生的家庭经济状况普遍能够支持学生的需求；在学校背景方面，科学课程的开设较好，而课外活动则明显不足。科学素养发展状况包括阅读理解能力、数学工具能力、科学解释预测和科学探究能力三个方面，在阅读理解能力方面，初中学生获取显性信息和用文字表述阅读成果的能力较强，但获取隐含信息的能力较弱；在数学工具能力方面，初中学生在情境中应用数学工具的能力不强，整理分析数据的能力比较薄弱；在科学解释预测和科学探究能力方面，初中学生总体不足。

4. 以TBSL为测量工具开展学生科学素养评价

广西壮族自治区开展的中学生基本科学素养调查，采用南非学者Laugksch和Spargo编制的基本科学素养问卷TBSL的中文版本为测量工具。TBSL的题项来自《面向全体美国人的科学》，包括科学内容、科学本质和科学技术与社会（STS）三个方面，其中，科学内容包括地球与空间科学、生命科学、物质科学和健康科学四个方面，共72题，通过成绩为45分；科学本质指科学的暂时性、经验性、主观性、创造性、社会和文化性、观察和推理、理论与规律等，共22题，通过成绩为13分；科学技术与社会涉及技术的作用，技术、科学技术与社会之间的关系等，共16题，通过成绩为10分。三个方面共110道题，通过成绩为68分。

调查样本来自广西壮族自治区的南宁等 8 个主要城市的 17 所中学的学生。通过对各部分的得分分析，得出如下结论：① 广西的中学生已经具有一定程度的基本科学素养水平；② 年级越高，基本科学素养的表现越好，高三学生的表现均显著优于高一学生，高一学生的表现均显著优于初二学生；③ 男生在地球与太空科学上表现显著优于女生，女生在生命科学、健康科学、STS 和总分上的表现显著优于男生；④ 理科学生在地球与太空科学、科学本质上的表现显著优于文科学生，而在其他方面没有显著差异。

本章小结

发展性教育评价将关注的焦点从学生的学业成绩转移到学生、教师、学校的发展，突出评价的激励与调控功能，强调形成性评价和总结性评价相结合，教学性目标和表现性目标相结合，量化性评价与质性评价相结合。教育目标是开展教育评价的依据，布鲁姆教育目标分类学是得到广泛认可和运用的目标分类体系，新课程"三维目标"是建立在布鲁姆分类学基础上的简化的、实用的目标分类体系。

根据"三维目标"体系，可以系统梳理小学科学的教育目标，并据此对小学科学学习的结果进行全面评价。对学生科学素养的评价是科学教育评价的重要组成部分，对于从宏观上了解一个学校、地区或国家的科学教育水平具有重要的参考价值。

拓展阅读

1. 俞林军.新课程三维目标教学操作丛书 · 小学科学.北京师范大学出版社，2009.
2. 李亦菲.三维目标整合教学策略.北京师范大学出版社，2012.
3. 陶国忠，袁来军.小学科学教学评价.东北师范大学出版社，2005.
4. 赵学漱.小学科学教育.高等教育出版社，2013.

思考题

1. 与传统的基于测验的终结性评价相比，发展性评价具有哪些特点和作用？
2. 与布鲁姆教育目标分类学的二维结构相比，新课程"三维目标"的表述方式有哪些优点和不足？
3. 在对小学科学学习结果的评价中，与知识与技能目标相比，对过程与方法目标的评价有哪些不同？
4. 为什么国际组织和教育部门组织大规模的科学素养评价？科学素养评价在小学科学教育中有哪些作用？

第八章　小学科学教师的专业发展

本章要点

小学科学教师应具备的素质；小学科学教师应掌握的基本的教学技能；小学科学课堂教学的评价；小学科学教师的教育研究。

第一节　小学科学教师的角色定位

2011 年 7 月，教育部在《基础教育课程改革纲要》中明确提出：课程改革的具体目标，要改变课程过于注重知识传授的倾向，强调形成积极主动的学习态度；改变课程结构过于强调学科本位、科目过多和缺乏整合的现状；加强课程内容与学生生活以及现代社会和科技发展的联系，精选终身学习必备的基础知识和技能；倡导学生主动参与、乐于探究、勤于动手，培养学生搜集和处理信息的能力、获取新知识的能力、分析和解决问题的能力以及交流与合作的能力。课程改革对教师提出了新的要求，呼唤着教师从传统的教育角色中摆脱出来，进入新的角色。

一、小学科学教师的角色定位

“教师角色”是指处在教育系统中的教师所表现出来的由其特殊地位决定的符合社会对教师期望的行为模式。分析教师的角色，明确教师自己的角色身份，对教师充分地扮演好教师角色具有积极的意义。随着时代的发展，社会的进步，特别是在当今的信息时代人们的教育观的提升，作为教师在积极参与这场课程改革的同时，应及时地对教育观念、教学过程进行反思，重新审视自身的教师角色，以适应新课程目标的要求。

（一）教师是科学学习活动的组织者

《小学科学课程标准》指出：教师是科学学习活动的组织者。学生是科学学习的主体，科学学习要以探究为核心。小学科学教学的任务是支持科学探究活动的开展，创设出有利于科学探究学习的情境，教师工作的重点由过去的直接灌输转向引导、推动和评价学生的学习。小学科学课应该为学生提供充分的科学探究机会，努力创设科学探究的情境，使学生在像科学家那样进行科学探究的过程中，体验学习科学的乐趣，增长科学探究的能力，获取科学知识，形成尊重事实、善于质疑的科学态度，了解科学发展的历史。老师应从各个方面为学生的探究活动提供尽可能多的帮助，使他们的探究学习得以顺利进行。创建适宜的科学探究环境是维持科学课堂探究的必备条件，教师在科学探究活动中应为学生提供有结构的活动材料、活动时间和活动空间上的保障。

1. 准备有结构的活动材料

没有足够的活动材料，在较短的时间内想组织学生开展探究是非常困难的，即使开启了探究活动，也难于开展和深入。因此，在开始每一次探究实验活动前，都必须精心钻研教材，设计探究活动，准备有结构的探究活动材料，同时也可以组织学生参与到有结构的活动材料的准备中来。在组织学生参与准备材料的过程中，通过必要的指导让学生明确为什么要准备活动材料，应准备哪些活动材料，以及如何准备活动材料等。这样做，即解决了由老师准备材料的精力、时间有限的问题，又避免了学生做研究需要材料时老师却无准备的现象，更会使学生因准备的材料不同，而设计出独特的观察、实验、制作方法。如《了解空气》一课，通过先后出示装有乒乓球、酒精和空气的三个暗箱杯子，当学生在猜测和观察的基础上认为最后一个“空”杯子里装有空气时，教师质疑并激励学生利用桌子上的材料（两个透明塑料杯、一根吸管、一个乒乓球、一张吸水纸、一个尼龙袋、一只针筒、一个装满水的水槽和一块毛巾）自行想方法设计实验证明“空”杯子里确实有空气存在。学生有的设计纸的奇遇实验，有的设计倾斜倒扣入水中的杯子冒出气泡的实验，有的设计倒扣浮在水面的乒乓球并使其深入水中的实验，有的设计吸倒扣在水中的杯子里的空气并使水慢慢进入杯中的实验……方法五花八门，通过实验学生“看”到了空气确实存在。

2. 保障学生探究活动的时间

在孩子们的心中，“做”什么的愿望永远那么强烈。小学科学特级教师路培琦老师说过：“经历就是人生”。只有亲身经历了过程，才会有真切的体验，而这种体验是永远留在脑中不可磨灭的。因此，在科学教学中，教师要大胆放手，给学生留出充足的探究时间。如上《声音是怎样产生的》一课，当学生猜想声音可能是由物体的振动或碰撞或弹拨而产生的时，教师引导各组学生利用桌子上可发声的几种材料（可选鼓、叉、锣、吉他、钢尺、橡皮筋、三角铁、音叉等）自己探究声音是怎样产生的，15 分钟以后汇报，并用自己设计的实验证明，在这期间教师巡视参与并适时地用小纸条指导学生探究。15 分钟以后各组学生纷纷汇报：有的认为声音是由碰撞产生的，并用敲鼓实验证明了自己的说法，其他组马上反驳这种观点，认为声音并不是由物体的碰撞产生的，因为吉他不碰撞，只需轻轻拨动就能发出声音，而且锣碰撞产生声音后其声音可以延续好长时间。最后学生们通过讨论一致认为声音是由物体的振动而产生的。可以想象如果没有给予学生充足的探究时间，学生只能留于形式上的“争论”，而不可能有如此清晰的观点和相应的证明实验。再如关于《植物的生长》《动物的生命周期》的探究，更应给学生留足观察、种植和养殖活动的时间，最起码应该对一种植物和动物的生长过程有一个完整的观察，才能对植物和动物的周期性变化有一个大致的了解和认识。

3. 布置科学学习的空间

在教学中教师要为学生的学习提供空间上的便利，这里的空间是指学生座位的安排、学习小组的形成、学习环境的布置等。传统的教学组织形式往往是插秧式地编排座位，每个孩子被安排安静地坐在自己的位置上，这使得学习常常被视为孤立的、个性化的活动。现在则从空间上给予了一定的调整，把学生编排成一个个学习小组，形成探究群体，通过合作实验、交流讨论、倾听思考他人的观点，从而有效地完成对知识的建构。另外营造有利于学生探究学习的校园环境也尤为重要，在物质文化环境方面，可通过开放的图书馆、微机室、实验室和仪器室,为学生提供必需的学习设备、活动场地和开展动手实验的材料,同时还可创设科学走廊、地理园、生物园、生态园和种植园等校园环境设置,为学生的科学学习提供更广阔的空间。

(二)教师是科学学习活动的引领者

《小学科学课程标准》提出:教师是科学学习活动的引领者。小学科学课程是以培养科学素养为宗旨的科学启蒙课程,小学科学教育的本质不在于传授多少知识和本领,而在于解放学生的脑、手、脚、嘴、思想和时间、空间,给学生创造条件,把学生对科学的好奇心、本能的欲望引导到科学的道路上来,激发其对科学的热爱。德国教育家第斯多惠曾经说过:科学知识是不应该传授给学生的,应该引导学生去发现它们并独立地掌握它们。英国心理学家斯宾塞也曾指出:应该引导儿童进行探讨,自己去推论。因此,小学科学教学不是“教”学生,而是让学生“学”。

小学科学学习过程是通过教师、学生与探究对象三者之间交互作用而实现的,三者不能或缺。在学习中,尽管教师不再是“知识的权威者”,但是教师仍有责任对学生的学习活动给予适当的帮助、适时的调控,教师要从学生的个别差异出发,依据具体问题的特质,依据活动情境的特点,把握辅导介入的度,既帮助学生克服困难,又预留给学生主动发展的空间,让学生们“动”起来,并引导他们观察和发现,鼓励他们自己尝试着动手解决问题,铺路搭桥,促进他们亲历探究的过程。这样学生就能逐步学会提出问题、建立假设、制定研究计划、开展探究活动、搜索解释证据,最终形成结论。在刚开始的一段较长的时间里,教师就像一位引路人,不断地给予学生指导,直到他们可以独立地开展探究为止。

1. 问题创设阶段

教师为学生创设具体的问题情境,引导学生观察并独立思考。例如《马铃薯在水中是沉还是浮》一课,教师出示两个一大一小的马铃薯提问:这两个马铃薯放入水中是沉还是浮?有的学生认为都是沉的,有的认为都是浮的,有的则认为是大的浮小的沉,有的则认为是小的浮大的沉,于是教师把一大一小马铃薯分别放入清水和盐水中,当看到沉下去的大马铃薯和浮上来的小马铃薯时,有的学生则提出了意见:把大的和小的马铃薯换一下、把大的和小的马铃薯放入同一杯水中(体现了良好的科学素养),当教师请提出意见的同学自己上来演示实验时,发现大马铃薯在那杯让小马铃薯浮起来的水中也浮了起来,小马铃薯在那杯让大马铃薯沉下去的水中也沉了下去;而大、小马铃薯都在那杯让小马铃薯浮起来的水中浮了起来,在那杯让大马铃薯沉下去的水中都沉了下去时,学生有了新的疑问:原来是两杯水有问题啊!

2. 提出假设、验证假设阶段

学生提出假设和验证方法时,教师要引导学生独立思考,并将自己的观点在学习小组中交流讨论,反复探究实验,验证假设的正确与否。在学生的探究出现困难和失败时,教师应及时引导和鼓励他们更改假设,重新实验。例如《声音是怎样产生的》一课,当学生自己利用桌子上的发声材料探究声音是怎样产生的时,有些组会出现一些困惑或迷茫,这时教师可通过直接参与和用小纸条提示的方法引导学生继续探究声音产生的原理。

3. 发现、概括阶段

通常学生在实验完成后既认为探究活动结束,此时教师要鼓励学生根据观察、实验的现象进行归纳,引导学生自己概括并用自己的语言表述出结论,这样不但让学生享受了成功的快乐,更有利于学生对该知识的理解和掌握。例如《盐在水中溶解了吗》一课,通过让学生观察沙子和盐在水中的变化,让学生描述、交流观察到的现象,学生在描述中将使用一个重要的词"溶解",并建立一个模糊的溶解概念,然后通过介入面粉在水中的变化与沙和盐在水中的变化进行观察比较,并通过沉淀、过滤实验进一步比较沙、盐和面粉在水中的区别,逐步建立起一个比较清晰的溶解概念,然后再通过观察高锰酸钾在水中的变化,让学生交流得出比较科学的溶解概念。

(三)教师是学生学习科学的亲密伙伴

《小学科学课程标准》指出:教师是科学学习活动的组织者、引领者和亲密的伙伴。在小学科学教学中,教师应该以一个学习伙伴的身份参与到学生的探究活动中去,这样不但可以更好地引导学生的探究活动,还可以更全面地了解探究过程中的细微变化,为后续的交流、讨论做好充分的准备。

1. 课内探究活动的亲密伙伴

每一堂科学课都拥有许多探究活动,而且很多探究活动都要占据很长的时间,教师除了在课前做好准备以外,在课内的各个探究活动中也应以学习伙伴的身份参与其中,适时引导,这样不但可以了解学生在什么地方产生了困难,从而有效地引导和把握教学方向,还可以使学生真正地从探究中有所收获,并使探究实践得到完善。

2. 课外探究活动的亲密伙伴

科学课拥有许多课外延伸活动,如果教师能以身作则地自己探究这些活动,对学生的课外探究活动的开展会起到催化剂的作用。如三年级《植物的一生》《动物的生长周期》两个单元的教学内容,如果教师能在校园里开展种植凤仙花和养殖蚕的活动,不但可以更好地了解植物和动物在生长周期内的变化,可以适时地指导学生的探究活动,而且,通过随时展示种植的凤仙花和养殖的蚕,会吸引每个学生都向往参与该项探究活动,取得更佳的教学效果。

(四)教师是学生探究过程的激励者

《小学科学课程标准》提出科学课程要面向全体学生。即要让每一个学生在探究的过程中都能获得激励,都能获得成功的体验,都拥有自信心,使每一个学生在其原有的基础上都有新的发展。心理学研究证明,学生的意志情感比较脆弱,他们在探究的过程中,一旦遇到困难往往会产生畏惧的心理,如果不及时疏导,时间长了学生就会丧失自主求知探究、不断进取的信心。

1. 激励倾听与交流

倾听与交流是探究活动中一个必不可少的环节,为学生提供了发表个人见解、倾听他人意见、相互交流、相互比较的机会,这种交流不仅是语意层面的交流,更是双方自我认识的重构,体现了双方的协调发展。探究活动中这样的倾听与交流,让学生即可以表现个人的自信,又能发现自己的不足和别人的长处。同时,交流中的相互质疑和争论也能够培养学生尊重事实、坚持科学真理的科学态度。

2. 激励尊重事实

在探究过程中常会发现,当个别学生的实验结果与大多数学生的不同时,很容易因从众心理而改变自己的实验结果,这时教师要鼓励学生尊重事实。例如一位教师在上《连通气球》一课时,让学生猜想一个大气球和一个小气球用一根管子连通后会发生什么变化,要求每个学生都要拥有自己的观点，其中有一个学生的猜想是大气球会越大、小气球会越小，引起了同学们的哄笑，而这时教师却大大地表扬了这位同学坚持自己的观点，不随波逐流，拥有科学家布鲁诺的素养。教师的表扬和肯定使得其他同学由原来的哄笑转为投出了敬佩的目光，而当最后的实验结果也证实了这位同学的猜想时，教师又一次地赞美他是真正的"布鲁诺第二"，从而营造了一个追求实事求是的科学学习的氛围。

教师在科学探究过程中还要激励每一个学生所取得的哪怕是极其微小的成绩；激励每一个学生独特的见解和方法；激励每一个学生的兴趣、爱好和专长，通过激励来促进学生的个性和谐、健康发展。

科学教师应该努力做到：给学生一些问题，让他们自己找答案；给学生一点困难，让他们自己去解决；给学生一些权利，让他们自己去选择；给学生一些机会，让他们自己去体验；给学生一些条件，让他们自己去锻炼；给学生一片空间，让他们自己向前走！让学生融入科学探究的情境之中，去感受科学学习的魅力。

二、小学科学教师的专业发展

1966 年，国际劳工组织和联合国教科文组织《关于教师地位的建议》指出："教师职业是一种专业。"1971 年，中央教育审议会《关于今后学校教育的综合扩充的调整的基本措施》指出："教师职业本来就需要极高的专门性。"1975 年，联合国教科文卫组织《关于教师作用的变化及其对于教师的职前教育、在职教育的建议》指出："教师职业作为专业，必须重视职前教育与职后培训的统一性和教师培养的终身化。"由此看来，教师专业发展是使教师职业达到专业化，即从事学校教育的人只能是由通过特定训练而具备教师特质的人来担任。

2001 年 6 月，教育部颁发的《基础教育课程改革指导纲要（试行）》中明确规定在小学中、高年级阶段和初中阶段开设综合《科学》课程，同时，将我国小学科学教师的专业化也提上了议事日程。小学科学教师的专业发展主要落实在职前培养与职后培训中。

（一）我国职前科学教师专业发展的培养

长期以来，我国教师培养机构都是以分科的形式为社会输送合格教师。随着我国不断重视综合科学教育的发展，我国在职前科学教师的培养上竞相开设科学教育专业，使得科学教育专业成为我国教师教育体系中一个以培养高素质的中、小学科学教师与科学教学研究人员及科学普及教育工作者的复合型人才为目标的综合型专业。到 2003 年，全国已有 32 所高校经审批开始招收科学教育专业本科生，一些高校正在按照教育学的二级学科或三级学科，开始培养科学教育学硕士研究生。北京师范大学在全国率先开始招收科学教育学专业博士研究生。

目前，科学教育专业在课程设置方面，大多数院校的专业教学计划（人才培养方案）中的课程设置带有学科本位和分科专业的色彩。即如果是物理院系办的科学教育专业，那么教学计划中开设的主干课程以物理类课程为主，而如果是化学院系举办的科学教育专业，那么开设的主干课程以化学类课程为主，致使科学教育专业的综合性不突出。

（二）我国在职科学教师专业发展的培训

与其他各科教师相比，科学教师是教师中一个独特的群体，科学教师在专业发展的过程中除了要面临教师专业发展的普遍性问题以外，还要应对一些独特性问题。因为综合课程对教师的开放性要求与分科教师其职业所特有的保守性和封闭性之间的反差很大，工作负担重，致使部分科学教师无暇扩充知识面。

在我国的教师教育结构中，在职教育体系已经形成了庞大的规模，这并不表明在职科学教师的培训已经获得了应有的重视和理想的效果，因为现有在职科学教师队伍的数量和质量，与国家的经济发展和教育改革的要求还明显地不相适应，而小学科学教师的在职培训也主要是进行学历教育和科学知识的临时补充。这种培训，多以书本知识为中心，以任课教师为中心，以课堂教学为中心，实际上承担的任务是对职前教育缺陷的“补偿”，因为“急功近利”，而难以达到理想的效果。

（三）科学史和科学哲学的缺失阻碍教师的专业发展

科学史和科学哲学对科学本质的理解是关键性的，从而对科学教育的作用是毋庸置疑的，也正因为这样，国外在科学教育研究中科学史和科学哲学成为热点。但是，在我国的科学教育教学研究中，至今还没有引起对科学史和科学哲学的关注。

科学史与科学哲学是国外科学教师教育中的重要课程。最早提倡将科学史和科学哲学教育纳入科学教师教育的是德国科学家马赫（E.Mach）。1895年，马赫提出将科学史与科学哲学融入科学教师的教育之中，他指出，没有任何科学教育可以不重视科学的历史与哲学。1917年，英国政府在一份题为《教育中的自然科学》的报告中明确提出：在科学教学中，应当进行科学史和科学哲学的教学。并指出需要把科学的主要成就及其取得这些成就的方法引进到教学中，应当要有更多的科学精神而不是干巴巴的事实。其方法是开设科学史课程，科学史和科学哲学知识应当成为每个中学理科教师智慧的一部分。20世纪初，萨顿开始在哈佛大学教授科学史，认为学习科学史能够帮助人们更深入地理解科学。

第二次世界大战后，在美国兴起反科学思潮，为了避免造成科学与人文的对立，科学史便开始在大学并非主修科学知识的科学课程中崭露头角。在此期间，首推哈佛大学校长科南特（J.B.Contant）为最具影响力之人物。科南特在大学生的通识教育中用案例教学法实施科学史教育获得了极大的成功。

此外，对科学史和科学哲学教育的关注也反映在当代各个发达国家的科学课程与教学改革中。美国颁布的《2061计划》（1989）、《科学素养的基准》（1993）和《国家科学教育标准》（1996），加拿大一些省新编的科学课程（1991），英国国家课程的科学部分（1988），荷兰的PLON课程（1988），挪威的核心课程（1994），丹麦的科学技术课程（1990），以及西班牙的新课程中，都对科学史和科学哲学与教学有着明确的要求。科学史和科学哲学课程已成为上述国家培养理科教师课程的一部分。在美国有些学区，学完这些课才能取得教师资格证书；西班牙和丹麦最近也为理科师范生开设了这些必修课。

在港台地区，台湾师范大学数学研究所及高雄师范大学科学教育研究所先后于1992年及1993年开设了科学史和科学哲学的课程。在大学部，高雄师范大学及东吴大学目前也都设有科学史的课程。

在科学教师的培养中，无论是职前培养还是职后培训，都必须纳入科学史和科学哲学教育的内容。以科学史和科学哲学的相关文章和著作为载体，以科学教师教育的课程体系为渠道，使科学教师高度重视科学史和科学哲学的学习，提高其科学史和科学哲学的素养，正确理解科学的本质。

目前，我国无论是对职前，还是在职科学教师的专业培养中，由于缺乏科学史和科学哲学课程，使得科学教师对科学的理解仍然停留在传统的观点上，认为科学知识是客观真理，科学知识的产生范式是以纯粹客观的观察为基础，经由培根（F.Bacon）的归纳法得到科学知识或理论。整个科学研究的过程，就是以客观的眼光来观察自然现象，通过归纳发现和获得某些规则，进而在头脑中形成某种假设，再收集资料验证假说，若假说成立就变成科学知识。由于科学知识形成过程被认为是客观的，而且它是对自然界本质的真实的描述，因此是极不容易改变的，故科学知识被视为客观的真理。由于视科学知识是客观真理，自然把知识及其结构看作是科学的本质。与此相应的科学教学方式当然是传递、灌输、记忆、背诵，视书本为权威，以“双基”为目标也就成为自然的结果。

当代科学本质观的基本内涵，根据麦克马斯（W.F.McComas）针对 8 个国际科学教育标准中关于科学本质部分的分析梳理出的 30 项交错、重叠性的观点，整合成 14 项高度重叠性的科学本质观点：科学知识是多元的，具有暂时特征；科学知识不完全依赖观察、实验的证据、合理的争论及怀疑的态度；通向科学没有唯一的道路，因为没有一种普适的一步一步的科学方法；科学是一种解释自然现象的尝试；在科学中，规律和理论起着不同的作用，因此学生应明白，即使有比较充分的证据，理论也变不成规律；来自不同文化背景的人都对科学做出了贡献；新的知识必须要清楚地、公开地得到报道；科学家需要精确的持续记录，伴同检测，具有可复制性；观察渗透理论；科学家是有创造力的；科学史同时展现出进化的及革命的特性；科学是社会和文化传统的一部分；科学和技术彼此影响；科学思想受到其社会和历史环境的影响等。对照当代科学本质观，可以清楚地发现我国科学教师对科学本质的理解尚存在较多的偏差，观念显得比较陈旧与落后。

三、小学科学教师的素质标准

21 世纪国际教育委员会认为：“教学质量和教师素质的重要性无论怎样强调都不过分。”提高教师素质，是所有国家优先考虑的问题。小学科学教师是小学科学教育成败的关键，小学科学教育的根本目标在于提高学生的科学素养。科学素养不仅包括对科学知识的了解，而且包括对科学本质的理解。我国新颁布的科学课程标准也十分强调学生必须领悟科学本质。科学教师在要求学生理解科学本质时，自己必须先认识科学本质，理解科学本质是科学教师专业发展的一个重要组成部分。

（一）坚定正确的政治素质

小学科学教师应努力具备的坚定正确的政治素质主要是指教师应爱国守法和敬业奉献。教师爱国守法主要体现在热爱祖国，热爱人民，拥护中国共产党的领导，拥护社会主义；全面贯彻国家教育方针，自觉遵守《教师法》等法律法规，依法履行教师职责和义务；不得有违背党和国家方针、政策的言行。教师敬业奉献主要体现在忠诚人民教育事业，志存高远，对工作高度负责，勤勤恳恳，兢兢业业，甘为人梯，乐于奉献；认真备课上课，认真批改作业，认真辅导学生；不对工作敷衍塞责。

（二）豁达大度的思想素质

小学科学教师应努力具备的豁达大度的思想素质主要是指教师热爱学生，严于律己，宽以待人；面向全体，因材施教。教师热爱学生主要体现在关心爱护全体学生，尊重学生的人格，平等、公正地对待学生；对学生严慈相济，做学生的良师益友；保护学生的安全，维护学生的合法权益，促进学生全面、主动、健康发展；不讽刺、挖苦、歧视学生，不体罚或变相体罚学生。

教师豁达大度的具体细节表现：满腔热情，亲近学生，喜爱学生；对待学生亲切和蔼，善解人意；相信学生是积极向上的，相信学生的潜能；寻找机会主动接触学生，善于与学生交往；敏感体贴，及时觉察学生的情绪变化，并作出情绪反映；关心每一位学生的生活和健康，充满爱心；对待（学习、经济）困难学生给予更多的爱心和帮助。

（三）博闻强识的理论素质

小学科学教师应努力具备的博闻强识的理论素质主要是指教师应认真学习教育理论并且要终身学习。教师要树立终身学习的理念，遵守教师培训制度，不断学习，与时俱进，自觉更新教育观念，更新自己的知识结构和层次，潜心钻研教育教学业务，不断提高教书育人的能力水平，不断充实自己，跟上时代发展和学生成长的步伐。

对教师来说，科学的理论素质是自身素质的核心内容，是工作能力的奠基石。教师在完成具体任务和解决具体问题时，直接应用的是一系列"规则"和"技能"，但对工作效果起决定性作用的，是基本理论素质。强调小学科学教师的理论素质，实质是强调理性思考，特别是规律性思考，避免就事论事，凭直觉、经验和感情办事。有教师认为，对事物的认识越透彻，所站的角度就越高。当站得越高，就越能发挥自己的执行力。随着教师专业化成长的不断深入，一些教师经常苦于缺少"笔杆子"，经常头疼写不出"好教案"，原因何在？根本原因在于理论素质薄弱。例如小学科学教学中要实施启发式教学。启发式教学原则是我国传统教育理论中的瑰宝，它是由春秋时期的伟大教育家孔子首先提出的，在《论语·述而》中，他说："不愤不启，不悱不发。举一隅不以三隅反，则不复也。"朱熹在《论语集注》中对此解释说："愤者，心求通而未得之意，悱者，口欲言而未能之貌，启谓开其意，发谓达其辞。物之有四隅者，举一可知其三，反者，还以相证之意；复，再告也。"由此可知，启发式教学包含三个要点：第一，教师的教学要引导学生探索未知的领域，激发起强烈的求知欲，积极去思考问题，并力求能明确地表达。第二，教师的启发工作必须建立在学生积极思考的前提之下，其作用就体现在"开其意""达其辞"。第三，使学生的思维能力得到发展，能从具体事例当中概括出普遍原则，再以普遍原则类推于同类事物，从而扩大认识范围。从上面的分析可以得出这样的结论：所谓启发式教学是教师在教学工作中，依据学习过程的规律，引导学生主动、积极、自觉地掌握知识的各种具体教学方法的总称。它并不是某一种具体的教学方法的代名词，而是一种教学精神，一种教学的指导思想，它可以体现为一种教学方法，也可以是多种教学方法的整合。

（四）科学史和科学哲学的知识素质

小学科学教师应努力具备的科学史和科学哲学的知识素质主要是指教师具备科学史和科学哲学的相关知识。

科学史对科学教育的作用主要有：科学史可以促进学生对于科学的概念与方法的理解；透过科学史对于历史的研究，可以联结学生的思考与科学的发展进程相一致；科学史在本质上是有内在价值的；认识科学史可以了解科学本质；科学史可以抵消在科学教科书或是课程里常发现的科学主义或独断主义；科学史透过检视科学家们的活动历程，使得科学科目更为人性化，而为学生所接受；科学史呈现了科学与其他学科之间的联结关系，展现了人类成就整合并且互相依赖的本质。萨顿（G.Sarton）指出："向学生详细追溯一项发现的全部历史，向学生指明在发明者道路上经常出现的各种各样困难，以及他怎样战胜它们、避开它们，最后，又怎样趋近于那从未达到的目标，再没有比这种做法更适于启发学生的批判精神、检验学生的才能了。"

科学哲学是从哲学角度考察科学的一门学科。科学哲学对科学教育的作用主要体现在为科学教育提供世界观和方法论。科学哲学以科学活动和科学理论为研究对象，主要探讨科学的本质、科学知识的获得和检验、科学的逻辑结构等有关科学认识论和科学方法论方面的基本问题。

（五）准、精、美、活的语言素质

小学科学教师应努力具备的语言素质指的是在教学活动中能够准确规范地运用普通话来表达思想情感、观点和见解。教师的教学效果很大程度上取决于他的语言表达能力。教师要将书本上死的语言变成学生乐于接受的活的语言，这中间的媒介就是教师的语言表达能力。孔子曰："工欲善其事，必先利其器。"意思是说，要做好工作，先要使工具锋利。比喻要做好一件事，准备工作非常重要。

教学语言力求做到准、精、美、活，富有特色。"准"指的是语音准、语体准、达意准。语音准指的是教学时力求用普通话授课；语体准指的是教学时必须做到口语语体和书面语体泾渭分明；达意准指的是语言表达必须准确，教学中不能给学生一些似懂非懂的知识，似懂非懂的概念。"精"指的是语言精确、精炼和精彩。"美"指的是语言生动、形象、幽默、风趣。"活"指的是教学语言要善于穿插，恰当的变位，适当的留空。教师的讲课语速，每分钟平均200个字，当讲到重点、难点和关键的地方，可以放慢两倍或三倍的速度讲解，给学生一边听一边思索的机会。

为了使教学语言做到准、精、美、活，富有特色，首先，要勤于读书，善于积累。教师的一切底蕴皆来自读书，很难想象一个不读书的人能说出幽默生动、智慧联翩、让人忍俊不禁的语言来。苏霍姆林斯基说，只有当教师的知识视野比学校教学大纲宽泛得无可比拟的时候，教师才能成为教育过程中的真正能手、艺术家和诗人。教师必须让读书丰厚自己的语言积累。其次，要不断锤炼。教师要不断练习，形成良好的语言表达能力，能够使学生在有限的时间里，增长足够的知识信息和创造能力。教师头脑中有了足够的信息储量，则可或侃侃而论，或娓娓而叙，或旁征博引，或巧妙点拨；分析问题条理清楚，丝丝入扣，解答疑难深入浅出，鞭辟入里，总体上呈现一种当行则行，当止则止的行云流水般的境界。

（六）勇于创新的能力素质

小学科学教师应努力具备的勇于创新的能力素质一般包括观察力、注意力、记忆力、想象力、思维力和创造力。

观察力是指对事物的观察能力，如通过观察发现新奇的事物等，在观察过程中对声音、气味、温度等有一个新的认识。科学发展从观察开始，科学认识的基本程序是通过观察、测量和实验，获得经验事实性的知识，然后通过归纳与假说，上升到定律，再逐渐形成理论。其基本认识程序是：事实—定律—理论。迄今为止，我国中小学科学课程基本上一直采用这种科学观。

注意力是指人的心理活动指向和集中于某种事物的能力。"注意"是一个古老而又永恒的话题。苏联教育家乌申斯基曾精辟地指出："'注意'是我们心灵的唯一门户，意识中的一切，必然都要经过它才能进来。"注意是指人的心理活动对外界一定事物的指向和集中。具有注意的能力称为注意力。

记忆力是识记、保持、再认识和重现客观事物所反映的内容和经验的能力。记忆力是影响学生一生的智力因素。记忆是一个复杂的心理过程，是智力发展的必要条件。记忆是人脑对过去经验的反映，诸如过去感知过的事物、思考过的问题、体验过的情绪与情感、做过的动作等，都可能保存于头脑中。

想象力是在客观事物的影响下，在言语的调节下，人脑中已有的表象经过改造和结合而产生新形象的过程。想象力的重要性不言而喻。科学家爱因斯坦说过："想象力比知识更重要，因为知识是有限的，而想象力概括着世界的一切，推动着进步，并且是知识进化的源泉。严格地说，想象力是科学研究的实在因素。"从中国的四大发明，到欧洲的工业革命和文艺复兴，再到如今的科技革命，都离不开人类的想象力。2011 年，某机构调查显示，在全球 21 个受调查的国家中，中国孩子的计算能力排名第一，想象力排名倒数第一。这则消息引起了我国社会的强烈反响和深刻思考。

思维力是人脑对客观事物间接的、概括的反映能力。当人们在学会观察事物之后，逐渐会把各种不同的物品、事件、经验分类归纳，不同的类型都能通过思维进行概括。

创造力，是人类特有的一种综合性本领。一个人是否具有创造力，是一流人才和三流人才的分水岭。创造力是知识、智力、能力及优良的个性品质等诸多因素综合优化构成的。创造力是指产生新思想、发现和创造新事物的能力，它是成功地完成某种创造性活动所必需的心理品质。例如创造新概念、新理论、更新技术，发明新设备、新方法，创作新作品等都是创造力的表现。创造力是一系列连续的复杂的高水平的心理活动，它要求人的全部体力和智力的高度紧张，以及创造性思维在最高水平上进行。

（七）开拓进取的管理素质

小学科学教师应努力具备的开拓进取的管理素质，指的是教师为实现教学目标而建立并在维持教育教学秩序的师生互动过程中所形成的行为表现。教师管理能力的高低直接影响教师教学的质量，也对学生学习产生极大的促进或消极作用。教师是课程改革中的主要力量，是基础教育课程改革的关键所在，而教师管理能力是教师有效教学的重要保障。但是，在实际教学中，大多数教师对于管理还只是停留在基本的"管学生"层面，没有真正地把学生作为一个发展中的人来看待，没有形成全面的管理能力。

教师要具备的开拓进取的管理素质，一是要更新教育理念，崇尚人性化管理。新课程的实施，要求教师要加快角色意识的转变，教师要由教学中的主角转向"平等者中的首席"。教师必须熟悉学生的心理和生理发展规律，充分地考虑学生的心理和生理需要，尊重学生，关心爱护学生，倾听学生的心声，树立学生为本的意识，崇尚人性化管理。二是要充实专业积淀，提高自身的专业素养。教师的专业素养是教师确立在课堂管理中领导者地位的主要基础，包括教师的专业知识、社会历史和文化知识、教学技能和教学能力等。提高教师的专业素养有利于教师权威的确立，教师在教学中的权威对减少学生课堂违纪行为有很好的作用。三是增强师德修养，展现人格魅力。教师的人格魅力包括教师的个性特征，教师自身的品质修养以及教师为人处世方面的能力，对教育事业的情感、态度和兴趣等。教师为人处世的态度、方式和情感的投入，以及自身品质影响的不仅仅是一节课，更会在潜移默化中影响学生的一生。因此，教师必须要加强自身修养，提升自己的人格魅力，注重课堂管理理念的改变，培养自己的管理意识和管理能力。四是探索教与学的规律，努力践行：富有理想，给学生以坚定感；善于创新，给学生以敏锐感；循循善诱，给学生以信任感；关心学生，给学生以亲切感；豁达大度，给学生以宽厚感；一身正气，给学生以钦佩感；处事冷静，给学生以稳重感；率先示范，给学生以楷模感；朝气蓬勃，给学生以向上感；教学有方，给学生以启迪感。

(八)精力充沛的身体素质

小学科学教师应努力具备的精力充沛的身体素质是指在运动、劳动与生活中所能表现出来的力量、速度、耐力以及灵敏性和柔韧性的能力。教师特定的生活环境和工作特点,要求教师的身体素质要全面发展。

首先,体质健康耐受力强。健康的体质是教师能有效地承担繁重的教学任务和科研任务的前提。在这个前提下,还要有能长时间活动和抗疲劳的耐受力。这是因为教师的劳动是一项既包含着脑力消耗,又包含着体力消耗的艰苦工作,需要经常用脑思考,经常用嗓讲话,经常坐着读书备课,经常站着讲授辅导等,还要做好学生的思想工作,安排好集体的活动,带领学生参加社会实践等。这项职业劳动的特点决定教师必须具备强健的身体和坚毅的耐受力。

其次,耳聪目明,声音洪亮。教学工作是通过听、看、写、讲来完成的,因此,教师必须具备良好的听力、视力和发声控制。与其他工作相比,耳聪目明、声音宏亮也就成了教师必备的身体素质要求。所谓耳聪目明,就是对不断变化发展的客观世界、对与日俱增的新的科学文化知识、对周围产生的新鲜事物、对学生的音容笑貌等,听得清清楚楚,看得明明白白;所谓声音宏亮,就是讲话清晰悦耳、字正腔圆,发声放得开也收得住。人的视听能力和语言表达能力是建立在良好的身体素质基础上的,而对于教师,这种能力应该就是良好身体素质的组成部分。

再次,精力充沛,反应敏捷。精力充沛、反应敏捷是以人的身体素质为基础的,也是身体健康的表现形式。精力充沛是人体各部分机能健康协调发展的结果。在精力充沛的情况下,人的中枢神经系统才能处于兴奋状态,才能进行创造性思维。反之,对人的视听能力、敏感能力、分析和理解问题的能力将起到衰减和抑制的作用。因此,教师要想获得敏捷的素质,必须保持精力充沛。在教师的职业生活中,精力充沛、反应敏捷的主要表现有三个方面:一是感知敏锐,具有强烈的求知欲和浓厚的学习兴趣,善于接受新事物;二是思维敏捷,具有积极的创造意识,善于从不同角度观察问题和从不同层面分析问题;三是智能健全,具有较强的应变能力、分析综合能力和创新能力。

总之,健康的身体素质是教师诸多素质的一个重要方面,它是教师思想政治、道德、科学文化、能力、心理等各种素质的物质基础。教师的身体素质在教师职业活动中具有不可忽视的重要作用。

第二节　小学科学教师的专业技能

教学技能是指教师运用已有的教学理论知识,通过练习而形成的稳固、复杂的教学行为系统。它即包括在教学理论基础上,按照一定方式进行反复练习或由于模仿而形成的初级教学技能,也包括在教学理论基础上因多次练习而形成的,达到自动化水平的高级教学技能,即教学技巧。教学技能是教师必备的教育教学技巧,它对取得良好的教学效果,实现教学的创新,具有积极的作用。

一、教学设计技能

(一)小学科学课教学设计的含义

概括地说,小学科学课教学设计就是指小学科学教师为达成一定的教学目标,对教学活动进行的系统规划、安排与决策。具体地说,小学科学课教学设计是指小学科学教师以现代教学理论为基础,依据学生的特点和教师自己的教学观念、经验、风格,运用系统的观点与方法,分析教学中的问题和需要,确定教学目标,建立解决问题的步骤,合理组合和安排各种教学要素,为优化教学效果而制订的实施方案。

(二) 小学科学课教学设计的理念

小学科学课是一门综合课程,小学科学课教学设计是上好小学科学课的前提,是促进小学科学教师理性地思考教学,真正实现教师主导与学生主体最佳结合的主要凭借。

小学科学课教学设计的理念是:教师要与课程标准对话,全面理解课程标准的精神,准确把握课程标准,并对课程标准要有独特理解。课程设计要面向全体学生,应表现在教学的各个阶段。学生是学习科学的主体,科学学习要以探究为核心,尽量让学生亲历探究过程。

(三) 小学科学课教学设计的内容

(1) 教学目标设计(课标)。

(2) 教学内容设计(任务、资源)。

(3) 教学过程设计(学生状况)。

(4) 教学策略、方法设计(教学条件)。

(5) 教学组织设计(综合)。

(6) 教学评价设计(自评、过程)。

(四) 教学设计中的教材内容分析

(1) 教材内容的纵向分析。

(2) 教材内容的横向分析。

(3) 教材内容的科学性。

(4) 教材内容的思想性分析。

(5) 教材内容与生产、生活的联系分析。

(6) 教材内容在培养学生能力方面的分析。

(7) 教材内容在方法学习方面的分析。

(8) 教材内容内在联系分析。

二、活动策划技能

(一) 指导思想

以培养学生科学素养、创新精神和实践能力为重点,认真学习新课程标准和小学科学学科建议,明确其意义和作用,用新课程改革的思想和理念指导活动,提高学生的素质,拓宽学生的知识视野,促进学生的全面发展,提高学生对科学奥秘的探究意识,培养科学精神,激励科学创新。

(二) 活动目的

(1) 学得开心,玩得开心,在学习中培养兴趣,在游戏中学习科学。

(2) 培养学生独立思考、创新进取的科学素养。

(3) 促进学生整体素质的提高。

(三) 活动内容

选取较简单的实验,准备好实验材料,创造机会让学生动手做实验,参与其中,亲历实验过程，真正经历科学学习过程。如科普小报比赛、科学幻想绘画比赛、七巧板组合美画板比赛、趣味魔方挑战赛、纸张承重挑战赛、纸飞机挑战赛等。

（四）活动措施

（1）根据不同的实验内容开展丰富多彩的实验活动。老师可减少不必要的活动前准备，多让学生自己进行准备，选取最适合的实验材料进行活动，以提高活动效益。

（2）活动时老师要做适当讲解并进行必要规范的演示，学生分组活动，鼓励学生团结合作。

（3）实验活动过程中，教师要加强巡视指导以保证学生实验成功率达到100%。

（4）注意安全教育，对较危险的实验应强调注意事项，要求学生严格规范操作。

（5）鼓励学生在动手的同时动脑，大胆地创新。引领学生实验，在活动中满足学生童真的天性和激发学生对科学探究的兴趣。

（五）活动时间及地点

（1）时间：课外活动时间。

（2）地点：科学实验室。

（六）注意事项

（1）鼓励学生自愿参加，注重兴趣的培养和能力的提高。

（2）激励学生积极参与各项学习活动，有秩序，有热情。

（3）指导学生自觉维护科学实验室的整洁环境。

三、课堂教学技能

小学科学课不仅影响学生对客观世界的认识，并且对学生科学素养的形成，培养动手能力、好奇心与探索欲，造就良好的心理素质以及对今后的学习和生活都有着举足轻重的作用，因此，小学科学教育要立足于上好每一节课。一个优秀的教师要有较高的教学技能，能够驾驭知识，采取灵活多样的方法引导学生学习，提高学生各方面的综合能力。然而，教学技能并非一蹴而就，它需要教师在日常的教学工作中不断地锤炼和提升。可以肯定地说，一个没有熟练掌握各种教学技能的教师是难以有效地组织学生主动学习的。作为教师只有运用各种教学技能，不断创新，才能使课堂教学多彩多姿，生动有趣，才能达到教学的目的。一般来说，课堂教学工作技能归结为10类：导入技能、语言技能、讲授技能、提问技能、演示技能、板书技能、机智技能、强化技能、控制技能和结课技能。鉴于本节教学评价技能中涉及相关内容，此处只重点讲述导入技能、讲授技能、提问技能、演示技能和结课技能。

（一）导入

课堂导入即教师采用简洁的语言或辅助动作拉开一堂课的序幕。课堂导入是课堂教学的主要环节之一，一堂课导入的成败直接影响着整堂课的效果。新课的导入要据所教班级的特点以及教学时间、学情反映、外部环境等而变换，使学生保持新鲜感及阅读学习的兴趣。

导入的基本要求：① 调集注意。人的注意力高度集中时，大脑皮层上的有关区域便形成了优势活动中心，对所注意的事物专心致志。人的注意力越集中，对周围其他干扰的抑制力越强，这时人对事物观察得最细致，理解得最深刻，记忆得最牢靠。② 激发兴趣。学习兴趣是小学科学学习活动中最直接、最活跃的意向心理因素，它对于维系注意力、增强理解与记忆、激发联想和创造思维、唤起情感体验，都具有积极作用。③ 引上正轨。导入是整个教学过程中的一个有机组成部分，它的首要作用和功能就是引导学生顺利进入下一个环节的学习。它好比通往正题的桥梁，能有效地把学生的思维引入正轨，从而产生浓厚的探索兴趣。④ 引入佳境。在教学的起始阶段，创造一个和谐、活泼、愉悦、热烈的情境，用语言营造优美的意境，无疑会大大提高课堂教学的效率。导入好比演奏前的定调，它直接关系到演奏的成败。⑤ 启迪心灵。知识性、思想性、艺术性完美结合的导入，必然会拨动学生的心弦，调节其心志，陶冶其情操，完善其人格。⑥ 给予享受。优秀的导入设计其美学价值不容忽视。教师用优美的语言营造情境、再现形象，必然会使学生的心灵产生震动，也必然会使他们体验到审美的欢愉。

小学科学课的教学导入应该遵循的原则是：① 符合教学的目的性和必要性；② 符合教学内容本身的科学性；③ 从学生的实际出发；④ 从课型的需要出发；⑤ 导语要短小精悍；⑥ 形式要多种多样。

小学科学教学最优化导入法包括：温故导入法、衔接导入法、设疑导入法、布障导入法、目的导入法、作用导入法、直接导入法、间接导入法、切入导入法、迂回导入法、引趣导入法、激情导入法、悬念导入法、铺路导入法、比较导入法、归纳导入法、观察导入法、实验导入法、实践导入法、作业导入法、提问导入法、讨论导入法、摘录导入法、课题导入法、游戏导入法、故事导入法、珍闻导入法、歌谣导入法、谜语导入法、诗词导入法。

（二）讲授

讲授法是教师通过语言系统连贯地向学生传授知识的方法。讲授法包括：讲述，即系统传授知识；讲解，即对概念原理解释；讲演，即描述事实深入分析、归纳概括科学结论。

讲授法的基本要求：① 科学地组织讲授内容，要有科学性、系统性、思想性。② 贯彻启发式教学原则和少而精原则。③ 讲究语言艺术。教师在教育教学过程中遵循教学规律和审美性原则，正确处理教学中的各种关系，把知识和信息正确有效地传递给学生。④ 善于设问解疑，启发学生积极的思维活动。⑤ 恰当地运用板书。教师的板书是整个教学思路核心内容的浓缩，是课堂教学的重要一环。要展开于空间，表现为静态，感知于视觉，以展开知识的“核”而存在于黑板上的一种艺术。⑥ 讲授过程中辅之以其他教学手段和方法，使之与讲授相互补充，克服讲授法的弱点。

小学科学教学讲授应该遵循的原则是：① 激发学生的主体意识，增强其学习的内动力。② 设疑激趣相结合，增强讲授的吸引力。③ 科学透辟两相顾，增强讲授的说服力。④ 注重生动形象，增强讲授的感染力。小学科学课堂讲授的四力——内动力、吸引力、说服力、感染力，是课堂教学讲授艺术的结晶。讲授艺术既包括教学内容的处理艺术，也包括教学情境的创设艺术，还包括教学方法的选择艺术和教学语言的表达艺术，以及课堂教学的启发艺术和提问艺术等。

（三）提问

课堂教学提问，是在课堂教学过程中，根据教学内容、目的、要求设置问题进行教学问答的一种形式。它是课堂教学经常采用的一种教学形式，是课堂教学中的“常规武器”，也是影响课堂教学的重要因素之一。提问运用得好，对检查学生、促进思维、巩固知识、运用知识、实现教学目标会起到十分重要的作用。

提问的基本要求：① 优选问题，问在关键处。所谓问点，就是指讲授教材时提出问题的切入点。在小学科学教学中，可以课文的题目为问点、以新旧知识的衔接处为问点、以课文的疑难处为问点、以课文的“无疑”处为问点，精心设计问题，提高课堂效率。② 选准时机，问在该问处。时机，对于课堂提问很重要，时机选得准能起到事半功倍的作用，否则效果就不大。提问的时机，从教学内容的角度来说，应选在知识的重点、难点、关键处；从教学的进程来说，课始，学生注意力不够集中时要及时提问，通过提问将学生的注意力迅速引到课堂教学中来；课中，当学生的思维发生障碍，产生偏差，或受到思维定势干扰时，要及时提问，以便及时排除故障，使课堂教学按计划顺利进行；课尾，当讲授时间较长，学生产生麻痹、倦怠心理时，也应及时提问，以便重新振作精神，积极投入学习。从教学的灵活性来说，课堂教学千变万化，学生回答无奇不有，教师要依据具体情况及时地进行反问、疏问或追问。③ 掌握分寸，问在难易适中处。课堂提问要面向全体，照顾大多数，设计课堂提问时要难易适中，不能过难，也不能过易，要使大部分学生想一想都能回答得出。复习旧知识时，应问在后进生易获成功处；传授新知识时，应问在知识迁移处；巩固练习时，应问在后进生易错处。课堂提问应注意广度，挖掘深度，设置坡度，力求精度。④ 注意对象，问在学生需要处。课堂教学中，由于每个学生的具体情况不同，他们需要的问题也不同。作为教师，应尽量满足不同层次的学生的要求，多设计一些不同层次的课堂提问，如要求回答“是什么”的判别型、回答“怎么样”的描述型、回答“为什么”的分析型、回答“有什么异同”的比较型、回答“有哪些不同意见”的创造型，其中第一种主要针对差等生，第二、三种针对中等生，第四、五种主要用来提问优等生。对不同层次的学生进行不同层次的提问，可使各类学生都能积极思考，各有新获。另外，提出问题和选择答问对象时也应注意根据不同对象区别对待。

小学科学教学提问应该遵循的原则是：① 精心设计，注意目的性。② 难易适度，注意科学性。③ 新颖别致，注意趣味性。④ 循循善诱，注意启发性。⑤ 因势利导，注意灵活性。⑥ 正确评价，注意鼓励性。⑦ 面向全体，注意广泛性。⑧ 因材施问，注意针对性。

小学科学教学最优化提问包括：导入性提问、探究性提问、巩固性提问、总结性提问等。

（四）演示

演示是教师通过展示实物、直观教具或实验使学生获得知识或巩固知识的方法，从而把一些抽象的知识和原理简明化、形象化，帮助学生加深对知识、原理的认识和理解。

演示是小学科学课的一个重要组成部分，应该重视演示实验，做好演示实验。演示的重要性在于：① 激发学生学习的兴趣及求知欲。学生在初识《科学》这门课程时充满了好奇，他们满怀期待地想从这门学科中了解到他们所不知道的东西。如果教师能够将学生未知的景象通过演示实验展现给学生，那么才会真正激发学生求知的兴趣，甚至是对这门学科的热爱。② 有利于学生对知识的理解学习。小学科学课程中的许多知识都是抽象的，通过演示实验可以将抽象的现象展现在学生的面前。学生通过观察教师的演示实验并结合教师的讲解，更容易理解知识。③ 有利于学生形成良好的观察心理品质。良好的观察心理品质是实验能力的重要内容之一。在实验中，良好的观察心理品质主要体现在观察的目的性、整体性、理解性、选择性、精确性、客观性等方面。④ 给学生提供实验操作示范。在小学阶段有许多的学生实验，如固体质量的测量、固体的溶解与分离、测量气温等。这些实验是小学生认识世界、感知世界的一种方式，在提高学生科学探究水平、建立独立设计实验能力和联系实际、运用科学知识的能力等方面有其独特的价值。⑤ 有利于培养学生独立设计实验的能力。演示实验是标准的，具有很强的示范作用，学生通过观察可学会实验的方法。实验结束之后，教师通过设计问题，可以让学生自己动脑思考设计实验来解决这个问题。⑥ 培养学生联系生活实际、应用科学知识的能力。学习的目的归根结底是了解生活,使生活更加美好。我们所学的知识如果不能为实际生活所用,那么学习也永远只能作为一种书本上的、印象中的知识。对于科学,更是应该引导学生将学到的知识用于生活中,并且能够加以创新,形成发明。⑦ 有利于培养学生严谨的做事态度和实事求是的精神。实事求是是一切学习研究的基础,对于科学这门学科来说更是如此。

演示的基本要求:① 教师做好演示前的准备。小学科学实验在科学教学中起着举足轻重的作用,课前准备则是实验成功的保证。在演示课前教师要认真检查实验器材,为提高科学实验教学效果,指导学生进行熟练地实验操作,教师必须在课前试做实验,即使是以前曾经做过多遍的,也得重新试做,这样才能做到心中有数。② 鼓励学生参与实验准备。让学生自己动手准备实验,不仅能弥补教学器材的不足,且还能提高学生的学习兴趣。在《食物的营养》实验中,老师只负责准备铁架台、托盘、酒精灯、碘水、镊子、培养皿这些必须要用到的器材,而所有的食品——包子、白菜、米饭、鸡蛋、黄瓜、萝卜、瘦肉等,都可由学生自己准备。准备过程中学生积极性高,这样不仅减少了教师准备实验的时间,更重要的是实验效果非常好。③ 教师要有处理实验中突发事件的准备。在实验过程中,通常会遇到一些突发事件,影响到实验效果,所以教师必须在准备实验时充分考虑解决方法。如在演示《食物的营养》实验中,小刀要保持干净,以免引起食物混合,造成实验结果错误。如在演示《铁丝在氧气中燃烧》的实验时,氧气瓶中需要加少量的水,以免水星四溅而炸裂集气瓶底部。④ 教师要给学生提供实验操作示范。规范化操作有助于实验安全。小学科学课实验虽然比较简单,但有些实验若不规范化操作就会出现危险。如学生用滴管吸药剂后怎样放、用酒精灯给水加热的实验等,如果从实验的准备到实验之后仪器的拆除、存放的整个过程中完全按规范化的操作步骤办,就能保证安全。⑤ 教师要注重实验方法的指导。如教师教授学生测量固体的质量时,要讲清楚托盘天平的使用方法,操作的步骤方法也要讲清楚。只有这样学生才能真正学会实验,之后的探究才有了基础。

小学科学课程的教学演示应该遵循的原则是:① 以实事求是为基础。实事求是是探究学习的主线,更是教师需要传授给学生的一种重要的科学态度。② 根据学生的具体情况运用演示教学法。③ 控制演示时间,难度不宜太大。④ 演示内容要贴近生活,不让学生感到陌生、遥远,这样教师的演示才能引起学生的共鸣。

(五)结课

结课,是一堂课上完之后的体现。成功的课堂教学结课,不仅可以对教学内容起到梳理概括、画龙点睛和提炼升华的作用,而且能延伸拓展课堂教学内容,使学生保持旺盛的求知欲望和浓厚的学习兴趣,从而取得“课虽尽而趣无穷、思未尽”的效果。

结课的基本要求:① 水到渠成,过渡自然。课堂教学的结果是一堂课结束的自然体现,不是硬加上去的。因而课堂教学时,要依照课前的设计,导入、讲授要严格按照计划进行。② 照应开头,结构完整。结尾呼应开头,显得一节科学课的内容结构完整。③ 语言精练,干净利索。结课精练简洁,即要言不烦,一语中的。④ 梳理归纳,画龙点睛。要求教师带领学生一起回顾一节课的内容,提出要求,划出重点和难点。可采用列表、画图、写提纲、串关键词等形式。这样结课,可使学生对所学知识有一个系统、理性的认识,便于学生记忆及课下的复习。教师要言简意赅、画龙点睛地指出应该掌握的知识点。⑤ 内外沟通,存疑开拓。教师以本节课所学的知识为出发点,通过做趣味小实验或对学生反馈练习中出现的问题提出与下节课有关的某些问题，既巩固了本节的知识，又激起了学生的学习兴趣。

小学科学课结课的时机：① 在总结时结课。就是对一堂课的内容、知识结构、技能技巧或用提纲，或用表格，或用写图式等方法加以概括总结，强调要点，使学生对整堂课有一个清晰的印象。② 在启导时结课。就是在一堂课结尾时，对作业的解题格式及完成时间提出一些要求，对有一定难度的作业给予一些启发，对新课的预习给予指导等。③ 在呼应时结尾。就是在一堂课将结束时解决课前提出的问题，前后呼应，使学生豁然开朗。④ 在设疑时结尾。就是提出有一定难度的问题，这个问题常常是在下节课要探讨的，让学生带着疑问结束一节课的学习。⑤ 在伏笔时结尾。就是在讲完旧知识后，要留一个“尾巴”，使学生感觉到言而未尽，引起他们探讨“未尽”(新知识)的好奇心，为今后教学埋下伏笔。⑥ 在引申时结尾。就是根据所授内容，用种种方法把问题不断引向深入。⑦ 在引趣时结尾。就是提出一些有趣的问题，培养学生对学习的兴趣。⑧ 在游戏时结尾。就是在课堂结束时，安排一些与该节课内容有关的游戏，使学生在游戏中进一步加深对所学知识的认识。

四、教学评价技能

教学评价专指对在课堂教学实施过程中出现的客体对象所进行的评价活动，其评价范围包括教与学两个方面，其价值在于有效地实施课堂教学。教学评价技能是教师专业发展的一个重要方面。教学评价技能涵盖了对教学目的、教学内容、教学方法、教学手段、教学过程、教学效果、教学基本功和教师教态的评价。

(一) 教学目的

教学目的正确指的是教学目的要符合教育方针的要求，符合新课标的要求，不能搞自由化教学。教学目的准确指的是教学目的具体可行，不能大而空。好课应力求实现：知识和能力、过程和方法、情感态度和价值观三位一体的教学目标。

(二) 教学内容

教学内容是学与教相互作用过程中有意传递的主要信息。基于生成性教学思维理念，人们对于教学内容有了新的认识：“教学内容，系指教学过程中同师生发生交互作用、服务于教学目的达成的动态生成的素材及信息。”因此，教学内容要达到：知识正确，无科学性错误；注意理论联系实际，重点突出；难度适宜，容量适中；教材处理恰当，合理设计教学情境；问题(活动)设计具有科学性和启发性。

(三) 教学方法

教学方法的改革要立足于贯彻启发式教学的原则，实现教师主导和学生主体的最佳结合：① 教师提出探索目标，激励学生学习动机，师生心理同步。② 教师鼓励创造，学生积极探究，把学习与创造结合起来。③ 教师精讲，学生动脑、动手、动口，使学生对知识能自求得知。④ 教师鼓励创造，学生积极探究，把学习与创造结合起来。

(四) 教学手段

教学手段是指运用教学辅助工具进行课堂教学的一种方法，可以是视听，也可以是实践活动，现在以多媒体为多。根据教学内容，恰当使用教学媒体，设备操作熟练规范，使形象思维与抽象思维相结合，化空虚为充实，化抽象为具体，化远物为近景，化模糊为清晰，化静态为动态。帮助学生理解、掌握有关知识，激发学生的学习兴趣，从而积极主动地去学习。

（五）教学过程

序、量、度是控制影响教学过程的三个重要因素。序，指的是教学结构合理，张弛有度、气氛活跃。一个有经验的教师，成功主要在于能够采用合理的课堂结构，使安排的教学程序是教材、学生、教师三者和谐统一的程序，是教与学高度统一的程序。量，指的是教学容量。要精选教学内容，教学内容精而少，是实行定量控制的关键。度，指的是教学的深度和难度以及学生掌握知识的程度。要做到程度合理、速度适宜、强度适当。

序、量、度各方面不是孤立的，而是在具体明确的教学目标下构成的有机整体。在设计课堂教学时，上述各方面要综合起来考虑，才能有效地控制好教学过程。

（六）教学效果

教学效果要看两个方面：一是一节课所取得的教学效果，二是师生所花费的时间和精力。好课取得的教学效果应该是，通过这一节课，学生思想上有提高，知识上有长进，能力上有发展，听、说、读、思、行得到有效的训练。教学效果良好还应看师生花费的时间与精力。好课应该是师生花费最小限度的时间和精力，去取得最大限度的教学效果。通俗地说，教师应教的轻松，学生则学的愉快、学的兴趣盎然、达到全面发展。

（七）教学基本功

一般地说教学基本功应包含：理解课程标准和把握教材的基本功；备课的基本功；运用教学语言的基本功；设计板书的基本功；应用现代教学技术的基本功；组织教学的基本功等。此处重点阐述运用教学语言的基本功和设计板书的基本功。

1. 教学语言的基本功

教师教学语言的基本功是指教学语言要达到准、精、美、活，富有特色。准，指的是语音准、语体准、达意准；精，指的是语言精练、精确、精彩；美，指的是语言生动、形象、幽默、风趣；活，指的是善于穿插、恰当变位、适当留空。

准、精、美、活是教师语言的基本功，在此基础上要富有特色，如有的老师善于形象描绘，讲起课来绘声绘色，使学生听了情思并涌，沉浸在一种美的享受之中；有的教师风趣幽默，从容不迫，使学生不知不觉地学到了知识；有的教师语言虽不出众，但条理清楚，逻辑严谨，也使学生受益匪浅。还有的教师，则像康有为当年在万木草堂讲课那样，有如大海潮，有如狮子吼，使听者脑气震荡，悚息静听，终身不忘。

为了使教学语言达到准、精、美、活，富有特色，教师头脑中要有足够的信息储量，或侃侃而论，或娓娓而叙，或旁征博引，或巧妙点拨；分析问题条理清楚，丝丝入扣，解答疑难深入浅出，鞭辟入里，总体上呈现一种当行则行，当止则止的行云流水般的境界。总之，由于教学语言具有主导性、科学性、讲解性、教育性、灵活性、趣味性、时空性、情感性、个性化和口语化等特点，因此，每个教师要找准自己的语言特色，扬长避短。

2. 教师板书的基本功

板书分为正版书与副板书。正版书具有五个特点：① 精炼性，即板书内容要少而精；② 概括性，即板书内容是段落、章节的高度凝练；③ 科学性，即板书的概括和精炼必须正确；④ 逻辑性，即板书的内容必须符合学生认识问题的规律；⑤ 连续性，即板书的内容与上一节和下一节的有机联系，好的板书设计应像一根红线，由博返约，一以贯之。

（八）教师教态

在课堂教学中，除了有声语言以外，还有一种无声的语言，即教态。教师教态是指教师在教学时的衣着打扮、仪表风度、行为举止和感情态度等方面的表现。教师教态包括仪表与情感。教师在教学时，衣着打扮端庄典雅，才能获得学生的尊重与好感。情感是教态的核心，教师的作用在于激励、唤醒和鼓舞学生。教师走进课堂，给学生的第一印象，永远应该是“精神饱满”。教师在教学时，要感情真挚，紧密结合教材的内容进行讲解，才能获得学生相应的情绪体验。教师在教学时，要动静相应，经常以亲切的目光环视全体学生，使每个学生感觉到老师在关注着他，老师在期待着他。在一节课上，师生目光接触时间应占讲课时间的60%～70%。

教师在讲课时，必须在注意教学语言的同时，充分估计教师教态的效果。仅就教师必须作一些即兴表演来说，教学是一种艺术，但如何表演才能打动人心，却是一种科学。为了让学生充分掌握教学内容，教师应充分发挥非言语行为的作用。

美国心理学家艾伯特·梅拉别恩经实验得出一个结论：信息交流的总效果=7%的文字+38%的音调+55%的面部表情。美国另一位心理学家阿伯特·梅哈拉也说：在感情交流上，无言的举止往往比语言更传情，足见教师教态的重要性。也许正因为如此，原俄国教育家乌申斯基认为，教态对学生心灵是一种非常有益的阳光，而这股阳光是没有任何东西能代替的。

总之，教学评价标准既是学校管理者评课和分析课的依据，同时又是指引着教师刻苦锤炼的教学基本功。

第三节 小学科学教师的研究能力

一、教育研究的主要类型

教育研究的类型很多，可以按照研究目的、研究范式、研究层面、研究水平等不同的维度加以分类，为小学科学教师提供选择并确定教育研究的类型。

（一）按研究目的划分，小学科学教师应侧重应用研究

按研究目的进行划分，可以分为基础研究和应用研究。

1. 基础研究

基础研究是指通过阐明新理论或重新评价原有理论从而发展和完善理论的研究，与建立教育科学的一般原理有关，主要回答“为什么”的问题。基础研究不是指基础教育研究，而是以探求规律性为目的的不追求实际效用的研究。基础研究以抽象、一般为特征，目的是揭示、描述、解释某些现象和过程以及它们的活动机制与内在规律。

基础研究具体表现为，或是对教育理论中的个别原理、概念等做出修正、发展以及予以更详细的说明；或是对某一领域中已形成的概念、原理等做进一步的探讨，乃至建立某种新的理论体系，在核心概念、基本范畴和基本原理方面有所突破。如教育方针、素质教育等概念的界定就属于基础研究。基础研究多适于专业研究工作者进行。小学教师进行这种研究，常常会因为占有资料、研究时间、思维能力等方面的限制而事倍功半。基础研究成果以教育论文为主要形式，常成为普遍的教育原则和教育理论。

2. 应用研究

应用研究是指解决某些特定的实际问题的研究，具有直接的实际应用价值，回答“是什么”的问题。应用研究依据相对抽象的基础理论对某个实际目标开展相对具体的研究。应

用研究以具体、特殊为特征,它是对基础研究的成果做进一步的验证,就所关注的某一实际问题,例如某一课程的设置问题、某一特殊的教师培训计划,从大量的案例中寻求概率性的必然结论,目的在于解决某些特定的问题或提供直接有用的知识。应用研究具体表现为,或是解决教育实际中的某些典型的、涉及面广的问题,提出有效解决问题的方法,并能在一定范围内推广;或是直接解决个别实际问题。应用研究更具操作性,也就是说,应用研究更关注效果,其成果形式以教育论文、研究报告、教育专著或教育发明专利为主。

实际上,基础研究与应用研究的区分只是相对的,基础研究虽然旨在增加科学体系的知识,但有时也有可能产生有实际价值的结果;应用研究虽旨在解决教育中的实际课题,但它也会对增加科学体系的知识做出贡献。

教师进行的教育科研,大多是侧重于应用研究。这是因为,学校是教育实践的核心,它随时随地产生着迫切需要解决的问题,这些问题几乎都属于行政性的、事务性的、执行性的、技术性的、纪律性的、需要速决的一类事务。教师把自己的教育教学活动作为研究对象,持续不断地对教育教学实践进行有意识的系统的反思,突出了教师作为研究者的特色。应用研究的可行性较强,研究成果具有实用性、操作性,可以推广开来。改革开放以来,教师的研究成果主要是应用研究,多是以学校教育教学改革为重心,寻求直接的问题的解决或者是改革的效应。

(二)按研究范式划分,小学科学教师应定量研究与定性研究相结合

定量研究与定性研究,是依据教育研究的性质或使用的手段所做出的划分,也被称之为教育科研的两种“范式”。美国科学家库恩(T. S. Kuhu)在《科学革命的结构》(1962)中指出:科学家所以能够对共同研究的课题使用大体相同的语言、方式和规则,是由于他们具有一种解决课题的标准方式,即范式。

1. 定量研究

定量研究是指研究者模仿自然科学,通过一定的手段,对研究对象进行定量的测量去获得数据。研究的目的在于确定因果关系,并做出解释。

定量研究的长处是定量数据比定性资料要准确,它能够消除研究过程中的主观性和各种倾向、偏见,使研究保持客观和精准。但在教育研究中,定量研究的最大问题在于量化的手段是否有效与可靠。因为教育现象具有模糊性,有些事物不能准确地测出其量。同时,在教育实践活动中,教师面对的是不同的教育对象,教育对象具有独特性,这样,定量研究成果的概括性就难以适应每位教师的不同要求。定量研究不仅受物质条件的限制,而且还受着伦理上和社会条件的限制。

2. 定性研究

定性研究是从人文学科中推衍出来的,注重的是整体的和定性的信息,以及说明的方法。

不难看出,定量研究与定性研究在哲学思想上的取向(尤其是认识论背景)、研究对象的选择、研究方法的选用以及研究结果的表现方式上,都各不相同。定量研究和定性研究并不互相排斥,而是互补的,定性研究为定量研究提供框架,定量研究又为进一步的定性研究提供条件。教师搞研究,应该定量研究和定性研究相结合。

(三)按研究层面划分,小学科学教师应注重校本研究

按研究层面进行划分,课题可以分为宏观层面的研究和微观层面的研究。

1. 宏观层面的研究

宏观层面的研究主要涉及教育体制和教育结构的改革、教育思想的更新、办学思路的转换、现代管理方法的探索等。

2. 微观层面的研究

微观层面的研究主要涉及教学内容、教学方法、教学评价、师资培养、教学操作方法的改革等具体问题的解决,这些内容属于校本课题研究。校本课题是指“以学校为本”“以学校为基础”的课题,这类课题的作用是为学校在发展中扬长避短提供策略、途径和升华为成功经验或寻找克服具体困难的方法,其作用是依托广大教师的力量解决工作中的实际课题,提高教育教学的效益。

教师搞科研是为了学校,是为了破解学校教育教学改革中最亟待解决的问题。在进行这类课题研究时,教师要切实实现由实践者向研究者的转变。教育法令的确定、教育政策的实行、教育方针的贯彻等,只有通过学校这一环节才能践行。若忽视了课堂,忽视了教学,忽视了师生关系的调整等,再好的教育主张都无法呈现好的效果。

同时,理论与实践的张力也促使教师投入以改进学校实践、解决学校所面临的问题为指向的校本课题的研究。当前,学校的办学自主权日益扩大,一方面表现在出现了不同的学校所有制形式,另一方面表现在学校对课程、师资培训、教学等有了更多的发言权。研究的出发点是科学课教学实践中的困境与课题,研究的落脚点更应直接体现为课堂教学中的改变。

(四)按研究水平划分,小学科学教师应侧重描述研究

按照研究的水平划分,可分为描述研究、相关研究和因果研究。

1. 描述研究

描述研究主要解决“发生了什么”的课题,主要针对教育现象进行描述,常用的方法包括问卷法、访谈法和观察法等。如对当前小学生科学课学习动机的调查、对小学生掌握电的概念特点的研究等都属于描述研究。

2. 相关研究

相关研究是对两个或多个数量的教育现象间是否存在相关以及相关程度如何进行判定,重点是“两者之间关联程度如何”。如家庭教养方式与学生的自尊的研究就属于相关研究。

3. 因果研究

因果研究是针对存在的教育现象进行原因探究,重在回答“为什么会发生这种现象”。如部分学生厌学是由于缺乏学习动机,还是由于学习方法不科学导致基础知识掌握不牢固而厌学的研究,就属于因果研究。

无论是描述研究、相关研究,还是因果研究,教师均可以涉猎,但是根据可行性原则,教师搞科研的起步阶段,以侧重描述研究为宜。

二、选择研究课题

(一)选择研究课题的原则

1. 课题有价值

研究课题必须具有一定的理论意义和实践价值,这涉及教育科研的定位问题。不能为了研究而研究，要做到理论联系实际，注重现实问题的解决。研究课题有价值，具体体现在不仅对本学科研究领域具有好的内部价值，即理论上要有新突破，实践上要对教育改革有重要的指导作用，而且对相关的其他领域，如心理学、哲学等有比较高的外部价值。

教育活动极其复杂，存在的问题非常多，教师就生活在科研的本源之中，对教育实践中大量现实问题的感受体验，使得教师能够直觉地感到哪些课题更有价值。这就是说在选择研究课题时应从实际需要出发，以解决问题、提升教育教学质量为主旨，以教师在学校现实场景中从事教育实践问题为特征，以研究成果直接运用于教育实践为目的。选择的课题可以是教育教学实践的需要，也可以是教育理论发展的需要，中小学教师更要注重优先选择当前教育教学中急需解决的迫切性问题进行研究。如实施新课标课堂教学评价研究、教学方法和手段研究、教材研究、试题研究、学科知识拓展研究以及教学组织管理、信息技术与学科教学整合研究等，无数的问题就在教师身边。此外，打开局面的突破性课题，也是需要组织力量进行研究的。如新课程中的预设与生成的课题、知识与训练的课题、轻负与高质的关系等课题，往往蕴涵着重要的规律。

为了判断选择的课题是否有价值，应该进行一些必要的讨论，听取专家、领导、同事和同行的意见。如果有一个问题自己觉得有意义，但却不能引起他人的回响，就应该思考一下，自己的估价是否正确。如果自己的估价过高，不切合实际，就应该放弃。但在一些情况下，经过反复的思考，表明自己的估价是正确的，尽管多数人不太理解，仍应加以坚持。总之，选定的课题是否有价值或者价值大小的衡量标准主要有三个方面：一是看课题是否符合社会发展和教育事业发展的需要，是否从当前教育发展的实际出发，是否有利于提高教育教学质量，促进学生的全面发展；二是看课题是否根据教育研究本身的需要，能否验证、修正、创新和发展教育理论，建立科学的教育理论体系；三是看课题是否具有应用价值，是否选取了针对性强、有代表性、被普遍关注、争论较大的亟须解决的问题进行研究。

2. 课题要创新

研究课题的创新，要求研究本身应有其必然的时代感和新鲜感，一是抓住最新出现的问题，这就要求教师要经常关注主流教育媒体的新动向，把握新热点，选准新角度，此谓“锦上添花”。如校本课程、地方课程和综合实践活动课是新课标实施以来开设的新课程，具有较强的生命力，值得关注。对此类课题展开研究就是一个创新。二是针对原有课题，提出新观点、新思路、新的解决之道。此谓“旧瓶装新酒”。如各科的教材编写中，都引入了许多各科研究的前沿内容，这些内容有一些还处在研究发现阶段，没有定论，还有许多未知和未解开的谜，很多现象和本质还处在探索阶段，这就使得教材在介绍这些知识时不得不使用模糊语言，例如“目前认为”“大致”等，那么开展对教材中模糊语言的研究就是一个创新。

无论是“锦上添花”，还是“旧瓶装新酒”，研究课题要创新，都要把研究课题的选择放在总结和发展过去有关学科领域的实践成果和理论思想遗产的继承上，要通过广泛深入的查阅文献资料和调查，搞清所要研究的课题在当前国内外已达到的水平和已取得的成果，了解是否有人已经或正在或将要研究类似的问题。如果要选择同一问题作为研究课题，就要对已有工作进行认真审视，从理论本身的完备性、研究方法的科学性等方面进行批判性分析，在此基础上，重新确定自己研究的着眼点。总之，人无我有，人有我优，人弃我取，拾遗补漏，都是创新。

3. 课题要明确

课题明确，是指选定的课题要具体化，界限清楚、范围适度，研究的内容已由模糊变为清晰并具有可操作性。课题是否明确，往往影响教育研究全局的成败。教师搞研究，在起步阶段，往往比较片面地追求自己并没有弄懂或没有条件进行研究的宏大理论或热点课题；或者研究方向频繁变化，随大流、赶时髦，没有主攻方向，研究缺乏可持续性。

课题明确，常用的方法是逐步界定研究的范围，教师可以从一个模糊的意向范围入手，不断地加以聚焦，直至认为研究的课题范围已经明确为止。如建立以“亲亲”为特征的课堂，总体目标：建成爱、智、慧三统一的课堂。经过不断地聚焦，确定基本思想是：亲和、亲证、亲在；理论基础是：生命知识观、文化儿童观、生活课程观和解放教学观。主要特征是：教学要素亲和，充满爱意；学习过程亲证，充满历险；生命能量亲在，充满创造。另外，对研究的课题进行表述以后，还需要对该研究中的核心概念的内涵和外延进行界定。如以“亲亲”为特征的课堂的核心理念是：童心无暇、童言无忌、童趣无垠、童情无假和童思无界。经过不断聚焦，使这些概念在研究中具有可操作性。童心无暇，即让孩子乐于求知、大爱在心；童言无忌，即让孩子敢于发问、大声表达；童趣无垠，即让孩子勇于探究、大胆想象；童情无假，即让孩子诚于沟通、大方合作；童思无界，即让孩子善于反思、大器自成。

总之，取熟避生，由小及大，小题目写出大文章，都有助于课题明确。

4. 课题有可行性

课题有可行性，是指课题的提出要有一定的科学理论依据和事实依据，可以研究并具有一定的实施条件。这是初次搞研究的教师觉得最难的一步，但却是最重要的一步。一般来说，要找到一个有研究价值的课题并不太难，但要找到一个既有意义又切实可行的课题就不容易了。并非所有有价值的研究课题都是可行的。

课题是否可行，除了看是否具备对选题起定向、规范、支撑和解释作用的理论基础和具有事实依据的实践基础外，还要看制约课题研究水平的其他因素：一是客观条件，即资料、设备、时间、经费、技术、人力、理论准备等科学上的可能性。比如说，“××省中学生对理科课程的态度及其对学习成绩的影响”这样一个课题，让一名普通的中学教师去做就会有困难，因为他很难对全省的学生进行取样。如果将课题缩小一点，变成“××校学生对理科课程的特点及其对学习成绩的影响”，就要现实得多了。还有一些需要长时间跟踪的研究，耗费财力过大的研究，理论性过强的研究，都不适宜于第一线的尤其是新入门的教师去研究。二是主观条件，即教师本人原有知识、能力、基础、经验、专长，所掌握的有关这个课题的材料以及对此课题的兴趣，也是判断课题是否可行的重要因素。一般初次搞研究的教师对这一点不太容易觉察。如一位青年教师申请一项关于高考物理试题的效度的研究课题，他打算先定出一个解答物理问题的思维程序，再制定一道相应的评价量表，然后到学生中去测试。虽然设想得很不错，但在课题论证时，发现他对心理学及思维科学知之不多，对评价量表的制定方法更是一无所知，所以他要在较短的时间内完成这一研究，显然是不太可能的。选择课题一定要结合自己的条件寻找结合点，选择能发挥自己优势特长的课题。例如，有的人擅长实践操作，可以选择实验研究课题；有的人擅长理论思维，可以选择理论研究课题。三是最佳时机，即选题必须抓住关键性时期，什么时候提出该研究课题要看有关理论、研究工具及条件的发展成熟程度。选题时机不能过于超前也不能滞后，提出过早，问题会攻不下来；提出过晚，又会变得毫无新意。总之，要与时俱进。

教师违背选题的可行性原则，通常表现在几个方面：一是题目太大，无从着手；二是主攻目标不十分清楚；三是题目太小，范围太窄，意义不大；四是资料缺乏，在现有的条件下进行研究，课题太难；五是经验感想之谈，不是科研题目。

正确选题并非一蹴而就，它要求教师不仅要有科学的教育理论指导，还要坚持唯物主义观点，从实际出发，通过对事实材料的分析比较，善于发现和抓住重要问题；不仅要对教育实际有深入的了解，还要把握该领域理论的全局；不仅要有问题意识，而且要了解和掌握选题的有关知识和方法，不断提高自己的选题能力和创新、判断、评价等综合能力。每所学校都有自己的地域优势和资源优势，每位教师的自身素质也各有差异，所以选择研究课题时一定要量力而行，从实际出发，尽量选择那些通过努力能够完成的课题，贪大求全、好高骛远、脱离实际或者主观臆断都是不可取的。

（二）选择研究课题的途径

1. 从教育教学实践中发现研究课题

研究课题，即是研究所要了解或解决的问题。教育科学是实践性很强的科学，只有源于实践，才能指导实践。教师要注意深入社会，考察政治、经济、科技、人口和社会发展对教育发展和改革的要求，倾听实践的呼声，这是选择研究课题，提高教育科学研究水平的前提。问题即课题；教育教学即研究；成果即成长。教师的日常教学工作是一项复杂多变的创造性工作，蕴含着大量需要研究的课题，这正是广大教师进行教育科研工作的优势所在。教育教学活动中随机的、偶发的、情境的、个别的问题都可以成为研究的主题。从日常观察中发现的问题，是提出研究课题的一个重要途径。只要教师有意识地反思、评估、改进自己的教育教学行为，就会发现研究课题。

教育研究始于课题，教育实践是教育研究的现实语境。由于教育活动的复杂性，决定了课题研究的多样性和创造性，因此如何选择研究课题就尤为关键。从某种意义上讲，教师关于教育科研课题的选择和确立比解决课题本身难度更大，但这并不是说教师进行教育科研就高不可攀。俗话说，“处处留心皆学问”。教师身处教育教学的第一线，掌握着很多第一手的研究素材，具有搞教育教学研究的巨大潜力。只要做一个有心人，时刻关注身边的教育教学实践，把自己的课堂、班级当成自己的“实验室”，把自己的学生作为研究对象，在真实的教学情境中研究教学，用研究的眼光审视教学，以研究者的身份进行课堂教学实践，就会发现有研究不完的课题。例如，重庆人和街小学“人和为魂，和谐育人”研究；重庆珊瑚小学“亲亲课堂”研究；深圳卓雅小学“以经典文化塑造儿童民族精神”研究；深圳南油小学的以“兴趣·自治·全员”为特点的小学生社团研究；深圳前海学校实施的“四会五能”教育的研究等，都是很好的课题。这类课题既切合实际，又便于操作，研究的结果更利于提高教育教学质量，同时也具有一定的推广价值。

2. 从教育教学热点中寻找研究课题

教育科学的许多课题都涉及教育科学、社会科学、自然科学和诸多领域，需要教育科研机构、学校特别是高等学校、教育决策和管理部门以及社会有关部门的共同努力和密切合作。因此提倡和鼓励在研究工作中进行跨部门和多学科的合作，对研究的问题注意从多侧面、多角度地进行综合的、系统的、深入的研究和论证。面对科学技术的飞速发展，作为教师平时应关注本学科以及相邻学科的发展动态及教育热点课题，并在此基础上引申出研究课题。

3. 从教育教学经验中深化新的课题

对于一些教育教学中的经验，虽然已有很多人做过研究或发表过论文，但仍然可作为研究课题进一步地探讨。如课堂教学最优化、学生创新能力的培养、如何让学生轻松愉快地学习等，这些都是常谈常新的老话题。因为时代在发展，教育教学的环境在不断变化，这些旧的课题在新的环境下将会有新的内涵，更值得去研究。

4. 从教育理论学习中演绎研究课题

学科建设中需要解决的问题，往往是从教育理论方面提出的课题。不仅要解释已有理论与事实经验的矛盾，而且要阐释教育理论内部的逻辑矛盾；不仅包括学科系统规划建设中的若干未知的研究课题，而且包括对已有教育理论传统观念和结论的批判怀疑，以及学术争论中提出的问题。

作为教师，要坚持在教育教学中加强理论学习，认真研读国内外教育专家的专著以及有关专业杂志，从中吸收教育教学经验，提升自己的教育教学水平，把握教育改革的脉搏，并从中演绎出相关的研究课题。如在学习某校教学改革经验时，有些学校领导要求，每节课教师最多讲授10分钟。这是不是贯彻了“少而精”教学原则。还有人撰文，课堂教学是否贯彻“启发式”教学原则，是区分素质教育和应试教育的分水岭。一时间，课堂教学变成了“满堂问”。到底什么是“少而精”教学原则？什么是“启发式”教学原则？认真学习了《论语》和《学记》就会得知：启发式教学原则是指：“不愤不启，不悱不发，举一隅不以三隅反，则不复也。(《论语》)南宋著名的教育家、理学家朱熹解释：“愤者，心求通而未得之意；悱者，口欲言而未能之貌；启，开其意；发，达其辞。”(《四书集注》)“少而精”教学原则是指“其言也，约而达；微而藏；罕譬而喻。(《学记》)到底如何贯彻启发式教学原则和少而精教学原则，不妨以“向史学要深度，优化课堂教学”为课题进行研究，对教育教学质量的提高会大有裨益。

5. 从教育文献检索中萌生研究课题

科学而新颖的教育课题的选定，实际上是经过了一个从生产研究动机到勾画出研究大致轮廓的过程，是对提出的初步研究假设进行不断检验的过程。最初往往是在阅读、研究有关领域的文献，如教育期刊、研究报告、教育论文索引、相关学科的重要期刊等，某些可能觉得很有趣，对某些观点想加以证实；或是参加了布卢姆掌握学习的讲座，觉得很有必要对教学的目标加以研究；或是看到自己的同事或同行在研究一个问题，如制订学生实验能力的考核评估方案，觉得自己也需要解决这样的问题，从中受到启发，产生联想，形成一个初步的研究假设。进而带着这个粗泛的想法广泛查阅有关资料，了解前人在这方面的研究成果、研究方法以及问题目前被关注的程度。随着思考的深入，原来朦胧模糊的想法逐渐变得集中、清晰和明确，不仅对此问题大致情况有一个总体把握，而且形成了如何进一步研究该问题的初步思路。接下来再进一步地考虑或正式的论证，课题就基本确定了。

6. 从其他学科研究中迁移研究课题

在现代科学大综合发展的趋势下，各学科之间的交叉领域涌现出大量的值得开拓的新问题。从不同学科之间的交叉点即交叉学科间的空白领域找问题也是选题的重要途径。

向相关学科要宽度，有助于研究课题的选择。这是因为进入21世纪，高科技成果对教育领域的渗透已带来一场翻天覆地的教育和学习的革命。科学研究的思路和方法在一定的程度上具有共性，因此，数学、物理、化学、生物、语文、政治、历史等学科的研究课题可以相互借鉴，以便从中获得某种启迪。也可以通过阅读其他学科的教育研究期刊，了解其研究动态，从中萌发灵感，形成课题。

7. 从学习教改经验中引发研究课题

学习教改经验是新课改理论倡导的一种提升教师专业素养的一条途径。这种学习包括听专家的专题报告、教师之间互相听课、参加学术研讨会和与同行交流教学心得等,这种教师之间的交流具有针对性强、可借鉴性强等特点,很容易引发出新的思考,对于新课程背景下的教育改革研究来说显得更为重要。在学习教改经验时,即使对同一事物有不同观点或有争议,也给教师提供了选题的机会。诸如知识与训练、新课改与高考的关系、评价与考试、预设与生成等许多方面的课题,都是教育教学实践中亟待解决的课题,教师都可以参与其中某个课题的探讨。

8. 从日常生活经验中催生研究课题

现代社会已进入科技社会,科学技术在人们的生产生活中发挥着巨大的作用,与人类生产、生活及健康息息相关,因此日常生活经验中也蕴含着大量的研究课题。例如,"果蔬中维生素C的研究""用废旧塑料瓶创作新颖实用物品的研究""生活中电磁辐射探测实践活动的研究""莽山旅游开发对鸟类鸣叫影响初探""对某小学周边食品安全情况的调查研究"等,都是教师从日常生活中发现的研究课题。再如,某中学教师进行的"中学生脊柱侧弯的调查研究",选题既具有研究的紧迫性,又具有教育性和可行性。这是因为脊柱侧弯是一种严重威胁青少年身心健康的畸形,发病率较高。青少年处于生理和心理快速成熟时期,脊柱侧弯引起的外观畸形,如果没有及时诊断、矫正,势必影响学生的体型发育,引起心理障碍,有碍成年后的生活。上述这些课题不仅具有教育性,还极具实用性和推广价值。

9. 从教育课题指南中选择研究课题

从各级教育机构指定的课题指南或教育规划中选题,也是教育工作者选题的重要途径。每年度各级教育机构都会下发有关课题申请指南,如各级社会科学规划中的教育发展规划专项研究课题申请指南,全国教育科学研究规划课题申请指南,教育部、教育厅教育科学研究规划课题申请指南等,其中许多课题都是值得借鉴的研究课题。这类课题指南由于其特殊的条件(多由基金组织资助,课题项目执行中均由有关部门和基金组织实施监督和检查,结题也由这些部门组织专家进行鉴定),所以一般来讲都比较规范,有各方面提供的条件保证。需要注意的是,课题指南并非课题本身,它只是选题的方向和参考,还需要根据教师的实际情况将研究方向具体化,这样结合教师教育教学中的问题,研究起来才能取得实效。例如,课题指南中关于素质教育的课题,已经从理论探究走向实践操作。再如,"用教育家文化滋养每一个孩子""开发学生社团活动校本课程的探索""社会主义新农村建设中教育改革和发展研究""重读新课程标准,让课堂焕发生机与活力""青少年学生常见的心理障碍及其成因和对策"等都是从教育课题指南中选择出的研究课题。

三、设计研究方案

(一) 研究方案

研究方案回答研究什么和怎么进行研究。研究方案一般包括研究目的、研究问题、研究重点、研究方法、研究分工、研究步骤、研究周期及其阶段研究任务、研究成本核算以及预期研究成果等方面的内容。

研究方案的价值:研究方案是一种研究方法和研究的谋略,它反映了研究者的研究思路和设计策略,实际上反映了研究者的研究能力和水平。尤其对群体研究和周期较长的课题研究来说，研究方案更具意义。研究方案是研究的诀窍，是研究的隐形知识，因此是重要的研究成果。诀窍类的知识一般在纸上写不出来，只能意会不能言传。研究方案能说明前人的研究成果，某学科研究的前沿、进展以及正在解决和尚未解决的问题，论证自己研究的起点和新意，能使研究者把握研究的全过程，从而使研究工作有目的、有计划、有步骤地进行。

（二）设计研究方案

设计研究方案是指对课题研究行动计划的设计，是教育研究行动之前预先拟定的具体内容和步骤，是研究工作的全盘计划和方略研究，方案设计是研究前期准备阶段的重要内容。有经验的研究者都用较多的时间做这项工作并把研究方案作为研究成果的内容之一。

设计研究方案的目的是使研究者对研究过程有一个清晰的认识和准确的把握，在研究的前期工作中对所要进行的研究做到心中有数。这是任何一项课题都务必要做的研究内容之一，也是研究的前提。研究方案主要解决三个问题：研究什么问题？怎样开展研究？预期的成果是什么？

（三）设计研究方案的思路

1. 正确选题

正确选题是指了解和掌握项目资助部门的规定，根据资助范围要求选准课题，根据需要选题，根据研究类型要求选题，有的放矢地申报课题，对号入座（基础研究、应用研究）。

2. 选准学科

选准学科是指根据课题内容，选准学科，具体到三级学科，以便在该学科中找到“知音”。

3. 方向明确

方向明确是指结合本学校、本学科的研究基础，组织最有优势、具有特色的项目；以学科发展为中心，突出重点，立意创新；以应用为目标，让基础为应用服务，战略上抓大促小，多学科联合研究。

4. 研究人员

研究人员是指配备足够实现研究目标要求的人员，数量够、质量高、分工合理。包括主持者的资历，参与研究人员的专业、职称优势；已发表的相关论著和科研成果；已开展预实验（在正式实验之前，用标准物质或只用少量样品进行实验，以便摸出最佳的实验条件，为正式实验打下基础）；已具备的实验场所和关键的实验设备，可借用的、能购买到的等。

5. 保证时间

保证时间是指课题组人员科研时间安排合理；课题人员在同一部门申请课题不要超过2项（含参与项目），否则会引起连锁反应。

6. 依据充分

依据充分包括研究意义和研究现状的分析。研究意义是指对科学发展趋势、社会进步和国民经济建设有何贡献，应用前景是否广阔并可预见。研究现状分析是指要进行细致分析和论证，说明拟解决哪些具体问题。要把自己的工作基础放在立项依据中。

7. 情报调研

情报调研是设计研究方案的基础。创新是一切科学研究的生命，任何基金都不支持重复研究。要勤查文献，了解信息，熟悉本学科现状、进展动态及发展趋势，忌片面赶时髦、追新潮。

8. 路线清晰

路线清晰是指应详尽阐述研究方法和技术路线的先进性和创新性；对复杂的技术路线和研究方法采用流程图或图表来说明；对于技术路线中的疑点、难点要写明，并提出解决的设想和应变措施。

9. 预期结果

预期结果包括：达到什么结果，研究成果能达到何水平（国内领先、国内先进、国际领先、国际先进）；研究预期结果前景广阔；达到什么社会经济效益。

10. 预算经费

预算经费是指申请者要了解所申报基金的资助额度，提出适度的经费申请；申请经费开支预算要合理、符合规定；申请的经费比额度一般略多一些为宜，购买大型仪器设备不属于资助范围。

（四）认真论证研究方案

研究方案论证包括：

（1）本方案的意义和价值：理论意义、应用价值；国内外同类研究现状述评；本课题的创新程度。

（2）研究内容、目标、思路（包括研究视角、研究方法、研究阶段等）。

（3）研究基础：已取得的相关研究成果；研究方案负责人和主要成员曾完成过哪些重要研究课题；科研成果的社会评价。

（4）方案研究的保证条件：方案研究组人员的学术背景和人员结构（职务、专业、年龄）；研究时间、经费、设备、资料（主要参考文献，限填 20 项以内）等条件。

四、研究实施过程

（一）收集资料

1. 收集资料的方法

研究实施过程主要是指收集资料和分析资料的过程。在教育教学研究中，收集资料的具体方法有很多种，如通过文献检索、抽样、观察研究、比较研究、教育实验研究、叙事研究、教育行动研究、案例、调查研究和访谈研究等，能够收集到大量的研究资料。

2. 资料的种类

在学校教育研究中，获得的资料主要有三类，即档案性的资料、定性记录资料和定量数据资料。

（1）档案性的资料。档案性的资料是指在研究开始之前，或虽是在研究期间所做，但不是基于研究的目的、不由研究人员记录的资料，如学生的成绩记录、健康记录、品行记录，教师上课情况的录像，校务会议的记录，学校的校史等。这些资料有的是第一手的原始资料，也有的是第二手的，即经过加工的资料。第二手的资料有可能是真实地反映了实际的情况，但一般来说都会有误差，因而最好是用于作为旁证的资料而不是直接的证据。所谓第一手资料与第二手资料之间并没有严格的界线，如班主任的评语，在研究学生的行为时可以说是第二手的资料，但在研究对学生的评价时就可以说是第一手的资料。即使是在研究学生的行为时，如果着眼于教师的态度对学生行为的影响，这时教师的评语就变成为第一手的资料。

（2）定性记录资料。定性资料是指在研究过程中，通过对被研究对象进行调查、访谈、观察等方法用定性的手段记录下来的资料，如访谈的记录、观察记录、问卷记录等。定性资料有两种：一种是客观性的，即教育对象活动的真实记录；一种是主观性的，即带有研究者的主观因素的观察记录等。客观性的材料也不一定是纯客观的，例如一次涉及同学间相互关系情况的谈话记录，就记录本身来说，它如实地反映了谈话的情况，是客观的，但谈话的内容，是在访问者的引导之下引发出来的，它包含了相当的主观成分。

（3）定量数据资料。定量数据资料是指在研究过程中，研究者通过一定的手段，对研究对象进行定量的测量所获得的数据。定量数据比定性资料要准确，但在教育研究中，定量数据的最大问题在于量化的手段是否有效与可靠。例如，为调查学生的创造能力进行一次测验，若这次测验确能反映学生的创造能力，那么，用测验成绩来描述学生的创造能力水平，当然比用一段文字进行描述要简洁且更准确。但如果测验的试题只是回答一些机械记忆的题目，这样测得的结果就不能反映学生的创造能力。由于教育的复杂性，有些问题还不能准确地测出其质和量，如一个人的思想觉悟，至今还没有一个可用于对其进行量化描述的较为合理的模型，当然也无法获得定量的数据。

3. 记录表的形式

收集资料的另一种有效的方式是运用记录表法来了解被研究的对象或事物。通过给研究对象发放某种形式的记录表，让他们适时地记下自己的行为、见闻、观感等。其优点是既准确，又可了解到一些细节性的东西，也能了解到记录者较为深入的看法。记录表和问卷一样也有难以整理的缺点，并且坚持做记录也是对记录者的毅力的考验。记录者可能开始比较认真，但后来就越来越马虎，从而影响所记录资料的准确性和详尽程度。

常用的记录表有三种：日志、大事记和问题实录，它们适用于不同类型的研究。

（1）日志。日志是研究对象每日的工作或其他与研究有关的活动情况的记录，由被研究的对象自己填写。例如可发一个表格给学生，让他们记下每天从放学后到睡觉前的活动，见表 8-1。

表 8-1　小学生放学后活动情况调查表

时间	活动内容
5:00—5:30	回家路上
5:30—6:00	做作业
6:00—6:30	和邻居小朋友玩耍
6:30—7:00	看电视，帮忙做饭
7:00—7:30	吃晚饭
7:30—8:30	父母检查作业，聊天
8:30—9:00	自由活动

这样的日志可以获得调查对象日常行为活动的大量信息，可用于多方面的研究，如家庭作业负担，参与家务劳动的时间等。这种方式也有明显的不足：一是填写日志的工作量很大，特别是时间长了以后，填写人可能采取一种马虎应付的态度；二是被研究的对象可能认为这样是侵犯了其隐私，或感到如实填写会损害到自己的利益，比如有的学生课后有一些其

他的行为，并不愿意填进这类日志中去。这两种情况都会造成日志的失实。

（2）大事记。大事记不要求被研究的对象将所有的活动记录下来，只记录一些与研究相关的或较为重要的活动。例如，要求班主任记下班中发生的大事，可以采用××班大事记录表，见表8-2。

表8-2 ××班大事记录表

日期	内容
2013年09月14日	主题班会——当我11岁的时候
2013年09月28日	庆祝“十一”学校联欢会
2013年10月19日	学校秋季运动会
2013年11月05日	期中考试
2013年11月19日	英语老师反映有7位同学未完成作业
2013年12月22日	全班同学去敬老院慰问老人

大事记也是一种获取有关被研究对象行为活动资料的有效途径，比日志要简单一些，目标相对集中。但填写大事记的工作量仍很大，同样会有失实的问题。另外哪些属于值得记录的“大事”？研究者与记录者可能会有不同的看法，因此记录者可能会漏掉许多研究者认为是有价值的资料而记录一些没有价值的东西。

（3）问题实录。问题实录要求记录者记下他们进行某一方面的活动时所遇到的问题。如，请物理教师记下他在采用新课程方案后的一周内所遇到的困难，说明困难的原因和影响。这样的记录方式目标更为集中，比较简单可行，资料整理工作也好做。但由于记录者的主观性和片面性，可能会丢掉许多有价值的资料。

（二）整理资料

在学校教育研究中，通过观察、调查和实验获得了大量的零散的资料。这些资料必须经过整理之后，才能透过纷繁复杂的信息看出所研究的事物或现象的本质，才能为进一步研究提供有用的信息。资料的整理和分析，是一门专门的学问，对于资料整理的结果，不仅在内容上应该是正确无误的，而且在表现形式上也应尽量是恰当完美的。尽管内容是主要的，形式是从属的，但恰当的形式，则能明确生动地表现资料的内容，提高研究工作的质量。

1. 确定资料的价值

首先要依据研究的具体目标，对资料的范围作一个界定，什么资料是必需的，什么只是参考性的；什么是重点资料，什么是一般资料。例如对新课程的评价问题，若新课程并没有改变学科的设置及课时安排，只是减轻了课业的负担，降低了难度，那么，对学校实施新课程后的经费开支及学生的思想政治表现等问题不会有过多的直接影响，这些材料就是一般性的材料。课业负担减轻对学生的健康状况应该有影响，如果新课程改革的目的在于此，就应该将这方面的资料作为最主要的研究资料。如果设置新课程的主要目标是让学生有充分的时间进行课外活动，或使课程适应于大多数学生的情况，使多数学生能学懂学好，则应将有关学生课外活动的记录或学习成绩等资料作为主要的资料。

2. 确定整理的方法

在整理资料时，要按照研究目的对资料进行分类，可以分为一般性的资料和重点资料。

一般性的资料只能作为研究的背景材料，不能作为研究的基本依据。一般性的资料不必过多，也不必作过于详细的分析。对必要的重点资料，务必将其找到并作分析鉴定，确定资料的价值，即要分析检验资料的可靠性和有效性。

（1）量化的方法。在资料整理中，为了消除研究过程中的主观性和各种倾向、偏见，使研究保持客观和精准，除了定量资料是通过测量获得的数据外，在条件允许的范围内，还应尽量将定性资料量化。量化的方法是将问卷及访谈的表格加以编码，编制成量化的量表。在资料整理中，常用的统计量数如下：

① 众数：表示在资料中出现频数最多的数值。

② 中位数：表示处于数值分布中间位的一个数值，在它上面和下面各有一半的数据。如一次考试，全班 51 名学生中有 24 人的成绩在 67 分之下，正好是 67 分的有 3 人，24 人在 67 分以上，这一分布的中位数为 67。

③ 算术平均数：表示所有资料数据的平均值，是最常用的平均量数。如通常说一次考试的平均成绩是多少，指的就是算术平均数。

④ 差异量数：是表示一组数据的差异情况或离散程度的量数，它反映一组数据分布的离中趋势，如标准差。

⑤ 标准分数：是表示一个分数在团体中所处位置的量数。

这 5 种量数各有用途。如果研究所得的数据是一些等级数据，用中位数或算术平均值就很难说有什么意义。如果研究所得的是一些等距离数据或比率数据，如考试成绩，这时当然还可以使用众数，但标准分数、差异量数、中位数及算术平均数能给出更好的描述，因此用得更多。一般情况下，若数据的分布较为对称，则多数用算术平均数；如果数据的分布不对称，则多数用中位数，或用平均值加中位数来说明数据的定位趋向。

（2）图示的方法。图示法，就是利用几何图形或其他图形等的描绘，把所研究对象的特征、内部结构、相互关系和对比情况等方面的数据资料，绘制成整齐简明的图形，它是用以说明研究对象和过程的量与量之间的对比关系的一种方法。

图示法的作用：使统计资料直观形象。图示法把统计资料直观形象、生动具体地表现出来，使人一目了然，易为群众所接受。图示法能准确地表现统计资料，有助于对统计资料进行比较、对照、分析和研究。它是教育科研工作者进行科学研究和宣传教育的重要工具。

常见的图示形式如图 8-1 所示：

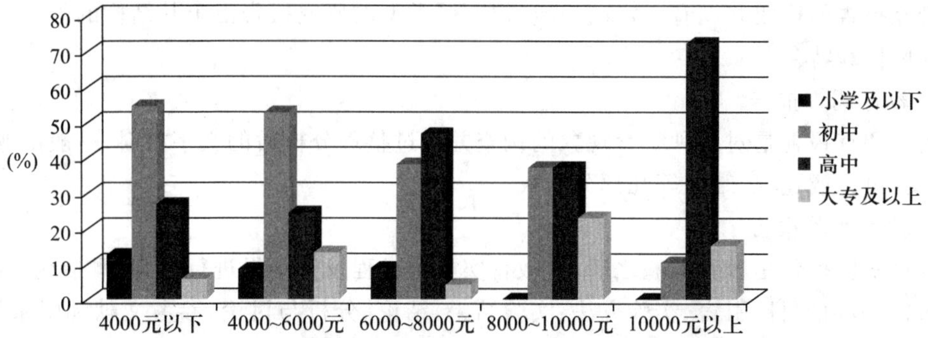

图 8-1　某地区居民文化程度与年纯收入关系的分析

（3）表列的方法。表列法是表达数字资料的一种重要形式。教育研究资料的表列，就是把所研究的教育现象和过程的数字资料，以简明的表格形式表现出来。

表列法的优点在于严密、明显而富有表现力，是进行统计分析和宣传教育的有力工具，其主要作用如下：① 可以避免文字的冗长叙述。统计资料经过整理之后，若用文字说明，往往需要很长篇幅，使人阅读时感到麻烦。而将数据资料分类列表后，则类目分明，不但节省篇幅，而且一目了然。② 便于比较各项目之间的相互关系。统计资料经过列表后，各个项目的排列明显有序，易于看出统计资料所蕴含的特性和规律，并便于比较。③ 便于总计、平均和其他统计值的计算。如算术平均数、标准差、相关系数等，只有列表计算，才能从总计、平均和其他统计值的计算中，清晰地看出计算的程序。④ 便于检查计算错误和项目遗漏。因为统计数字经过列表后，纵横排列整齐，就易于检查错误和遗漏。因此，表列法是教育科研工作者和教育行政干部及教师进行研究不可缺少的工具，每个教育工作者都应学习和掌握表列法的基本知识及其编制方法。表 8-3 为表列法示例。

表 8-3　某小学教师对职务晋升态度的调查

问题内容	人数	态度				
		非常反对	反对	无所谓	赞成	非常赞成
资历是提升职务的首要条件	54	20	12	3	11	8
学历是提升职务的首要条件	53	10	7	10	13	13
业绩是提升职务的首要条件	55	2	5	9	12	27

五、撰写研究报告

研究报告是研究的最后成果，研究报告的写作是研究不可或缺的一环。报告的写作过程还将促使教师对研究的全过程进行一次深入的分析和思考。不经过这样一个过程，对所研究的问题就不会有一个系统、深入的认识。一项成功的研究，如果报告写得不好，会使研究大为失色，甚至完全失去应有的成效。在教育研究中，需要通过报告来说明研究的情况和结果，即使收集了大量的资料和数据而没有研究报告，则什么问题也不能说明。

（一）研究报告的类型

研究报告的构成并没有一定的规定，但不同类型的研究报告由于其结构的不同，表现出不同的风格和特色。

1. 教育调查报告

教育调查报告是对某种教育现象的调查并经过整理分析后的文字材料，一般由题目、引言、正文、讨论或建议、结论等几部分组成。

2. 教育实验报告

教育实验报告是教育实验之后，对教育实验全过程及其结果进行客观、概括地反映的书面材料，一般由题目、引言、实验方法、实验结果、结论、分析与讨论、参考文献和附录等几部分组成。

3. 教育经验总结报告

教育经验总结报告是对在教育教学实践中，经过去粗取精、去伪存真的积极探索而积累起来的经验的系统化、理论化的书面材料，一般由题目、引言、正文、结论等几部分组成。

4. 开题报告

开课报告是对选定问题进行分析、预测和评价，目的在于避免选题的盲目性。进行这种课题论证，本身也是一种研究，它必须依据翔实的资料，并以齐全的参考文献和精细的分析来支持自己关于课题的主张。通过课题论证，进一步完善课题方案并创设落实的条件。开题报告包括课题名称、国内外相关课题的研究现状、问题的提出、研究的基本内容及研究步骤、课题组人员构成及分工、预期研究成果形式和主要参考文献。

（二）研究报告的结构

研究报告的写作形式不尽相同，但大多数的研究报告都包括如下 8 个部分：

1. 研究概要

这一部分简要介绍研究的目的、方法和结论，向读者提供有关研究的大体框架，使读者明确研究的性质。这一部分不必做详细的论述和分析，只要点明基本的观点和方法就行了。

2. 文献综述

一般来说，在研究的准备阶段，也就是说在文献检索中，在确定了研究的课题和中心、澄清了研究的问题时，就应该着手写文献综述。撰写文献综述的目的既在于为研究者本人的论证打下扎实的基础，又可使研究报告的读者对研究的依据有全面的认识。文献综述包括回顾与述评两部分。

文献回顾主要介绍该领域的研究背景和发展脉络、目前的研究水平、存在问题及可能的原因，另外还应进一步介绍该领域未来的研究课题和发展方向。撰写文献回顾时，搜集文献应全面。掌握全面、大量的文献资料是写好综述的前提，否则，随便搜集一点资料就动手撰写是不可能写出综述的，甚至写出的根本不成为综述。文献资料是撰写文献综述的物质基础，选定综述的题材后要大量地搜集和阅读有关的中文和外文文献。搜集的资料要详实，不仅要有正面的，也要有反面的；既有纵向的，也有横向的。

文献综述重点在述评。“述”是指撰写文献综述时，应分清文献的内容和作者的观点，不能篡改原有文献的内容或断章取义，引用文献要忠实文献内容。文献综述不是众多资料的简单堆积和罗列，因此作者应在阅读大量资料的基础上，根据资料的重要程度进行细读，对所引述的资料进行提炼，注意引用资料的代表性、可靠性和科学性，抓住其主要观点和结论，避免只做一般性简介。“评”是指不应该简单地罗列他人或前人的研究，而应该对这些研究做出自己的概括、分析与评价，以期对前人的研究有一个正确的认识，吸收他们的有益养分，认识他们的不足，在前人的基础上做进一步的研究和开拓。

文献综述的写作方法多样，没有固定的格式，可以根据内容的需要，选择不同的写作方法。如可按文献的年代顺序进行综述，也可按不同的问题进行综述，还可按不同的观点进行比较综述。不管用哪一种格式进行综述，都要将所搜集到的文献资料归纳、整理及分析比较，阐明有关主题的历史背景、现状和发展方向，以及对这些问题的评述。

3. 研究的目的和意义

如果所做的研究规模比较大，必须对研究的目的和意义做一个准确、扼要的论证。解释为什么要研究这些问题，对理论和实践会有什么影响，研究有什么不足和局限。特别需要解释的是研究的视域，即问题所涉及的领域、对象和范围等。如果所做的研究规模较小，也可以在第一部分就将这些问题交代了，不必再重复。

4. 研究方法

介绍研究的方法与过程,目的在于使读者能够对研究的科学性或者说可信程度有一个认识与判断。为此必须讲清研究的步骤、确定研究对象的方法、比较的对象或变量控制的方法、研究的手段、测量检验与统计分析的方法等。如果在研究中使用了某些主观的评价或测量手段,必须对这种方法的科学性做出必要的说明。某些类型的研究,特别是调查,必须是可重复的。因此研究方法的介绍还可为那些准备重复你的研究的人提供指导。在论述研究方法的时候必须注意叙述的准确性,所有重要的术语的含义都必须精确地界定。研究方法的不足也必须如实加以说明。

5. 研究资料汇总

研究资料汇总是研究报告的核心部分,是研究报告的主体,占研究报告的绝大部分篇幅,体现着研究报告的质量和水平。在这一部分中,要将研究所获得的各种定量及定性的资料按照恰当的逻辑顺序,以恰当的表达方式加以表述。在写作时可以采用图表、文字等多种形式。各种不同类型的研究报告在这一部分所叙述的内容不尽相同,要注意突出资料整理后得出的结果。

6. 分析与论述

分析与论述是以研究资料为基础来进行的。在掌握充分的材料后,对材料进行分析、综合、整理,经过概念、判断、推理的逻辑过程,最后得出正确的观点。并以观点为轴心贯穿全文,用材料说明观点,做到材料与观点的统一,这是基本的要求。对初学者来说,分析与论述时易出现的问题是罗列大量的材料,平铺直叙,看不出其主要论点是什么。出现上述问题的原因就在于没有能以确凿的论据来说明论点,做到论点与论据的统一。为了科学、准确、生动形象地表达研究成果,提高说服力和可信度,还应减少不必要的文字叙述,而采用图表、照片来集中反映数据和关键的情节。当然,选用的图表、照片也要注意少而精,准确无误。

在进行分析与论述时,要透过研究的资料,论述研究所取得的结果的意义,证明是否与预期的假设一致,或能够得出什么新的结论。分析不仅要指出研究的积极方面,还要指出研究的不足之处,包括方法上的、资料深广度等。研究资料汇总、分析与论述这两部分的联系非常紧密,有不少教师将其合为一个部分,应该说,这是报告的最主要的内容。

7. 总结与结论

总结与结论是对整个研究进行梳理,概括出从研究中得到的观点和结论,说明研究的局限与存在的问题,指出研究的意义和进一步研究的方向。研究报告的总结与结论部分是作者经过反复研究后形成的总体论点,它是整篇报告的归宿。总结与结论必须指出哪些问题已经解决了,还有什么问题尚待研究。有的报告可以不写总结与结论,但应作一简单的总结或对结果开展一番讨论;有的报告可以提出若干建议;有的报告不专门写一段结论性的文字,而是把论点分散到报告中的各个部分。不论是哪种类型的教育研究报告,都必须总结全文,深化主题,揭示规律,而不是正文部分内容的简单重复,更不是谈几点体会、喊几个口号。写总结与结论必须十分谨慎,措词严谨,逻辑严密,文字简明扼要,不能模棱两可,含糊其辞,还要避免重复。

8. 参考文献与注释

参考文献是指在研究报告或论文中参考和引用别人的材料和论述。参考文献应注明出处、作者、文献标题、书名或刊名、卷期、页码、出版机构及出版时间,以便读者查阅。国外的研究对此非常重视，不惜用大量的篇幅开列文献目录，国内的研究一般只择其重要者列出，两种方法各有所长。

注释主要针对报告中需要加以说明的观点、材料、术语等做进一步的说明。国外的文献习惯将注释集中在最后，国内的文献习惯将注释分散在各页的下缘。

多数研究报告包括了以上 8 个部分的内容，但不一定要按上述的次序写报告，也不一定是按上述的方法分段。实际的研究报告应根据研究的性质、课题涉及的范围、研究所得结论的深度和作者的写作习惯等灵活进行。研究报告应当是既严谨、科学，又生动活泼，切忌将研究报告写成八股式的文章。

（三）撰写研究报告应注意的问题

1. 致谢

一般来说，完成一项研究需要多方面的协助和配合，对于这些单位或个人，需要做出表示。致谢不必过多过滥，因为这不是摆客套，而是恰如其分地承认他人的贡献。

2. 引语

如果研究报告中间接地引用了他人的观点或研究成果，应加以说明，这既表明所用的观点有所根据，也是对他人成果的尊重。若直接引用他人的话，更应用引号标明并注明出处。

3. 附录

附录是必须向读者交代的一些重要材料。一般情况下，需要将研究所用的各种收集资料的工具，如调查问卷、访谈提纲、测验试卷等，收进报告的附录中供参考。附录还可包括其他一些必要的说明材料，如教学试验班的课程表、成绩表之类。

4. 摘要

多数的研究报告需要写摘要。摘要与第一部分“研究概述”不同。概述是简要介绍研究的目的、方法和结论。摘要则是针对报告本身，说明报告的主题、结构、内容和结论等。摘要与概述比较，摘要内容全面，要将研究的目的、主要观点、研究的角度、研究的方法及其意义等，做出全面、概括的介绍。摘要重点突出，要把研究报告中的新发现、新成果和最有特点、最能引人注目的东西用凝练的语言介绍出来。

5. 重点

研究报告的重点应放在介绍研究方法和研究结论方面。研究报告的价值是以方法的科学性和可靠性为条件的，而这两者又有内在的联系，因为只有研究方法是科学的，才能保证研究结论是可靠的。人们阅读或审查研究报告，主要关心的是如何开展的研究，在研究中发现了什么问题，这些问题解决了没有，是如何解决的，研究结论在现阶段达到什么程度，还有什么问题需要继续解决等。因此，撰写研究报告，主要精力应花在方法和结论部分，把研究方法交代清楚，使人感到该项研究在方法上无懈可击，从而认可结论的可靠性。在下结论时要注意前提和条件，不要绝对化，也不要以偏概全，把局部经验说成是普遍规律。

本章小结

本章较为系统地阐述了小学科学教师的角色定位、小学科学教师的基本技能和小学科学教师研究能力发展。在小学科学教师的角色定位中，阐述了教师的角色定位、教师专业发展和教师的素质标准，重点掌握教师的素质标准。在小学科学教师的基本技能中，阐述了教学设计技能、课堂教学技能、活动策划与实施技能、课堂教学评价标准。在熟悉小学科学教师应具备的基本技能的基础上,尝试运用这些基本技能进行一次活动的策划与实施,并运用课堂教学评价标准,评价一节小学科学课。在小学科学教师研究能力发展中,系统地介绍了教育研究方法的理论与实践,通过本节理论与案例的学习,实现问题即课题、教学即研究、成果即成长。

拓展阅读

王鑫.教育研究方法全攻略——教育研究加速教师教学与科研相长[M].长沙:湖南少年儿童出版社,2013.

思考题

1. 小学科学教师应具备哪些素质?
2. 小学科学课教学设计包括哪些内容?
3. 选择研究课题的原则是什么?
4. 设计研究方案的目的是什么?
5. 撰写教育研究报告有哪些基本要求?

后　记

经全国高等教育自学考试指导委员会同意，由教育类专业委员会负责高等教育自学考试教育类教材的审定工作。

《小学科学教育》由中国教育科学研究院杨宝山研究员、北京师范大学李亦菲博士主持编写，杨宝山、李亦菲、杨闯、王鑫、李正福、张磊、董锐、黄海旺、于海波、黄致新、陈刚和李君等分别参加了相应内容的编写。本教材由首都师范大学邢红军教授、北京科学技术协会周立军教授和国家开放大学董锐教授参加审稿并提出改进意见。

编审人员付出了辛勤劳动，在此一并表示感谢。

全国高等教育自学考试指导委员会
教育类专业委员会
2015 年 9 月